Udo Gerheim
Die Produktion des Freiers

Gender Studies

Udo Gerheim (Dr. rer. pol.) ist wissenschaftlicher Mitarbeiter an der Fakultät I Bildungs- und Sozialwissenschaften der Carl von Ossietzky Universität Oldenburg. Seine Arbeitsschwerpunkte sind Geschlechterforschung, Sexualwissenschaft, kritische Bildungswissenschaft, Gesellschaftstheorie sowie Methoden qualitativer Sozialforschung.

Udo Gerheim

Die Produktion des Freiers

Macht im Feld der Prostitution. Eine soziologische Studie

[transcript]

Die vorliegende Arbeit wurde 2010 von der Universität Bremen unter dem Titel: »Die Produktion des Freiers. Zur Feld-Habitus-Dynamik der männlichen Nachfrage nach käuflicher Sexualität im sozialen Feld der Prostitution« als Dissertation angenommen.

Gedruckt mit freundlicher Unterstützung
der Rosa-Luxemburg-Stiftung

Bibliografische Information der Deutschen Nationalbibliothek
Die Deutsche Nationalbibliothek verzeichnet diese Publikation in der Deutschen Nationalbibliografie; detaillierte bibliografische Daten sind im Internet über http://dnb.d-nb.de abrufbar.

Umschlagkonzept: Kordula Röckenhaus, Bielefeld
Lektorat & Satz: Udo Gerheim
Druck: Majuskel Medienproduktion GmbH, Wetzlar
ISBN 978-3-8376-1758-0

Gedruckt auf alterungsbeständigem Papier mit chlorfrei gebleichtem Zellstoff.
Besuchen Sie uns im Internet: *http://www.transcript-verlag.de*
Bitte fordern Sie unser Gesamtverzeichnis und andere Broschüren an unter: *info@transcript-verlag.de*

Inhaltsverzeichnis

1. Einleitung | 7

Fragestellung | 10

Forschungsstand | 13

Zur Theorie und Methode der Habitusanalyse | 26

2. Diskurse und symbolische Kämpfe im Feld | 61

Prostitutionsnachfrage und Geschlechterdiskurs | 62

Prostitution als Arbeit | 70

Prostitution als patriarchales Gewaltphänomen | 77

Freier, die unsichtbaren Subjekte | 84

3. Feldstrukturen | 113

Die Prostitution als Teilfeld des ökonomischen Feldes | 115

Die Prostitution als Teilfeld des Feldes der Sexualität | 123

Das Prostitutionsfeld als subkulturelles Feld | 146

Das Prostitutionsfeld als Dimension des männlichen Lebensstils | 151

4. Die Einstiegspraxis in das soziale Feld der Prostitution | 159

Rahmenbedingungen der Einstiegspraxis | 160

Soziale Settings der Einstiegspraxis | 162

Zur Ambivalenz der Einstiegsphase | 167

Motive der initialen Prostitutionsnachfrage | 178

Sequenzanalyse der Einstiegspraxis | 209

5. Die Etablierung einer fortdauernden Nachfrage nach käuflichem Sex | 225

Motivmuster der fortdauernden Prostitutionsnachfrage | 228

Männliche Konkurrenzkämpfe um sexuelles Kapital | 230

Ich-Zentrierung und Erwartungsausschlüsse | 233

Faszination Sexualität | 243

Die Sexarbeiterin als ›phantastische‹ Frau | 253

Sexuelle und soziale ›Sucht‹-Dynamik | 258

6. (Geschlechts-)Habituelle Strukturen | 267

Tausch-Disposition | 269
Sexualitäts-Disposition | 278
Die pragmatisch-funktionale Disposition | 289
Dominanz-Disposition | 292

7. Schluss | 295

Das soziale Feld der Prostitution | 295
Die soziale Karriere im Feld: Motive, Settings und soziale Praxis | 300
Dispositionen | 305
Ausblick | 308

Literatur | 309

Verzeichnis der Internetadressen | 326

Anhang | 327

Transkriptionsregeln | 327
Danksagung | 328

1. Einleitung

Die Prostitution gilt gemeinhin als das älteste Gewerbe der Welt. Dennoch ist das Phänomen des Freiers als wesentlicher Faktor der ursächlichen Entstehung und Fortdauer dieses sozialen Tatbestands bislang wenig erforscht. Offensichtlich löst die männliche Prostitutionsnachfrage Unbehagen aus und wird mit Ekel und Abscheu betrachtet. Dies zeigt sich z.B. in herabsetzenden Alltagsdiskursen, in denen die Männer mit Adjektiven wie ›armselig‹, ›animalisch‹, ›triebgestört‹, ›hässlich‹, ›frauenverachtend‹, oder ›emotional gestört‹ belegt werden oder in Medienskandalen ›gefallener‹ Politiker und anderer Personen des öffentlichen Lebens. Auch die moderne (Sozial-)Wissenschaft scheint von diesem gesellschaftlichen Unbehagen nicht unberührt zu sein, was sich an der extremen Untererforschung dieses Themas ablesen lässt. Seit 1994 sind für die Bundesrepublik nur sechs wissenschaftliche Monografien (Kleiber/Velten 1994, Velten 1994, Kleiber 1995, Ahlemeyer 1996, Rothe 1997, Grenz 2005) und einige populärwissenschaftliche Beiträge (Hydra 1994, Steiner/Steiner 2005) zum Thema der männlichen Nachfrage zu verzeichnen. Nicht einmal eine valide Bestimmung der Grundgesamtheit der Freier-Population liegt aktuell vor. Es ist lediglich eine einzige quantitative Studie von Kleiber/Velten (1994) zu verzeichnen, die von einem Annäherungswert von 18% dauerhaft aktiver Prostitutionskunden der geschlechtsreifen männlichen Bevölkerung ausgeht. Die spärlichen anderen Daten bezüglich des Prostitutionsfeldes, wie 1.200.000 Kunden pro Tag, 400.000 Sexarbeiterinnen, davon ca. 60% Migrantinnen, 14,5 Mrd. Euro Jahresumsatz, zirkulieren in wissenschaftlichen (Mitrovic 2004, Grenz 2005) und journalistischen (vgl. spiegel online 24.01.2007, Goettle 2006) Beiträgen. Bei genauerer Betrachtung entpuppen sich diese Zahlen lediglich als Schätzwerte oder Hochrechnungen, die zum Teil auf Daten aus den 1980er Jahren basieren (vgl. Kleiber/Velten 1994, Reichel/Topper 2003, Tampep 2009). Es muss daher konstatiert werden, dass zur Zeit keine verlässlichen und abgesicherten quantitativen Primärdaten über das soziale Feld der Prostitution existieren. Auch angrenzende Forschungszweige, wie z.B. die Familienforschung, die Gender-Studies oder auch quantitative Allgemeinbefragungen, wie z.B. der Mikrozensus, klammern dieses Thema aus. Die vorliegende Arbeit versteht sich deshalb auch als explorative Grundlagenforschung für weiterführende qualitative und quantitative Forschungsvorhaben in Bezug auf die Untersuchung der männlichen Nachfrage nach Prostitution sowie der gesellschaftlichen Organisation von Sexualität. Vermutet werden kann, dass das gesellschaftliche Unbehagen an der männlchen Nachfrage nach käuflichem Sex auch darin begründet ist, dass sie allgemeine gesellschaftliche Vorstellungen von Sexualität und ›normalem‹ sexuellem Verhalten gründlich auf den Kopf stellt. Durch die (männliche) Nachfrage nach käuflichem Sex wird die Tür zu einem unerhörten Reich ›reiner‹ Sexualität und praktischer Perversion aufgestoßen. Die Institution der Prostitution wird damit zu einer ›unheimlichen‹ Subkultur, die die Macht besitzt, gesellschaftliche Zugangshürden zur knappen und begehrten Ressource Sexualität zu unterwandern und (für Männer) jederzeit und überall zugänglich zu machen. Sie wird zu einem geheimnisvollen Ort der Sünde und des Verbrechens stilisiert, die das sittliche bzw. sexualmoralische Epizentrum bürgerlich-patriarchaler Gesellschaften – Liebe, Ehe und Monogamie – in ihren Grundfesten sowohl erschüttert als auch, aus der Sicht der Männer, doppelmoralisch stabilisiert. Seit der Entstehung der bürgerlich-patriarchalen Gesellschaft war es für lange Zeit das Privileg der Männer, dieses Unbehagen an der männlichen Prostitutionsnachfrage geschlechterpolitisch zu kanalisieren und dahinter unsichtbar zu bleiben. Die zentrale männliche Machttechnologie der doppelten Moral und die disziplinierende symbolische Spaltung des weiblichen Geschlechterraums in ›Heilige und ›Huren‹ (ehrbare Ehefrauen und ›gefallene Mädchen‹) verschafften den ›herrschenden‹ Männern die notwendige strategische Machtposition, um ein staatliches Kontroll- und Disziplinarregime zu etablieren, welches unerbittlich und voller moralischer Entrüstung gegen die Prostitution und v.a. gegen Prostituierte vorgeht und ihnen gleichzeitig ungehinderten Zugriff auf die Sexualität der ›verachteten‹ Sexarbeiterinnen garantiert. Es ist deshalb nicht verwunderlich, dass sich in der wissenschaftlichen bzw. gesamtgesellschaftlichen Diskussion stets die Prostitution als gesellschaftsschädigende Institution bzw. ›die Prostituierte‹ als deviantes Subjekt im Zentrum des Interesses befand (vgl. u.a. Lombroso 1894, Schulte 1984). Dabei stand die lasterhafte, krankhaft-nymphomanische Prostituierte als ›öffentliches Mädchen‹, die sich allen Männern anbietet, und ihr arbeitsscheues, die soziale Ordnung und die ›Volksgesundheit‹ bedrohendes Wesen im Fokus der Disziplinen und unzähliger wissenschaftlicher, journalistischer und juristisch-administrativer Abhandlungen. Die männliche Nachfrage nach käuflichem Sex blieb und bleibt strukturell aus diesem Diskurs- und Disziplinarregime ausgeschlossen und in ihrer sozialen Praxis unangetastet.[1] Die männliche Unsichtbarkeit sowie die patriarchale Arroganz

1 Streng genommen besitzt diese Argumentation nur für nicht-prohibitionistische Staaten Gültigkeit, wenngleich angenommen werden darf, dass auch in Staaten, in denen die Prostitution in Gänze verboten ist, doppelmoralische Standards der Strafverfolgung zu beobachten sein dürften.

und Verlogenheit der doppelten Moral im Kontext der Nachfrage nach käuflicher Sexualität wird erst durch die politische Intervention der Historischen und Neuen Frauenbewegung thematisiert und scharf attackiert. Die Prostitutionsnachfrage wird aus dieser Perspektive schon immer als patriarchale Gewalt sowie als Kontrolle und Ausbeutung weiblicher Sexualität klassifiziert und kritisiert. Aktuell richtet sich der Fokus des Unbehagens und der sozialen Kämpfe dabei nicht mehr nur auf die symbolische Auseinandersetzung um die Deutungshoheit im Prostitutionsfeld, sondern verstärkt auch auf die Forderung nach strafrechtlicher Verfolgung der Prostitutionsnachfrage. So verkündet die britische Labour Abgeordnete Mary Honeyball mit Blick auf die schwedische Prostitutionsgesetzgebung, die die männliche Nachfrage nach käuflichem Sex unter Strafe stellt – bei gleichzeitiger Straffreiheit für Prostituierte: »There is however one lesson that we can learn from abroad. That is to aggressively tackle the demand for prostitution by criminalising the purchase of sex. The law should treat prostitution in much the same way as it treats rape. Both are generally an act of male violence againsthelpless women« (Honeyball 2008). In diesem Kontext wird die männliche Prostitutionsnachfrage moralisch unmittelbar mit Vergewaltigung und sexueller Gewalt gleichgesetzt, welche es strafrechtlich zu verfolgen gelte. Im Vergleich zur bisherigen administrativen Regulation der Prostitution kann diese staatsfeministisch inspirierte Machttechnologie als entscheidender sozialpolitischer und juristischer Paradigmenwechsel betrachtet werden. Die Rollen in diesem gesellschaftlichen Drama sind in Gestalt des Freiers als männlicher (Gewalt-)Täter und der Sexarbeiterinnen als hilfloses weibliches Opfer unwiderruflich festgelegt. Auch in der Bundesrepublik, die mit der Novellierung des Prostitutionsgesetzes von 2002 die Prostitution von der Sittenwidrigkeit befreien und somit normalisieren wollte, wird mit Blick auf Zwangsprostitution mitunter die Bestrafung von Freiern gefordert und verstärkt auf die generelle moralische Verurteilung der Prostitutionsnachfrage hingewirkt. Gegen diese Entwicklung hin zur strafrechtlichen Verfolgung und (sexual-)moralischen Diskreditierung der (männlichen) Nachfrage nach käuflicher Sexualität ist aber auch eine entschlossene Gegenwehr von organisierten Sexarbeiter_innen und ihren Unterstützer_innen zu verzeichnen. Im 2005 verfassten Manifest der SexarbeiteInnen von Europa heißt es dementsprechend: »Abgesehen von den irreführenden Bildern von Sexarbeiter_innen, die die Medien verbreiten, werden unsere Kund_innen als gewalttätige, perverse oder psychisch gestörte Menschen dargestellt. Für sexuelle Dienstleistungen zu bezahlen, ist an sich kein gewalttätiges oder problematisches Verhalten« (Manifest der SexarbeiteInnen in Europa 2005, 7). Diese politisch aktiven Sexarbeiter_innen sprechen sich dezidiert gegen die gesellschaftliche Diskriminierung und Diskreditierung ihrer Arbeit und der männlichen Prostitutionsnachfrage aus. Mit dem Verweis auf den (beruflichen) Dienstleistungscharakter ihrer Tätigkeit wird deshalb eine umfassende Entkriminalisierung und gesellschaftliche Normalisierung gefordert.

Wie zu sehen ist, stellt sich das soziale Feld der Prostitution im Allgemeinen sowie das Phänomen des Freiers im Besonderen als gesellschaftlich umkämpftes Terrain dar. Für eine Arbeit, die sich als Beitrag kritischer Wissenschaft versteht und sich mit der Erforschung der männlichen Nachfrage nach käuflicher Sexualität beschäftigt, ist es schon aus grundsätzlichen Erwägungen zentral, sich gewissenhaft mit dem hier skizzierten Unbehagen und der ›zerrissenen‹ Realität in diesem sozialen Feld auseinanderzusetzen. Zum anderen gilt es aber auch der Gefahr inhaltlicher Verkürzungen und der unreflektierten Produktion ideologisch vorgefertigter Ergebnisse vorzubeugen, in dem implizite bzw. explizite normative Setzungen oder vorurteilsbeladene Vorannahmen unreflektiert in den Forschungsprozess einfließen. Der kritischen Darstellung der diskursiven Macht- und Hegemoniekämpfe im sozialen Feld der Prostitution wird deshalb in dieser Arbeit umfassend Platz eingeräumt. Die Thematisierung struktureller und manifester Macht-, Herrschafts-, Dominanz- und Gewaltverhältnisse ist dabei als roter Faden auf allen Analyseebenen dieses Forschungsvorhabens zu begreifen.

Fragestellung

Aus den bisherigen Ausführungen bezüglich kultureller, moralischer, politischer und ästhetischer Manifestationen in Bezug auf das Phänomen des Freiers sticht eine auffallende Gemeinsamkeit deutlich heraus: Von fast allen Diskurs- und Sprechpositionen aus werden Aussagen über Freier getroffen, statt sie selbst zu Wort kommen zu lassen. Damit wird aus je unterschiedlichen Blickwinkeln das gängige Bild der Unsichtbarkeit von Freiern als unbekannte und im Verborgenen agierende Subjekte reproduziert und verfestigt. Diese Arbeit betritt in dieser Frage empirisches und theoretisches Neuland. Zum einen argumentiert sie radikal empirisch und lässt Freier aktiv zu Wort kommen. Zum anderen wird mit dieser Studie der Versuch unternommen, zementierte wissenschaftliche und diskursive Pfade zu überschreiten und unter Bezugnahme auf das bourdieusche-Feld-Habitus-Theorem eine neue theoriegeleitete empirische (Forschungs-)Perspektive auf den Gegenstand der männlichen Nachfrage nach käuflichem Sex zu entwickeln. Ausgehend von der macht- und herrschaftskritischen Analyse des sozialen Feldes der Sexarbeit ist es das zentrale Ziel dieser Arbeit, einen qualitativ-empirischen Beitrag zur Erforschung männlicher, heterosexueller Prostitutionskunden zu leisten und dadurch weiterführende Erkenntnisse in Bezug auf Muster von Männlichkeiten in modernen, kapitalistisch-patriarchal verfassten Gesellschaften verfügbar zu machen. Der qualitativ-empirische Forschungsfokus dieser Studie ist darauf gerichtet, die Bedingung der Möglichkeit zu bestimmen, Sexualität im sozialen Feld der Prostitution praktizieren zu wollen und praktizieren zu können. Der Forschungsfokus lässt sich in folgende vier Leitfragen auffächern: erstens mit welchem motivationalen Selbstverständnis suchen heterosexuelle Männer weibliche Sexarbeiterinnen zu Beginn ihrer sozialen Karriere auf, zweitens wie gestaltet sich der soziale Prozess des initialen Feldeinstiegs im Konkreten, drittens welche Motive und Sinnstrukturen bestimmen die fortdauernde Nachfrage nach käuflicher Sexualität und viertens welche habituellen Muster (geschlechts- und klassenhabitueller Dispositionen) bedarf es auf Seiten der Freier, um überhaupt das motivationale Selbstverständnis eines Freiers herausbilden und somit in das Feld der Prostitution eintauchen zu können (Feld-Habitus-Dynamik).

Das spezifische Erkenntnisinteresse dieser Arbeit wird von drei zentralen Aspekten bestimmt: (1.) vom Interesse, eine neue kritische Perspektive auf den Untersuchungsgegenstand der männlichen Prostitutionsnachfrage zu werfen, um damit (2.) zugleich einen empirischen Beitrag zur Weiterentwicklung des Feld-Habitus-Konzepts zu leisten, sowie (3.) vom Ziel, die heterosexuelle Normalität als verdrängte Kategorie und als Form männlicher Herrschaft ins Erkenntniszentrum zu rücken. Im Rahmen der Queer-Theory heißt es hierzu: »Der von ›queer‹ eingeleitete Perspektivwechsel müsste also fortgesetzt werden: weg von der Fokussierung auf Minderheiten hin zum Blick aufs Zentrum und zur Entprivilegierung der normierten Heterosexualität. [...] Dabei geht es darum, Widersprüche und Brüche in der Heterosexualität zu benennen und zu verstärken. Doch es fällt offensichtlich noch schwer, Normalisierung als Herrschaftsprinzip zu begreifen« (Woltersdorff 2003, 922, Herv. i. O.). Es geht in dieser Arbeit also bewusst darum, die Normalität heterosexueller Männlichkeit und die Produktion einer spezifischen Formation männlich-heterosexuellen Begehrens zu untersuchen. Hierdurch soll zum einen die (verschleiernde) Dominanz der Opferbzw. Devianzforschung in Bezug auf die Sexarbeiterinbzw. die Institution der Prostitution durchbrochen werden. Zum anderen soll aber auch eine Fokussierung auf moralisch bzw. politisch eindeutige Täterforschung (wie z.B. Kinderprostitution, Prostitutionstourismus, Menschenhandel etc.) vermieden werden. Vielmehr steht der ›ganz normale Freier‹ im Zentrum des Erkenntnisinteresses, da nach der ›Jedermann-Hypothese‹ Männer aller Klassenpositionen, Alters- und Berufsgruppen, aller ›Ethnien‹ Prostitution nachfragen und nutzen. Die Macht- und Gewaltfrage in Bezug auf die männliche Prostitutionsnachfrage wird in diesem Kontext weitgehend feldtheoretisch aufgelöst und mit der These verknüpft, dass die zentralen Mechanismen der symbolischen und manifesten Gewalt primär von der institutionellen Logik des Prostitutionsfeldes ausgehen, die als männliche Institution auf die omnipotente Befriedigung männlicher Bedürfnisse – sexueller, gewalttätiger wie nähesuchender – ausgerichtet ist. Diesem Sachverhalt schließt sich unmittelbar die Frage an, wie es zu erklären ist, dass das soziale Feld der Prostitution (seit Jahrtausenden) in krasser Ausschließlichkeit geschlechtsspezifisch und geschlechtshierarchisch untergliedert und verfestigt ist, in dem einem weiblichen Angebot eine männliche Nachfrage diametral gegenübersteht. Für die aktuelle gesellschaftliche Situation gilt es darüber hinaus auch die verkomplizierende Tatsache zu beachten, dass de facto nur ein relativ kleiner Teil der sexuell aktiven Männer Prostitution regelmäßig nutzt und wie sich, entgegen biologistischer Argumentationsmuster, der verschwindend kleine Anteil Prostitution nachfragender Frauen erklärt. Dabei gilt es sich insgesamt der Gefahr bewusst zu sein, einen neuen normierenden Macht- bzw. Sexualitätsdiskurs zu entwerfen. Es geht in dieser Untersuchung nicht darum, das Begehren und den Sex der Probanden qua wissenschaftlicher Beichtpraxis ans Licht zu zerren, um beides dann zu normieren oder zu pathologisieren. Vielmehr geht es um die Rekonstruktion der gesellschaftlichen Produktion einer spezifischen Form geschlechtsspezifisch konnotierten Begehrens. Die männliche Nachfrage nach käuflicher Sexualität wird dabei – wie anderes menschliches Handeln auch – als voraussetzungsvolle soziale Praxis verstanden und kritisch untersucht. Es geht darum, die Feld-Habitus-Dynamik im sozialen Feld der Prostitution radikal empirisch abzuleiten und zu bestimmen. Es geht im Kern um die gesellschaftliche Produktion des Freiers.

Der Aufbau der Arbeit ›schmiegt‹ sich eng an die Struktur der Fragestellung an. Nach Klärung des Forschungsstandes, der Bestimmung des theoretischen Rahmens und der methodischen Umsetzung der Habitusanalyse in Kapitel 1 folgt in Kapitel 2 die Diskussion der zentralen Macht-Diskurse, die das Feld der Prostitution seit dem 19. Jahrhundert durchdringen und bis in die Gegenwart bestimmen. Ebenfalls in Kapitel 2 werden die symbolischen Kämpfe, die das Prostitutionsfeld aktuell durchziehen – Arbeits- und Gewaltdiskurs –, dargestellt und ihr Bezug zu historischen sowie aktuellen Freier-Bildern und alltagskulturellen Klassifikationen der männlichen Nachfrageseite dargelegt. Im Anschluss hieran werden in Kapitel 3 die zentralen Strukturmuster des Prostitutionsfeldes untersucht und empirisch hergeleitet. Der Erkenntnisfokus ist dabei auf die nachfragerelevanten Strukturen und Sinnsysteme des sozialen Feldes der Prostitution gerichtet. In Kapitel 4 wird dann der soziale Prozess der Einstiegsphase in das soziale Feld der Prostitution beschrieben und erklärt. Im Konkreten wird dieser Prozess in vier Schritten untersucht, die sich wie folgt aufgliedern: a) soziale Settings des Prostitutionseinstiegs, b) soziale und emotionale Ambivalenzen der Einstiegsphase, c) generalisieter sowie spezifische Motivmuster und d) mikrosoziologische Sequenzanalyse einer konkreten Einstiegssituation. Kapitel 5 befasst sich dann mit der Frage, warum nur ein kleiner Teil der Männer im Feld verbleibt und welche feldtheoretischen Begründungen hierfür angeführt werden können. In einem Folgeschritt wird dann untersucht, welche Motive und Begründungsmuster die gesamtgesellschaftlich kleine Gruppe der Männer aktiv und auf Dauer an das Prostitutionsfeld bindet und ihre soziale Karriere im Feld begründet. In Kapitel 6 wird dann mit der Bestimmung von vier habituellen Dispositionsmustern – Tausch-, Sexualitäts-, pragmatisch-funktionale und Dominanz-Disposition – die gesellschafts- bzw. habitustheoretische Begründung der männlichen Prostitutionsnachfrage vorgenommen. Im Schlusskapitel 7 werden die Ergebnisse dieser Studie zusammengeführt und abschließend diskutiert.

FORSCHUNGSSTAND

Noch 1908 verkündet Iwan Bloch nicht ohne Pathos: »Hier erhebt sich nun eine inhaltsschwere Frage, die, so weit ich sehe vor mir noch niemals jemand aufgeworfen hat, vielleicht weil es niemand gewagt hat, die aber für die Erkenntnis der Prostitution von größter Bedeutung ist. Was ist eigentlich das Bedürfnis des Mannes nach Prostitution von dem Blaschko spricht. Ist es der bloße Geschlechtstrieb? Oder noch ein anderes Moment?« (Bloch 1908, 361). Der Forschungsstand im deutschsprachigen Raum zur Diskussion um die männlich-heterosexuelle Prostitutionsnachfrage ist seitdem nur bedingt erweitert worden. Die wenigen ›aktuellen‹ Beiträge, die zum Themengebiet vorliegen, sind zudem in ihrer inhaltlichen Bandbreite und forschungspraktischen Ausrichtung nur in geringem Maße aufeinander bezogen (vgl. Kleiber/Velten 1994, Velten 1994, Kleiber 1995, Ahlemeyer 1996, Rothe 1997, Howe 2004, Grenz 2005). Leider ist aber auch der globale Forschungsstand als rudimentär zu bezeichnen, wenn auch die Diskussionen und Forschungsbemühungen beispielsweise im anglo-amerikanischen Bereich weit fortgeschrittener sind und systematischer betrieben werden als in der Bundesrepublik. Eine erste Frage könnte daher lauten, wie diese Situation zu erklären ist? Eine gängige wissenschaftsimmanente Erklärung in Bezug auf die Nichtthematisierung der männlichen Nachfrage fassen Lowman et al. dahingehend zusammen, dass der geisteswissenschaftliche, juristische und auch medizinisch-naturwissenschaftliche Forschungsfokus in der Regel fast ausschließlich auf der Institution der Prostitution bzw. auf der Sexarbeiterinnen liegt. Zudem gilt die Erforschung der männlichen Nachfrageseite forschungspraktisch als schwieriges Unterfangen, wie Lowman feststellt: »There is a general believe that clients are unwilling to consent to interviews, and unlikely to respond to questionare surveys. Because of stigmatisation of men buying sex, buyers are reluctant to talk to researchers« (Lowman et al. 1996, 4). In Anbetracht der positiven Erfahrungen bezüglich der Teilnahmebereitschaft u.a. an dieser Studie (vgl. Kapitel 1.) oder an der britischen Freierstudie von Teela Sanders (2008a), die auf Internetanfragen, Annoncen und mündliche Anfragen 457 Rückmeldungen erhielt, aus denen sie 50 Interviews mit Freiern geführt hat, kann diese Argumentation als überholt bzw. ideologisch zurückgewiesen werden. Eine in meinen Augen treffendere geschlechterpolitische Analyse für das Phänomen der (wissenschaftlichen) Nichtbeachtung von Prostitutionskunden liefert Martilla (2008). Sie konstatiert: »[...] this can be seen as another token of the male-stream research approach. The conception of maleness as an innate biological identity built into the male body or a universal norm of humaneness has stubbornly prevailed in our thinking. Men have been at the center of academic research, but as a transparent norm of humanity void of gender. They have not been ›named as men‹ (Hearn 1998) and maleness as gender has not been recognized. [...] I consider the invisibility of men in prostitution and prostitution research to be a token of the prevailing positions of gendered power« (Martilla 2008, 38-39, Herv. i. O.). Bezogen auf die geschilderte Einschätzung des Forschungsstands wäre es wünschenswert, eine (wissenschaftliche) Debatte anzustrengen, die diese patriarchale ›Verschleierungstaktik‹ aufbrechen und eine intersektionale Perspektive auf den Gegenstand nehmen würden. Damit könnten zugleich theoretische Verkürzungen auf die Gewaltdebatte oder eine Einengung auf Devianzforschung – sei es im kriminologischen (vgl. Church et al. 2001, Monto/Hotaling 2001, Monto 2004), psychiatrischen (vgl. Glover 1943, Ellis 1959, Gibbens/Silberman 1960) oder epidemiologischen Sinne (vgl. Vanweesenbeeck et al. 1993, McKegany 1994) – vermieden werden. Wünschenswert wäre in diesem Kontext sowohl eine gesellschaftstheoretische Reflexion über das Thema der männlichen Nachfrage nach käuflichem Sex als auch eine empirisch-ethnografische Neugierde und Offenheit dem Gegenstand gegenüber, die eine differenzierte Diskussion zulässt, welche nicht von vornherein von machttaktischen Überlegungen überlagert ist. Aus meiner Sicht wäre deshalb sowohl eine Öffnung der Diskussion als auch eine Spezifizierung der Forschungsbemühungen notwendig. Ein solche programmatische Ausrichtung müsste m.E. folgende inhaltlichen Punkte in Bezug auf die Erforschung der männlichen Prostitutionsnachfrage in den Erkenntnisfokus rücken:

- Quantitative Dimension (Bestimmung der Grundgesamtheit, Sozialstruktur, ethische, ästhetische und psychologische Charakteristika, Gewaltmuster und Bestimmung von Praxisformen sowie generelle Motivforschung)
- historische Einbettung
- Ethnografie (qualitativ-empirische Bestimmung von Motiven, sozialer Praxis, sozialen Karrieren, Präferenzanalyse von Prostitutionssparten, Gewalt- und Dominanzaspekten, Internetverhalten)
- freierbezogene Feldstrukturen (Recht, Dynamik zwischen Angebot und Nachfrage, staatliche Regulationsformen)
- HIV/AIDS-Komplex (Kondomverwendungsverhalten, allgemeines Gesundheitsverhalten)

Im Folgenden werden einzelne Arbeiten vorgestellt, die Forschungsergebnisse zu den ausgeführten Aspekten geliefert haben. Der Schwerpunkt liegt dabei auf der Darstellung der bundesdeutschen Diskussion, der durch die globale Perspektive ergänzt wird.

Zahlen und quantitative Daten

Wie eingangs bereits erörtert, besteht ein erhebliches Forschungsdefizit in Bezug auf die Bestimmung der Grundgesamtheit der Kunden von Sexarbeiterinnen. Dies betrifft sowohl die Bestimmung der aktuellen Freierpopulation (= Anzahl der Prostitution nutzenden Männer bezogen auf den Zeitraum eines Jahres) als auch die Bestimmung prostitutiven Verhaltens bezogen auf die individuelle Sexualbiographie der männlichen Gesamtbevölkerung (= Anzahl der Männer, die in ihrem Leben überhaupt schon einmal Sexarbeit in Anspruch genommen haben). Die bislang letzte wissenschaftlich-systematisierende sowie quantitativ-empirisch operierende Studie zum Thema Freier und Prostitution haben Kleiber/Velten 1994 vorgelegt. Der Verdienst dieser Untersuchung liegt in der Erhebung und Diskussion umfangreichen Datenmaterials, basierend auf einer relativ großen Freier-Stichprobe (N= 524). Diese Materialsammlung umfasst Daten über den sozialstrukturellen Background von Freiern, über Motivmuster, die prostitutive Praxis sowie über die Bewertung der Prostitution durch Freier. Drei ›idealtypische‹ Freier-Typen werden in diesem Kontext präsentiert: 1. der »Playboy«, 2. der »Verlierer« und 3. der »Familienvater« (ebd., 168). In Bezug auf das Verwenden von Kondomen durch Freier wird auf die Korrelation zwischen dem phantasierten bzw. realen Grad empfundener Privatheit und Vertrautheit mit der Sexarbeiterin sowie dem Wunsch der Kunden, Geschlechtsverkehr ohne Kondome durchführen zu wollen, hingewiesen. Bezüglich der sozialstrukturellen Analyse der bundesrepublikanischen Freier-Gruppe führt Kleiber (2004)[2] rekapitulierend aus:

»Prostitutionskunden, so zeigte sich, sind Männer aller Altersklassen (15-74), jedes Familienstandes, jedes Bildungsniveaus, verschiedenster Tätigkeits-, Berufs- und Einkommensgruppen. Hinsichtlich sozialer Charakteristika fand sich zunächst also eine Bestätigung für die sog. ›Jedermann-ist-ein-Freier‹-Hypothese, der zufolge es den hinsichtlich sozialer Merkmale typischen Freier nicht gibt. Ein Vergleich mit dem männlichen Bevölkerungsdurchschnitt erbrachte dennoch einige Spezifika. Es waren die jüngeren Altersgruppen, d.h. die 20-40-Jährigen (72%), die vor allem zu Prostituierten gingen. Überproportional viele Prostitutionskunden waren ledig (56%) oder geschieden (10%). Entsprechend geringer war der Anteil verheirateter Freier (34%). Erstaunlich gering war auch der Anteil von Grund- und Hauptschülern (23%). Immerhin 42% der befragten Prostitutionskunden hatten Abitur und 34% Fachabitur. Zum Vergleich: Im Bundesgebiet betrug der Anteil von Akademikern im Erhebungszeitraum 8% und in West-Berlin 14% der männlichen Bevölkerung. Immerhin 33% der Freier kamen aber aus akademisch vorgebildeten Kreisen. Ob Prostituierte besucht werden, scheint auch eine Frage des Geldes zu sein« (Kleiber 2004).[3]

---

2 Das folgende Zitat ist in dieser Arbeit nur als Online-Version zugänglich und darin ohne Seitenangaben. Es sei an dieser Stelle darauf aufmerksam gemacht, dass sämtliche anderen Zitate ohne Seitenangabe ebenfalls unter diese Kategorie fallen. Die URLs dieser Texte und Zitate sind im Inhaltsverzeichnis aufgelistet.

3 Gestützt wird die ›Jedermann-Hypothese‹ international u.a. von Campbell (1998, 159-160); Weitzer (2007, 148). Zur differenzierten Diskussion der ›Jedermann-Hypothese‹ sowie zum Vergleich der Gruppe der Kunden mit Nicht-Kunden vgl. Lowman et al. (1996, 1997); Sullivan/Simon (1998); Xantidis/McCabe (2000); Monto (2005).

Die Diskussion unterschiedlicher Studien zur Bestimmung der Grundgesamtheit der Nachfrage- und Angebotsseite im sozialen Feld der Prostitution (Erhebungszeitraum 1985-1991) belegt, dass bis heute kein valider Wert zur Bestimmung dieser Grundgesamtheit vorliegt (Kleiber/Velten 1994, 15-19).[4] Sie selbst erachten die Zahl von 18% dauerhaft aktiver Prostitutionskunden zum damaligen Zeitpunkt als den validesten der erhobenen Werte. Des Weiteren wurden psychologische Charakteristika untersucht und explizit auch migrantische Freier in die Studie mit aufgenommen. Abschließend sei noch angemerkt, dass sich selbst diese Studie dem Forschungsgegenstand der heterosexuellen Prostitutionskunden nicht primär aus einem immanenten Forschungsinteresse heraus nähert. Vielmehr speist sich hier der Entstehungszusammenhang – wie bei vielen anderen Freierforschungsprojekten auch – aus der HIV/AIDS-Problematik, bei der die Frage nach der Verwendung von Kondomen im prostitutiven Setting sowie wissenschaftlich fundierte Präventionsarbeit dominierend im Erkenntnisfokus stehen.

In Bezug auf die globale Datenlage kann folgendes Bild gezeichnet werden. Der Kinsey-Report stellt 1948 für die USA fest, dass 69% aller Männer in ihrem Leben käuflichen Sex nachgefragt haben (zit. n. Monto 2005, 3). Für 1992 wird ein Rückgang auf 16% festgestellt, wovon nur 0,6% aller Männer das vorherige Jahr Prostitution genutzt haben. Für 2001 wird ein Wert von 17% für die gesamte Lebensspanne erhoben (Monto 2009, 3). Eine australische Untersuchung veranschlagt die dortige Freier-Population auf 16% (Rinsel 2003, zit. n. Weitzer 2007, 148). Für Großbritannien wird 2001 ein Wert von 4,3% erhoben (Johnson/Mercer 2001, zit. n. Soothill/Sanders 2005). Mansson (2005) liefert für die 1990er Jahre in Europa folgende Zusammenfassung der Datenlage, zusammengestellt aus unterschiedlichen Studien: Finnland 13 % (1999), Norwegen 11% (1992), Schweden 13% (1996), Niederlande 14% (1989), Schweiz 19% (1992), Spanien 39% (1992) und Russland 10% (1996) (Mansson 2005, 1). Die aktuellste quantitativ operierende (europäische) Untersuchung zur Bestimmung der Grundgesamtheit hat Lautrup (2005) für Dänemark erstellt. Die Befragung von 6.350 Männern ergab, dass 14% jemals käuflichen Sex nachgefragt haben – 60% davon vermerken einmalige bis geringe Kontakte zu Sexarbeiterinnen (1-5 Mal), 12% 6-12 Prostitutionskontakte und nur ein kleiner Anteil weist mehr als zwölf Prostitutionsbesuche vor (Lautrup 2005, 9). Es kann festgestellt werden, dass auch global betrachtet nur ein kleiner Teil der männlichen Gesamtbevölkerung Prostitution aktiv und regelmäßig nutzt und dass für eine relevante Größe der Männer die Nachfrage nach

4 Die Varianz der Messwerte, in Bezug auf Bestimmung der Männer mit mindestens einmaliger Prostitutionserfahrung bezogen auf den gesamten Lebenslauf, umfasst in diesen Erhebungen eine Spanne von 18% (Markert 1991, zit. n. Kleiber/Velten 1994, 16) bis hin zu 88% (Schmeichel 1989, zit. n. Kleiber/Velten, 1994, 16).

käuflichen Sex lediglich ein singuläres bzw. marginales Ereignis darstellt; ein Faktum, welches auch in der empirischen Auswertung dieser Studie von Relevanz ist (vgl. Kapitel 6). Weitere wichtige quantitative Studien sind für Kanada von Lowman et al. (1996, 1997),[5] für die USA von Monto (2001) und für Australien von Pits et al. (2004) verfasst worden. Neben der Motivforschung, der Bestimmung der sozialen Feldpraxis sowie psychologischer und sozialstruktureller Charakteristika von Freiern ist für die nordamerikanischen Studien der Vergleich zwischen Freiern und Nicht-Freiern sehr zentral.

Historische Einbettung

Die Institution der Prostitution ist sowohl aus Sicht der Geschichtswissenschaft[6] als auch aus sozialwissenschaftlicher Perspektive gut erforscht.[7] Leider liegt in Bezug auf die Erforschung der männlichen Nachfrage nach Prostitution weder eine sozialgeschichtliche noch eine sozialpsychologisch orientierte historische Abhandlung bzw. Monografie vor. In Kapitel 2 dieser Arbeit wird diese Forschungslücke zwar nicht geschlossen, jedoch aufgezeigt, welche programmatische Richtung ein solches Unterfangen einschlagen könnte. Ein seltenes historisierendes Fundstück bildet Häkkinen. Häkkinen hat für Finnland Gerichtsakten sowie Materialien von Polizei, Gesundheits- und Ordnungsbehörden vom 19. Jahrhundert bis heute untersucht. Interessant an dieser Untersuchung ist die Konzeptualisierung der Prostitution als Subkultur mit einem stark erweiterten Personenkreis, zu dem er sowohl Prostituierte, Bordellbetreiber, Zuhälter, Hotelbesitzer, Taxifahrer und Freier zählt als auch staatliche Kontrollorgane wie Polizei, Gesundheitsbehörden und Sozialarbeiter (Häkkinen 1999, 1). Die Gruppe der Freier untergliedert Häkkinen wie folgt: »a) Students, soldiers, sailors, workers, who visited the red light districts as a group. [...]. b) Well-to-do older middle or upper class gentlemen, who often where married [...]. c) Single poor man on the margind, often vagabonds, who had temporary sexual relations with pro-

5 Diese vielzitierte (Pilot-)Studie von Lowman et al. ist inhaltlich in zwei Phasen unterteilt. Phase I gibt einen prägnanten und lesenswerten Überblick über den Forschungsstand bis in die 1990er Jahre sowie die forschungslogische Ausrichtung und Operationalisierung der Studie. In Phase II werden zum einen 440 Gerichtsakten von angeklagten Freiern untersucht sowie eine mehrere Staaten umfassende Internetuntersuchung bezogen auf Kanada, USA, Australien, Neuseeland, Schottland, Wales, Irland, Nordirland und die Niederlande angestrengt.

6 Vgl. u.a. Dufour (1995); Schmitter (2004); Ringdal (2006).

7 Zum Überblick über den Stand der Prostitutionsforschung vgl. u.a. Vanwesenbeeck (2001) und Weitzer (2005). Für die bundesrepublikanische Diskussion vgl. u.a. Stallberg (1999); Dücker (2005); Brückner/Oppenheimer (2006); Pates/Schmidt (2009); Kontos (2009).

stitutes of the same social position. [...]. d) The others: Adventurers and others, who were looking for special sexual experiences« (ebd., 2).

Ethnografie

Bezogen auf den Forschungsstand besitzt der ethnografische bzw. qualitativ-empirische Zugang zum Phänomen des Freiers das stärkste Gewicht. Die soziologische, aber auch psychologische Motivforschung dominiert dabei die Forschungsbemühungen deutlich. Aber auch Fragen nach sozialer Praxis, sozialen Karrieren im Feld, Gewalt- und Dominanzmustern, sozial-psychologischen Aspekten und interaktiven Ablaufmustern werden untersucht. Daran anknüpfend orientiert sich die vorliegende Arbeit beispielsweise in der Analyse der Sequenzanalyse der Einstiegspraxis (vgl. Kapitel 4) an einem von Holzman & Pines entwickelten (idealtypischen) Ablaufmuster für generalisierte Prostitutionskontakte zwischen Freier und Sexarbeiterinnen. Dieses Modell sieht die männliche Nachfrage nicht als identitäre Zuschreibung oder als Rolle an, sondern als sozialen Prozess, der sich in folgende Sinnstrukturen untergliedert: Absicht (›conception of intent‹), Zielverfolgung (›pursuit of the encounter‹), eigentliche Interaktion (›the encounter itself‹) und Nachbereitung (›the aftermath‹) (Holzman/Pines 1982, 112). Wie Lowman et al. (1996) zu recht bemerken, sind bereits seit den 1960er Jahren vereinzelte ethnografisch orientierte Freier-Studien zu verzeichnen. Oftmals sind diese Untersuchungen mit dem erklärten Ziel angetreten, die männliche Nachfrage jenseits des pathologisierenden Psychiatriediskurses als sozialen Tatbestand sozialwissenschaftlich zu untersuchen (vgl. Winick 1962, Holzman/Pines 1982, Diana 1985).

Auch in der Bundesrepublik produziert die ethnografisch bzw. qualitativ-empirisch ausgerichtete Forschung bislang die meisten Ergebnisse. Die Studie von Doris Velten (1994) wird in der Fachdiskussion leider viel zu selten hervorgehoben. Diese Dissertation ist neben den Freierbefragungen von Hydra (1991), Ahlemeyer (1996), Howe (2004) und Grenz (2005) die bislang umfangreichste wissenschaftliche Untersuchung, welche die motivationalen und biographischen Muster heterosexueller Prostitutionskunden in den Forschungsmittelpunkt rückt. Hierzu wurden 62 qualitativ-standardisierte Interviews mit Freiern geführt, um »typische Muster von Freierkarrieren« sowie »typische Begründungsmuster« für den Erst- und Folgebesuch von Sexarbeiterinnen zu bestimmen. Zwei Ergebnisse in Bezug auf Erst- und Folgebesuche sind bemerkenswert. So waren 29 Männer (47%) bei ihrem Erstbesuch jünger als 20 Jahre alt und 28 Männer (45%) zwischen 20 und 30 Jahre alt. 33 Männer (55%) begründen ihren Erstbesuch mit einer

»situativen Bedingung«[8] und 30 Männer (48%) in Folge »wahrgenommener Defizite und Probleme im Lebenshintergrund«[9] (Mehrfachnennungen waren möglich). In Bezug auf die Folgebesuche geben fast drei Viertel (N=44; 72%) der befragten Männer an, weibliche Sexarbeiterinnen aus »wahrgenommenen Defiziten und Problemen im persönlichen Lebenshintergrund« wiederholt aufgesucht zu haben (ebd., 120). Gleichzeitig ist die Hälfte der Freier (N=32; 52%) von den »spezifischen Anreizen von Prostitution« fasziniert (ebd.). Zusammengefasst präsentiert Velten ihre Ergebnisse wie folgt: »Auf eine prägnante Formel gebracht, hat sich die Funktion der Prostitution im Zuge der sexuellen Liberalisierung aus der Sicht von Freiern von der partnerschaftsbezogenen Defizitreduktion bzw. Kompensation zur nicht defizitär begründeten, eher selbstbezogenen Symbolisierung von Lust- und Genußstreben, aber auch zur ebenfalls selbstbezogenen Befriedigung wahrgenommener Abhängigkeitsbedürfnisse gewandelt. Gleichwohl gab es unter den befragten Freiern auch jüngere, häufig verheiratete Männer, für die die Prostitution die klassische Ventilfunktion erfüllen sollte. Insofern ist der (Be-)Deutungswandel der Inanspruchnahme gewerblicher Sexualität ein relativer, d.h. in der jüngeren Freiergeneration existieren gegenwärtig je nach Beziehungsidealen und Familienstand alte und neue (Be-)Deutungen nebeneinander« (ebd., 166).

Des Weiteren möchte ich an dieser Stelle auf die quantitative Studie zu Prostitutionstourismus von Kleiber (1995) hinweisen, die auch Frauen als Kundinnen mit in die Befragung aufgenommen hat. Darüber hinaus sei hier die qualitativ-empirische Feldforschungsarbeit von Rothe zum Thema des männlich-heterosexuellen Prostitutionstourismus in Thailand erwähnt. Zwar sind ihre Ergebnisse nicht unmittelbar auf die innerdeutsche Freier-Wirklichkeit übertragbar, dennoch berührt die vertretene Forschungsthese maßgebliche Bereiche genereller Männer- bzw. Freierforschung. »Die Arbeitshypothese der Studie lautet, daß der männliche Prostitutionstourismus eine extreme (Re-)Präsentation des hegemonialen Machtanspruches der westlichen, weißen Männer ist, der die in diesem Machtanspruch impliziten Aspekte Sexismus und Rassismus in gesteigerter Form zum Ausdruck bringt« (Rothe 1997, 14). Prostitutionstourismus stellt für Rothe demzufolge einen geschlechtsspezifischen Mechanismus dar, um die Krise moderner westlicher Männlichkeit zu bewältigen. Bedeutsam ist diese m.E. zutreffende These im Hinblick auf die vorliegende Arbeit, da viele Freier auch hier

8 Dies umfasst Kategorien wie: »Unvertraute Umgebung, Nähe zum Milieu, Situation Gruppe, aktuelle Partnerlosigkeit als Gelegenheit, Konsum von Alkohol, Sonstiges« (Velten 1994, 109).

9 Darunter werden gefasst: »Fehlende Sexualerfahrung als sexuelles Lerndefizit, fehlende Sexualerfahrung wegen Tabuisierung sexueller Bedürfnisse, fehlende Sexualerfahrung wegen Hemmung gegenüber Frauen, Partnerlosigkeit, sexuelle Defizite in der Partnerschaft« (ebd., 109).

häufig den Wunsch nach Kontakt mit migrantischen Sexarbeiterinnen formulieren.[10] Diese werden von den Kunden im Vergleich zu ihren deutschen Kolleginnen vielfach als ›einfühlsamer‹, ›emotional engagierter‹ und ›offener‹ beschrieben. Abschließend noch einmal Rothe auf die Frage, inwieweit die Freier das finden, was sie suchen: »Die Gegenüberstellung der Erwartungen und Hoffnungen der Prostitutionstouristen mit ihren realen Erfahrungen vor Ort zeigt jedoch, daß letztlich keiner der Männer findet, was er sucht. Weder erfüllt sich der Wunsch nach einer wie auch immer gearteten ›perfekten‹ Beziehung und auch der Sex mit den thailändischen Prostituierten hält nur quantitativ alle Rekorde. Qualitativ, also gefühlsmäßig beschreiben ihn die meisten Prostitutionstouristen als langweilig, unschön oder sogar abstoßend. Die Wunschvorstellungen der Männer sind unreflektiert und haben keinen Bezug zur Realität« (ebd., 93). Oder: »[...] die demütige Fügsamkeit, die leichte Zugänglichkeit und die assoziierte extreme sexuelle Unterordnung der thailändischen Prostituierten entspricht dem europäischen Klischee über Thailänderinnen. Sie bietet den Männern die ideale Projektionsfläche für den patriarchalen Mythos, daß die männliche Über- und weibliche Unterordnung ein ›erotischer‹ Lustgewinn für den Mann sei« (ebd., 161). Ähnliche Ergebnisse wie Rothe präsentieren auch O'Connell Davidson (2001) für karibischen Prostitutionstourismus und Martilla (2008) in ihrer qualitativ-empirischen Studie zu finnischen Prostitutionstouristen nach Estland und Russland.[11]

Grenz hat 2005 die bislang letzte wissenschaftliche Abhandlung zur männlichen Nachfrage nach käuflicher Sexualität vorgelegt. Basierend auf 19 narrativen Interviews werden in dieser Untersuchung Konstruktionsprozesse moderner Männlichkeit im Kontext der Prostitution nachgezeichnet. In der an Foucaults Diskursanalyse angelegten Studie »sollen empirische Interviews zeitgenössischer Freier von ihrem kulturgeschichtlichen Hintergrund aus beleuchtet werden« (ebd., 27). Die zentrale Interpretationsfolie, vor der Grenz ihre Ergebnisse kulturgeschichtlich und diskursanalytisch interpretiert – »die Geschichte der Sexualität, des Geldes und des Konsums« (ebd., 27) – sind auch für diese Arbeit von großer Relevanz. Dies gilt auch für zentrale Diskursmuster, in deren Kontext die Autorin die Prostitutionsnachfrage verortet, wie beispielsweise die heteronormative Reproduktion von Männlichkeit durch Ausschluss von Homosexualität (ebd., 86-104), triebdynamische sexuelle Selbstkonzepte (ebd., 104-121), das Fortbestehen sexueller Doppelmoral als männliche Machtstrategie (ebd.121-135) oder die präzise Beschreibung des Zusammenhangs von Geschlecht, Geld und Machtverhältnissen in der prostitutiven Interaktion zwischen Freier und Prostituierter. Neben den inhaltlichen Aspekten ist aber auch die gesell-

10 Vgl. Kapitel 5 »Die Sexarbeiterin als ›phantastische‹ Frau«.

11 Zur ergänzenden Diskussion des weiblichen Prostitutionstourismus vgl. Taylor (2001).

schaftliche Bedeutung dieses Buches immens. Diese seit langem erste fundiert wissenschaftliche Publikation zum Thema der männlichen Nachfrage nach käuflicher Sexualität hat entscheidend dazu beigetragen, Diskussion über den Gegenstand weit über das Feld der Wissenschaft hinaus zu beleben.

Aber auch Fachtagungen und hieraus folgende Kongressberichte haben den Erkenntnisstand erweitert, wie etwa die Fachtagung »Männer und Sex(ualität)«, Heinrich-Böll-Stiftung (2003); die Fachtagung »Prostitutionskunden«, context e.V. (2004) oder die zweitägige Konferenz »Prostitution – Tauschhandel zwischen Körper und Zeichen« des Graduiertenkollegs »Geschlecht als Wissenskategorie« der Humboldt Universität Berlin (März 2006), in dessen Rahmen die Mitinitiatorin Sabine Grenz Parallelen und Differenzen zwischen Prostitutionskunden und Sexualstraftätern untersucht hat (vgl. Grenz 2006). An dieser Stelle sei insbesondere auf den Beitrag von Howe im Rahmen der context e.V.-Tagung hingewiesen. Die von Howe vorgestellte Pilotstudie stellt die bislang einzige systematisierende Forschungsbemühung zum Themenkomplex ›Freier migrantischer Prostituierter‹ dar. In dieser qualitativ-empirisch operierenden Untersuchung wurden 15 ethnoanalytisch fundierte Interviews mit Freiern durchgeführt. In ihrer Ausgangsthese vermutet Howe, dass: »[...] die Tabuisierung von Freiern ihre Entsprechung darin findet, dass Männer im Alltag und in ihrem (Innen-)System eine von ihrem Freiertum völlig abgetrennte Rolle einnehmen können und einzunehmen scheinen [...] im Bereich Prostitution [können sich, U.G.] möglicherweise ausgesparte, oder abgetrennte (auch unerfüllte) Wünsche, Hoffnungen, aber auch Ängste und Unsicherheiten zeigen« (Howe 2004, 33). Der Interviewleitfaden konzentriert sich daher auch auf die Untersuchung der Themenkomplexe Motive, Erwartungen, Rollenbilder, Männer-Frauenbilder, Sexualitätsvorstellungen sowie Ängste und Unsicherheiten von Freiern. Zusammenfassend lauten ihre Ergebnisse, dass Freier die Subkultur der Prostitution deshalb schätzen und aufsuchen, weil es ihnen hier wie sonst kaum möglich ist, Phantasien auszuleben und Bedürfnisse zu befriedigen, die sie aus unterschiedlichsten Gründen nicht in ihren normalen (Geschlechter-)Alltag integrieren können. Die konkrete Motivebene untergliedert Howe in drei zentrale Aspekte: »[...] die Möglichkeit, (1) eine passive eher hingebende Rolle einzunehmen, (2) die Abwechslung von sexuellen Praktiken und sexuellen Partnerinnen und (3) den schnellen, unkomplizierten Sex ohne weitere Schuldgefühle und Leistungsdruck« (ebd., 37). Aber auch im Hinblick auf die bereits weiter vorne diskutierte Gewalt- und Machtthese im unmittelbaren Interaktionsablauf zwischen Freier und Sexarbeiterin hat die Studie wichtige Erkenntnisse erbracht. Einem pauschalisierten Machtverhältnis zugunsten der Freier wird eine deutliche Absage erteilt, vielmehr wird konstatiert: »Das wirkliche Tabu in der Prostitution scheint hier zu liegen: Männer zeigen deutlich ihre Bedürftigkeit, ihr sexuelles Begehren, ihre Begierden, ihre Geilheit, aber auch ihr Bedürfnis nach körperlichen Zuwendungen, Trost und Zärtlichkeit etc. Sie können vor allem ihrem Wunsch nach Passivität und ihrer Bereitschaft zur Hingabe Raum geben« (ebd., 38).

Zum Abschluss sei noch auf die ethnografische Studie von Langer (2003) hingewiesen, die – mit Goffmanscher Begrifflichkeit – u.a. Interaktionsprozesse von drogensubstituierenden Sexarbeiterinnen und ihren Freiern untersucht hat.

Im internationalen Vergleich kann festgestellt werden, dass seit den 1990er Jahren einige interessante qualitativ-empirische Arbeiten publiziert worden sind, die sich auf unmittelbares Interviewmaterial mit (heterosexuellen) Freiern stützen. Auch wenn diese Arbeiten auf Grund unterschiedlicher staatlicher Regulationsweisen und divergierender sexualpolitischer bzw. sexualmoralischer Kontexte und Rahmenbedingungen nicht eins zu eins auf die bundesrepublikanische Realität übertragbar sind, liefern sie dennoch wichtige Erkenntnis, z.B. in Bezug auf die Motivebene der Prostitutionsnachfrage. McKageney/Barnard führten 143 Interviews mit britischen Freiern von Straßensexarbeiterinnen durch, davon 68 Telefoninterviews. Sie fanden sechs zentrale Motivmuster heraus: (1.) die Möglichkeit, spezielle sexuelle Praktiken zu erhalten,[12] (2.) sexuelle Abwechslung und (3.) sexuellen Kontakt mit vielen verschiedenen Frauen und Attraktivitätsmerkmalen, (4.) die Begrenztheit der (sexuellen) Beziehung, (5.) die subkulturelle Anziehungskraft bzw. der ›verbotene‹ Charakter des Prostitutionskontakts sowie (6.) die Vorstellung, dass Sexarbeiterinnen gegen Geld zu ›allem‹ bereit sind (McKageney/Barnard 1996, 50-54). Campbell kann ähnliche Motivmuster nachweisen: ›Thrill/Excitement/Enjoyment‹, ›Sexual Services Not Provided by Partner‹, ›Loneliness or Inability to Form Sexual Relationships‹, ›Different Women‹,[13] ›Sexual Urge‹, ›Convenience‹, (Campbell 1998, 162-166). Diese Motive kontextualisiert sie in Abgrenzung zur pathologisierenden Devianzforschung dahingehend: »Therefore, I would suggest that the motivations of the men who pay for sex in this sample can be understood not as the product of a deviant sexuality but as the shaping of a persistently hegemonic discourse of male sexuality that impacts on male sexual identity« (ebd., 169-170) – ein Gedanke, der auch für diese Studie theoretisch und forschungspraktisch von zentraler Bedeutung ist. Noch einen Schritt weiter in der politischen und moralischen Normalisierung der männlichen Prostitutionsnachfrage geht die britische Soziologin Sanders (2008a, 2008b). In ihrer auf 50 Tiefeninterviews basierenden Untersuchung

---

12 Zur Diskussion der Nachfrage spezieller sexueller Praktiken vgl. zudem Monto (2001).

13 Auch Mansson (2005, 4) weist daraufhin, dass insbesondere die gleichzeitige Abwertung und Erotisierung der Weiblichkeit und Sexualität von Prostituierten als das ›Besondere‹ und ›Andere‹ – er spricht hier von »The fantasy of the dirty whore«, »Another type of women«, »Another type of sex« – ein starkes Motiv der männlichen Prostitutionsnachfrage darstellt.

mit Mittelklasse-Freiern, die über einen längeren Zeitraum eine oder mehrere Sexarbeiterinnen (›Stammhure‹) kontaktieren, kommt sie zu dem Ergebnis; »that there are similarities in the acting out of sexual scripts, and in the process of sexual engagement and emotional desires, satisfaction and vulnerabilities between men in conventional and commercial sexual relationships« (Sanders 2008b, 401). Im Kern geht Sanders also davon aus, dass sich die Prostitutionsnachfrage ›freundlicher‹, ›respektvoller‹, ›höflicher‹ und ›gewaltverneinender‹ Männer der englischen Mittelklasse, die die überwiegende Mehrzahl der Prostitutionskunden und -kontakte ausmachen, wenig bis gar nicht von privater Sexualität unterscheidet. Insofern weist sie die generalisierende Klassifizierung der männlichen Nachfragepraxis als patriarchales Gewalt- und Dominanzphänomen als wissenschaftlich unbegründet zurück. Diese Einschätzung, welche kontroverse Reaktionen hervorgerufen hat,[14] wird auch in dieser Untersuchung noch hinlänglich diskutiert werden.[15] Da die ›Gewaltdebatte‹ im sozialen Feld der Prostitution in Kapitel 2 dieser Arbeit noch eigens betrachtet wird, sei hier nur kurz auf einige wichtige Arbeiten und Forschungskontexte hingewiesen. Das Prostitutionsfeld wird in der wissenschaftlichen und gesellschaftlichen Gesamtbetrachtung im Vergleich zu anderen sozialen Feldern zu

Recht als ein Bereich mit erhöhter Gewaltrate betrachtet.[16] Gewaltformen bzw. gewalttätiges Verhalten gegen Sexarbeiterinnen durch Freier, Zuhälter, Bordellbetreiber oder Partner umschreiben beispielsweise respektloses oder herablassendes Verhalten, verbale Beleidigungen, Rassismus, Drohungen, Erpressung, (Beischlaf-)Diebstahl, Lohnraub, physische Tätlichkeiten, massive Gewaltanwendung, Vergewaltigung bis hin zum Mord. Die Straßenprostitution wird dabei als besonders von Gewalt betroffen klassifiziert.[17] In einer Untersuchung des Bundesfamilienministeriums heißt es zur Gewaltfrage insgesamt: »Die Gewaltprävalenzen der Teilpopulation der Prostituierten liegen bei allen von uns erfassten Gewaltformen auffällig hoch und um ein Vielfaches höher als bei den Frauen der Hauptstudie, die den bundesdeutschen Bevölkerungsdurchschnitt repräsentieren. So hatten 92% aller befragten Prostituierten sexuelle Belästigung erlebt, 82% psychische Gewalt, 87% körperliche Gewalt und 59% sexuelle Gewalt. [...] Darüber hinaus wurden aber von den befragten Prostituierten auffällig häufig

---

14 Vgl. die begeisterte Rezension von Lowman (2009) sowie die ambivalenter gestimmte Rezension von Kaye (2008) zu dieser Studie.

15 Weitere qualitativ-empirische Arbeiten haben u.a. Jordan (1997); Plumridge et al. (1997); Bernstein (2001); Brooks-Gordon/Gelthorpe (2003) vorgelegt.

16 Vgl. Farley/Barkan (1998); Brückner/Oppenheimer (2004, 179-222); Monto (2004); Raphael/Shapiro (2004); Sanders/Campbell (2007); Salfati/James/Ferguson (2008), Jeffreys (2009).

17 Vgl. Church et al. (2001); Monto/Hotaling (2001); Zurhold (2005a, 2005b); Strobel (2006).

Personen aus der Arbeitssituation, insbesondere Freier, als Täter genannt« (BMFSFJ 2004, 85).[18] Die Frage, die die wissenschaftliche Diskussion ›spaltet‹, insbesondere in Bezug auf den Tatbestand der Freier-Gewalt, lautet ob und inwiefern sich dieses Phänomen konstitutiv als Ausdruck aus der der Prostitutionsnachfrage innewohnenden patriarchalen Macht- und Dominanzstruktur ergibt[19] oder es sich hierbei um ein allgemeines und somit prostitutionsunspezifisches Problem männlicher Gewaltausübung gegenüber Frauen handelt.[20] Auch die international geführte Kontroverse um den Tatbestand des Menschen- oder Frauenhandels sowie die entsprechende Rolle der Freier kann in diesenKontext gerückt werden (vgl. Anderson/O'Connell Davidson 2003, Ben-Israel/Levenkron 2005, Di Nicola et al. 2009).

Zum Schluss sei noch auf den jüngsten Bereich der Freierforschung hingewiesen. Es handelt sich hierbei um Arbeiten, die internetbezogene Nachfrage-Daten analysieren. Zumeist werden dabei Internet-Foren untersucht, in denen sich Freier über ihre Prostitutionsaktivitäten anonym austauschen. Leider liegt aktuell zur bundesrepublikanischen Realität keine eigenständige Untersuchung vor. In Kapitel 2 dieser Arbeit wird deshalb eine erste wissenschaftliche Annäherung an diesen Untersuchungsgegenstand unternommen. Auch international ist bislang nur wenig zu diesem Bereich geforscht worden (vgl. Sharp/Earle 2003, Soothill/Sanders 2005, Blevins/Holt 2009).

Freierbezogene Feldstrukturen

Das soziale Feld der Prostitution ist bislang viel zu sehr als ›soziales Problem‹ (Stallberg 1988) betrachtet und untersucht worden, in dem vor allem

---

18 Einschränkend muss zu dieser Einschätzung festgestellt werden, dass die gewonnenen Ergebnisse nur auf einer sehr kleinen Stichprobe von N=110 Sexarbeiterinnen beruhen.

19 Vgl. Raymond (2004); Monto/McRee (2005); McLeod et al. (2008); Klein/Kennedy/Gorzalka (2009); Monto (2009).

20 Sanders et al. merken als Reaktion auf eine freierkritische Studie von McLeod et al. (2008) beispielsweise an: »The researchers not only advocate the criminalisation of men who buy sex, but they suggest such men should be categorised as sex offenders, and placed on the sex offender register. In the report, men who buy sex are categorised with rapists, paedophiles and other social undesirables (pp 27). This extreme view discounts the following important realities: a. The majority of commercial sexual interactions take place without violence or robbery. b. The majority of commercial sexual interactions are consensual between adults. c. There is ample counter-evidence (such as Bernstein, 2001; 2007) that indicate that clients are ›normal‹ and increasingly seeking ›authenticity‹, intimacy and mutuality rather than trying to fulfil any mythology of violent, non-consensual sex« (Sanders et al. 2008, 4). Diese Einschätzung wird auch von Kleiber/Velten (1994, 60-61) tendenziell geteilt.

die Freier nicht vorkamen. Eine nüchterne Analyse, fokussiert auf freierbezogene Feldstrukturen und Dynamiken, fehlt zur Zeit fast vollständig. Eine solche Forschungsperspektive müsste sich m.E. auf die Analyse folgender Punkte beziehen: (1.) der politischen und administrativen Regulation der Prostitutionsnachfrage, (2.) der gesellschaftlichen Einordnung der Prostitutionsnachfrage (moralisch, normativ, geschlechterpolitisch etc.), (3.) der Analyse von Rechtsstrukturen sowie (4.) sozio-ökonomischer Aspekte (ökonomische Rahmendaten, Angebotssettings und Prostitutionsformen, Dynamik zwischen Angebot und Nachfrage, Preispolitik etc.). Kapitel 3 dieser Arbeit versucht dieser Forschungslücke unter Bezugnahme auf eigene Feldforschungsergebnisse sowie allgemeiner Forschungsliteratur zum Prostitutionsfeld eine empirische Rekonstruktion freierbezogener Feldstrukturen entgegenzusetzen (zu Literaturangaben vgl. Kapitel 3).

HIV/AIDS – freierspezifische Präventionsforschung

Im Vergleich zu den 1990er Jahren ist es still geworden um die wissenschaftlich fundierte HIV/AIDS Präventionsforschung.[21] Zwar sind im Zuge der Fußballweltmeisterschaft in der Bundesrepublik zahlreiche Freier-Kampagnen ins Leben gerufen worden,[22] die aber nicht auf aktuellen wissenschaftlichen Studien aufbauen. In Bezug auf die globale Perspektive existieren einige Studien, die ihren Forschungsfokus punktuell auf spezielle Aspekte richten, wie beispielsweise das HIV-Risikoverhalten (Kondomverwendung) von Freiern in einem Land, einer Region oder Stadt[23] bzw. von Freiern in spezifischen Settings und Prostitutionssparten. Das Thema der Kondomverwendung von Freiern wird in dieser Arbeit nur gestreift bzw. im Kontext allgemeiner gesellschaftlicher Transformationsprozesse des Prostitutionsfeldes betrachtet. Einen m.E. richtigen Eindruck in Bezug auf das aktuelle Risikoverhalten von Freiern liefert eine Einschätzung der Schweizer Aids-Hilfe, die sich seit Jahren kompetent und vorbildlich auch mit der Nachfrageseite auseinandersetzt:[24] »Als Folge der Wirtschaftskrise wird mit einem Rückgang der Nachfrage gerechnet. Die Preise purzeln und der Druck den Wünschen der Kunden zu entsprechen steigt. Folglich erstaunt es nicht, dass die meisten Fachstellen eine Zunahme ungeschützten Verkehrs feststellen und teilweise gar von einer ungewöhnlich grossen Nachfrage danach berichten. Sowohl Sexarbeiterinnen als auch Freier und Betreiber bestätigen, dass Oralsex mehrheitlich ohne Schutz angeboten wird. Unter dem

21 Vgl. Kleiber/Velten (1994); Ahlemeyer (1996); Weiler (1997). International vgl. für die 1990er Jahre Leonard (1990); Freund (1991); Vanwesenbeeck et al. (1993); McKeganey (1994); de Graaf (1995); Kohler (2000).

22 Eine detaillierte Darstellung dieses Sachverhalts findet sich in Kapitel 2.

23 Vgl. Gomes do Esp'ritio Santo/Etheredge (2002).

24 Vgl. die freierspezifische Internet-Aufklärungskampagne ›www.don-juan.ch‹.

Konkurrenzdruck hätten die Frauen aber mit der Forderung zur Kondombenützung wenig Chance und ein zunehmendes Überangebot an Sexarbeiterinnen verschärfe das Dilemma spürbar« (Aids-Hilfe Schweiz 2008, 3).

ZUR THEORIE UND METHODE DER HABITUSANALYSE

In diesem Abschnitt werden die grundlegenden theoretischen und forschungslogischen Prämissen dieser Untersuchung dargestellt und erläutert. Im Konkreten geht es darum, zu verstehen:

- warum das bourdieusche Feld-Habitus-Konzept als bestimmender theoretischer Rahmen gewählt worden ist,
- mit welchen Begriffen im Konkreten operiert wird,
- wie die grundlegende Feldlogik des Prostitutionsfeldes konzeptualisiert wird und
- wie das theoretische Programm operationalisiert und methodisch konkret vorgegangen worden ist.

Beginnen wird die Ausführung mit der Darlegung zweier theoretischer Prämissen und der Begründung, warum hieraus eine Bezugnahme auf das bourdieusche Theorieprogramm erfolgt ist.

Die sozialkonstruktivistische Prämisse

Diese Arbeit kann als Beitrag sozialkonstruktivistischer Gendertheorie begriffen werden. Die Kategorie Geschlecht wird hierbei als soziales Konstrukt aufgefasst und das bipolare hierarchisierte Geschlechterverhältnis als manifester Ausdruck historisch gewachsener, gesellschaftlicher Prozesse und Strukturen begriffen. Damit wird der Grundlogik des bipolaren Geschlechter-Modells, der biologisch-geschlechtlichen Zweiteilung der Körper (biologisches Geschlecht/sex) und der hieraus scheinbar zwingend resultierenden Zuschreibung des sozialen Geschlechts (gender) und des geschlechtlichen Handelns (doing gender) eine radikale Absage erteilt. Vielmehr werden alle das (körperliche) Geschlecht und die geschlechtliche Praxis bestimmenden Kategorien als sozial determinierte verstanden. Die Annahme einer vorsozialen biologisch-anatomischen Verschiedenheit der Geschlechter wird zurückgewiesen, denn sie verkennt, dass die Bezugnahme auf eine vordiskursive Natürlichkeit selbst eine diskursive Hervorbringung darstellt, wie Butler darlegt:

»Die Geschlechtsidentität darf nicht nur als kulturelle Zuschreibung von Bedeutung an ein vorgegebenes anatomisches Geschlecht gedacht werden (das wäre eine juristische Konzeption). Vielmehr muß dieser Begriff auch jenen Produktionsapparat bezeichnen, durch den die Geschlechter (sexes) selbst gestiftet werden. Demnach gehört die Geschlechtsidentität (gender) nicht zur Kultur wie das Geschlecht (sex) zur Natur. Die Geschlechtsidentität umfaßt auch jene diskursiven-kulturellen Mittel, durch die eine ›geschlechtliche Natur‹ oder ein ›natürliches Geschlecht‹ als ›vordiskursiv‹, d.h. als der Kultur vorgelagert oder als politisch neutrale Oberfläche der sich die Kultur einschreibt, hergestellt und etabliert wird« (Butler 1991, 24).

Dieser Sachverhalt ist insbesondere für eine Arbeit wichtig, deren Untersuchungsgegenstand eine epochenübergreifende ›natürliche‹ Ursächlichkeit, Stabilität und Konsistenz innezuwohnen scheint. Dem geschlechtlichen Essentialismus und der Naturalisierung von Sexualität, Begehrensstrukturen, sexueller Ästhetik und vergeschlechtlichten sexuellen Körpern wird mit dieser Untersuchung ein sozialkonstruktivistisch-empirischer Ansatz entgegengesetzt, der konsequent hinter den naturalisierend-biologisierenden Spiegel blicken will. Dennoch darf der Blick auf den fiktionalen Effekt sozialer Konstruktionen, auf »das Imaginäre der Realität«, nicht über die »Realität des Imaginären« (Maihofer 1995) hinwegtäuschen. Hierunter ist die Tatsache zu verstehen, dass das Geschlecht bzw. geschlechtliches Sein insbesondere auf der körperlichen Ebene immer auch eine existentielle bzw. materielle Realität darstellt und als solche von Männern bzw. Frauen erfahren, gespürt und gelebt wird. Dieser Übergang vom Imaginären der Realität zur Realität des Imaginären ist v.a. von Maihofer (ebd.) herausgearbeitet worden und für das hier verwendete Habitus-Konzept inhaltlich sehr anschlussfähig. Maihofer geht davon aus, dass die Grundlage der sozialisatorisch vermittelten Zweigeschlechtlichkeit der Diskurs der Binarität bzw. Zweigeschlechtlichkeit ist. Dennoch betont sie, dass die geschlechtsspezifische Sozialisation innerhalb der Zweigeschlechtlichkeit (die aus Menschen Mädchen bzw. Jungen und aus diesen wiederum Frauen bzw. Männer macht) etwas von den Subjekten sehr real Empfundenes ist, etwas, das in ihnen 'drinnen sitzt' und was sie selbst (zumindest in den allermeisten Fällen) entsprechend einem der beiden Geschlechter handeln und sich zugehörig fühlen lässt:

»Der hegemoniale Geschlechtskörper umfaßt ein komplexes Repertoire an normierenden und disziplinierenden Wissensformen, ›männlichen‹ und ›weiblichen‹ Denk-, Gefühls- und Verhaltenspraxen, körperlichen Sensibilisierungen, sexuellen Praktiken, Gesten, Haltungen, bis hin zu spezifischen Körperformen. So ist ein ›weiblicher‹ oder ›männlicher‹ Körper das (mehr oder weniger bewußte) Ergebnis eines fortschreitenden disziplinierenden und formierenden Körpertrainings/-stylings, eines langwierigen Einübens spezifisch ›weiblich‹ oder ›männlich‹ geltender Gesten (des Lächelns oder Lachens oder spezifischer Blicke), eines körperlichen Habitus (wie offene oder geschlossene Sitzhaltung) und vieler scheinbarer Kleinigkeiten an körperlichen Modellierungen, Akzentuierungen und Stilisierungen« (ebd., 97).

Als letzten Punkt sei auf einer (geschlechter-)politischen bzw. institutionellen Ebene noch Folgendes angemerkt. Die diskursive Logik der Zweigeschlechtlichkeit und die hieraus hervorgehende (und sozialisatorisch vermittelte) Schaffung zweier (materialisierter) Geschlechter bzw. geschlechtlich divergenter Existenzweisen erfährt ihre eigentliche Bedeutung bzw. ihren innersten Sinn erst daraus, dass das soziale Leben ebenfalls zweigeschlechtlich organisiert ist. Den zu Männern und Frauen gemachten Menschen werden in diesem Prozess unterschiedliche Positionen sowie Funktionen bzw. Aufgaben gesellschaftlich zugesprochen, die die hierarchisierte Arbeitsteilung und das Machtungleichgewicht zwischen den Geschlechtern praktisch begründen. Das soziale Feld der Prostitution als (männliche) Institution weist in seiner hierarchisierten sexistischen Struktur ein eindrückliches Beispiel hierfür aus.

Prämisse kritische Wissenschaft

Die zweite Prämisse, die in der Einleitung bereits angesprochen worden ist, bezieht sich auf den Anspruch dieser Arbeit, kritische Wissenschaft zu sein. Mit Seyla Benhabib können im Anschluss an die klassische Kritische Theorie[25] hierunter vier konzeptionelle Kernelemente gefasst werden:

»1. die Zielsetzung, alle sozialen Phänomene als historische zu begreifen;
2. die Notwendigkeit, Herrschaftsbedingungen und Mechanismen der Machtdurchsetzung aufzudecken;
3. den Anspruch, das gesellschaftliche Ganze als einen aus strukturellen Gründen widersprüchlichen Zusammenhang zu begreifen;
4. die Perspektive, Wissenschaft als Anleitung zu einer emanzipatorischen Praxis betreiben zu wollen« (Benhabib 1990, zit. n. Becker-Schmidt 1992, 66).

Im Anschluss an diese Ausführungen kann nun eine erste Antwort auf die Frage nach der theoretischen Bezugnahme auf das bourdieusche Feld-Habitus-Konzept formuliert werden. Dieser Schritt dient zugleich als erste inhaltlich-begriffliche Klärung des theoretischen Bezugsrahmens.

Der theoretische Begründungszusammenhang

(1.) Das bourdieusche Theorieprogramm ist als strukturvermittelte Handlungstheorie, »genetischer Strukturalismus« (Schwingel 1995, 71), unmittelbar an beide Prämissen anschlussfähig. Innerhalb des Feld- und Habitus-Theorems existieren weder geschichtslose soziale Felder noch rein autonom bzw. strukturlos handelnde Subjekte. Der soziale Raum, untergliedert in relativ autonome soziale Felder, tritt dabei den handelnden Akteur_innen als

25 Zur Programmatik der Kritischen Theorie vgl. Horkheimer (1992, 205-269).

objektive Struktur (sozialer Tatbestand) äußerlich und zwingend entgegen. Soziale Felder als gesellschaftliche Institutionen werden dementsprechend auch als objektivierte bzw. »Ding gewordene Geschichte« bezeichnet (Bourdieu 1995, 69). Sie treten den beteiligten Akteur_innen als Kräftefelder entgegen, »als ein Ensemble objektiver Kräfteverhältnisse, die allen in das Feld Eintretenden gegenüber sich als Zwang auferlegen und weder auf die individuellen Intentionen der Einzelakteure noch auf deren direkte ›Interaktionen‹ zurückführbar sind« (ebd., 10, Herv. i. O.). Aber auch der Habitus als System dauerhaft erworbener Dispositionen zur Hervorbringung und Klassifikation von Praxis wird als sozialer Tatbestand aufgefasst. Er wird als Produkt sozialisatorischer Prägungs- und Konditionierungsprozesse spezifischer Existenz- und Lebensbedingungen betrachtet. In diesem Sinne wird der Habitus als »Interiorisierung der Exteriorität« (Bourdieu 1993, 102) zur »verleiblichten Geschichte« (Bourdieu 1995, 69), in der sich die gesellschaftlichen Strukturen materialisieren, die ihm primär zugrundeliegen. Der Habitus bzw. die »›Habitusformen‹ als Systeme dauerhafter und übertragbarer Dispositionen« (Bourdieu 1993, 98, Herv. i. O.) wird in dieser Arbeit dementsprechend als ›durch und durch‹ soziale bzw. sozial konstruierte Kategorie, jenseits biologischer oder naturalisierender Dimensionen betrachtet.

(2.) Die konstitutive und hervorgehobene Dimension, die der Körper bzw. die verleiblichte Verinnerlichung sozialer Strukturen innerhalb des Feld-Habitus-Konzepts einnimmt, ist ein weiterer Grund der theoretischen Bezugnahme auf dieses Konzept[26] – insbesondere, da sich diese Untersuchung sehr zentral mit körperlich-leiblichen Erfahrungshorizonten in Bezug auf Geschlecht, Sexualität, Begehren und sexueller Praxis auseinandersetzt. Holger Brandes stellt in diesem Kontext fest:

»...[B]eide Ansätze [Bourdieu und Connell, U.G.] sehen die Konstruktion von Männlichkeit als verankert in sozialer Praxis. Dies impliziert bei beiden, Sprache und Handlung und damit auch Sprache und Körper in einem Zusammenhang zu sehen. Soziale Praxis ist nämlich ursprünglich immer auch körperliche Praxis und zugleich sozial strukturierte Praxis. Insofern ist Männlichkeit immer Ausdruck männlicher Praxis, die auch dann auf den Körper bezogen ist, wenn sie nicht ausdrücklich als körperorientierte Praxis ausgeübt wird« (Brandes 2004).

(3.) Des Weiteren wird auf die bourdieusche Theorie zurückgegriffen, da sie sich als »Theorie der Praxis«[27] versteht. Neben dem bourdieuschen Kerngedanken von sozialer Praxis als strategischer Praxis, getragen von »intentionsloser Intentionalität« (Bourdieu 1989, 397), ist folgender Aspekt

26 Vgl. Bourdieu (1993, 122-146); (1994, 739-740); (1997, 153-217).

27 Vgl. Bourdieu (1979, 139-319); (1993, 97-121; 147-179); (1998, 137-157); Schwingel (1995, 35-51).

für unsere Untersuchung bedeutsam. Der Habitus als zentrale Hervorbringungsinstanz von Praxis wird nicht als statische bzw. identitäre Dimension konzipiert, sondern aufgefasst als ein »sozial konstruiertes System von strukturierten und strukturierenden Dispositionen, das durch Praxis erworben wird und konstant auf praktische Funktionen ausgerichtet ist« (Bourdieu/Wacquant 1996, 154). Der Habitus materialisiert sich also nur im unmittelbaren Zusammentreffen mit einem konkreten sozialen Feld, in der empirisch rekonstruierbaren Feldpraxis. Für die Habitusanalyse folgt hieraus, dass die konkret denkenden, fühlenden, klassifizierenden und strategisch handelnden Individuen nie aus der erkenntnislogischen Betrachtung herausgenommen werden können und der soziologische Erkenntnisgewinn nahezu zwingend empirisch ausgerichtet sein muss.

(4.) Das Soziale wird bei Bourdieu konstitutiv unter dem Blickwinkel sozialer und symbolischer Kapital- und Konkurrenzkämpfe betrachtet.[28] Die Betrachtung von Macht- und Herrschaftsverhältnissen sowohl auf der strukturellen (sozialer Raum und soziale Felder) als auch auf der mikrosozialen Ebene strategischer Praxis (Distinktions-, Benennungs- und Positionskämpfe) ist ein immanenter Bestandteil dieses soziologischen Konzepts wie auch dieser Untersuchung. Insbesondere die Idee des Habitus als sozial unbewusster Kategorie, dem die (symbolische) Macht innewohnt, seine gesellschaftliche Durchdringung und soziale Konstruiertheit in Vergessenheit geraten zu lassen, ist für die Erklärung der (reibungslosen) Reproduktion gesellschaftlicher Macht- und Herrschaftsverhältnisse z.B. im sozialen Feld der Prostitution von großer Bedeutung.

Im folgenden Abschnitt wird es nun darum gehen, die zentralen Begriffe, mit denen in dieser Arbeit operiert wird, im Einzelnen zu erläutern. Die Darstellung des begrifflichen Instrumentariums bleibt an dieser Stelle der Untersuchung weitgehend abstrakt bzw. theorieimmanent mit nur wenigen konkreten Bezügen zum Untersuchungsgegenstand.

Zum Begriff des sozialen Feldes

Der soziale Raum

Den Ausgangspunkt zur Klärung zentraler Begriffe des Feld-Habitus-Theorems soll hier das Konzept des sozialen Raumes bilden, in dem Bourdieu ein sozialtopologisches Modell moderner Klassengesellschaften entwirft (vgl. Schwingel 1993, 27-40; Bourdieu 1994, 1995). Das Raum-Konzept ist in seinen Grundzügen in drei Strukturebenen untergliedert:

- die Ebene der objektiv-ökonomischen bzw. kulturellen Existenz- und Lebensbedingungen (Strukturebenen Klasse und Geschlecht),

28 Vgl. Bourdieu (1983); (1992, 135-154); (1993, 222-245); (1994); (1995, 7-46); Schwingel (1993, 81-166).

- die Ebene sozialer Praxis (Raum der Lebensstile bzw. Raum symbolischer Repräsentation),
- die Habitus-Ebene als Scharnier zwischen Struktur und Praxis.

Der konkrete soziale Raum innerhalb einer spezifischen historisch-gesellschaftlichen Konstellation wird dann in eine vertikale und horizontale Achse unterteilt. Die vertikale Achse kennzeichnet dabei die grundlegenden Klassifizierungskategorien des sozialen Raumes, welche Bourdieu in vier verschiedene Kapitalsorten unterteilt, nämlich ökonomisches, kulturelles, soziales und symbolisches Kapital (Bourdieu 1983).[29] Die horizontale Achse bestimmt die Zusammensetzung, das Volumen und die zeitlich-biographische Entwicklung der Kapitalsorten. Hieraus folgernd kommt Bourdieu dann zu einer ersten sozialstrukturellen Bestimmung des sozialen Raumes, in dem er Gruppen von Kapitaleigner_innen zusammenfasst und gemäß des Volumens und der Struktur des Kapitals als (relationale) soziale Klasse innerhalb des sozialen Raums positioniert.[30] In Bezug auf die oben angesprochenen Ebenen geht Bourdieu nun, vermittelt über den jeweiligen (Klassen-)Habitus, von einer Homologie zwischen dem Raum der materialen und kulturellen Lebens- und Existenzbedingungen (Kapitalverteilung und Klassenbildung) und dem Raum der Lebensstile als Klassenpraxis aus. Der Habitus legt demgemäß »als strukturiertes Dispositionssystem [...] die systematischen Grenzen klassenspezifischer (bzw. geschlechtsspezifischer, U.G.) Praxisformen (gemäß der Wahrscheinlichkeitslogik) fest und stellt so eine notwendige Beziehung zwischen (objektiven) Lebensbedingungen und (symbolischen) Praktiken, d.h. Lebensstilen her« (Schwingel 1995, 28).

29 Der Kapitalbegriff von Bourdieu darf – trotz der sprachlichen Analogie – nicht mit dem Kapitalbegriff von Marx in eins gesetzt werden. Bourdieu versteht unter ökonomischem Kapital lediglich die Summe der materiellen Ressourcen (Vermögen, Einkommen, Besitz). Unter kulturellem Kapital versteht er zum einen den inkorporierten Wissens- und Fertigkeitsschatz eines Individuums, zum Zweiten manifeste Güter (Bilder, musikalische Sammlungen, Bücher, Handwerksgegenstände etc.) und zum Dritten die institutionelle Anerkennung kulturellen Kapitals in Form von Titeln, Berufsbezeichnungen, akademischen Graden etc. Das soziale Kapital bezeichnet die in sozialen Kämpfen wichtigen und notwendigen Beziehungsformen zu anderen – in der Regel mächtigeren – sozialen Positionen, welche umgangssprachlich häufig mit dem Begriff der ›Seilschaft‹ gekennzeichnet werden. Das symbolische Kapital letztendlich umschreibt die interaktive Anerkennung sämtlicher Kapitalsorten als legitime und gültige innerhalb der sozialen Auseinandersetzungen im sozialen Raum bzw. innerhalb der jeweiligen Felder.

30 Vgl. Bourdieu (1994, 171-277), insbesondere das Schaubild auf S. 213.

Soziale Felder als funktional ausdifferenzierte gesellschaftliche Teilbereiche

In einem weiteren konzeptionellen Schritt wird das theoretische Konzept des sozialen Feldes als dynamisches Moment innerhalb der ersten Theorieebene des sozialen Raum-Modells, der objektiv-materialen Lebens-und Existenzbedingungen, integriert.[31] Auf einer sehr allgemeinen Ebene kann ein soziales Feld als funktional ausdifferenzierter gesellschaftlicher Teilbereich bzw. funktionsspezifischer Handlungszusammenhang bestimmt werden. Beispiele für soziale Felder sind u.a. das Feld der Ökonomie, der Politik, der künstlerischen Produktion, des Sports, der Religion oder das soziale Feld der Prostitution. Die sozialen Felder sind in ihrem Kern als Orte gesellschaftlicher Praxis klassifiziert. Sie besitzen eine je eigene (Feld-) Logik, die durch einen feldspezifischem sozialen Sinn (›um was geht es?‹) definiert ist. Der gesellschaftliche Gesamtkosmos stellt sich aus der Perspektive der Feldtheorie wie folgt dar:[32]

»Im Laufe ihrer Entwicklung bilden Gesellschaften Universen aus (das, was ich Felder nenne), die eigene Gesetze haben und autonom sind. Ihre Grundgesetze sind oft Tautologien. Das Grundgesetz des ökonomischen Feldes, das von den utilitaristischen Philosophen entwickelt wurde, lautet: Geschäft ist Geschäft; daß des künstlerischen Feldes das explizit von der Schule des sogenannten l'art pour l'art aufgestellt wurde, heißt: der Zweck der Kunst ist die Kunst, die Kunst hat keinen andren Zweck als die Kunst; und so weiter. Auf diese Weise hat man soziale Universen, die ein Grundgesetz haben, einen nomos, der unabhängig ist von dem der anderen Universen, die auto-nom sind, die also das, was sich in ihnen abspielt, und die Einsätze um die in ihnen gespielt wird, nach Prinzipien und Kriterien bewerten, die nicht auf die der anderen Universen reduzierbar sind« (Bourdieu 1998, 148f.).

Soziale Felder können als klar unterscheidbare gesellschaftliche Sinn- und Praxiswelten gekennzeichnet werden, wobei die konkreten Feldgrenzen, an denen die veräußerlichte und objektivierte Macht der Feldgesetze enden, immer konkret, d.h. empirisch bestimmt werden müssen (»Die Grenzen des Feldes liegen dort, wo die Feldeffekte aufhören«, Bourdieu/Wacquant 1996, 131). Unter Rückgriff auf Spielmetaphern definiert Bourdieu den Begriff des sozialen Feldes dann weiter aus als raum-zeitlich begrenzten Spielraum, in dem spezifische, sozial definierte Spielregeln vorherrschen, Teilnahmebedingungen den Spieler_innen ›aufdiktiert‹ werden, in spezifische Spieleinsätze investiert werden muss und feldspezifische Praxisanforderungen das

31 Zur Konzeptualisierung der Feldtheorie vgl. insbesondere Bourdieu (1993, 122-127); (1995); (1998, 148-151); Schwingel (1995, 53-97); Bourdieu/Wacquant (1996, 124-174).

32 Zur allgemeinen soziologischen Referenz im Kontext des Differenzierungsparadigmas vgl. Schimank (1996).

Spielgeschehen sowie die feldinternen Wettbewerbe bestimmen. Lebensweltlich übersetzt, sind hiermit feldspezifische Normen, Werte, Mythen, ästhetische Richtlinien, Zugangsregeln, Sanktionsmechanismen sowie materiale bzw. symbolische Spaltungslinien (Macht-, Gewalt und Dominanzverhältnisse) gemeint. Ein Beispiel hierfür stellt die hierarchisierte sexuelle Arbeitsteilung im sozialen Raum des Geschlechterverhältnisses dar. Bourdieu verfolgt mit der Spiel-Metapher grundsätzlich zwei Ziele. Zum einen wird der Begriff des ›Spiels‹ sinnbildlich verwendet, um erneut auf die grundlegende gesellschaftliche Vermitteltheit von sozialer Welt und Praxis zu verweisen. Nicht umsonst bezeichnet Bourdieu ein soziales Feld deshalb auch als »willkürliche und künstliche soziale Konstruktion, als ein in allem was seine ›Selbständigkeit‹ definiert also in expliziten und spezifischen Regeln, in strikter Begrenztheit und Außergewöhnlichkeit von Raum und Zeit zum Ausdruck kommender Artefakt« (Bourdieu 1993, 123, Herv. i. O.). Zum anderen verweist die Spielmetapher auf soziale Felder als Orte strategischer Praxis bzw. als Austragungsorte gesellschaftlicher Konflikte und Interessensgegensätze.

Soziale Felder als Austragungsorte von Kapital- und Konkurrenzkämpfen

Die sozialen Felder werden so zum zentralen Bereich gesellschaftlicher Kapital- und Konkurrenzkämpfe bestimmt. Gekämpft und gestritten wird beispielsweise auf der materialen Ebene zwischen den sozialen Klassen bzw. den Positionseigner_innen in den jeweiligen Einzelfeldern um die in einem Feld zu realisierenden Profite. Es geht dabei um die Optimierung und kontinuierliche Realisierung von Einkommen und Gewinnen bezogen auf alle Kapitalebenen.

> »Die als Konstruktionsprinzipien des sozialen Raums fungierenden Eigenschaften (bzw. Merkmale) bilden die verschiedenen Sorten von Macht oder Kapital, die innerhalb der einzelnen Felder jeweils im Kurs sind. [...] Gleich Trümpfen in einem Kartenspiel determinieren eine bestimmte Kapitalsorte die Profitchancen im entsprechenden Feld (faktisch korrespondiert jedem Feld oder Teilfeld die Kapitalsorte, die in ihm als Machtmittel im Einsatz steht)« (Bourdieu 1995, 10).

Der Erfolg im Spiel und der Erfolg der gewählten Strategie ist von der sozialen Position, die im Spiel-Feld eingenommen werden kann, maßgeblich bestimmt. Diese leitet sich wiederum aus der Struktur und dem Volumen des verfügbaren Kapitals ab. Aber auch die symbolische Dimension von feldspezifischen sozialen Kämpfen ist insbesondere für diese Untersuchung von entscheidender Bedeutung (vgl. Kapitel 2). Drei Ebenen des symbolischen Kampfes sind in diesem Kontext von Relevanz. Zum einen die Auseinandersetzung um die Deutungshoheit über den Distinktionswert materieller Werke und kultureller Praktiken, die sich zu klassen- bzw. geschlechtsspezifischen Lebensstilen verdichten. Zum zweiten die Klassifikationsmacht über die Mechanismen der Produktion von Distinktion und gültigem Geschmack. Und zum Dritten geht es »um das Monopol auf die legitime Benennung, den herrschenden Standpunkt, der dadurch, daß er als legitim anerkannt wird, in seiner Wahrheit als besonderer, nach Ort und Zeit lokalisiert, verkannt wird« (Bourdieu 1988, zit. n. Schwingel 1993, 88). Es geht bei den materialen und symbolischen Kämpfen letztendlich also um die Herrschaft in den jeweiligen Feldern, wobei der materialen bzw. ökonomischen Dimension der Kapital-Kämpfe um Macht, Einfluss und Profite die gleiche Bedeutung zugemessen wird wie den symbolischen Kapitalkämpfen um politische und kulturelle Hegemonie. In dieser Untersuchung wird deshalb den symbolischen Kämpfen im sozialen Feld der Prostitution ausführlich Beachtung geschenkt, da diese die gesellschaftliche Klassifikation und Handhabung der männlichen Prostitutionsnachfrage entscheidend beeinflussen.

Interesse und praktischer Glauben

Bevor wir uns im folgenden Abschnitt dem Habitus der komplementären Kategorie zum sozialen Feld zuwenden, sei mit den Begriffen »Interesse« und »praktischer Glaube« auf zwei weitere Dimensionen des Feld-Konzepts hingewiesen. Mit dem Begriff des Interesses bzw. dem ›spezifischen Interesse‹[33] wird diejenige Ebene habituell vermittelter Praxis verstanden, die den handelnden Akteur_innen die Teilnahme an einem Feld sinnvoll und erstrebenswert erscheinen lässt. Auf der Akteur_innen-Ebene manifestiert sich dies beispielsweise als Anziehungskraft, die von einem Feld ausgeht, als Lust und Spannung auf ausstehende Feldkämpfe und als Vorfreude auf zu erwartende (Spiel-)Gewinne. Die subjektive Bereitschaft, sich motivational – kognitiv und emotional – auf die Logik und Strukturen eines Feldes einzulassen, wird somit zur Strukturbedingung dafür, dass sich ein soziales Feld als gesellschaftliche Institution reproduzieren kann. Der im ursprünglichen Titel dieser Arbeit gewählte Begriff der Feld-Habitus-Dynamik zielt elementar auf diesen Sachverhalt ab.

»Das für ein ›Spiel‹ kennzeichnende spezifische Interesse wird identisch mit der ›Besetzung‹ (affektives Engagement und materielle Investition) des ›Spiels‹, mit der der illusio als stillschweigender Anerkennung der ›Spieleinsätze‹. Jedes Feld erheischt und schafft eine besondere Form von Interesse (diese fundamentale ›Besetzung‹, die jedes Feld dem als Gebühr abverlangt, der eintreten will, das heißt die Anerkennung der Geltung des ›Spiels‹ und der ›Spieleinsätze‹, ist allen Beteiligten gemeinsam, was bedeutet, daß sie im Falle von Dissens durch Konsens – nicht Vertrag – verbunden

33 Vgl. Bourdieu (1989, 397-401); (1992, 111-118); (1993, 122-124); (1998, 137-157).

sind). Dieses mit der Teilnahme am ›Spiel‹ implizierte besondere Interesse spezifiziert sich noch je nach Stellung innerhalb des ›Spiels‹« (Bourdieu 1998, 399).

Natürlich sind nicht alle Felder gleichermaßen für die Menschen einer Gesellschaft interessant. Der konkrete Zusammenhang und die soziale Konstellation, die ein soziales Feld sinnvoll und erstrebenswert erscheinen lassen, wie beispielsweise das Interesse Sport zu treiben, Museen zu besuchen, sich dem Glauben hinzugeben oder eben eine Sexarbeiterin aufzusuchen,[34] müssen deshalb immer klassen- und geschlechtsspezifisch (empirisch) rekonstruiert werden. Viele Felder üben zudem die Macht auf die allermeisten Gesellschaftsmitglieder aus, die sie zur Teilnahme an dem jeweiligen Feld zwingt (z.B. das Feld der Schule, der Reproduktions- und Lohnarbeit etc.). Dennoch sind repressive Zwangsgesellschaften viel weniger funktional als Gesellschaften, deren Reproduktion auf freiwilliger, da verinnerlichter Veräußerlichung von Interesse und feldbezogener Libido basiert. Ein soziales Feld muss aber nicht nur mit motivationalem Interesse besetzt werden. Die handelnden Akteur_innen müssen bei Feldeintritt die elementaren Feldstrukturen, Logiken, Ablaufmuster, Profitoptionen und feldspezifischen kulturellen Codes auf einer sehr basalen Ebene akzeptieren, d.h. für richtig, gültig, selbstverständlich und normal erachten.[35] Dieser elementare Glaube an die Legitimität und Gültigkeit eines Feldes kann auch unterstellt werden, wenn Konflikte im Feld ausgetragen werden oder wenn man Feldstrukturen verändern bzw. neu gestalten möchte – abgesehen vielleicht von revolutionären Umwälzungen bzw. wenn die komplette Auflösung eines Feldes gefordert wird, wie von einigen feministischen Strömungen in Bezug auf das Prostitutionsfeld beabsichtigt. Dennoch akzeptieren die Spieler_innen durch ihr gezeigtes Engagement bzw. durch den praktischen Glauben an das Feld die grundlegende Logik und Strukturen dieses sozialen Feldes. Bourdieu betont auch hier die Relevanz der Verinnerlichung und Verleiblichung sozialer Strukturen in Bezug auf die praktische Logik und das praktische Gelingen der Vermittlung zwischen Struktur und Praxis bzw. zwischen Feld und Habitus.

»Der praktische Glaube ist kein ›Gemütszustand‹ und noch weniger eine willentliche Anerkennung eines Korpus von Dogmen und gestifteten Lehren (›Überzeugungen‹), sondern, wenn die Formulierung gestattet ist, ein Zustand des Leibes« (Bourdieu 1993, 126, Herv. i. O.).

---

34 In dieser Arbeit werden die beiden gesellschaftlichen Makrostrukturen Klasse und Geschlecht als zentrale Strukturmomente aktueller Vergesellschaftung aufgefasst, ohne andere intersektionale Strukturmomente (›Ethnie‹/›Race‹, sexuelle Orientierung, Alter, Stadt-Land, gesund-krank etc.) darum aus den Augen zu verlieren.

35 Zum Begriff des praktischen Glaubens vgl. Bourdieu (1993, 122-146).

Zum Begriff des Habitus

Struktur und Funktionsweise

Auf einer sehr allgemeinen Ebene kann der Habitus als »Erzeugungs- und Strukturierungsprinzip von Praxisformen und Repräsentationen« definiert werden (Bourdieu 1979, 165). Er stellt das zentrale Element der strukturvermittelten Handlungstheorie von Bourdieu dar. Der Habitus ist als verleiblichtes Produkt der Verinnerlichung klassen- bzw. geschlechtsspezifischer Existenz- und Lebensbedingungen zu begreifen. Dieser sozialisatorische Prozess formt den Habitus als dauerhaft stabiles System von Dispositionen in Gestalt von strukturierten Denk-, Wahrnehmungs- und Handlungsschemata. Der Habitus wird dabei sowohl als Individual-Habitus als auch als Klassen- bzw. Geschlechtshabitus ausgebildet.

»Als Produkt der Geschichte produziert der Habitus individuelle und kollektive Praktiken, also Geschichte, nach denen von der Geschichte erzeugten Schemata; er gewährleistet die aktive Präsenz früherer Erfahrungen, die sich in jedem Organismus in Gestalt von Wahrnehmungs-, Denk- und Handlungsschemata niederschlagen und die Übereinstimmung und Konstantheit der Praktiken im Zeitverlauf viel sicherer als alle formellen Regeln und expliziten Normen zu gewährleisten suchen« (Bourdieu 1993, 101).

Der Habitus als strukturierende Struktur ist damit als gesellschaftlich vermittelte Erzeugungsgrundlage und Bewertung von klassen- bzw. geschlechtsspezifischer sozialer Praxis zu begreifen. Auf einer allgemeinen theoretischen Ebene wird der Habitus somit zur Schnittstelle zwischen Struktur und Praxis und reproduziert in organischer Anpassung eben jene gesellschaftlichen Strukturen, die ihn ›erschaffen‹ haben. Dabei ist der Habitus weder als ein deterministisches Produkt der Strukturebene noch als strukturloser Handlungsapparat zu verstehen. Vielmehr wirkt der Habitus als strukturvermittelte generative Grammatik, welche in der Lage ist, autonome Handlungsstrategien innerhalb der spezifischen Grenzen seiner Produktionsbedingungen hervorzubringen.

»Da er ein erworbenes System von Erzeugungsschemata ist, können mit dem Habitus alle Gedanken, Wahrnehmungen und Handlungen, und nur diese, frei hervorgebracht werden, die innerhalb der Grenzen der besonderen Bedingungen seiner eigenen Hervorbringung liegen. Über den Habitus regiert die Struktur, die ihn erzeugt hat, die Praxis und zwar nicht in den Gleisen eines mechanischen Determinismus, sondern über die Einschränkungen und Grenzen, die seine Erfindungen von vornherein gesetzt sind. Als unendliche, aber dennoch strikt begrenzte Fähigkeit zur Erzeugung ist der Habitus nur so lange schwer zu denken, wie man den üblichen Alternativen von Determiniertheit und Freiheit, Konditioniertheit und Kreativität, Bewußtem und Unbewußtem oder Individuum und Gesellschaft verhaftet bleibt, die er ja eben überwinden will« (Bourdieu 1993, 102-103).

In diesem Sinne strukturiert, ordnet und filtert der Habitus das Verhältnis der Akteur_innen zur sozialen Welt (Reduktion von Komplexität). Er ist die ordnende Instanz, mit der die Menschen die Welt sensuell, alltagstheoretisch, ethisch und ästhetisch wahrnehmen und einteilen (vgl. Schwingel 1995, 56). Die habituellen Dispositionen der Denk-, Wahrnehmungs- und Handlungsschemata als strukturierte Klassifikations- und Bewertungsschemata bewirken, dass die Individuen auf ganz spezielle Weise kognitiv, emotional und körperlich mit der sozialen Welt verbunden werden und sich in dieser zurechtfinden bzw. verorten können. Insbesondere der Geschmack als verleiblichte bzw. vorreflexive Dimension des Habitus versetzt die Menschen konkret in die Lage, ihre soziale Welt ordnend zu klassifizieren und zu unterteilen. Er lässt sie Dinge, Situationen und Institutionen als schön/hässlich, anziehend/abstoßend, geschmackvoll/eklig, erotisch/unerotisch empfinden oder normativ bewerten als rechtmäßig/unrechtmäßig, gültig/ungültig, richtig/falsch, gesund/krank, rechtschaffend/ungehörig, ehrenvoll/ehrlos, angemessen-passend/unangemessen, maßvoll/überheblich, anständig/unanständig, normal/anormal etc. In diesem Sinne wird der Habitus zur zentralen Erzeugungsgrundlage der sozialen Realität und gesellschaftlichen Wirklichkeit der Individuen. Die Individuen sind dabei in ihren Handlungs- und Deutungsmustern aber weder völlig frei noch strukturell (über-)determiniert. Vielmehr generieren sie innerhalb der Grenzen ihres Habitus »geregelte Improvisationen« (Bourdieu 1979, 170) als subjektiv sinnvolle und objektiv angepasste – oder konkreter – als spezifisch angemessene Handlungsstrategien auf eingehende Handlungsprobleme. Wichtig und von zentraler Bedeutung ist an dieser Stelle darauf hinzuweisen, dass die Wahrnehmung eines Handlungsproblems, verstanden als Interesse erzeugendes soziales Ereignis, immer an die habituellen Wahrnehmungs- und Klassifikationsapparate eines Individuums gekoppelt ist. Damit ist auf einer sehr basalen Ebene gemeint, dass nur diejenigen Aspekte der sozialen Wirklichkeit für ein Individuum relevant sind, die vom habituellen Filtersystem überhaupt wahrgenommen werden können.

»Reize existieren für die Praxis nicht in ihrer objektiven Wahrheit als ›bedingte und konventionelle Auslöser‹, da sie nur wirken, wenn sie auf Handelnde treffen, die darauf konditioniert sind, sie zu ›erkennen‹« (Bourdieu 1993, 99, Herv. i. O.).

Dieser Umstand ist z.B. für die Klärung der Frage wichtig, warum sich die Prostitutionsnachfrage für einen Großteil der sexuell aktiven Bevölkerung, insbesondere aber für weiblich sozialisierte ›Geschlechtskörper‹, als völlig irrelevant erweist. Des Weiteren sind die generierten Handlungsstrategien an die übergeordneten klassen- bzw. geschlechtsspezifischen Strukturmuster des Habitus rückgebunden. Ähnlich ›sozialisierte‹ habituelle Dispositionssysteme werden deshalb mit hoher Wahrscheinlichkeit analoge Situationsdefinitionen und Lösungsstrategien generieren. Soziales Handeln ist, wie Bourdieu vor allem in den ›Feinen Unterschieden‹ (1994) untersucht hat, immer auch als klassenspezifisch ausdifferenzierte soziale Praxis zu klassifizieren.

Abschließend sei noch auf zwei weitere Strukturdimensionen des Habitus-Konzepts hingewiesen. Habitus bzw. habituelle Praxis wird oft als unbewusste Kategorie beschrieben (Villa 2000, 44). Damit ist im engeren Sinne keine psychoanalytische bzw. psychopathologische Kategorie des Verdrängten gemeint. Vielmehr geht es hierbei um die ›vergessene Geschichte‹ bzw. die Verdrängung der gesellschaftlichen Produktionsbedingungen des Habitus als sozialer Prozess der Verinnerlichung individueller und kollektiver Erfahrungen (Bourdieu 1993, 105). Damit verbunden ist, dass der vom Habitus generierten sozialen Praxis etwas unwiderruflich Normales, Legitimes bzw. Anständiges innewohnt. Darin manifestiert sich ein Sachverhalt, den Bourdieu mit dem Begriff der symbolischen Gewalt bzw. symbolischen Macht umschreibt.[36] Der Begriff der symbolischen Gewalt verweist darauf, dass die Akte des Erkennens – bezogen auf den Alltagsverstand und den alltäglichen Orientierungssinn – gleichursprüngliche Akte des Verkennens und der Akzeptanz bestehender Macht- und Herrschaftsverhältnisse darstellen. Hierin reproduzieren sich »die objektiven Kräfteverhältnisse in den diversen Sichten von sozialer Welt, die zugleich zur Permanenz dieser Verhältnisse beitragen, so also deshalb, weil die Strukturprinzipien der Weltsicht in den objektiven Strukturen der sozialen Welt wurzeln und die Kräfteverhältnisse auch im Bewußtsein der Akteure stecken in Form von Kategorien der Wahrnehmung dieser Verhältnisse« (Bourdieu 1995, 18). Die Menschen sind damit in einer Struktur verfangen, in der die Ausübung von Herrschaft und ihre Resultate (soziale Ungleichheit, symbolische Hierarchisierung, Ausbeutung etc.) primär nicht auf Zwang beruhen und mit offensiver Gewalt durchgesetzt werden müssen, sondern – habituell vermittelt – freiwillig und konsensual erbracht werden.

»Symbolische Gewalt übt einen Zwang aus, der durch eine abgepreßte Anerkennung vermittelt ist, die der Beherrschte dem Herrschenden zu zollen nicht umhin kann. Verfügt er doch, um jenen und sich selbst zu denken, nur über Erkenntnismittel, die er mit ihm teilt und die nichts anderes als die inkorporierte Form des Herrschaftsverhältnisses sind« (Bourdieu 1997, 164).

Habituelle Praxis als strategische Praxis

Unmittelbar anschlussfähig an den Begriff der symbolischen Gewalt ist das Konzept von sozialer Praxis als strategischer Praxis. Bezogen auf die logi-

---

36 Zum Begriff der symbolischen Gewalt bzw. symbolischen Macht vgl. Bourdieu (1992, 135-166); (1993, 222-245); (1997, 153-217); Peter (2004, 73).

schen Anforderungen der jeweiligen sozialen Felder wird habituell vermittelten Praktiken eine Intentionalität und Sinnhaftigkeit unterstellt, die »vernünftig sind, ohne deswegen das Produkt eines durchdachten Plans oder gar einer rationalen Berechnung zu sein; denen eine Art objektiver Zweckmäßigkeit innewohnt, ohne daß sie deswegen auf einen explizit gesetzten Zweck bewußt hinorganisiert wären; die verstehbar und schlüssig sind, ohne aus gewollter Schlüssigkeit und reiflich überlegter Entscheidung hervorgegangen zu sein; die auf die Zukunft abheben, ohne das Ergebnis eines Vorhabens oder Plans zu sein« (Bourdieu 1993, 95).

Strategisches Handeln zeichnet sich dadurch aus, dass es praktisch ist und in Einklang mit dem Alltagsverstand sichere, schlüssige und in diesem Sinne vernünftige (›normale‹) Verhaltensweisen generiert. Diese müssen für die handelnden Akteur_innen – von einem ›objektiven‹ Standpunkt bzw. einer wissenschaftlichen Metaebene aus betrachtet – weder rational noch von einer tieferen Logik als einer praktischen Logik durchdrungen sein. Viel eher kommt es darauf an, dass die Individuen hierdurch ein stimmiges Gefühl zur Art und Weise ihres Handelns und ihrer Feldpraxis erlangen. Ziel ist es sozusagen, dass sie sich mit sich und der Außenwelt identisch fühlen können. Die gewählten Strategien in den jeweiligen Feldern sind dabei an die habituelle Formierung und die soziale Position im sozialen Raum rückgebunden und insofern klassen- bzw. geschlechtsspezifischen Begrenzungen unterworfen. Die theoretische Herleitung für das Konzept der strategischen Praxis, durchdrungen von praktischer Logik im Modus »intentionsloser Intentionalität« (Bourdieu, 1989, 397), ergibt sich für Bourdieu aus seiner generellen Sichtweise auf soziales Handeln (vgl. Bourdieu 1993, 147-199). Handeln wird für ihn von zwei zentralen Strukturmustern bestimmt: Dringlichkeit und Unwiderruflichlichkeit. Übersetzt bedeutet dies, dass den handelnden Akteur_innen in vielen (Alltags-)Situationen nicht die Zeit zur Verfügung steht, längerfristige Überlegungen und Reflektionen über ihre Reaktionsweise anzustellen. Zum anderen ist es aus Gründen praktischer Ökonomie unter dem Vorzeichen der Irreversibilität getroffener Entscheidungen ratsam, sich einem Handlungsmodus ›anzuvertrauen‹, der sowohl vor Risiken und Enttäuschungen schützt als auch ertragreiche Profite garantiert. Ein an ein soziales Feld (gut) angepasster Habitus vermag dies in der Regel zu leisten. Zum Abschluss sei noch angemerkt, dass Bourdieu mit Nachdruck darauf verweist, dass strategisches Handeln nur ein Produktionsmechanismus von sozialer Praxis unter vielen ist (Bourdieu 1989, 397). Die Existenz reflektierter, rational abgewogener oder regelgeleiteter, an Normen und Werten orientierter Handlungsstrategien wird nicht geleugnet. Dennoch wird die habituell vermittelte, strategische Praxis als die dominante gesellschaftliche Handlungsstruktur angesehen.

Sensus communis und Praktischer Sinn

Nachdem die grundlegende Logik und Funktionsweise des Habitus sowie strategischer Praxis bestimmt sind, ist es notwendig, sich einer bislang offen gebliebenen Frage zuzuwenden. Es geht hierbei um die zentrale Frage, wie Feld und Habitus im Konkreten zusammenfinden? Anders formuliert muss danach gefragt werden, wie das ›schlafwandlerische‹ praktische Erkennen und Verstehen der Logik und der Anforderungen eines sozialen Feldes entstehen und konzeptualisiert werden können. Zur Klärung dieser Fragen, die den zentralen Kern habitustheoretischer Analysen zur Bestimmung von Feld-Habitus-Dynamiken berühren, gibt Bourdieu zwei Antworten. Zum einen verweist er auf den »sensus communis« als Dimension des Habitus (Bourdieu 1994, 730). Zur Definition und Wirkungsweise des sensus communis führt Bernau aus:

»Inbegriff sämtlicher Erkenntnisinstrumente und somit Grundlage des Erkenntnisvermögens ist laut Bourdieu die Instanz des ›sensus communis‹, d.h. des von den allermeisten Mitgliedern einer Gesellschaft geteilten Alltagsverstandes, unter dem es sich [...] eine ganz bestimmte sowie immer schon positionsspezifisch ausdifferenzierte Sorte ›praktischen Wissens‹ vorzustellen gilt, d.h. also ›inkorporiertes‹ und somit ›habitualisiertes‹ Kulturkapital. [...] Anders formuliert bedeutet dies, daß der sensus communis diejenige Instanz verkörpert, welche die Akteure mit den grundlegenden Informationen darüber ausstattet, wie die soziale Welt im Kern geartet ist, was es mit anderen Worten – abseits aller feldspezifischen Konkretisierungen und Eigenheiten – unter Feldern ›im allgemeinen‹ zu begreifen gilt, also darunter, daß es überhaupt so etwas wie Felder, d.h. Feldzwecke, Feldgesetze, Feldprofite, Felderhierarchien, Feldertrümpfe etc. gibt« (Bernau 1998, 26f., Herv. i. O.).

Der sensus communis kann als diejenige habituelle Instanz bezeichnet werden, die den Individuen auf einer fundamentalen Ebene einen Zugang zur sozialen Welt ermöglicht.

Zum zweiten führt Bourdieu im Anschluss an das Konzept des sensus communis die Dimension des »praktischen Sinns« (le sense pratique) ein, den er auch als Spiel-Sinn bezeichnet (Bourdieu 1993, 122). Wenn der sensus communis als Kompass oder Landkarte bezeichnet werden kann (Orientierungsinn),[37] mit dessen ›Hilfe‹ sich die Menschen ganz allgemein in einer Gesellschaft zurechtfinden, dann kann der praktische Sinn als feldspezifisch ausdifferenzierte Sinn- und Wirklichkeitsdimension bezeichnet werden. Zur konkreten Funktionsweise des praktischen Sinns führt Bourdieu aus:

---

37 Wie Schwingel in Bezug auf die Theorie der Praxis (1979) feststellt, verweist Bourdieu über den Orientierungssinn hinaus auf weitere Sinn-Dimensionen. Hierunter fasst Bourdieu – neben den fünf Körpersinnen – beispielsweise »den moralischen Sinn für Verantwortung, Verpflichtung und Pflicht, den religiösen Sinn für das Sakrale, den politischen Sinn, den ästhetischen Sinn für Schönheit, den Sinn für Humor und für das Lächerliche, den Sinn fürs Geschäft« (Schwingel 1995, 58).

»Als besonders exemplarische Form des praktischen Sinns als vorweggenommene Anpassung an die Erfordernisse eines Feldes vermittelt das, was in der Sprache des Sports als ›Sinn für das Spiel‹ (wie ›Sinn für Einsatz‹, Kunst der ›Vorwegnahme‹ usw.) bezeichnet wird, eine recht genaue Vorstellung von dem fast wundersamen Zusammentreffen von Habitus und Feld, von einverleibter und objektivierter Geschichte, das die fast perfekte Vorwegnahme der Zukunft in allen konkreten Spielsituationen ermöglicht. Als Ergebnis der Spielerfahrung, also der objektiven Strukturen des Spielraums sorgt der Sinn für das Spiel dafür, daß dieses für die Spieler subjektiven Sinn, d.h. Bedeutung und Daseinsgrund aber auch Richtung, Orientierung, Zukunft bekommt« (Bourdieu 1993, 122).

Wichtig ist an dieser Stelle darauf hinzuweisen, dass jede erfolgreiche Feld-Habitus-Dynamik auf die Anpassungsleistung des praktischen Sinns unmittelbar angewiesen ist, denn nur so kann der objektive Sinn einer Institution bzw. eines Feldes zum subjektiven Sinn der handelnden Akteur_innen werden. Die Praktikabilität dieser Dynamik hängt entscheidend davon ab, dass die Menschen die Logik und den Sinn des Feldes praktisch und nicht notwendigerweise intelligibel beherrschen. Gebildet wird der praktische Sinn als Verinnerlichung und Verleiblichung praktisch-biografischer Erfahrungen in den jeweiligen Feldern. Damit sorgt der »praktische Sinn als Natur gewordene, in motorische Schemata und automatische Körperreaktionen verwandelte gesellschaftliche Notwendigkeit [...] dafür, daß Praktiken in dem, was an ihnen dem Auge ihrer Erzeuger verborgen bleibt und eben die über das einzelne Subjekt hinausreichenden Grundlagen ihrer Erzeugung verrät, sinnvoll, d.h. mit Alltagsverstand ausgestattet sind« (Bourdieu 1993, 127). Der praktische Sinn begründet sich so nicht auf bewusste Reflektion, Überlegung und logische Rationalität, sondern organisiert soziale Praxis als organisches Zusammentreffen zwischen Feld und Habitus »mit der automatischen Sicherheit eines Instinkts« (ebd., 191). Für die empirisch fundierte Habitusanalyse der (Einstiegs-)Praxis heterosexueller Prostitutionskunden ist diese dualistische Konzeption in Bezug auf sensus communis und praktischem Sinn von großer Bedeutung: Denn wenn (1.) die Dynamik zwischen Feld und Habitus als ein reflexiver, aufeinander abgestimmter Prozess beschrieben werden kann und wenn sich (2.) dieser Prozess organisch aus sozialisatorisch angeeigneter Feldpraxis ableitet, dann sind Freier mit einem allgemeinen Problem funktional ausdifferenzierter Gesellschaften konfrontiert. Dieses besteht in der weitgehenden Unkenntnis der vom Feld diktierten Logiken, (Spiel-)Regeln, Gesetzmäßigkeiten und Ablaufmuster, die ihnen im besten Falle symbolisch bzw. theoretisch bekannt sein können. Es muss folglich ein gesonderter sozialer Prozess in Gang gesetzt werden, der die Feld-Habitus-Dynamik bestimmt und strukturiert. Vergleichbar ist diese Situation mit dem Erlernen einer Fremdsprache im Vergleich zum Erwerb der Muttersprache, wie in dem folgenden Zitat ersichtlich wird:

»[...] der häufig als Berufung beschriebene langwierige Prozeß, durch den man sich zu dem macht, durch den man gemacht wird, ›wählt‹, was einen wählt, und an dessen Ende die verschiedenen Felder genau zu den Handelnden kommen, die mit dem für das reibungslose Funktionieren dieser Felder erforderlichen Habitus ausgestattet sind, verhält sich zum Erlernen eines Spiels [beispielsweise des ›doing client‹, U.G.] ungefähr wie das Erlernen der Muttersprache zu dem einer Fremdsprache« (Bourdieu 1993, 124, Herv. i. O.).

Prostitutionskunden verfügen am präprostitutiven Punkt ihrer sozialen Karriere nur über ein unzureichendes Maß praktischen Wissens, da sie es nicht in der Praxis und durch die Praxis im Prostitutionsfeld habituell verinnerlicht haben können (zumindest was die unmittelbare prostitutive Interaktionsebene betrifft). Damit sie in Bezug auf das ihnen unbekannte Feld agieren und grundlegend gesellschaftsfähig sein können, muss das Feld ursprünglich klassifiziert, gerahmt, kognitiv geordnet sowie moralisch und ästhetisch bewertet werden. Oder anders ausgedrückt, um für potenzielle Prostitutionskunden subjektive Praxisrelevanz erlangen zu können, bedarf es mehrerer sozial voraussetzungsvoller Akte. Zum einen muss das soziale Feld überhaupt in seiner objektiven Existenz wahrgenommen werden. Zum zweiten müssen die Feldteilnehmer_innen den Sinn des Spiels bzw. seine grundlegende Logik (Spielregeln, Spieleinsätze, Spielräume, Spielvoraussetzungen etc.) adäquat erfassen. Dies ist wiederum Voraussetzung dafür, überhaupt ein Interesse am Feld und einen praktischen Glauben, dem Feld angehören zu wollen, ausbilden zu können. Nur vermittelt über die Deutungsleistung des sensus communis als verinnerlichtes Alltagswissen ist es den Prostitutionskunden am initialen Punkt ihrer sozialen Karriere möglich, einen sozial sinnhaften Zugang zum Feld zu erlangen und sich praxisrelevant auf die objektiven Feldstrukturen und -logiken einlassen zu können.[38]

Bevor im engeren Sinne die Habitusanalyse als methodisches Konzept vorgestellt wird, wird im folgenden Abschnitt ein theoretischer Entwurf der Logik des Prostitutionsfeldes präsentiert. Im Kern geht es dabei um die Definition dessen, was in dieser Arbeit überhaupt unter Prostitution bzw. prostitutiven Austauschprozessen verstanden wird.

Die Logik des Prostitutionsfeldes

Im Zentrum des sozialen Feldes der Prostitution steht die geldbasierte soziale Beziehung zwischen einem Prostitutionskunden bzw. Freier und einer

---

38 Die (empirische) Klärung der Frage, wie das Prostitutionsfeld zu einem gesicherten gesellschaftlichen Objekt des Alltagswissens wird, wird in dieser Arbeit nur am Rande gestreift. Eine eigenständige Untersuchung zu sozialen Deutungsmustern in Bezug auf Prostitution, die Kunden sowie Nicht-Kunden umfassen müsste, stellt m.E. eine interessante Forschungsperspektive dar.

Sexarbeiterin. Konkreter gefasst wird in dieser Arbeit der Begriff der weiblich-heterosexuellen Prostitution – und nur um diese geht es in dieser Arbeit – definiert als Austausch sexueller Akte und Handlungen, die ein heterosexueller Mann, der Prostitutionskunde, gegen Bezahlung im Rahmen eines klar umgrenzten Zeitraumes von einer weiblichen Sexarbeiterin käuflich erwirbt. Die Art der sexuellen Handlungen sowie der zeitliche Rahmen, in denen diese ausgeübt werden, sind in der Regel preislich eindeutig fixiert und werden im Vorhinein von den Vertragsparteien ausgehandelt und festgelegt. Der Schwerpunkt der Untersuchung liegt in dieser Arbeit auf physisch manifesten Formen bezahlter Sexarbeit. Andere Formen der Sexarbeit wie beispielsweise Telefonsex, Webcam-Dienste, Table Dance, Striptease, Pornografie etc. werden nur kursorisch in die Betrachtung mit einbezogen.

Unter den gegebenen gesellschaftlichen Verhältnissen ist das Prostitutionsfeld als gesellschaftliches Teilfeld zu charakterisieren, das sowohl einem kapitalistischen als auch einem vergeschlechtlichten und vergeschlechtlichenden patriarchal strukturierten Vergesellschaftungsmodus unterworfen ist. Patriarchal meint in diesem Kontext, dass die Prostitution als Institution auch in vorkapitalistischen Gesellschaftsformationen existent und das käuflich erworbene temporäre Verfügungsrecht über den Körper und die Sexualität der Prostituierten immer schon einseitig zu Gunsten des Mannes ausgestaltet gewesen ist. Das grundlegende dualistische Muster – von den Anfängen der Prostitution bis heute – einer männlichen Nachfrage, die ein weibliches Angebot nach käuflicher Sexualität von einer herrschend-privilegierten Position aus den eigenen Bedürfnissen unterwirft, ist als eines der stabilsten sexistischen Strukturmuster der Geschlechtergeschichte zu bezeichnen. Innerhalb des kapitalistisch-patriarchalen Strukturierungsmodus, der seit dem 18. Jahrhundert die Feldstrukturen dominiert, wird der Kern der prostitutiven Interaktion idealtypisch bestimmt durch das Tauschverhältnis Ware gegen Geld. Gekauft wird jedoch nicht ›der‹ Körper oder gar ›die‹ Frau als Totalität. Erworben wird vielmehr eine klar begrenzte sexuelle Dienstleistung, wie es Girtler (1994) treffend formuliert:

> »Das zu erwartende Einkommen bestimmt den Strich; der Warencharakter der Sexualität veranlaßt also Frauen sich zu prostituieren. Prinzipien der Konkurrenz und des Warenverkehrs regieren genauso am Strich wie am Arbeitsmarkt, die Mittel, deren sich Prostituierte und Zuhälter bedienen, sind jedoch andere. [...] Die Frau verkauft ihre Ware Sexualität, nicht jedoch sich selbst [...], um einen angestrebten Lebensstandard o.ä. erkaufen zu können« (Girtler 1994, 65).

Die Sexarbeiterin verkauft somit nicht sich selbst oder ihren Körper an einen Mann, sondern inszeniert ein auf die sexuellen und sozialen Wünsche und Phantasien des jeweiligen Prostitutionskunden abgestimmtes

Schauspiel.[39] Elementarer Bestandteil dieser Inszenierung ist der Einsatz des Körpers und der Körperöffnungen als Ressource zur Konstruktion einer radikalen sexuellen und emotionalen Illusion.[40] Der Begriff ›radikal‹ verweist in diesem Kontext darauf, dass in keinem anderen Bereich der Lohnarbeit bzw. (beruflicher) Erwerbstätigkeit im Rahmen so genannter ›Körperarbeit[41] den Kund_innen ein aktives Eingriffsrecht in den Körper oder gar in die in den meisten Gesellschaften mit kulturellen (Scham-) Grenzen besetzten Körperinnenräume (Mund, Vagina, Anus) gestattet ist. Eine Ausnahme hiervon bilden Darsteller_innen pornografischer Filme bzw. Filmschauspieler_innen, die Szenen sexuellen Inhalts darstellen. In einem sinnbildlich-symbolischen Sinne wird die Sexarbeiterin als gesamte Person allerdings dann zu einer kommensurablen Ware, wenn sie taxierenden Blicken potenzieller Käufer ausgesetzt ist. Innerhalb des aktuellen kapitalistischen Marktgeschehens von Angebot und Nachfrage bildet der nicht selten schönheitschirurgisch modulierte und zumeist schlanke Körper, das kosmetisch untermalte gute Aussehen sowie die Jugend das eingesetzte Kapital ei-

39 Von einem analytischen Standpunkt aus wird in dieser Untersuchung unter aktuellen gesellschaftlichen Bedingungen von Prostitution als sozialem Tatbestand nur dann gesprochen, wenn die Sexarbeiterin ›doppelt frei‹ ist, wie Marx es im ›Kapital‹ ausführt: »Unter diesen Voraussetzungen kann die Arbeitskraft als Ware nur auf dem Markt erscheinen, sofern und weil sie von ihrem eignen Besitzer, der Person, deren Arbeitskraft sie ist, als Ware feilgeboten oder verkauft wird. Damit ihr Beisitzer sie als Ware verkaufe, muß er über sie verfügen können, also freier Eigentümer seines Arbeitsvermögens, seiner Person sein. Er und der Geldbesitzer begegnen sich auf dem Markt und treten in Verhältnis zueinander als ebenbürtige Warenbesitzer, nur dadurch unterschieden, daß der eine Käufer der andre Verkäufer, beide also juristisch gleiche Personen sind. [...] Zur Verwandlung von Geld in Kapital muß der Geldbesitzer also den freien Arbeiter auf dem Warenmarkt vorfinden, frei in dem Doppelsinn, daß er als freie Person über seine Arbeitskraft als seine Ware verfügt, daß er andererseits andre Waren nicht zu verkaufen hat, los und ledig, frei ist von allen zur Verwirklichung seiner Arbeitskraft nötigen Sachen‹ (Marx 1977, 182f.). Ist dies nicht der Fall und wird die Prostituierte durch physische oder psychische Gewalteinwirkung in unfreier Abhängigkeit gehalten, sind solche Verhältnisse politisch und juristisch als sexuelle Gewalt, sexuelle Versklavung sowie als Vergewaltigung zu klassifizieren, wie auch Marx es theoretisch konstatiert. Die Frage, inwieweit die strukturelle und manifeste Gewalt, welche in kapitalistisch verfassten Gesellschaften vom sozialen Feld der Ökonomie ausgeht und dabei soziale Ungleichheit, Verelendung und Prekarisierung sämtlicher Lebensbereiche produziert, die fundamentalste Form von Unfreiheit und Menschenrechtsverletzung darstellt, als auch letztinstanzlich das Phänomen der Prostitution unter aktuellen gesellschaftlichen Bedingungen ursächlich hervorbringt, wird in der Schlussbetrachtung (Kapitel 7) dieser Arbeit näher beleuchtet.

ner Sexarbeiterin, welches sie in die Tauschbeziehung mit den Kunden und in die Konkurrenzkämpfe mit anderen Sexarbeiterinnen einbringt. Der potenzielle Kunde besitzt in diesem Rahmen das zugewiesene Recht, den nackten Körper oder das Äußere der Sexarbeiterin, welches die Feldlogik des ›doing sex work‹ bzw. ›doing prostitute‹[42] als Inszenierung einfordert, zu betrachten und zu bewerten. In dem folgenden Beispiel eines Postings aus einem Freierforum kann dieses Muster aufgezeigt werden:

»Die Frau wurde im Jahr 2005 schon mal als zwischen Mitte und Ende zwanzig beschrieben. Die Gute wirkt wie eine abgetakelte Pornodarstellerin [...] und ist chirurgisch auf Young und Skinny getrimmt (geliftet) mit leicht maskenhaften Gesichtszügen. Die Brüste (B-Cups) mit zweitklassigem optischen Ergebnis getunt. Natascha ist schlank, hat ihren Bauch und Taille aber nicht gezeigt (wahrscheinlich der optische Schwachpunkt). Natascha war außerordentlich professionell beim mechanisch kalten Abarbeiten der Männer mit erkennbar gespielter Geilheit« (Bericht vom 23.11.07, Roemerforum, ›Cosimo‹ (http://www.roemerforum.com, zuletzt 23.11.2007).

---

40 Im Zentrum des prostitutiven Angebots steht selbstredend der Verkauf sexueller Dienstleistungen in vielfältigen Ausformungen. Im erweiterten Sinn zählen hierzu aber auch kommunikative Akte, die auf die Befriedigung psycho-sozialer bzw. kommunikativer Bedürfnisse von Prostitutionskunden abgestimmt sind. Diese Tätigkeit verlangt deshalb neben der sexuell-erotischen Kundenattraktion ein hohes Maß an Introspektionsgabe, schauspielerischem Vermögen und psychologischem Fingerspitzengefühl.

41 Unter dem Begriff der Körperarbeit können sämtliche beruflichen Tätigkeiten gefasst werden, die im engeren und erweiterten Sinne eine Dienstleistung am Körper von Kund_innen oder Patient_innen ausüben. Hierzu zählen u.a. Berufsgruppen wie: Friseur_innen, medizinische Masseur_innen, Ärzt_innen, Physiotherapeut_innen, Kranken- und Altenpfleger_innen etc. Zum professionellen beruflichen Selbstverständnis dieser Gruppe zählt es, dass die Interaktion und die Berührungen des Körpers nur eindimensional in Richtung der Kund_innen bzw. Patient_innen und niemals reziprok verlaufen.

42 Unter den Begriffen ›doing sex work‹ bzw. ›doing prostitute‹ sind analog zu dem Begriff ›doing gender‹ milieuspezifische Verhaltens- und Handlungsrepertoires zu verstehen, die funktionale Inszenierungstechniken zur mikrosoziologischen Definition der sozialen Identität einer Sexarbeiterin abbilden. Hierzu zählen beispielsweise (modische) Accessoires wie hochhackige Stiefel/Schuhe, Miniröcke, tief ausgeschnittene Blusen/Pullover, Miederwaren, Dessous, Reizwäsche und Push-Up-BHs, Lack und Lederkleidung, expressive Schminktechniken, Perücken etc. Aber auch eine mileuspezifische Körpersprache (Gesten, Gang, Haltungen) bzw. verbale Expressionstechniken (gezielte Freieransprache, Schmeicheleien für potenzielle Kunden etc.) sind hierunter zu subsumieren.

Durch die verdinglichende Macht des männlich-begehrenden Blicks, die die Prostitutionslogik den Männern zusichert, wird die Sexarbeiterinauf der Straße, in den Fluren der Laufhäuser oder in den Clubs zu einer lebenden ›Werbeoberfläche‹ und zu einem Objekt der Begierde transformiert.[43] In diesem Sinne kann sie gekauft werden und ihr Körper bzw. ihre äußere Erscheinung verwandelt sich in eine klassifizierbare Ware, deren Wert sich an der Anzahl und der Zufriedenheit der geworbenen Kunden ablesen lässt. Wie ambivalent dieser soziale Prozess von Sexarbeiterinnen erlebt werden kann, verdeutlicht das folgende Zitat:

»In der Herbertstraße geht es nicht um Charme, Witz, Geist, Schlagfertigkeit, Herz – hier bist du erstmal reduziert auf das optische Signal: das Sex-Objekt Frau. ›Das Taxiertwerden‹, hat Lisa aus Haus Nummer 10 zu mir gesagt, ›ist manchmal das schwerste an dem Job. Wenn die da so vorbeigehen und dich auf deine Verwendbarkeit hin abchecken‹« (Reiser/Zschocke 1981, 12).[44]

Mit dem Abschluss eines Kaufvertrages zwischen den Vertragsparteien ›Kunde‹ und ›Sexarbeiterin‹ erwirbt der Käufer dann, de jure, für einen begrenzten Zeitraum und in abgesteckten Grenzen das aktive Zugriffsrecht und die Verfügungsgewalt über den Körper der Sexarbeiterin. Die Macht, dieses temporäre Herrschaftsverhältnis zu Gunsten des Käufers zu etablieren, erwächst unmittelbar aus der symbolischen Bedeutung, die das Geld in diesem Prozess einnimmt. Die dem Geld innewohnende symbolische Gewalt ist dabei für die Nachfrageseite das zentrale Steuerungs- und Machtmittel zur Durchsetzung ihrer Forderungen und Wünsche. Für die Angebotsseite ist hiermit eine Entfremdungslogik verknüpft, wie sie für unselbstständige Arbeit in kapitalistischen Produktions- und Tauschverhältnis-

---

43 In so genannten Freierforen (vgl. Kap 3) wird zur Beschreibung dieses Sachverhalts der Begriff ›Optikfick‹ kreiert. Hiermit wird ausgedrückt, dass die äußere Erscheinung maßgeblich das Begehren bestimmt, was oftmals in Abgrenzung zur Zufriedenheit mit der reellen sexuellen Performance der Sexarbeit genannt wird.

44 An dieser Stelle sei angemerkt, dass nicht alle Sexarbeiterinnen diese Ansicht teilen. Einige Sexarbeiterinnen berichten auch davon, dass sie die Blicke von Kunden auch begrüßenswert finden und sich dieser Sachverhalt positiv auf ihr Selbstwertgefühl als begehrenswerte und attraktive Frau auswirkt, wie Pieke Biermann autobiografisch darlegt: »Diese Situation – ich steh da halbnackt, und die Typen kommen, man weiß, was sie wollen, man kann mit denen verhandeln –, das hat mir überhaupt kein negatives Gefühl gemacht. Im Gegenteil: So eine Bar ist die Idealbetätigung für Narzissmus. Erstens: Man ist da als Frau begehrt, egal, wie man aussieht, und dieses Begehrtwerden ist was wert, nämlich Geld. Und zweitens: Man wird dadurch noch begehrenswerter. Das rote Licht macht einen schöner, und so fühlt man sich« (Biermann 2004, 30).

sen bestimmend ist.[45] Bedingt durch die Notwendigkeit, die eigene Arbeitskraft auf dem Markt zu veräußern, nimmt diese unweigerlich Warencharakter an (vgl. Marx 1990, 510-522; Oppolzer 1974 123-238). Übersetzt in den konkreten Kontext der prostitutiven Intiminteraktion bedeuten diese abstrakten Entfremdungsphänomene, dass die Sexarbeiterin aus der Notwendigkeit, ihre Arbeitskraft in Form sexueller Dienstleistungen zu ›Markte zu tragen‹, temporär ihr sexuelles Selbstbestimmungsrecht an den Käufer der Dienstleistung abtritt, wie es O'Connell Davidson aus wissenschaftlicher bzw. der Proband Herr Herz aus lebensweltlich-prostitutionskundlicher Perspektive pointiert formulieren:

»The essence of the prostitution contract is that the prostitute agrees in exchange for money or another benefit, not to use her personal desire or erotic interests as the determing criteria for her sexual interaction« (O'Connell Davidson 2002, zit. n. Monto 2004, 178).

Oder Herr Herz:

H: so wie die Freier manchmal die Frauen als verfügbares Material betrachten betrachten die Frauen uns in den Clubs uns auch als verfügbares verfügbare Geldautomaten also die stehen uns da sicherlich in nichts nach (Herr Herz 707-711).

Auf einer analytischen Ebene bleibt also der sexuelle Akt, die sexuelle Lust, der Freier als Mensch sowie die Tätigkeit in der Sexarbeit für die Sexarbeiterin abstrakt und entfremdet, da dem Diktat kapitalistischer Lohnarbeit bzw. an Profit orientierter Erwerbstätigkeit unterworfen. Dabei muss beachtet werden, dass sich dieser Sachverhalt von der subjektiven Deutung und Bewertung durch die Sexarbeiterinnen und die Freier in der empirischen Ausgestaltung deutlich unterscheiden kann. Inwieweit die Freier in einem Folgeschritt aus dem käuflich erworbenen Zugriffsrecht den Anspruch ableiten, die Interaktion nach ihrem Ermessen lenken und dominieren zu können bzw. sich berechtigt sehen, die soziale Situation nach ihren Vorstellungen unabhängig von der Sexarbeiterin zu steuern und auszugestalten, hängt von zwei Faktoren ab. Zum einen von der Persönlichkeitsstruktur bzw. dem Charakter des Freiers und seinem motivationalen Interesse an der prostitutiven Interaktion sowie zum anderen von den Machtressourcen, die die Sexarbeiterin aufbieten kann. Im Kontext der Mikrophysik der Macht in der Interaktion zwischen Freier und Sexarbeiterin sind bezüglich der Nachfrageseite drei Aspekte von entscheidender Bedeutung: (1.) welches Bild haben

45 Die durchaus strittige Frage, inwieweit es sich bei der Sexarbeit um eine real selbstständige Erwerbstätigkeit, um so genannte Scheinselbstständigkeit oder um eine klassisch abhängige Beschäftigung handelt, wird weiter unten noch genauer erörtert.

die Freier von Sexarbeiterinnen verinnerlicht (respektvoll, bewundernd, neutral, herablassend, verachtend, hassend), (2.) mit welchen Motiven suchen sie Sexarbeiterinnen auf (z.B. konventionelle sexuelle Bedürfnisse oder Macht/Frauenverachtung) und (3.) mit welchem Anspruch an ihr Auftreten und Erscheinen gestalten sie konkret die jeweilige Begegnung mit einer Sexarbeiterin (z.B. respektvoll/partnerschaftlich, freundlich/neutral, ängstlich/verschüchtert, grob/unachtsam, herablassend/arrogant, dominant/verachtend, offen gewalttätig/brutal). Die Sexarbeiterin demgegenüber ist strukturell bzw. vertraglich zwar dazu berechtigt, dem Prostitutionskunden das Zugriffsrecht auf ihren Körper zu verweigern (Kunde wird abgelehnt), es jederzeit zu entziehen (Interaktion wird abgebrochen) oder die Situation gegen den Willen und die Wünsche des Freiers einseitig oder unambitioniert zu gestalten. Dennoch muss jede Sexarbeiterin ökonomische, juristische oder soziale Sanktionen seitens der Nachfrageseite für diesen Schritt mit einkalkulieren (Rückzahlungsforderungen, Verlust von Reputation in Bezug auf potenzielle Kunden, Nachfragerückgang etc.).[46] Die Durchsetzbarkeit dieses Rechts und die Möglichkeit die Interaktion aktiv zu gestalten – letztendlich die Machtfrage – ist jenseits der formaljuristischen Dimension also sehr entscheidend von der sozialen, emotionalen und ökonomischen Lebens- und Arbeitssituation der jeweiligen Sexarbeiterin bestimmt. Determinierende Faktoren sind hier beispielsweise die Berufserfahrung, Menschenkenntnis und das Selbstbewusstsein der Sexarbeiterin sowie die unmittelbaren Arbeitsbedingungen, in denen die Sexarbeit stattfindet. Ebenso beeinflusst werden die Begegnungen im Feld auch vom Stand der sozialen Kämpfe und dem Grad der sozialen Achtung bzw. den Rechten, die sich Sexarbeiterinnen gesamtgesellschaftlich erstreiten konnten. Der Kontrakt, in den beide Parteien eingewilligt haben, kann aber auch durch patriarchale Macht- und Gewaltmittel unterwandert bzw. außer Kraft gesetzt werden, beispielsweise in Form sexueller Versklavung von (migrantischen) Frauen, durch Lohnraub, Demütigungen, Zwang zu ungewollten Sexualpraktiken, durch physische und sexuelle Gewaltanwendung sowie mittels Vergewaltigungen durch Freier oder männliche Milieuangehörige. Diese Gefahr nimmt zu, wenn keine Strafverfolgung für die Täter zu erwarten ist, die Exekutivgewalt keinen Zugang zum Feld hat oder die Sexarbeiterinnen kein Vertrauen zur Justiz und Polizei besitzen bzw. sie sich in Zwangs- und Abhängigkeitsverhältnissen befinden, die sie von einer Strafanzeige absehen lassen (z.B. aus Angst vor Abschiebung, Zuhältern, der Rache von Freiern etc.). Aufbauend auf dieser ersten definitorischen Annäherung wird nun näher bestimmt, wie die konkrete Analyse der Feld-

46 Das Internet bietet hier vielen Freiern die Möglichkeit, Erfahrungen und Erlebnisse mit Sexarbeiterinnen unmittelbar einer größeren Kunden-Community über Freier-Foren zur Verfügung zu stellen.

Habitus-Dynamik im sozialen Feld der Prostitution in dieser Untersuchung methodisch umgesetzt worden ist.

Methodisches Vorgehen

Erhebungsmethode

Nachdem im vorangegangenen Abschnitt der theoretische Bezugsrahmen der Habitusanalyse geklärt worden ist, wird nun der Fokus auf methodische und methodologische Aspekte der Habitusanalyse gerichtet. Der Begriff und die Methode der Habitusanalyse ist dabei bislang noch weitgehend unbestimmt, wie Dirksmeier (2007) ausführt:

»In der Literatur finden sich lediglich einige wenige Arbeiten zur Methodologie der empirischen Habitusanalyse. Bourdieu selbst hat sich nie systematisch, z.B. in einem Lehrbuch, zu der von ihm zur Anwendung gebrachten Methodologie geäußert [...]. Ein systematischer Überblick empirischer Zugänge zum Habitus fehlt daher bis heute« (Dirksmeiser 2007, 6).

Die vorliegende Arbeit versteht sich demzufolge in doppelter Hinsicht als explorativ. Zum einen in Bezug auf einen bislang wenig erforschten Untersuchungsgegenstand und zum anderen in Bezug auf die Methodologie der Habitusanalyse. Beim Begriff der Habitusanalyse dürften viele an das methodologische Programm aus den »Feinen Unterschieden« (1994) denken. Zur empirischen Bestimmung der Homologie zwischen dem Raum sozialer Klassen und dem Raum (klassenspezifischer) Lebensstile verfolgt Bourdieu dort die Habitusanalyse in zweifacher empirischer Zuspitzung. Zum einen ist die Untersuchung weitgehend quantitativ-empirisch ausgerichtet, zum anderen fokussiert die Habitusanalyse in weiten Teilen auf die expressive Dimension – dem ›Wie‹ – sozialen Handelns. Übertragen auf das Prostitutionsfeld könnte in diesem Sinn der Zusammenhang zwischen der konkreten Nachfragepraxis bzw. Nachfragekultur (Wahl des Prostitutionsbereichs, Art und Weise der konkreten Nachfragepraxis etc.) und der jeweiligen Klassenposition respektive Kapitalverteilung untersucht werden. Der von Bourdieu vorgestellte Forschungszugang legt dabei weniger Gewicht auf die inhaltliche Ebene von sozialer Praxis. Diese Dimension steht hingegen im Erkenntniszentrum dieser Arbeit. Die hier vorgestellte Habitusanalyse als theoriegeleitete empirische Untersuchung versteht sich in Anschluss an Bohnsack und Meuser in diesem Sinne als rekonstruktive Sozialforschung. Damit ist zum einen programmatisch darauf verwiesen, dass es »die Aufgabe der empirischen Forschung ist, die Konstruktionen der Wirklichkeit zu rekonstruieren, welche die Akteure in und mit ihren Handlungen vollziehen« (Meuser 2003, 140). Zum anderen geht es aber nicht nur um »die Rekonstruktion des subjektiv gemeinten Sinns, sondern vor allem darum, soziales Handeln als je individuellen Ausdruck überindividueller sozialer Zugehörigkeit (Geschlecht, soziales Milieu, Generation u.a.) und kollektiver Orientierungen verständlich zu machen [...]« (ebd., 142).[47]

Im Unterschied zur quantitativ orientierten Habitusanalyse steht in dieser Arbeit – bezogen auf die inhaltliche Ebene sozialer Praxis – die Frage nach dem ›Was‹ im Zentrum des Untersuchungsinteresses. Explizit wird danach gefragt, was die Freier tun (Praxisebene), warum sie es tun (subjektiv benennbare Motivebene) und welche generativen Strukturen diesen Prozess bestimmen, damit sie es tun (Dispositionsebene). Im Einzelnen ergeben sich hieraus folgende Forschungshypothesen und Forschungsfragen.

Forschungshypothesen

Ausgehend von der bipolar gegliederten Struktur geschlechtsspezifischer Lebensbedingungen bildet sich, so meine These, in sozialisatorischen Prozessen ein vergeschlechtlichter und vergeschlechtlichender Habitus heraus (Bourdieu 1997, 167), welcher die Dynamik zwischen dem sozialen Feld der Prostitution und der männlichen Nachfrage nach käuflicher Sexualität wesentlich generiert und bestimmt. Jene habituell vermittelten Praktiken sind durch ihre Strukturvermitteltheit immer auch als klassifizierte und klassifizierende Akte des doing gender zu betrachten und tragen insofern zur Reproduktion der hierarchisch geordneten Struktur des Geschlechterverhältnisses bei (vgl. Bourdieu 1997, 2005). Die unmittelbare Habitusanalyse nimmt ihren Anfang mit der Bestimmung des Prostitutionsfeldes: Ausgehend von der theoretischen und empirischen Rekonstruktion der Feld- und Sinnstrukturen des sozialen Feldes der Prostitution (Logik, ökonomische und juristische Strukturierung, Handlungsmuster, Klassifikations- und Konkurrenzkämpfe, historische Entstehung etc.) wird die unmittelbare männliche Nachfragepraxis untersucht sowie nach (geschlechts-)habituellen Dispositionsmustern gesucht, die auf diese spezifischen Feldstrukturen praktisch abgestimmt sind und die ›bewirken‹, dass handelnde Akteure in dieses Feld eintauchen wollen und können. Die Habitusanalyse bezieht sich damit auf drei logische Ebenen, auf

- die Bestimmung der Feldlogik und -strukturen,
- die Rekonstruktion der immanenten bzw. subjektiven Sinnebene der handelnden Akteure sowie auf
- die empirische Rekonstruktion habitueller Dispositionen, die die soziale Praxis generieren und bestimmen (hier sei noch einmal darauf hingewiesen, dass diese Dispositionsmuster nicht als natürliche Anlage konzipiert sind, sondern als sozialisatorisch angeeignete (geschlechts-)habituelle Strukturmuster betrachtet werden).

---

47 Zur allgemeinen Theorie und Praxis qualitativ-empirischer Sozialforschung vgl. Lamnek (1989, 1993); Flick et al. (1991); Bohnsack (1993); Bohnsack/Marotzki/Meuser (2003), zur Habitusanalyse vgl. Meuser (1999, 2001).

Forschungsfragen

Aus diesen Hypothesen ergeben sich in der konkreten Operationalisierung folgende Forschungsfragen:

- Welche (objektiven) Strukturmuster weist das Prostitutionsfeld auf, insbesondere auf die Nachfrageseite bezogen?
- Welche Gewalt-, Macht- und Herrschaftsverhältnisse durchziehen das Feld auf struktureller Ebene und wie manifestieren sie sich institutionell sowie praktisch?
- Welche freierspezifischen (Macht-)Diskurse durchdringen das Feld der Prostitution und wie ist das gesellschaftliche Unbehagen bei gleichzeitiger gesellschaftlicher Unsichtbarkeit von Freiern zu erklären?
- Was ist das spezifische Interesse von Freiern am Prostitutionsfeld? Welche Profite werden angestrebt? Welche Konkurrenz- und Kapitalkämpfe tragen die Männer dort aus und inwieweit sind diese an (geschlechtshabituelle) Muster von Männlichkeit rückgebunden?
- Wie gestaltet sich der konkrete Einstiegsprozess in das soziale Feld der Prostitution und was sind die subjektiv benennbaren Motive für den prostitutiven Erstbesuch?
- Wie bestimmt sich die soziale Praxis der Männer im Feld und inwieweit können idealtypische Ablaufmuster prostitutiver Intiminteraktionen rekonstruiert werden?
- Wie gestaltet sich der soziale Prozess vom Erstbesuch hin zur Etablierung einer fortdauernden Nachfrage nach käuflicher Sexualität?
- Welche habituellen Muster und Dispositionen stellen die Bedingung der Möglichkeit dar, prostitutive Sexualität zu wünschen und interaktiv umsetzen zu können?

Erhebungsinstrumente: Ethnografie und leitfadengestütztes Tiefeninterview

Methodisch ist die Beantwortung dieser Forschungsfragen auf zwei Ebenen umgesetzt worden: Die erste Ebene umfasst einen ethnografischen Zugang zum Feld und zum Untersuchungsgegenstand. Die zweite Ebene bilden zwanzig leitfadengestützte Tiefeninterviews mit heterosexuellen Prostitutionskunden, wobei alle Probanden zum Zeitpunkt des Interviews im Feld aktiv waren. In Bezug auf die erste Ebene ist neben dem Literaturstudium zum Thema Prostitution/Freier die unmittelbare Felderkundung als zentrale Erkenntnisquelle zu benennen. Dies umfasst z.B. die (nicht-)teilnehmende Beobachtung im konkreten Feld (Laufhäuser, Sauna Club, Straßenstrich etc.), die mediale Rezeption des Forschungsgebietes (Fernsehen, Radio, Tageszeitungen, Magazine etc.), (offene) Interviews mit Sexarbeiter_innen[48] sowie die Analyse nachfragerelevanter Seiten des Internets. Insbesondere die Beschäftigung mit so genannten ›Freier-Foren‹ hat interessantes Datenmaterial zu Tage befördert (vgl. Kapitel 2). Die Ergebnisse dieser Forschungsebene wurden kontinuierlich in einem Forschungstagebuch festgehalten und ausgewertet.

Interviewleitfaden

Basierend auf den Ergebnissen dieser Untersuchungsphase sowie der theoretischen Rahmung wurde dann der Interviewleitfaden entwickelt, der sich wie folgt gliedert:

1. Begrüßungs- und Klärungsphase
2. Vorstellungsphase (Beruf, Einkommen, Wohnort, Familienstand)
3. Motivstrukturen und Relevanzsysteme (Prostitutionspraxis und Motive, Bewertung/Gefühle bezüglich der prostitutiven Praxis, Ursprungsgeschichte, Identität als Freier. Als erzähgenerierender Impuls diente die Frage nach dem letzten Prostiutionsbesuch[49])
4. Muster von Männlichkeiten (Männlichkeitskonzeption und Geschlechterbilder, Sexualitäts- und Beziehungsmuster)
5. Beurteilung von Prostitution (Diskursebene)
6. Teilnahemmotivation

Ziel der Leitfadenkonzeption war es, die beiden inhaltlichen Hauptebenen der Untersuchung – soziale Praxis/Motive und habituelle Dispositionsmuster – ›einzufangen‹. Das Tiefeninterview als leitfadengestützte Interviewtechnik ist dabei aus folgenden Gründen als zentrales Erhebungsinstrument gewählt worden.[50] Zum einen ist das Tiefeninterview in der Lage, die Relevanzstrukturen der befragten Subjekte sowohl breiten- als auch tiefenwirksam abzufragen. Zum anderen können hiermit auch (sozial) unbewusste Dimensionen des Sozialen sichtbar gemacht werden. In diesem Kontext ist das hier vorgestellte Forschungsprogramm der Habitusanalyse an die Dokumentarische Methode (vgl. Bohnsack 1993; 2003, 40-44) angelegt. Auch hier geht es in einem Doppelschritt darum, sowohl den (bewussten) kom-

48 Begleitend zur Freierbefragung wurden fünf Interviews mit Sexarbeiterinnen aus folgenden Prostitutionssektoren geführt: S/M-Studio, Appartmentprostitution, Drogenprostitution sowie ein Interview mit einem Callboy in der mann-männlichen Prostitution geführt.

49 Fünf der zwanzig Interviews sind mit der Frage nach dem ersten Prostitutionsbesuch eingeleitet worden.

50 Zur Theorie und Methode qualitativer Interviews vgl. Lamnek (1989, 35-166); Hopf (1991, 177-182); Flick (2001, 117-197); Meyer (2001); Hermanowicz (2002).

munikativen als auch den (unbewussten) konjunktiven Erfahrungsraum der befragten Subjekte darzulegen und zu untersuchen.

Interviewführung

Die Interviews wurden nach einer kurzen Begrüßungs- und Klärungsphase inhaltlich damit eröffnet, dass sich die Probanden kurz vorstellen sollten. Diese Vorlaufphase wurde etabliert, damit zu Beginn Vertrauen zwischen Interviewer und Proband entstehen und die Interviewten sich langsam auf die asymmetrische Gesprächssituation einstellen konnten, in der es immerhin um sehr persönliche und intime Themen gehen sollte. Als erzählgenerierender Impuls wurde die Frage nach dem letzten Prostitutionsbesuch gewählt. Es wurde vermutet, dass es sich hier um ein gut erinnerbares Ereignis handelt und sich so ›leicht‹ ein Gesprächseinstieg ergibt, von dem aus dann in ›tiefere‹ Regionen vorgedrungen werden kann. Diese Herangehensweise erwies sich in fast allen Interviews als praktikabel. Um die (synchrone) Vergleichbarkeit in der Auswertung zu gewährleisten, wurde während des Interviews darauf geachtet, die Leitfadenstruktur thematisch einzuhalten, ohne die grundlegende Orientierung an alltagskommunikativer Gesprächsführung aus den Augen zu verlieren. Dies beinhaltet z.B. die Maßgabe, eine grundsätzliche Offenheit und Flexibilität in der Gesprächsführung zu gewährleisten. Den interviewten Männern wurde deshalb generell die Möglichkeit eröffnet ›abzuschweifen‹, Nachfragen zu stellen sowie ihre subjektive Perspektive und Sicht der Dinge darlegen zu können. Aufgrund der Annahme, dass der männlichen Prostitutionsnachfrage als sozial unerwünschter bzw. stigmatisierender Verhaltensweise tendenziell eine gesellschaftliche Brisanz innewohnt, die sich negativ bzw. belastend auf die Offenheit der Probanden auswirken könnte, wurde zudem darauf geachtet, eine ›unaufgeregte‹, freundlich-neutrale und v.a. nicht wertende Gesprächsatmosphäre und Interviewführung zu etablieren. Dieses programmatische Vorgehen ist mit dem Gültigkeitsgrad der erhobenen Daten unmittelbar verwoben.

Validität der Daten

Für fast alle Probanden war das Interview im Rahmen dieser Studie das erste bzw. eines der wenigen Male, in dem sie ein offenes und ernsthaftes Gespräch über ihre prostitutive Nachfragepraxis geführt haben (vom Austausch mit anderen Freiern im Prostitutionsfeld und in Internet-Foren einmal abgesehen). Insbesondere das Gesprächsangebot ausgehend von einem männlichen Interviewer erwies sich hierbei von großem Vorteil, denn im Gegensatz zu weiblichen Forscher_innen eignet sich ein männlicher Wissenschaftler weit weniger als erotische Projektionsfläche oder geschlechterpolitische Normierungsinstanz.[51] Viel eher wurde ich als Interviewer von den meisten Probanden als geschlechtliches Solidar-Mitglied antizipiert. Dies implizierte sowohl die Zuschreibung von wissenschaftlichem Sachverstand und institutioneller Seriösität als auch ein vorreflexives Geschlechterverständnis als intiuitive Basis gegenseitigen Verstehens. Der geschützte wissenschaftliche Rahmen des Interviews ermöglichte es daher vielen Männern, zum Teil lang ›aufgestaute‹ und unkommunizierte Erfahrungen offenzulegen und mitzuteilen. Die Interviews erwiesen sich demzufolge relativ oft als selbstreflexive Prozesse, die von großer Offenheit und Authentizität gekennzeichnet waren, und in denen die Probanden m.E. eine seltene Chance erblickten, über sich und die eigene Geschichte als Prostitutionskunden nachdenken und reflektieren zu können. Ich erachte die Validität der Daten aus diesem Grund für sehr hoch, insbesondere da auch ambivalente, stigmatisierende, konkflikthafte, sozial unerwünschte Sachverhalte und Themen von den Probanden angesprochen wurden.

Sample

Kontaktaufnahme mit den Probanden

Die unmittelbare Kontaktaufnahme mit den Probanden ist auf vier Wegen zustande gekommen. Zum einen veröffentlichte ich Kleinanzeigen[52] in Rubriken von Stadtmagazinen, Anzeigeblättern oder Tageszeitungen, die auch von Sexarbeiter_innen zu Werbezwecken genutzt werden. Ähnliche Anzeigen erschienen auch in Internet-Kontaktbörsen. Zum Dritten startete ich einen Aufruf während einer Radiosendung und schließlich setzte ich Postings in Freier-Foren. Als Kontaktmöglichkeit habe ich meinen vollen Namen, eine E-Mail-Adresse und eine Handynummer angegeben. Dies erwies sich als hilfreich, da viele potenzielle Interviewpartner zu Beginn der Kontaktaufnahme von starkem Misstrauen gegenüber meiner Person und dem Forschungsvorhaben geprägt waren. Vielen half hier ein Blick auf die

51 Auf die Ambivalenzen und erotischen Übertragungsmomente während der Interviews weisen insbesondere die Kolleginnen Grenz und Peng im Rahmen ihren Freier-Studien hin (vgl. Grenz, 2005, 62-69; Peng 2007, 317-319).

52 Der Text dieser Anzeige lautet wie folgt: »Hallo, für ein Forschungsprojekt werden interessierte Männer und Frauen gesucht, für ein vertrauliches Interview über Erfahrungen und Erlebnisse mit käuflichem Sex und käuflicher Lust. Das Projekt wird im Rahmen einer Dissertation am Institut für empirische und angewandte Soziologie (EMPAS) der Uni Bremen durchgeführt. Das Interview selbst kann an der Uni Bremen oder an einem ruhigen Ort nach Wahl geführt werden und ist als offenes Gespräch gedacht (kein Fragebogen). Vertraulichkeit und Anonymität werden strikt beachtet, wobei personenbezogene Daten ohnehin nicht von Interesse sind. Bei Interesse oder Rückfragen, Kontakt [...]«. Kürzungen wurden im Einzelnen, ausgehend von diesem Basistext, vorgenommen.

Homepage des Instituts für empirische und angewandte Soziologie (EMPAS) der Universität Bremen, in dessen Rahmen die Studie entstanden ist, um Zweifel und Ängste zu zerstreuen. Letztere galten insbesondere der Frage, ob sich hinter der Anfrage nach einem Interview nicht doch ein unseriöser bzw. enthüllungsjournalistischer Fallstrick verbergen könnte. Diese Vorsichtsmaßnahmen bildeten einen ersten Hinweis darauf, wie intensiv der Schutz der Freieridentität betrieben wird, um v.a. Dingen ein Outing vor der eigenen Partnerin, dem privaten und beruflichen Nahumfeld oder einer diffus phantasierten Gesamtöffentlichkeit zu vermeiden.

Interview-Daten

Aus einem Überhang von Anrufen und Mailkontakten (ca. 40) sind im Jahr 2003 15 Interviews mit Freiern geführt werden. Zudem sind fünf Interviews aus dem Erhebungszeitraum 1999 mit in die aktuelle Studie eingegangen. Die Länge der auf Tonträgern aufgezeichneten Interviews belief sich im Durchschnitt auf 1 1/2 bis 2 Stunden. Um eine individuell stimmige und sichere Gesprächsatmosphäre zu etablieren, konnten die Probanden den Interviewort frei bestimmen. Die Interviews sind daher sowohl innerhalb der Universität, in Privatwohnungen der Probanden, im öffentlichen Raum (Gaststätten) als auch im Feld selbst (FKK-Club) geführt worden. Im Anschluss an ein jeweiliges Interview wurde eine systematisierende Kurzzusammenfassung erstellt und das Tonmaterial transkribiert sowie anonymisiert.

Auswahl des Samples

Wie Flick programmatisch anmerkt, sind die Kriterien für eine qualitative Stichproben grundlegend an den zentralen Faktoren Breite oder Tiefe orientiert:

»Im ersten Fall geht es darum das Feld in seiner Vielschichtigkeit durch möglichst viele, möglichst unterschiedliche Fälle abzubilden, um darüber Aussagen über die Verteilung beispielsweise von Sicht und Erfahrungsweisen treffen zu können. Im zweiten Fall geht es eher darum, durch die Konzentration auf einzelne Beispiele oder bestimmte Ausschnitte des Feldes tiefer in deren Struktur vorzudringen« (Flick 2004, 111f.).

Das heißt ein qualitatives Sample muss vorab die Relevanz der ausgewählten Untersuchungsobjekte in Bezug auf ihre inhaltlichen Repräsentation intensiv abwägen. Die Stichprobe wird insofern nicht (zufällig) ausgewählt, um eine statistische Repräsentativität zu erreichen sondern nach vorher bestimmten Gütekriterien und inhaltlichen Gesichtspunkten festgelegt. Das Feld wird in diesem Sinne als ein mehr oder weniger unbekanntes Gebiet betrachtet. Der Prozess des qualitativen Forschens und insbesondere die Phase der Stichprobenwahl kann als Kartierung einer bislang ungekannten Landschaft beschrieben werden. Im Prozess des Kartierens werden gezielt und überlegt ›Gebiete‹ herausgegriffen, um sie dann einzeln zu untersu-chen, miteinander oder mit bereits ›kartierten‹ Gebieten zu verglichen und grundlegende Muster herauszupräparieren. Mit der Wahl eines spezifischen Samples wird sozusagen gezielt nach spezifischen Einzelfällen gesucht, um hieraus allgemeine Regeln und Typologien zu generieren. Die Repräsentativität orientiert sich dabei nicht an der Generalisierung der Ergebnisse einer Bevölkerungsgruppe, wie in quantitativ operierender Sozialforschung, sondern an der Verallgemeinerung von Strukturen und sozialer Prozesse.[53]

Die Auswahl des Samples für diese Studie ist aufgrund folgender Kriterien und Überlegungen zustande gekommen. Die männliche Prostitutionsnachfrage als Untersuchungsgegenstand kann zu Beginn des Forschungsprozesses getrost als ›unentdecketer Kontinent‹ bezeichnet werden, über den kaum gesichertes Wissen existiert. Zudem gilt die Untersuchungsgruppe prostitutionsaktiver Männer sowohl alltagskulturell als auch wissenschaftlich (vgl. Kapitel 1) als empirisch schwer zu erreichende Gruppe, die kaum zu einer direkten face-to-face-Studienteilnahme zu gewinnen sei. In diesem Sinne waren in einem ersten Schritt sämtliche im Feld vermuteten »Handlungsfiguren« und »Handlungsmuster« (Lamnek 1993, 22f.) in der Stichprobe erwünscht. Dennoch wurde erhofft, dass das Sample von anvisierten zwanzig Interviews festgelegte Kriterien erfüllen würde. Eine Grundüberlegung, wie bereits dargelegt, bestand in der prinzipiellen Eingrenzung der Stichprobe auf heterosexuelle Prostitutionskunden ohne spezifische Eingrenzung in Bezug auf ihr Nachfrageverhalten. Viel eher wurde erhofft, die Breite und alltägliche ›Normalität‹ der männlichen Nachfrage nach käuflicher Sexualität ›einfangen‹ zu können. Eine hohe Varianz innerhalb des Samples wurde deshalb gewünscht in Bezug auf die

- nachgefragten Prostitutionssektoren und ausgeübten Praxisformen,
- die Altersstruktur sowie
- die Klassenzusammensetzung.
- Theoretical Sampling

Wie beschrieben erwies sich die Sorge darum, überhaupt Interviewpartner zu finden, mehr als unbegründet, so dass in relativ kurzer Zeit (ca. 3 Monaten) 14 Interviews geführt werden konnten. Dieses Sample wies allerdings eine deutliche Gewichtung bzw. Dominanz von Freiern auf, die in Internet-Freier-Foren organisiert und aktiv waren (im Verhältnis neun zu fünf). Um diese tendenzielle Gewichtung der Gruppe gebildeter, eloquenter, identitär gefestigter Freier der mittleren bis oberen Mittelklasse zu korrigieren, wurden im folgenden Forschungsprozess explizit sechs unorganisierte Pro-

53 Zur Stichprobenwahl und Repräsentativitiät qualitativer Daten vgl. Heinze (2001, 37-67); Flick (2004, 97-115); Gobo (2004, 434-456).

banden gesucht und in die Stichprobe integriert.[54] Zum Teil wurde hier auf einen bereits bestehenden Datensatz zurückgegriffen sowie ein weiteres Interview geführt. Auch die Varianz der Altersverteilung und Klassenzusammensetzung des Samples konnte so verbreitert werden.

Charakteristika des Samples

Das erhobene Sample weist erfreulicherweise eine breite Varianz auf. Beispielsweise sind sämtliche Prostitutionsformen – mit Ausnahme der hochpreisigen Luxus-Prostitution – in der Stichprobe enthalten. Dies umfasst die Straßenprostitution, Beschaffungsprostitution, Laufhäuser, Bordelle, Bars, die Appartement-Prostitution, FKK- bzw. Sauna-Clubs sowie BDSM-Studios. Auch inhaltlich konnte eine breite Bandbreite an Interaktions- und Beziehungsformen zwischen Freiern und Sexarbeiterinnen erhoben werden, wie z.B. permanent wechselnde, spontane oder lose getroffene Prostitutionskontakte, Langzeit-Beziehungen (Stammhure), freundschaftlich-private Kontakte, die Kontaktaufnahme auf Empfehlung (zumeist über das Internet) oder die Kontaktaufnahme nach ausgewählten nationalen oder körperlichen Merkmalen der Sexarbeiterin. In Bezug auf die nachgefragten sexuellen Praktiken ist absolut betrachtet ebenfalls eine große Bandbreite zu verzeichnen, jedoch mit einem deutlichen Mehrgewicht von konventionellen Praktiken wie Geschlechts- und Oralverkehr. Aber auch für die heterosexuelle Normalität tendenziell ›außeralltagliche‹ Praktiken, wie beispielsweise BDSM, Analverkehr, Gruppensex (in der Regel mit zwei Sexarbeiterinnen), Fellatio in der (Club-)Öffentlichkeit, Sex mit Transsexuellen sind in dem Sample enthalten. Nicht vertreten sind Freier, die Sex mit Kindern oder Vergewaltigungen von Sexarbeiterinnen billigen.

Teilnahmemotivation

Die Teilnahmemotivation an dieser Studie leitet sich zu einem großen Teil aus der weiter oben beschriebenen Reflektions-Chance ab. Des Weiteren sind folgende Gründe der Studien-Teilnahme aufgetreten: persönliches Interesse an wissenschaftlich-journalistischem Arbeiten, zum Teil verknüpft mit eigener beruflicher Erfahrung, ein allgemeines Bedürfnis, Wissenschaft und Forschung zu unterstützen sowie der Wunsch, Verständnis für Sexarbeiterinnen einzuwerben und diese durch sachliche Informationsweitergabe aus der gesellschaftlichen Randstellung und Geringschätzung zu holen. Alle Probanden bis auf Herrn Konrad sind zum Zeitpunkt des Interviews im Prostitutionsfeld aktiv bzw. potenziell aktiv. Die sozialstrukturelle Zusammensetzung des Samples ist in der folgenden Tabelle dargestellt. Sämtliche Daten beziehen sich auf den Zeitpunkt des Interviews. Bis auf Herrn Andrews besitzt keiner der Probanden einen Migrationshintergrund.

54 Zur grundlegenden Idee des »Theoretischen Samplings« vgl. Glaser/Strauss (2005, 53-83).

Name	Beruf	Alter	Beziehungsform
Herr Konrad	Selbständig (IT-Branche)	32	geschieden (Partnerin)
Herr Andrews	Arbeitslos/Buchhalter	30	Partnerin
Herr Stahl	Elektriker	30	Partnerin
Herr Bund	Verwaltungsangestellter (mittlerer Dienst)	37	Partnerin
Herr Thanert	Selbständig (Unternehmensberater)	31	keine Partnerin
Herr Korbel	Selbständig (Techniker)	45	keine Partnerin
Herr Frank	Verwaltungswirt (gehobene Stellung)	40	geschieden (keine Partnerin)
Herr Weitenbach	Angestellter (Chemieingenieur)	31	keine Partnerin
Herr Meister	Geschäftsführer (mittelst. Unternehmen)	39	verheiratet
Herr Herz	Selbständig (Werbeagentur)	31	Partnerin
Herr Fischer	Freiberuflicher Übersetzer	43	keine Partnerin
Herr Zimmer	KFZ-Mechaniker/Friseur	23	keine Partnerin
Herr Groß	Manager (gehobene Stellung)	42	Partnerin
Herr Schnell	Redakteur/Makler/Student	26	Partnerin
Herr Hahn	Journalist	40	keine Partnerin
Herr Leitz	Beamter (mittlerer Dienst)	41	keine Partnerin
Herr Laube	Kleinständiger Unternehmer in Rente	73	verheiratet
Herr Studer	Abgebrochenes Studium	24	keine Partnerin
Herr Questel	Freiberuflich in Film- und Medienbranche	62	verheiratet
Herr Peter	Verwaltungsangestellter (mittlerer Dienst)	29	verheiratet

Auswertungsmethoden

Für jeden Auswertungsprozess qualitativer Daten geht es in einem ersten Schritt darum, eine große Textmenge zu ordnen und zu systematisieren. Resultierend aus der spezifischen Fragestellung dieser Untersuchung war eine doppelte Auswertungslogik von Beginn an festgelegt. Diese bezieht sich zum einen auf die Auswertung des jeweiligen Einzelfalls der diachronen bzw. horizontalen Auswertungsebene und zum anderen auf die synchrone bzw. vertikale Auswertung des Datenmaterials, wobei es im Wesentlichen darum geht, typische Muster und Kategorien – wie beispielsweise Motive der Einstiegspraxis – herauszuarbeiten.

Die diachrone Ebene des Einzelfalls

Wie bereits erwähnt ist nach jedem Interview ein systematisierendes Kurzprotokoll angelegt worden, in welches erste assoziative Interpretationen und Gedanken eingeflossen sind. Nach der vollständigen Transkription ist jedes Interview einzeln bearbeitet worden. Hierzu ist zu jedem Interview ein eigenes Auswertungsprotokoll erstellt worden. Gemäß der drei grundlegenden Codierungsebenen der Grounded Theory – offenes, axiales und selektives Codieren (vgl. Strauss/Corbin 1996, 43-147) – ist auf dieser Ebene der Interpretation das Material weitgehend nach dem Verfahren des ›offenen Codierens‹ strukturiert worden, wobei der Untersuchungsfokus auf dem jeweiligen Einzelfall lag. Einige Codes haben sich dabei organisch aus der Struktur des Interviewleitfadens sowie der Fragestellung ergeben (z.B. Einstiegspraxis, Ursprungsmotive, Männlichkeit). Andere Codes sind aus dem Material entwickelt worden, z.B. der Begriff des Folgemotivs oder der Anfangsnervosität bzw. als Invivo-Codes von den Probanden generiert und übernommen worden (z.B der Sucht-Begriff). Während dieser Interpretationsphase ist ein kontinuierliches Forschungs- bzw. Interpretationstagebuch geführt worden, in dem spontan bzw. assoziativ entstehende Gedanken und Interpretationen, die sich aus der (täglichen) Auseinandersetzung mit dem empirischen Material ergeben haben, festgehalten worden sind. In erster Linie ging es hierbei darum, dass empirische Material ›sprechen zu lassen‹ und für die nächste (höhere Interpretationsphase) aufzubereiten und zu systematisieren.[55] Im Zuge dieses Prozesses ist das Datenmaterial unter Verwendung einer Datensoftware wie folgt aufbereitet und codiert worden:

55 Ein Ergebnis dieser Auswertungsphase bildete die Generierung von sieben Freier-Typen (»Der Normale«, »Der organisierte Normale«, »Der Stammfreier«, »Der Zweifelnde«, »Der Rastlose«, »Der Besessene«, »Der Gelegentliche«). Diese wurden im Rahmen der Ausstellung ›Sexarbeit‹ des Hamburger Museums der Arbeit präsentiert und veröffentlicht (vgl. Gerheim 2005, 152-155; 2007, 123-193).

Codesystem

1. Soziale Praxis (Einstiegspraxis, Anfangsnervosität, Folgepraxis, Aids/Kondomverwendung)
2. Motivmuster (Einstiegsmotive, Folgemotive)
3. Bewertung/Gefühle (Planung eines Besuchs, Suchtmuster, Gefühl hinterher, neutrale Erfahrung/Bewertung, positive Erfahrung/Bewertung, negative Erfahrung/Bewertung, einseitiges Begehren, Dienstleistungs-Diskurs, Macht, Verachtung/Gewalt/Ausbeutung, Kontaktbedürfnis, Interaktion Freier-Sexarbeiterin, Zahlakt/Geldinteraktion
4. Identität/Sprechkultur/Position im Sozialraum
5. Männlichkeit (Beziehungsmuster)
6. Sexualität (subjektive Bedeutung von Sexualität, männliche Sexualität, weibliche Sexualität, Zilbergeld-Skala, Sexuelle Sozialisation, private sexuelle Praxis)
7. Bewertung Prostitution (Institution der Prostitution, Sicht auf Sexarbeiterinnen
8. Teilnahmemotivation
9. Zentraler Erzählstrang
10. Internet-Freier Forum (Freier-Typen)

Der synchrone Vergleich typischer Muster in den Interviews

Auf einer nächst höheren Abstraktions- und Interpretationsphase, dem selektiven und axialen Codieren, ging es nun darum, eine vertikale bzw. synchrone Auswertung der codierten Daten vorzunehmen und in einen theoriegenerierenden Gesamtkontext zu überführen. Die in der ersten Analysephase am Einzelfall generierten Codes und Ergebnisse wurden nun vertikal miteinander in Beziehung gesetzt, verglichen und typische (Praxis-)Muster und Feldstrukturen hieraus generiert. Dieser Interpretationsschritt orientierte sich weitgehend an den vier zentralen Säulen des Erkenntnisinteresses dieser Arbeit: Feldstrukturen, Einstiegsphase (Praxis, Motive, Settings), Folgepraxis und Dispositionsmuster. Das Material wurde daraufhin systematisch in Bezug auf die Fragestellung untersucht und ausgewertet. Erste Präsentationen dieses Auswertungsprozesses wurden kontinuierlich in einem forschungsbegleitendem wissenschaftlichen Rahmen mit einer vierköpfigen Interpretationsgruppe diskutiert und korrigiert. Bei der Präsentation der Ergebnisse ist darauf geachtet worden, die Interpretationsschritte durch Beleg-Zitate aus den Interviews so transparent als möglich zu gestalten, um einerseits die wissenschaftliche Plausiblität der Interpretation nachvollziehbar zu gestalten, ohne andererseits die Lesbarkeit des Gesamttextes dadurch zu überfrachten und einzuschränken.

2. Diskurse und symbolische Kämpfe im Feld

Für diese Arbeit, die sich als Beitrag kritischer Wissenschaft versteht, ist es in ihrer Feldbetrachtung sehr bedeutsam, die Analyse von Macht-, Herrschafts- und Gewaltstrukturen in den Erkenntnisprozess mit aufzunehmen sowie das gegenwärtige gesellschaftliche Sein als Ausdruck von historisch Gewordenem zu begreifen. In diesem Sinne wird in diesem Kapitel vornehmlich eine (historische) Kontextualisierung der männlichen Nachfrage nach käuflichem Sex unternommen.[1] Der Annäherung an die Entstehung der neuzeitlichen Prostitutionsnachfrage im Rahmen des Geschlechterdiskurses der Moderne sowie der kritischen Rekonstruktion gesellschaftlicher Bilder und Zuschreibungen zur Figur des ›Freiers‹ und nachfragerelevanter Institutionalisierungsformen wird dabei die Hauptaufmerksamkeit geschenkt. Daneben wird die theoretische Bestimmung sozialer Felder als Ausstragungsort gesellschaftlicher Kämpfe anhand der Analyse zentraler Felddiskurse und symbolischer (Konkurrenz-)Kämpfe im Feld der Sexarbeit nachgezeichnet. Es wird in diesem Kapitel sowie im Laufe der Gesamtuntersuchung gezeigt, dass diese Kämpfe um die diskursive Hegemonie in Bezug auf die sexual- und geschlechterpolitische Deutungsmacht – um das was den prostitutiven Akt in seinem Kern auszeichnet – die Nachfragepraxis entscheidend mitbestimmen. Exemplarisch für den Kampf um diskursive Hegemonie im sozialen Feld der Prostitution wird die zum Teil mit ›unerbittlicher‹ Härte ausgetragene Auseinandersetzung zwischen radikal-feministischen Prostitutionsgegner_innen und neo-feministischen Pro-Prostitutionslobbyist_innen betrachtet. Unter Diskurs wird dabei im Anschluss an Maihofer eine soziale Praxis verstanden, die mehr als das gesprochene bzw. geschriebene Wort umfasst:

»Im Anschluß an Foucault verstehe ich unter Diskurs Denk-, Gefühls- und Handlungsweisen, Körperpraxen, Wissens(chafts)formen, Institutionen, gesellschaftliche Macht- und Herrschaftsverhältnisse, Naturverhältnisse, Kunst, Architektur, innere

1 Die Diskussion an dieser Stelle skizziert ausschließlich die Entwicklung des Prostitutionsdiskurses ab dem 19. Jahrhundert.

Struktur von Räumen etc. Meist sind Diskurse eine Kombination von alldem. [...] Manche Diskurse können von globaler Bedeutung sein und in einer Gesellschaft oder gesellschaftsübergreifend dominieren, andere hingegen sind unter Umständen bloß lokal, nur für eine Gruppe oder lediglich für ein Individuum relevant. Der Begriff des Diskurses unterstellt innerhalb eines Diskurses oder einer ganzen Diskursformation eine gewisse Einheitlichkeit: eine gemeinsame innere Logik, strukturelle Ähnlichkeiten, gemeinsame zentrale Topoi« (Maihofer 1995, 80f.).

Konkret wird in diesem Kapitel bestimmt, welche Diskursformationen im sozialen Feld der Sexarbeit existieren, welche sozialen Konstruktionsprozesse zur Konstituierung der Prostitution als Institution sowie der im Feld agierenden Akteur_innen (Sexarbeiter_innen, Freier, Zuhälter, Bordellbetreiber_innen etc.) aufgezeigt werden können und welche Gestalt die (diskursiven) Machtkämpfe aktuell annehmen. Beginnen wird die Analyse mit der Diskussion der Prostitutionsnachfrage im Kontext des modernen Geschlechterdiskurses. Ausgehend hiervon werden dann die gegenwärtig dominierenden Diskursstränge und Machtzentren im Prostitutionsfeld – Gewalt- und Arbeitsdiskurs – dargelegt, die wiederum die Basis für gesellschaftliche Diskursmuster zur Figur des Freiers bilden.

Prostitutionsnachfrage und Geschlechterdiskurs

Betrachtet man die zentralen Diskursformationen im sozialen Feld der Prostitution seit der Industrialisierung und dem Entstehen der bürgerlichen Gesellschaft, können einige sehr stabile und konsistente Diskursstränge benannt werden. Den diskursiven und normativen Ausgangspunkt einer jeglichen Erzählung um Prostitution innerhalb der binären hetero-normativen Geschlechterordnung nimmt das hegemoniale Modell der monogamen Ehe und der romantischen Liebe ein (vgl. Ariès/Bèjin/Foucault 1984; Giddens 1993; Lautmann 2002). Die Ehe als eine der elementarsten Institutionen der bürgerlich-patriarchalen Gesellschaft begründet sich historisch aus dem Geschlechterdiskurs der bürgerlichen Gesellschaft seit dem 18. Jahrhundert. Konstitutiv für diesen Diskurs ist einerseits das Modell der biologisch begründeten Ordnung einer natürlichen Zweigeschlechtlichkeit innerhalb einer heteronormativen Matrix sowie andererseits die hieraus abgeleitete hierarchische Aufspaltung des gesellschaftlichen Geschlechterraums in die Bereiche einer ›öffentlich-männlichen‹ und einer ›privat-weiblichen‹ Sphäre. Aus diesem Strukturierungsmodus der Moderne leitet sich des Weiteren eine geschlechtsspezifisch hierarchisierte Arbeitsteilung in männliche Produktions- und weibliche Reproduktionsarbeit (vgl. Beer 1990; Klinger 2000; Wetterer 2002) sowie eine biologisch begründete patriarchale Sexualordnung ab (vgl. Honegger 1991; Laqueur 1992; Feministische Studien 1992; Maihofer 1995; Bourdieu 2005). Nach Butler (1991) kann dieses System dichotomer Unterscheidungen zwischen Kultur und Natur, Körper und Geist sowie Emotionalität und Rationalität, die der abendländische Diskurs an Weiblichkeitund Männlichkeit knüpft, als ein zentraler Ursprung moderner bürgerlich-patriarchaler Herrschaft bestimmt werden. Soziologisch komprimiert, fasst Giddens die wesentlichen Strukturmerkmale des modernen patriarchalen Geschlechterverhältnisses wie folgt zusammen:

- »die Beherrschung der öffentlichen Sphäre durch die Männer;
- die doppelte Moral;
- die sich daraus ergebende Unterteilung der Frauen in die ›reinen‹ (die man heiraten kann) und die ›unreinen‹ (Prostituierte, Huren, Konkubinen, Hexen);
- die Auffassung von Geschlechterdifferenz als gott-, natur- oder biologisch gegeben;
- die Problematisierung der Frauen als geheimnisvoll oder irrational hinsichtlich ihrer Wünsche und Handlungen;
- die Arbeitsteilung nach Geschlecht« (Giddens 1993, 125).

Für den Prostitutionsdiskurs im engeren Sinne ist u.a. die wissenschaftliche und kulturelle ›Geburt‹ eines biologisch begründeten Geschlechtstriebs im Kontext des Sexualitäts- und Geschlechterdiskurses der Moderne von elementarer Bedeutung (vgl. Eder 2002, 140-150; Braun 2005, 43-53; Ebrecht 2005). Braun bezeichnet in diesem Kontext die Idee eines unbändigen männlichen Sexualtriebs »als eine Erfindung des 19. Jahrhunderts« (Braun 2005, 46). Das Trieb-Theorem als Machtdiskurs folgt in seiner Logik der binären Aufspaltung der gesellschaftlichen Geschlechterstruktur. Der Biodiskurs des Geschlechtstriebs ist als ein Teilsegment des anthropologischen Diskurses der Zweigeschlechtlichkeit zu verstehen (vgl. v.a. Honegger 1991; Laqueur 1992). Auf der Ebene der Sexualkörper, der Sexualphysiologien und der seelischen Innenräume werden mit diesem Konzept die geschlechtsspezifischen Spaltungslinien systematisch fortgeführt, wie an dem Zitat von Krafft-Ebing aus seinem berühmten und weitverbreiteten Werk Psychopathia sexualis (ersch. 1886) verdeutlicht werden kann:

»Ohne Zweifel hat der Mann ein lebhafteres geschlechtliches Bedürfnis als das Weib. Folge leistend einem mächtigen Naturtrieb, begehrt er von einem gewissen Alter an ein Weib. Er liebt sinnlich, wird in seiner Wahl bestimmt durch körperliche Vorzüge. [...] Anders ist das Weib. Ist es geistig normal entwickelt und wohlerzogen, so ist sein sinnliches Verlangen ein geringes. Wäre dem nicht so, so müsste die ganze Welt ein Bordell und Ehe und Familie undenkbar sein. Jedenfalls sind der Mann, welcher das Weib flieht, und das Weib, welches dem Geschlechtsgenuss nachgeht, abnorme Erscheinungen« (Krafft-Ebing, 1984,12f.).

Der Entwurf des männlichen Sexualtriebs basiert in diesem Rahmen auf der Vorstellung einer kontinuierlich ansteigenden biologisch begründeten Sexualenergie, welche sich im männlichen Innenraum als willentlich nicht kontrollierbarer Sexualtrieb manifestiert. Diese aufgestaute Triebenergie strebe dann in ihrem natürlichen Verlauf einer periodischen ›Entladung‹ entgegen. Das Trieb-Theorem wird in Analogie zur Druckentwicklung in dampfbetriebenen Geräten häufig auch als ›Dampfkessel-Theorie‹ bezeichnet und als biologisches Naturgesetz verstanden (vgl. Schmidt 2005, 55). Der Arzt und Sexualwissenschaftler Max Marcuse bezeichnet den männlichen Trieb in einer Abhandlung über uneheliche Mütter dann auch als Naturtrieb »zwanzig mal stärker [...] als zu Zwecken der Arterhaltung nötig wäre« (Marcuse 1906, 41). Und selbst die künstlerische Avantgarde ist vom unausweichlichen männlichen Triebschicksal überzeugt, wenn Frank Wedekind davor warnt, dass »infolge angehäufter und infolgedessen entarteter Geilheit«, der unbefriedigte (junge) Mann »als entmenschte Bestie in die bürgerliche Gesellschaft einzubrechen« drohe (Wedekind, zit. n. Braun 2005, 45).

Bestandteil dieses Machtdiskurses ist aber auch, dass innerhalb der Disziplinen (Medizin, Psychiatrie, Pädagogik etc.) intensiv über die Möglichkeiten der gesellschaftlichen Beherrschung des Triebs (Natur vs. Kultur) sowie über die gesellschaftlichen, geschlechterpolitischen, medizinischen und biopolitischen Auswirkungen des Trieb-Theorems diskutiert wird.[2]

Komplementär zum männlichen Trieb-Modell wird diesem ein weibliches Sexualitätskonzept entgegengesetzt, welches die reproduktiven Funktionen des weiblichen Körpers und das ontologische ›Streben‹ von Frauen nach der Mutterrolle ins Bedeutungszentrum rückt. Frauen als sexuelle Wesen mit einem genuinen Bedürfnis nach sexueller Aktivität jenseits reproduktiver Motive kommen in dieser theoretischen Konzeption nur als Abweichung vor. Der weibliche Innenraum wird in erster Linie als asexuell oder hysterisch gedeutet und die Sexualität der ›ehrbaren‹ bürgerlichen Frau ist ausschließlich im Kontext der Reproduktion der Gattung von Bedeutung. William Acton, ein führender britischer Sexualmediziner und Prostitutions-

---

2 In der Abhandlung zur »Hygiene des Geschlechtslebens« (1912) befasst sich der in seiner Zeit berühmte Medizinprofessor Max von Gruber, u.a. Entdecker der Agglutination (Verklebung roter Blutkörperchen durch Antikörper), intensiv mit sozialhygienischen Fragen. Die Ausprägung sowie die medizinischen Folgen der Kontrolle des Geschlechtstriebs bei Männern und Frauen als auch deren Auswirkungen auf die gesellschaftliche Organisation des ›Geschlechtslebens‹ sind die zentralen Untersuchungsobjekte dieser Studie. Die von Gruber vertretene These einer ›bedenkenlosen Kontrolle‹ des Sexualtriebs bleibt allerdings nicht ohne Widerspruch, beispielsweise durch den Arzt Wilhelm Hammer (1906), der konstatiert: »Geschlechtliche Enthaltsamkeit im geschlechtsreifen Alter birgt für beide Geschlechter Gefahren in sich. Diese Gefahren sind zum Teil auch auf anderem Wege als dem des Verkehrs vermeidbar, aber nur zum Teil. Vom rein gesundheitlichen Standpunkt ist die Enthaltsamkeit weder erwachsenen Männern noch erwachsenen Frauen zu empfehlen [...]« (Hammer 1906, 50).

forscher des 19. Jahrhunderts, umschreibt die viktorianische Vorstellung weiblicher Sexualität wie folgt:

»[...] the majority of women (happily for them) are not very much troubled with sexual feeling of any kind [...]. As a general rule, a modest woman seldom desires any sexual gratification for herself. She submits to her husband, but only to please him; and, but for the desire of maternity, would far rather be relieved from his attention. No nervous or feeble young man need, therefore, be deterred from marriage by he exaggerated notion of the duties requiered from him. The married woman has no wish to be treated on the footing of a mistress« (Acton 1857, zit. n. Finnegan 1979, 1f.).

Da der hegemoniale Körper- und Sexualitätsdiskurs der herrschenden bürgerlichen Klasse sexuelle Aktivitäten ausschließlich im Rahmen romantischer Liebe und der monogamen Ehe einen legitimen gesellschaftlichen Ort zuweist, ergibt sich hieraus, in logischer Konsequenz, ein gesellschaftlich produziertes ›sexual-hygienisches‹ Paradoxon. Auf einer plastischen Ebene produziert dieser geschlechterpolitische Körper- und Sexualitätsdiskurs die soziale Situation einer sittlich gefestigten, sexuell inappetenten oder sexuell unterdrückten Ehefrau, die in ihrem ehelichen Alltag mit einem von überschüssiger Sexualenergie ›aufgeladenen‹ Ehemann konfrontiert ist, wie es der Sexualwissenschaftler Max Marcuse[3] treffend formuliert:

»Konnte es nicht in der Tat nur unter den von den ›Herren der Schöpfung‹ diktierten Rechts- und Moralgesetzen solange möglich sein, daß man der Frau verbot, das Empfinden zu haben, oder wenigstens sie zwang, es zu unterdrücken, ein Empfinden von dem es beim Manne hieß, ›daß es alle Fesseln bricht und alle Dämme niederreißt‹« (Marcuse 1906, 50f., Herv. i. O.).

Auf einer gesamtgesellschaftlichen Ebene waren neben Ehemännern aber auch andere Teilgruppen des männlichen Kollektivs von dieser geschlechter- und sexualpolitischen Problematik betroffen. Das Schicksal, unter unerfüllten mächtigen sexuellen Impulsen zu leiden, ereilte unverheiratete bzw. noch nicht verheiratete Männer (Soldaten, Seeleute, Studenten, Witwer und

3 Max Marcuse war neben Helene Stöckel eine der führenden Persönlichkeiten im ›Bund für Mutterschutz und Sexualreform‹ (1905-1933). Das politische Programm des BfMS, die so genannte ›Neue Ethik‹, umfasste eine weitreichende sexuelle Liberalisierung insbesondere in Bezug auf den Kampf gegen die gesellschaftliche Ausgrenzung unehelicher Mütter sowie gegen die doppelmoralische Unterdrückung weiblicher Sexualität. Aber auch die Straffreiheit für Abtreibung und Homosexualität wurde gefordert. Weitere berühmte Mitglieder im BfMS waren u.a. Käthe Kollwitz, Alexandra Kollontai, Sigmund Freud und Max Weber (vgl. Schmackpfeffer 1989, 55-64).

insbesondere die sexuell unerfahrene Jugend), Männer, die zu ›Perversionen‹ neigten (z.B. ›Schmerzgeile‹) und deren sexuelle Bedürfnisse im privaten bzw. ehelichen Rahmen nicht ausgelebt werden konnten sowie Männer, die temporär von ihren Ehefrauen getrennt waren, wie z.B. Geschäftsreisende (vgl. Hammer 1906, 49-54 u. 86-87; Wagner 1911, 73). Die Frage, die sich unmittelbar hieraus ableitete, war natürlich, in welcher Form sich die ›überschüssige‹ bzw. unbefriedigte männliche Sexualenergie ›entladen‹ konnte bzw. ob eine medizinisch unbedenkliche Form der Triebkontrolle und -sublimierung möglich bzw. ›sittlich‹ unerlässlich war? Dieser Diskurs wurde zusätzlich gespeist von der Angst vieler sexuell unerfüllter Männer, der Onanie zu ›verfallen‹ und dadurch die Fähigkeit zum Geschlechtsverkehr und zur Fortpflanzung im Allgemeinen einzubüßen. Der aktive Geschlechtsverkehr mit einer Frau, wie er u.a. in der Prostitution ›lindernd‹ zu finden war, galt als probate sexualmedizinische Gegenmaßnahme, diesen Gefahren vorzubeugen bzw. sie zu ›heilen‹.[4]

An dieser Stelle kann eine notwendige Differenzierung zwischen Diskurs, normativ-moralischen Vorgaben und historisch-empirischer Realität des Sexual- und Liebeslebens der Menschen in der viktorianischen Epoche nicht weiter verfolgt werden. Auch auf eine klassen- und geschlechtsspezifische Betrachtung dieses Sachverhalts kann hier nicht näher eingegangen werden.[5] Dennoch wird die These vertreten, dass der inhaltliche Kern des Prostitutionsdiskurses der Moderne exakt an der ›triebtheoretischen‹ Schnittstelle seinen Begründungszusammenhang erfahren hat und in modifizierter Gestalt bis in die gesellschaftliche Realität der Gegenwart Wirkmächtigkeit entfaltet. Bernsdorf fasst diesen Gedankengang dahingehend zusammen:

»[...] daß die Prostitution innerhalb herrschaftlicher Gruppen mit strengen monogamen oder polygamen Eheformen auf patriarchalischer Grundlage eine ›soziale Institution‹ ist, die innerhalb des Systems der Sexualregulierung als eine Art ›Ergänzung‹

---

4 Vgl. Hammer (1906, 86). Laqueur (2008, 156) verweist in diesem Zusammenhang auch auf die Onanie als »falsche Lust«, als »eine Pervertierung der echten«.

5 Wie Marcuse zu Recht anmerkt, können beispielsweise die sexuellen und amourösen Verhältnisse des Proletariats und des Bürgertums nicht in eins gesetzt werden. Unter Bezugnahme auf eine zeitgenössische Studie zum Sexualverhalten in ländlichen Regionen Preußens (Wagner 1896) wird u.a. konstatiert: «Mindestens 90% aller Erstgeburten sind unehelich; nur daß viele der Spurii nachträglich durch Heirat legitimiert werden. Kein Mädchen fast tritt vor den Altar, die nicht schwanger wäre. In verschiedensten Gemeinden mußten 75% aller Bräute ohne die jungfräulichen Ehren getraut werden. Es ist eine sehr seltene Ausnahme, daß junge Leute vor den Altar treten, die nicht heiraten müssen, vielleicht kommt bei Bauern, Handwerkern und Arbeitern der Fall überhaupt nicht leicht vor« (Marcuse 1906, 34).

der Sexualregulierung durch die Ehe angesehen werden kann und dafür eine Ventilfunktion ausübt« (Bernsdorf 1971, 244, Herv. i. O.).

In seinem Kern verfolgt der geschlechterpolitische Diskurs das strategische Ziel, die Prostitution als Institution zu etablieren, die eine sexuelle Kompensations- und Surrogatfunktion innerhalb der gesellschaftlichen Geschlechterordnung einnimmt. Für den Mann ist der sozial konstruierte Raum der Prostitution besonders in Bezug auf die Regulierung seines Triebhaushaltes von Bedeutung. Die Prostitution ermöglicht es Männern, die in ihrem Innenraum gefühlte, ›stets anwesende‹ Sexualenergie ohne emotionale Bindungserwartungen, soziale Konsequenzen (Verlobung oder Heirat) bzw. normative Anforderungen an ihre Leistungsfähigkeit in der sexuellen Performanz ungehindert und jederzeit ausagieren zu können. Die Unmittelbarkeit der sexuellen Begegnung sowie die Maß- und Schrankenlosigkeit der sexuellen Bedürfnisartikulation und -befriedigung sind die zentralen Strukturmuster dieses Sachverhalts. Anhand des folgenden Zitats von Foucault (1992) kann die Beständigkeit und die Wirkmächtigkeit dieses Diskurses bis in die Gegenwart abschließend noch einmal dargestellt werden:

»Die Technologie des Sexes ordnet sich von nun an dem Gesundheitswesen und dem Normalitätsgebot unter. [...] Das Fleisch wird auf den Organismus reduziert. Diese Mutation liegt an der Wende vom 18. zum 19. Jahrhundert und sie hat vielen anderen Transformationen die Bahn geebnet. Eine davon hat die Medizin des Sexes von der allgemeinen Medizin des Körpers gelöst; sie hat einen sexuellen ›Trieb‹ isoliert, der selbst ohne organische Veränderung konstitutive Anomalien, erworbene Abweichungen, Schwächen oder pathologische Prozesse aufweisen kann« (Foucault 1992, 141-142, Herv. i. O.).

Foucault arbeitet die Wirkmächtigkeit des Triebdiskurses als konstitutiv für die Moderne heraus. Das wichtige an diesem Konzept besteht m.E. in zwei Dingen: zum einen auf der Subjektebene in der körperlich spürbaren und handlungsrelevanten Dimension des Sexualtriebes (vgl. Kapitel 6) und zum anderen wird der Trieb bzw. der sexualisierte Leib zum Angriffspunkt der Disziplinen im Kontext biopolitischer Intervention sowie disziplinarischer Kontroll- und Normierungsprozesse (vgl. Foucault 2005, 224-244). Dieses Diskursmuster bzw. diese Machttechnologie ist auch in den Selbstkonzepten der von mir interviewten Männer nachweisbar, in denen aktiv auf das Triebkonzept im Kontext der Prostitutionsnachfrage Bezug genommen wird:

Q: Ach im Grunde genommen eigentlich äh war das mehr oder weniger ein Abreagieren auf Geilheitsbasis nicht man selbst als Mann hat man den so genannten Trieb hm was bei Frauen nicht so nach außen tritt aber beim Mann doch eher sagen wir mal äh gang und gäbe ist der Mann ist eben halt von Jugend an schwanzgesteuert (Herr Questel, 53 – 61).

Deutlich wird in diesem Beispiel wie selbstverständlich von der anthropologischen Akzeptanz und Allgemeingültigkeit der Triebtheorie als biologischer und leiblich manifester Tatsache ausgegangen. Die Abgrenzung und Differenzierung der weiblichen Sexualität und Triebdynamik im Vergleich zur männlichen wird hier nahezu klassisch rezipiert. Wie sich diese patriarchale Sexual- und Körperideologie auf die empirische Realität des ehelichen Lebens – nicht nur des 19. Jahrhunderts – auswirkte, fasst Lautmann treffend zusammen:

»Die eheliche Sexualität sieht auf eine bewegte Geschichte zurück, die nach heutiger Wertung nur zu belastet ist. Nur exemplarisch sei an einige wenige Vorgänge erinnert:

- Die Hochzeitsnacht als Etablierung ehelicher Gewalt.
- Die Einseitigkeit des gesellschaftlichen Interesses daran, dass der Mann eine Befriedigung finden solle – im 19. Jahrhundert (anders wohl die Jahrhunderte davor).
- Die Unterschiedlichkeit in Wissen und Vorerfahrenheit – vor allem der Mann solle darüber verfügen.
- Die Unterschiedlichkeit in Initiative und Einfallsreichtum – die Frau hatte weithin nur zu reagieren.
- Die traumatische Gewaltsamkeit, mit welcher die Defloration vollzogen wurde.
- Der ›Coitus interruptus‹, lange als probateste Verhütungsmethode geltend, beeinträchtigte das Engagement an der Lust, und zwar aus unterschiedlichen Gründen bei beiden Geschlechtern.
- Die stets wahrscheinlich anmutende Empfängnis und die lange Reihevon Schwangerschaften, mit den gesundheitlichen Risiken der Frau« (Lautmann 2002, 348, Herv. i. O.).

Das Konzept der allgemeinen männlichen Triebtheorie basiert darüber hinaus auf der symbolischen Gewalt der doppelmoralischen Spaltung des weiblichen Kollektivs in ›Heilige‹ und ›Hure‹. Nach Freud erfüllt diese vom bürgerlichen Sozialraum abgeschottete prostitutive Subkultur eine wichtige Funktion für den bürgerlichen Mann:

»Wo sie lieben, begehren sie nicht und wo sie begehren, können sie nicht lieben. Sie suchen nach Objekten, die sie nicht zu lieben brauchen, um ihre Sinnlichkeit von ihren geliebten Objekten fernzuhalten« (Freud 1912, zit. n. Velten 1994, 28).

Oder politischer gewendet, wie es Wedekind ausdrückt:

»Die Hure schützt die bürgerliche Gesellschaft vor Unzucht, Vergewaltigung, Verführung, Betrug, Ehebruch, Selbstbefleckung (Piraten, Mordbrenner, Seeräubervolk). Nur durch die Schamlosigkeit der Huren ist die Keuschheit der Frauen und Jungfrauen möglich« (Wedekind, zit. n. Braun 2005, 50)

Das polymorph-perverse männliche Begehren kann in der prostitutiven Sphäre frei ausgelebt werden – die (mütterliche) Ehefrau wird nach der Freudschen Konzeption nicht begehrt. Sie verbleibt asexuell. Nur das verachtete, nicht geliebte Objekt – die Hure oder die Geliebte – kann sexuell begehrt und inkorporiert werden. Von entscheidender Bedeutung für die soziale und sexual-hygienische Akzeptanz der männlichen Partizipation in prostitutiven Settings ist es, dass die ›Reinheit‹ und Sittlichkeit der Ehefrau hierdurch nicht beschädigt wird. Die politischen Grundstrukturen der patriarchalen Gesellschaft und die sexualpolitische Doppelmoral bleiben auf Grund der Machtstellung des bürgerlichen Mannes ungefährdet. Um Missverständnisse zu vermeiden, soll mit dieser Argumentation nicht die längst widerlegte These von der ›viktorianischen Prüderie‹ bzw. der bürgerlichen Asexualität reformuliert werden (vgl. Marcus 1979, Gay 1986, Foucault 1992, Giddens 1993). Vielmehr bezeichnet der Prostitutionsdiskurs in oben beschriebenem Sinne ein strategisches Diskurselement des »Sexualitätsdispositivs« (Foucault 1992), welches erst im Rahmen des »Allianzdispositivs« (ebd.), also der familiären Reproduktions- und Verwandtschaftsstrukturen, seine Wirkungsmacht entfalten kann.[6] Der Dualismus zwischen ›asexueller Ehefrau‹ und ›begehrenswerter Hure‹ ist somit eher als Symbol einer spezifisch männlichen Begehrensformation zu werten, denn als Ausdruck dessen, was in den ehelichen Betten tatsächlich passiert ist. Der Begriff der Doppelmoral begründet sich in diesem Zusammenhang also daraus, dass der Sexarbeiterin einerseits eine gesellschaftlich notwendige Funktion innerhalb der bürgerlich-patriarchalen Sexual- und Geschlechterordnung zugewiesen wird, sie andererseits als ein außerhalb der Gesellschaft stehendes, moralisch und sexuell degeneriertes Individuum betrachtet wird. Folge dieser gesellschaftlichen Randstellung sind vielfältigste Formen gesellschaftlicher Diskriminierungen und Stigmatisierungen von Sexarbeiterinnen seitens der Mehrheitsgesellschaft. Dies äußert sich z.B. in Gestalt staatlicher Verfolgung und Repression, sozialer Geringschätzung, Verachtung und Isolation, Verarmung oder in Gestalt physischer Gewalt durch Freier bzw. Zuhälter. Gleichzeitig ist es bemerkenswert, dass die männliche Nachfrageseite als Hervorbringungsinstanz der Institution in den Diskursen um Prostitution weitgehend unsichtbar bleibt. Vielmehr erlaubt es diese Herrschaftsform dem männlichen Kollektiv einerseits eine repressive polizeiliche, strafrechtliche und ordnungspolitische soziale Praxis gegen Prostitution und Prostituierte zu propagieren und durchzusetzen und andererseits sich trotz dieser diskriminierenden und moralisch diskreditierenden administrativen Maßnahmen den Freiraum zu erhalten, um in dem vordergründig bekämpften

6 Das Lexikon der Soziologie definiert den Begriff »Dispositiv« als: »[...] Netzwerk heterogener Elemente (aus Gedanken, Gesprächen, Gesetzen, Einrichtungen, Wissenschaften), die in ihrem wechselhaften Zusammenspiel auf gesellschaftliche Erfordernisse antworten« (Fuchs-Heinritz et al. 1994, 147).

Raum ungehindert agieren und sexuell hiervon profitieren zu können Schon die frühe bürgerlich-abolitionistische Frauenbewegung machte deshalb den Sachverhalt patriarchaler Doppelmoral zu einem ihrer zentralen Anklagepunkte im Kampf gegen die Prostitution und ihrer staatlichen Regulation:

»Reglementiert wird sie [die Prostitution, U.G.], weil sie [...] ein sehr nützliches, ja unentbehrliches Ding ist, nämlich weil sie ein unleugbar vorhandenes starkes Bedürfnis der Männerwelt befriedigt, und die Reglementierung ist eben dazu da, um die Prostitution möglichst nutzbar zu machen« (Pappritz 1917, 3f.).

Im folgenden Abschnitt wird es nun darum gehen zu betrachten, welche Diskurse, Kräfteverhältnisse sowie sozialen und symbolische Kämpfe sich aktuell aus dieser gesellschaftlichen Konstellation in Bezug auf das Prostitutionsfeld ergeben haben. Anhand des exemplarischen Vergleichs zweier diskursiver Extrempositionen bezüglich der Deutung, Klassifikation und Bewertung der prostitutiven Feldlogik und -praxis wird dieser Fragestellung nachgegangen.

Prostitution als Arbeit

Der Kernpunkt dieser diskursiven Formation ist die Bestimmung von Prostitution als Arbeit.[7] Der konsensuale Vertragsabschluss zwischen erwachsenen Menschen, der einen raum-zeitlich begrenzten Austausch sexueller Handlungen gegen ein Entgelt beinhaltet, wird als legitimer und selbstbestimmter Dienstleistungsakt innerhalb kapitalistisch verfasster Gesellschaften gewertet. Dem Kern dieser argumentativen Logik liegt ein bürgerliches Rechtsverständnis zugrunde, welches Klinger (2000) wie folgt beschreibt:

»Das Konzept des bürgerlichen Vertrages impliziert die Vorstellung der Vertragsfähigkeit (Mündigkeit) und der Gleichheit der Vertragspartner als Rechtssubjekte ebenso wie den Gedanken der Kündbarkeit des Vertrages [...]« (Klinger 2000, 15).

Auf der sprachlichen Ebene manifestiert sich diese Herangehensweise in der Ablösung der als diskriminierend empfundenen Begriffe ›Prostitution‹ und ›Prostituierte‹ durch das Begriffspaar ›Sexarbeit‹ und ›Sexarbeite_in‹. Auf einer begrifflichen Ebene soll hierdurch unmittelbar auf den strukturellen Kern prostitutiver Praktiken verwiesen werden: auf das strategische Ziel, durch die Ausübung dieser Tätigkeit ein Einkommen zur Gewährleistung

7 Die folgenden diskursanalytischen Ausführungen beziehen sich im Wesentlichen auf offizielle Verlautbarungen politischer und gewerkschaftlicher Organisationen von Sexarbeiter_innen sowie ihrer wissenschaftlichen, journalistischen und aktivistischen Verbündeten. Vgl. Fußnote 12 und 13 (Kapitel 2).

der individuellen Reproduktion zu erzielen. Diese diskursive Strategie verweist darüber hinaus auf den sozialen Tatbestand, dass für die Mehrheit der erwerbstätigen und produktionsmittellosen Bevölkerung in bürgerlichen Gesellschaften dieser Sachverhalt ›legitim‹ mit dem Begriff der ›Arbeit‹ verbunden ist, wie es eine Sexarbeiterin pointiert formuliert:

> »Ich finde, jeder Mensch ist eine Hure. Wenn mein Arbeitgeber sagt: ›Putz das weg!‹, dann mache ich das, weil ich von ihm Geld kriege. Genauso eine Hure, die macht das nur, wenn sie Geld kriegt. Ohne macht sie gar nichts. Und so machen das auch jeder Arbeiter und jede Büronutte« (Sylvia 2004, zit. n. Dücker 2005, 21, Herv. i. O.).

Mit dieser Argumentation wird des Weiteren die diskursive Strategie einer umfassenden gesellschaftlichen Normalisierung der Ausübung (und Nachfrage) von Prostitution verfolgt. Aus der Definition der Prostitution als Arbeit wird die vollständige rechtliche, soziale, politische und moralische Gleichstellung mit anderen Berufsgruppen sowie Arbeits- und Erwerbsformen geschlussfolgert. Die konkrete Tätigkeit in der Sexarbeit wird als Dienstleistung aufgefasst, analog zu anderen beruflichen und gewerblichen Tätigkeiten im Dienstleistungssektor (Verkauf, Beratung, Kundendienst etc.). Eine gesonderte inhaltliche Nähe wird zu Dienstleistungen im Sektor der so genannten ›Körperarbeit‹ (medizinische Massagen, Fußpflege, Friseurhandwerk, Schauspielerei, Geburtshilfe, Medizin etc.) hergestellt (vgl. Oerton/Phoenix 2001). Ihrem politischen Selbstverständnis nach begreift sich diese Diskursformation als Widerstandsstrategie gegen die Machttechnologie der gesellschaftlichen Doppelmoral (‹Heilige‹ und ›Hure‹) sowie gegen die sozial-rechtliche Diskriminierung und sexualmoralische Diffamierung von Frauen, die in der Prostitution arbeiten.[8] Die Forderung nach einer weltweiten Anerkennung prostitutiver Tätigkeiten als legale Arbeit soll Sexarbeiterinnen aus dem gesellschaftlichen Abseits verhelfen und ihnen einen legitimen und sozial abgesicherten Ort innerhalb der bürgerlichen Gesellschaft zusichern.

---

8 Formen, die diese Diskriminierung annehmen kann, finden sich beispielsweise in sexistischen Witzen und Schimpfworten wieder, die Verachtung ausdrücken und auf die Verunglimpfung von Sexarbeiterinnen ausgerichtet sind (»Nutte«, »Hure«, »Flittchen« etc.), oder aber in Aussagen, die Stigmatisierungen und Verallgemeinerungen über die soziale und sexuelle Identität von Sexarbeiterinnen beinhalten: »Sexarbeiterinnen sind schlechte Mütter«, »krankhafte Nymphomaninnen«, »Sexarbeiterinnen können nicht vergewaltigt werden«, »sie sind psychisch krank und gestört«, »Sexarbeiterinnen verbreiten Geschlechtskrankheiten«, »Sexarbeiterinnen untergraben die moralische Integrität der Gesellschaft«, »ausländische Sexarbeiterinnen überschwemmen das Land« etc.

Die Existenz von physischer und psychischer Gewaltanwendung gegenüber Sexarbeiterinnen, die Dimension männlicher Dominanz und Machtausübung sowie die massive ökonomische und emotionale Ausbeutung von Frauen und Kindern im Rahmen der global operierenden Sexindustrie werden zwar nicht geleugnet, aber gesondert erklärt, wie es im Manifest der SexarbeiterInnen in Europa prägnant formuliert ist:

»Missbrauch kommt im Bereich der Sexarbeit vor, ist aber nicht ihr charakteristisches Merkmal. Jeglicher Diskurs, der Sexarbeit als Gewalt definiert, ist eindimensional, leugnet deren Vielfältigkeit und unsere Erfahrungen und reduziert uns zu hilflosen Opfern« (Manifest der SexarbeiteInnen in Europa 2005, 5).

Die Dimensionen von Gewalt und Ausbeutung werden vielmehr als allgemein verbreitete gesellschaftliche Phänomene betrachtet und unter Verweis auf patriarchale, kapitalistische und rassistische Macht- und Herrschaftsverhältnisse in einen globalen Erklärungskontext gerückt. Negiert wird zudem die Annahme einer überdimensionierten und gesonderten Gewaltausprägung im Feld der Prostitution im Vergleich zur Allgemeingesellschaft. Beispielsweise wird die hegemoniale Lesart von migrantischen Sexarbeiterinnen als generelle Opfer von Menschenhandel in beträchtlicher Anzahl stark in Zweifel gezogen, wie Doña Carmen e.V. und Garofalo feststellen:

»Eine gängige Form der Diskriminierung der Frauen ist ihre permanente mediale Darstellung als ›Opfer von Frauenhandel‹, als Opfer ominöser Menschenhändler, die sie gegen ihren Willen zur Prostitution zwingen (›Zwangsprostitution‹), indem sie sie über die Art ihrer Tätigkeit in der Bundesrepublik im Unklaren lassen, ihnen die Pässe abnehmen, sie rund um die Uhr bewachen, einschüchtern, bedrohen und so zum Schweigen verurteilen. Derartige Darstellungen werden nicht dadurch wahr, dass sie von einigen im Bereich der Prostitutionsmigration engagierten Hilfsorganisationen verbreitet werden. Hier werden – pars pro toto – real vorhandene Einzelfälle verallgemeinert, obwohl jede/r in dem Bereich Tätige weiß, dass die tatsächliche Zahl solcher Fälle seriöserweise im Promillebereich anzusiedeln ist. Sie ist für die Prostitutionsmigration in etwa so repräsentativ wie die von ihrem Ehemann verprügelte und im Frauenhaus untergebrachte Frau für die aktuelle Realität bundesdeutscher Familienverhältnisse« (Doña Carmen 2000, Herv. i. O.).

»The first is a point of evidence from the ground: the classic trafficking idea that migrant women working in the European sex industry have been forced against their will to leave home and to work with sex is just not true for the large majority of cases« (Garofalo 2007, 2).

Die prekäre und in Teilen existenziell bedrohliche Lebenssituation von migrantischen Sexarbeiterinnen wird vielmehr auf die Politik rassistischer und nationalistischer Ein- und Ausschlüsse metropolitaner Industrieländer zurückgeführt. Die auf Abschottung ausgerichtete Migrationspolitik sowie die weitgehende Negation legaler Arbeitsmigration durch restriktive Einwanderungs- und Ausländergesetze (Ausschluss von Aufenthaltsstatus und Arbeitserlaubnis für Nicht-EU-Bürger_innen) bedinge für viele migrantische Sexarbeiterinnen ein ›Abtauchen‹ in die Illegalität. Dieser prekäre soziale Status eröffne, in Kombination mit der permanenten staatlichen Abschiebeandrohung, das Feld für Ausbeutung, Entrechtung und Gewalt gegenüber migrantischen Sexarbeiterinnen (vgl. Garofalo 2007, 2). Zum anderen werden prostitutionsspezifische Gewaltphänomene dahingehend erklärt, dass Prostitution auf Grund staatlich-administrativer Repressionsmaßnahmen bzw. diskursiver Durchdringungen aktiv als rechtsfreier subkultureller Raum sozial konstruiert wird. Ein Beispiel hierfür sei die seit 1999 bestehende schwedische Rechtspraxis der strafrechtlichen Freierverfolgung[9] und das hieraus resultierende Phänomen verdeckter Gewalt an Sexarbeiterinnen, die sich mit ihren Kunden zur Vermeidung von Einkommenseinbußen verstärkt in nicht-öffentlichen und für die Polizei schwer zu überwachenden Orten träfen, wie es Johanna Sirkiä, die Präsidentin der finnischen Vereinigung von Sexarbeiter_innen SALLI (United Sex Professionals of Finland) formuliert:[10]

»Dieses Gesetz hat die Situation von Prostituierten in Schweden um vieles verschlechtert, da sie nun verstärkt Gewalt und Risiken ausgesetzt sind. Prostituierte können auch keine Anzeigen mehr, über ihnen zugefügte Gewalt, bei der Polizei machen, da sie nicht wollen, dass die Polizei ihnen ›auflauert‹/auf sie aufmerksam wird und ihre Kunden vertreibt. Prostituierte fühlen sich auch nicht mehr sicher, um Sozialeinrichtungen zu kontaktieren. Das Gesetz hat auch dazu geführt, dass die Straßenprostitution abnahm; die Gesamtanzahl der Prostituierten hat sich aber nicht verringert. Gewalt gegenüber Prostituierten und auch andere spezifische Probleme haben zugenommen, wenn auch das Ziel des gesamten Gesetzes war, Gewalt gegen Frauen zu bekämpfen« (Sirkiä 2003, 8, Herv. i. O.).

Als weitere Form prekärer Lebens- und Arbeitsbedingungen von Sexarbeiterinnen wird die Situation von Frauen in prohibitionistischen Staaten angeführt, in denen die Ausübung sowie die Nachfrage nach Prostitution verboten ist und strafrechtlich verfolgt wird.[11] Aber auch die Tatsache, dass viele Sexarbeiterinnen ihren Beruf vor den eigenen Kindern, Angehörigen oder Freunden aus Angst vor sozialer Ächtung und Stigmatisierung ver-

9 Dieses weltweit einmalige Gesetz zur Regulierung der Prostitution stellt nicht die Sexarbeiterin und die Ausübung von Prostitution unter Strafe, sondern Freier bzw. die Nachfrage nach sexuellen Dienstleistungen (vgl. Ekberg, 2004, 1216). Seit 01.01.2009 hat sich auch Norwegen dieser Rechtspraxis angeschlossen (Reinhard 2009).

10 Zur Kritik der schwedischen Rechtspraxis der Freierverfolgung vgl. außerdem Jessen (2002); Östergren (2004); Clausen (2007).

heimlichen, wird als diskriminierende Konsequenz der moralischen Diskreditierung von Sexarbeit betrachtet.

In Bezug auf den Gesamtkontext Prostitution in der Terminologie von Zwang und Gewalt (›Zwangsprostitution‹, ›Frauenhandel‹, ›Zuhältergewalt‹ etc.) wird angemerkt, dass jegliche Form erzwungener Prostitution nicht als Sexarbeit, sondern als eine Manifestation von Gewalt im strafrechtlichen und moralischen Sinne zu bezeichnen sei:

»Sexarbeit ist definitionsgemäß Sex in beiderseitigem Einverständnis. Sex, der ohne dieses Einverständnis stattfindet, ist keine Sexarbeit, sondern sexuelle Gewalt oder Sklaverei« (Manifest der SexarbeiteInnen in Europa 2005, 3).

Jenseits dieser abwehrtaktischen Strategie des legalistischen Dienstleistungsdiskurses wird zusätzlich eine Strategie verfolgt, die auf die positiven gesellschaftlichen Aspekte der Institution der Prostitution abzielt. Diese diskursive Taktik klassifiziert sowohl das Anbieten als auch die Nachfrage nach käuflicher Lust als eine subversiv-emanzipatorische Machtstrategie. Mit dieser Durchdringungslinie wird ein politischer Angriff auf zentrale Machtinstitutionen der bürgerlich-patriarchalen Gesellschaft verbunden. Konkret zielt dieser als emanzipatorische politische Praxis deklarierte Angriff ab auf:

- die Entkopplung von Liebe und Sexualität sowie die Befreiung der sexuellen Sphäre vom Diktat der (ehelichen) Zwangsmonogamie
- die Dekonstruktion des sexistischen Bildes der asexuellen Frau und Mutter kontrastiert durch den weiblichen Gegenentwurf der lustbetont polygamen Sexarbeiterin
- geschlechtshierarchische Einkommens- und Lohnunterschiede zwischen Männern und Frauen durch die Existenz eines weiblichen Hochlohnsektors, wie ihn die Sexarbeit für manche Frauen darstellt
- den geschlechtsspezifisch strukturierten Arbeitsmarkt (dies umreißt die Chance und die Möglichkeit einer höheren Verdienstmöglichkeit für Sexarbeiterinnen im Vergleich zu anderen weiblich konnotierten Berufssparten, z.B. als Verkäuferin, Friseurin, Raumpflegerin, Kindergärtnerin etc.)
- die Ungerechtigkeit der globalen Weltwirtschaftsordnung und des hiermit verbundenen Wohlstands- und Reichtumsgefälles. (Die Migration von Sexarbeiterinnen und die Arbeit in dem objektiv und relational

---

11 Zu den prohibitionistischen Staaten, die Prostitution gesetzlich verboten haben, zählen u.a. die USA, Saudi Arabien, Rumänien, Japan oder der Sudan. Die strafrechtliche Praxis und staatliche Handhabe der Prostitution ist in den einzelnen Staaten jedoch immer gesondert zu betrachten und lässt keine Verallgemeinerungen zu.

> hoch dotierten ökonomischen Sektor metropolitaner Sexarbeit wird dabei als spezifische (Widerstands-)Strategie migrantischer Sexarbeiter_innen gegen die Dynamik weltweiter kapitalistischer Ausbeutung gewertet. Die in der Sexarbeit erzielten Einnahmen – in der Regel durch Frauen – sicherten damit sowohl das eigene Überleben als auch das (Einkommen) von Familienmitgliedern und Angehörigen in den Herkunftsländern. Kampagnenpolitisch übersetzt lauten hier die Stichworte: ›Rückeroberung von Reichtum‹, ›Autonomie der Migration‹ bzw. ›Migration als soziale Bewegung im Kampf um globale soziale Rechte‹ (vgl. Mitrovic 2006; Samsa 2006; Zimowska 2006; TRANSIT MIGRATION 2007).

Sexarbeit soll innerhalb dieser Strategie vollständig von negativen moralischen und politischen Altlasten befreit und positiviert werden. Ziel dieser Modernisierungs- und Normalisierungsstrategie ist es, eine umfassende ›Befriedung‹ des sozialen Feldes der Prostitution zu erwirken und Sexarbeit als legalen und konventionellen Beruf zu etablieren. Zudem wird mit dem Berufsbild der Sexarbeiterin ein Arbeitsfeld assoziiert, welches ein hohes Maß an Selbstbestimmung in Bezug auf die Wahl des Arbeitsortes, der Arbeitszeiten sowie der ausgeübten Tätigkeit enthalte. Ebenfalls wird auf das gehobene Einkommensniveau, die intellektuell anspruchsvolle sowie sozial befriedigende berufliche Tätigkeit verwiesen. Die freiwillige Veräußerung des eigenen Körpers innerhalb einer gleichberechtigten, konsensual getroffenen Geschäftsbeziehung zwischen Freier und Sexarbeiterin im Dienstleistungssektor wird deshalb weder als ein moralisches noch als ein soziales Problem angesehen. Auf struktureller Ebene wird zudem die Analogie bemüht, dass der Zwang zur Veräußerung der individuellen Arbeitskraft innerhalb kapitalistischer Gesellschaften für alle Berufsgruppen gleichermaßen zuträfe und prostitutives Verhalten konstitutiv für diese Gesellschaftsformation sei (vielfach wird diese Aussage pointiert ergänzt durch den Hinweis auf die im Vergleich zur Sexarbeit wesentlich geringere Bezahlung in weiblich konnotierten Berufssparten bzw. für die Nichtentlohnung sexueller Dienstleistungen von Frauen innerhalb bürgerlicher Eheverhältnisse). Auch die Motive von Prostitutionskunden, eine Sexarbeiterin aufzusuchen, werden nicht als Gewaltmuster gewertet – aus dem Täter wird der ›Gast‹ oder der ›Kunde‹.

Zusammenfassend kann festgestellt werden, dass die diskursive Formation, die Prostitution als Arbeit konzipiert, als eine Macht-Strategie folgende drei wesentlichen Elemente beinhaltet:

- sie klassifiziert Sexarbeiterinnen nicht als Opfer und Objekte männlich-patriarchaler Dominanz- und Gewaltstrukturen
- Sexarbeiterinnen werden als selbstbewusst und selbstbestimmt agierende Subjekte im Feld der Prostitution als Teilbereich des sozialen Feldes der Ökonomie verortet

- die männliche Nachfrage nach käuflichem Sex und käuflicher Lust wird nicht als Manifestation patriarchaler Macht- und Unterdrückungsbedürfnisse betrachtet.

Idealtypisch vertreten wird diese Position aktuell von den Diskursplattformen (politisch) organisierter Sexarbeiter_innen wie beispielsweise von europäischen und globalen Sexworker-Gewerkschaften sowie assoziierter wissenschaftlicher und politischer Verbände, Selbsthilfegruppen, Beratungsstellen und sozialen Basisbewegungen.[12] Aber auch die Vereinte Dienstleistungsgewerkschaft ver.di, mit 2,3 Millionen Mitgliedern eine der größten Einzelgewerkschaften der Welt,[13] kann implizit zu dieser Diskursformation hinzugezählt werden. Seit der entkriminalisierenden Novellierung des bundesrepublikanischen Prostitutionsgesetzes vom 01.01.2002 durch die damalige rot-grüne Bundesregierung existieren vielfältige Versuche, Sexarbeiterinnen gewerkschaftlich zu organisieren. Beispielsweise hat ver.di Sexarbeiter_innen in den Fachbereich 13 Besondere Dienstleistung mit aufgenommen und mit dem Projektbüro Arbeitsplatz Prostitution[14] des ver.di Bundesvorstandes eine eigenständige Koordinierungsstelle für dieses Arbeitsfeld eingerichtet. In diesem Rahmen ist beispielsweise die Ausarbeitung eines Musterarbeitsvertrages für das Feld der Sexarbeit entstanden. Des Weiteren unternimmt ver.di eine intensive wissenschaftlich-diskursive Bearbeitung des Themengebietes in Form wissenschaftlicher Untersuchungen (vgl. Mitrovic 2006, 2007) und international besetzter Kongresse.

Wie in ›verbitterter‹ Gegenwehr auf diesen Entwurf der Prostitution als Arbeit reagiert wird, zeigt die Darstellung der folgenden Diskursformation, die Prostitution als patriarchales Gewaltphänomen betrachtet.

---

12 Eine Linkliste mit mehr als 140 Adressen der aktuell wichtigsten internationalen Sexarbeiter_innenorganisationen und Diskussionszusammenhänge findet sich auf der Homepage von ISWFACE – International Sex Worker Foundation for Art, Culture and Education: (http://www.iswface.org/linkpge.html). Eine umfassende Übersicht über bundesrepublikanische Organisierungsstrukturen von Sexarbeiterinnen findet sich u.a. auf der Internetseite von Nitribitt e.V. Treffpunkt und Beratungsstelle für Mädchen und Frauen die anschaffen gehen (http://www.nitribitt-bremen.de/links.htm). Zur Diskussion um Prostitution und Migration vgl. Doña Carmen e.V. Verein für soziale und politische Rechte von Prostituierten (http://www.donacarmen.de/) sowie KOK – Bundesweiter Koordinierungskreis gegen Frauenhandel und Gewalt an Frauen im Migrationsprozess e.V. (http://www.kok-potsdam.de/). Alle URLS zuletzt 19.05.2007.

13 Vgl. ver.di von a bis z (http://www.verdi.de/ver.di_von_a_bis_z, zuletzt 21.05.2007).

14 Vgl. Projektbüro Arbeitsplatz Prostitution (http://besondere-dienste.hamburg.verdi.de/arbeitsplatz_prostitution, zuletzt 21.05.2007).

PROSTITUTION ALS PATRIARCHALES GEWALTPHÄNOMEN

In fundamentaler Opposition zur eben beschriebenen Diskursformation verfolgt der radikal-feministische Ansatz die Strategie, Prostitution als eine globale Instanz patriarchaler Macht-, Dominanz- und Herrschaftsausübung zu kennzeichnen. Diese Theorietradition betrachtet Prostitution als eine Institution der sexuellen Versklavung und Ausbeutung von Frauen und Kindern durch Männer (vgl. Barry 2004, Jeffreys 2009). ›Männer kaufen Frauen‹ und ›Frauen bieten Männern ihren Körper als Ware an‹. Dies gilt als Ausdruck der elementarsten Form eines patriarchalen Kapitalismus, innerhalb dessen sich Männer mittels ihrer ökonomischen, sozialen oder militärischen Vormachtstellung einen ungehinderten Zugriff auf die Ausbeutung weiblicher Körper und der weiblichen Sexualität verschafften. Des Weiteren werden die global operierende Sexindustrie und die globale Zugriffsmöglichkeit der männlichen Nachfrage nach käuflichem Sex als Prozess der Verdinglichung gewertet. Diese Dynamik degradiere Frauen zu einer Ware und transformiere sie zu einem kaufbaren Objekt männlicher Begierde und männlicher Unterwerfungslust. Auf einer symbolischen Ebene wird die Verachtung und Entwürdigung von Sexarbeiterinnendurch Freier, Zuhälter und die Sexindustrie insgesamt als wesentlicher Kern des Geschlechterverhältnisses im Allgemeinen aufgefasst:

»Prostitution ist also nicht nur ein Verstoß gegen die Menschenwürde. Prostitution degradiert alle Frauen zur Ware und alle Männer zu (potentiellen) Freiern. Sie zementiert das Machtverhältnis zwischen den Geschlechtern. [...] Solange das Prinzip des Freiertums gesellschaftlich akzeptiert ist, sind alle Frauen ein Objekt. Die Tatsache, dass ein Mann die Erfahrung gemacht hat – oder auch nur machen könnte –, dass er für Geld das Recht auf den Körper und die Seele eines anderen Menschen kaufen kann, prägt und korrumpiert zwangsläufig das Verhältnis quasi jeden Mannes zu jeder Frau. Ob er es will oder nicht. Nicht nur Frauen müssen darum ein Interesse an der Abschaffung der Prostitution haben, sondern auch all diejenigen Männer, die diese unmenschlichen Verhältnisse zwischen den Geschlechtern nicht mehr wollen« (Emma 2003, 56).

Prostitution wird somit als existenzieller Angriff auf das sexuelle Selbstbestimmungsrecht von Frauen gewertet und als sexualisierte Gewalt klassifiziert. Im Kontext des Systems globaler sexueller Sklaverei werden prostitutive Akte als Vergewaltigungen gewertet:

»Prostitution is: a) sexual harassement, b) rape, c) battering, d) verbal abuse, e) domestic violence, f) a racist practice, g) a violation of human rights, h) childhood sexual abuse, i) a consequence of male domination of women, k) all of the above« (Farley 2000).

Theoretisch abgeleitet wird diese Diskursposition aus dem bereits skizzierten Ansatz feministischer Gesellschaftstheorie, in dessen Rahmen das Geschlechterverhältnis als ein von Männern dominiertes, historisch gewachsenes Macht- und Herrschaftsverhältnis konzipiert wird. Konzeptionell basiert dieser Theorieentwurf auf der Annahme einer diskursiv produzierten Norm ›natürlicher‹ Zweigeschlechtlichkeit, in Kombination mit einer heteronormativen sowie sexistischen Begehrensstruktur, eingebunden in den Kontext männlicher Privilegien und männlicher Gewaltausübung gegenüber Frauen. Als konstitutive Ausformungen dieser Herrschaftsformation können u.a. benannt werden: die geschlechtshierarchische Arbeitsteilung, sexistisch-normative Geschlechtszuschreibungen, geschlechtsspezifische Gewalt von Männern gegenüber Frauen und Kindern, sexistische gesellschaftliche Ein- und Ausschlüsse etc. Bezogen auf das soziale Feld der Prostitution sind innerhalb des radikal-feministischen Denkens die Feldstrukturen und Subjektpositionen klar gegliedert. Frauen, die in der Sexarbeit tätig sind, werden innerhalb dieser Diskursformation ausschließlich als (Gewalt-)Opfer markiert. Männer werden als Täter klassifiziert, die in einer zweigliedrigen Täterstruktur operieren. Ein institutionalisiertes Tätersegment bildet die von Männern beherrschte global operierende Sexindustrie, zu der Bordelle, Clubs und deren Betreiber_innen, Menschenhändlerorganisationen, die Pornoindustrie, der organisierte Sextourismus, das Telefonsexgewerbe, Werbefirmen, Internetfirmen etc. hinzugezählt werden. Das zweite Täter-Segment bildet die unmittelbare männliche Nachfrage nach käuflichem Sex, zu der sowohl die Nachfrage nach Prostitution als auch nach Pornografie gezählt werden. Das soziale Band zwischen den Subjektpositionen ›Opfer‹ und ›Täter‹ innerhalb des sozialen Raums wird in dieser Konzeption ausschließlich durch die Kategorien der patriarchalen Dominanz und Gewalt bestimmt. Exemplarisch hierzu die US-amerikanischen Feministinnen Whisnant/Stark (2004):

»Prostitution and pornography both reflect an anchor lager systems of male dominance, as well as other oppressive institutions and structures such as racism, imperialism, militarism, and global corporate capitalism. The industries of sexual exploitation do devastating harm to the women and children within them. Sexually exploited persons are subject to massive physical and psychological violence as well as poverty, drug addiction, racism, and homelessnes. Prostitution and pornography also undermine all womens safety and dignity by legitimizing the objectification of women, and by training men and boys to desire and expect compliant sexual servicing from women and girls» (Whisnant/Stark 2004, XIV).

In der männlichen Nachfrage nach Prostitution und käuflichem Sex werden deshalb auch keine wertneutralen Bedürfnisse nach körperlichem Kontakt, zwischenmenschlicher Kommunikation oder der Befriedigung sexueller Lust gesehen. Ideologiekritisch gewendet, gelten auch diese Bedürfnismuster als Ausdruck patriarchaler Herrschaft. In dem ungehinderten geldvermittelten Zugriff auf den weiblichen Körper wird der allgemeine männliche Wille zur Unterwerfung der Natur sowie der (sexuellen) Ausbeutung von Frauen identifiziert. Die alltagsweltlichen Schlagworte hierzu lauten: ›Männer kaufen Frauen‹, ›Frauen werden zur Ware‹, ›Prostitution ist Gewalt‹, ›Freier sind Schweine‹, ›Frauenhandel, Zwangsprostitution und sexuelle Ausbeutung sind weltweit auf erschreckendem Vormarsch‹, ›Freier schaffen den Markt für Prostitution und Menschenhandel‹ etc. Diese spezifische Ausformung männlicher Macht und Privilegien in Form der Erotisierung der Unterwerfung und der Verachtung von Frauen sowie eines omnipotenten Besitzdenkens wird ursächlich aus den historisch gewachsenen Strukturen patriarchaler Macht- und Herrschaftsverhältnisse erklärt und als Ausdruck entfremdeter und deformierter Subjektivitätsstrukturen gewertet.[15] Alltagskulturell hat diese These dann in Gestalt feministischer Slogans wie: »Männer kaufen bei Prostituierten nicht Sex, sondern Macht« (Emma 2003, 55) oder »Pornografie ist die Theorie, Vergewaltigung die Praxis« (Morgan, unbek., zit. n. Bergmann 1998, 58) eine große Verbreitung gefunden.

Auf Grund dieser theoretischen Prämissen wird eine bewusste und freiwillige Entscheidung von Sexarbeiterinnen, in diesem Sektor zu arbeiten, generell ausgeschlossen. Der ursprüngliche Eintritt sowie das Verbleiben vieler Frauen in den gewalttätigen Strukturen der Sexindustrie wird multifaktoriell hergeleitet. Zum einen wird argumentiert, dass Frauen nur auf Grund (1.) existenzieller Notlagen (ökonomische Not, drohende Verarmung, Schuldenlast, Sucht, Sicherung des Familieneinkommens etc.), (2.) in Folge falscher Versprechungen oder durch Vortäuschung falscher Tatsachen im Zusammenhang mit Menschen- bzw. Frauenhandel, (3.) durch unmittelbaren physischen oder psychischen Zwang von Zuhältern und Lebensgefährten oder (4.) bedingt durch unrealistische Vorstellungen über die tatsächlichen Arbeitsbedingungen und Verdienstmöglichkeiten im sozialen Feld der Prostitution als Sexarbeiterinarbeiteten. Ein besonderer Fokus wird in diesem Zusammenhang auf den Opferstatus von Migrantinnen in der Sexarbeit gerichtet. Der Diskurs um Zwangsprostitution und Menschenhandel kann aktuell als die politisch und alltagskulturell dominierende Diskursformation gekennzeichnet werden. Abgelesen werden kann dies u.a. an der starken medialen Verbreitung und finanziellen Stärke diverser Aufklärungskampagnen von Nichtregierungsorganisationen,[16] deren Wirkmächtigkeit bis in legislative Entscheidungsebenen hineinreicht.[17]

Zum anderen wird auf die Dimension der (symbolischen) Reinszenierung familiärer bzw. privat erfahrener (sexualisierter) Gewalt innerhalb prostitutiver Settings hingewiesen. Dieses Faktum gilt als weiteres Erklärungsmuster für den Tatbestand der so genannten ›freiwilligen‹ Partizipation von Frauen in der Sexindustrie (vgl. Farley/Howard 1998; Farley 2003).

15 Zur genaueren Bestimmung dieser These und zum Zusammenwirken zwischen Struktur, Subjektivität und sozialer Praxis vgl. Kapitel 6.

Diese scheinbar paradoxe Situation wird als Möglichkeit der Krisenbewältigung und der schrittweisen emotionalen Verarbeitung verdrängter traumatischer Erlebnisse gedeutet. Dieser Modus der unbewussten bzw. vorbewussten Konfliktbearbeitung wird jedoch ›erkauft‹ durch vielfältige Begleitsymptome und Folgestörungen. Hierzu werden gezählt: Angststörungen in Verbindung mit Scham- und Schuldgefühlen, Panikattacken, Ekelgefühlen, Hass auf Männer, Störung bzw. kompletter Verlust von privater Sexualität, Störungen im Körpergefühl oder der Verlust von ›Urvertrauen‹ in die Welt sowie in nicht-kommerzielle soziale Beziehungen etc. (vgl. Farley 2000; Farley/Kelly 2000, 14-15). Der Zwang zur innerpsychischen Abspaltung von Gefühlen und des eigenen Körpers während der prostitutiven Interaktionen wird als ein notwendiger Abwehrmechanismus dieser Bewältigungsstrategie angenommen. Ausschnitthaft für diesen Diskursstrang sei hier die US-amerikanische Professorin für Womens Studies und Medizinethik Janice Raymond zitiert:

> »Trafficked and prostituted women in the sex industry suffer the same kinds of violence and sexual exploitation as women who have been battered, raped, and sexually assaulted. The difference is that when women are subjected to this same kind of violence and sexual exploitation in prostitution, it is viewed as sex and often tolerated as part of the so-called job« (Raymond 2004, 1174).

Die empirisch nachweisbaren Auskünfte von Sexarbeiterinnen, auf Grund einer bewussten Entscheidung freiwillig und selbstbestimmt in diesem Feld zu arbeiten, werden einerseits als quantitativ marginales Phänomen betrachtet sowie andererseits als Ausdruck bewusster bzw. unbewusster psychischer Zwangsstrukturen in eben beschriebenem Sinne dekonstruiert.[18] Da die Partizipation von Frauen im Regime der Sexarbeit niemals freiwillig motiviert sein könne und da die Institution der Prostitution grundsätzlich als gewaltsamer Ausbeutungszusammenhang angesehen wird, werden auch die

---

16 Hiermit sind vor allem Aufklärungs-Kampagnen gegen Zwangsprostitution im Rahmen der Fußballweltmeisterschaft 2006 in der Bundesrepublik Deutschland gemeint, wie z.B. ›Kampagne gegen Zwangsprostitution – Männer tragen Verantwortung‹ (FIM – Frauenrecht ist Menschenrecht e.V.); ›abpfiff – Schluss mit Zwangsprostitution‹ (Deutscher Frauenrat. Lobby der Frauen – Bundesvereinigung von Frauenverbänden und gemischter Verbände in Deutschland e.V.;) ›Rote Karte zeigen bei Zwangsprostitution‹ (SOLWODI – Solidarität mit Frauen in Not e.V.). Angaben zur Internetpräsenz im Literaturverzeichnis. Zur (kritischen) Diskussion und Analyse der unterschiedlichen Kampagnen vgl. Schuster/Sülzle (2006).

17 Vgl. Interview mit der ehemaligen Bundesjustizministerin Zypries zur Gesetzesinitiative »Bestrafung von Freiern von Zwangsprostituierten« (Klenk 2006b).

18 Vgl. Nagle (1997); Manifest der SexarbeiteInnen in Europa (2005).

Lebens- und Arbeitsbedingungen der Mehrzahl der Sexarbeiterinnen als prekär bewertet. Als Indikatoren hierfür werden Faktoren gesehen wie der schlechte allgemeine Gesundheitszustand von Sexarbeiterinnen, arbeitsbedingte Suchtprobleme (Animierzwang sowie Konsum von Alkohol und illegalen Drogen zur Bewältigung der Prostitutionstätigkeit), ein hohes Verarmungsrisiko sowie die bereits beschriebenen Manifestationen physischer und psychischer Gewalt durch Freier, Zuhälter und Behörden. In Bezug auf die Lebenssituation migrantischer Sexarbeiter_innen wird zudem von einer massiven Bedrohung durch staatlichen und gesamtgesellschaftlichen Rassismus ausgegangen in Form von Abschiebeandrohungen, rassistischen Ein- und Ausschlüssen sowie manifester rassistischer Gewalt und Übergriffen etc. Die soziale, gesundheitliche und rechtliche Lage Drogen substituierender Sexarbeiterinnen wird in dieser Diskursformation als besonders prekär eingeschätzt (vgl. Zurhold 2005; Ströbele 2006). Überdimensional häufig werde diese Gruppe von Frauen von Freiern ökonomisch oder/und sexuell unter Druck gesetzt. In genauer Kenntnis des psychischen Beschaffungsdrucks dieser Frauen versuchten Freier, diesen Sachverhalt zu ihrem finanziellen und sexuellen Vorteil auszunutzen, um die ohnehin niedrigen Preise in diesem Prostitutionssegment weiter zu ›drücken‹ oder STD-risikoreichen[19] Geschlechtsverkehr (ohne Kondom) durchzusetzen. Des Weiteren wird festgestellt, dass drogensubstituierende Sexarbeiterinnen von staatlicher Repression und manifester Freiergewalt überdurchschnittlich oft und einschneidend betroffen seien:

»Drogenabhängige Frauen prostituieren sich oftmals erst, wenn sie keine andere Möglichkeit mehr sehen ausreichend Geld für Drogen zu erwerben. [...] Drogenprostitution ist daher als eine Variante der Armutsprostitution zu verstehen. [...] Sexuelle Handlungen mit einem Freier werden zumeist nur unter Drogeneinfluss ertragen und als körperlicher Übergriff und Zwangshandlung erlebt« (Zurhold 2005, 142).

Die Lebens- und Arbeitssituation von Frauen in der Prostitution werde zudem von der gesellschaftlichen Doppelmoral und anderen Diskriminierungsmustern geprägt. Ausdruck hiervon seien soziale Geringschätzung sowie die Stigmatisierung und soziale Isolation von Sexarbeiterinnen. Abgelesen werden könne dieser Sachverhalt beispielsweise an dem aus Scham-und Schuldgefühlen gespeisten Verschweigen der prostitutiven Tätigkeit vor eigenen Kindern, Familienangehörigen, Nachbarn oder dem sozialen Umfeld. Abgeleitet wird die These der prekären Lebenssituation von Sexarbeiterinnen zumeist aus wissenschaftlich oder journalistisch aufbereiteten Tatsachenberichten und Erzählungen von Sexarbeiterinnen (vgl. Giesen/Schumann 1980; Høigard/Finstad 1987; Kwalanda/Koch 2000; Schauer

19 Sexualmedizinischer Fachbegriff »Sexually Transmitted Diseases« für sexuell übertragbare Krankheiten.

2003; Mam 2006). Die ›klassischen‹ Aussagen, die dieses diskursive Segment dominieren, zentrieren sich (1.) um den entwürdigenden und schambesetzten Einstieg in die Prostitution (»ich fand es eklig, ich musste weinen, ich habe mich geschämt«). (2.) Um die schwierige aktuelle Lebenssituation in der Prostitution (»ich ekele mich vor den Männern«, »alle Freier sind Schweine«, »das schlimmste ist beglotzt zu werden«) und (3.) um prekäre bzw. zerstörte Zukunftsvorstellungen (»ich bin verarmt«, »ich habe keine Perspektive«, »ich weiß nicht, was ich weiter machen soll«, »mit dem Alter werde ich unattraktiver«, »meine Kinder sollen später nicht als Prostituierte arbeiten«).

Im Kontext der Konkurrenz- und Hegemoniekämpfe in sozialen Feldern richtet sich diese Strategie explizit gegen den Pro-Prostitutionsdiskurs. Direkt angegriffen wird u.a. die Diskurs-Figur der (gewerkschaftlich) organisierten Sexarbeiterin, die in vollem Bewusstsein ihrer Rechte freiwillig in der Sexarbeit tätig sei, in dieser Arbeit ein hohes Maß an sozialer und ökonomischer Sicherheit fände sowie individuelle Selbstverwirklichung aus dieser beruflichen Tätigkeit schöpfe. Dieser positivierenden Diskursstrategie, die Prostitution in ungerechtfertigter Weise zu einer neo-feministischen weiblichen Ermächtigungsstrategie stilisiere, wird eine ›empirisch‹ fundierte Ideologiekritik der Prostitution und der sozialen Lage von Sexarbeiterinnen entgegengesetzt. Dieses Gegenmodell zeichnet ein Bild der überwiegenden Mehrheit der Sexarbeiterinnen als Personen, die unter ihrer Situation leiden und deren Selbstachtung stark beschädigt ist. In der Prostitution finden diese Frauen demzufolge nichts Positives; sie verachten ihre Freier und das Milieu insgesamt. Sie verbleiben sprachlos und unorganisiert in ihrer prekären Situation und ihr eigentlicher Wunsch ist der Ausstieg aus der Prostitution:

> »In calling for legalization or decriminalization of prostitution, some people believe that they dignify the women in prostitution. However validating prostitution as work dignifies the sex industry and the male consumers, not the women in it. I do contend that male demand is a primary factor in the expansion of the sex industry worldwide and sustains commercial sexual exploitation, and that the buyer has largely escaped examination, analysis, censure, and penalty for his actions« (Raymond 2004, 1157).

Die Schlussfolgerungen, die aus dieser Position insgesamt gezogen werden, sind die Forderung nach einer kompromisslosen gesellschaftlichen Ächtung der Nachfrage nach käuflichem Sex, der Abschaffung von Prostitution und Pornographie in all ihren Ausformungen sowie der strafrechtlichen Verfolgung von Freiern und allen anderen männlichen Profiteuren der Sexindustrie. Auf der anderen Seite werden umfassende parteiische Hilfe und Unterstützung für Sexarbeiterinnen und Opfer der Sexindustrie weltweit (Ausstiegshilfe, Umschulungen, Aufenthaltsrechte, adäquate Gesundheitsversorgung, psycho-soziale Betreuung etc.) gefordert (vgl. Ackermann et al. 2005).

Vertreten wird diese Position in der Bundesrepublik in dieser idealtypischen Dimension aktuell von einer zahlenmäßig zwar nur sehr kleinen gesellschaftlichen Gruppe, die dennoch sehr weitreichend den Diskurs bestimmt. Der radikal-feministische Standpunkt, der nur noch von einer marginalen sozialen Bewegung eingenommen wird, besitzt dennoch mit der zweimonatlich erscheinenden Zeitschrift Emma eine zentrale Diskursplattform.[20] In regelmäßigen Abständen wird hier das Thema Prostitution kritisch diskutiert sowie zum politischen und juristischen Kampf dagegen aufgerufen. Daneben wird die abolitionistische Position von einigen Einrichtungen der sozialen Arbeit vertreten wie beispielsweise von SOLWODI e.V. unter Leitung der Ordensschwester Lea Ackermann, vom Diakonischen Werk der Evangelischen Kirche Deutschlands oder von der politischen Organisation Die Feministische Partei – PARTEI DER FRAUEN. Im internationalen Kontext sei hier u.a. auf das global operierende Netzwerk der CATW – Coalition against trafficking in women – verwiesen sowie auf das private Forschungsinstitut PRE – Prostitution Research & Education – unter der Leitung von Melissa Farley (USA). Aus konservativen gesellschaftlichen Gruppierungen in der Bundesrepublik Deutschland wie der katholischen Kirche oder Teilen der christlichen Unionsparteien werden ebenfalls prostitutionskritische Diskurse lanciert.[21] Der Begründungszusammenhang bzw. die Motivstruktur dieser diskursiven Kräfte dürfte allerdings eher dem strategischen Kalkül einer konservativen Sexualmoral geschuldet sein, denn sich aus einer feministisch-emanzipatorischen Haltung heraus ableiten.[22] ›Gekleidet‹ ist diese modernisierte Form der Ablehnung der Prostitution häufig in das Gewand der Kritik an ›Menschenhandel‹ und ›Zwangsprostitution‹.

Ungeachtet der Tatsache einer breiten gesellschaftlichen Akzeptanz von Prostitution und Pornografie (moralisch, gesetzlich, praktisch) kann konstatiert werden, dass die prostitutionskritische Diskursformation auf spezifische Weise weiterhin eine hegemoniale Stellung einnimmt. Die zentrale Kategorie dieses Konzepts – die Sexarbeiterin als Opfer bzw. die migrantische Zwangsprostituierte – nimmt auf vielfältigen Diskursebenen (Alltagsdiskurse, Wissenschaft, Regulationsregime etc.) weiterhin eine dominierende Stellung ein. Dies zeigt sich beispielhaft an den mit hohem finanziellen Aufwand betriebenen Kampagnen gegen Zwangsprostitution während der Fuß-

20 Die Druckauflage von Emma beträgt 61.144, davon 41.425 verkaufte Exemplare. Quelle: Emma Mediendatei (http://www.emma.de/mediadaten.html, zuletzt 02. 03.2007).

21 Vgl. Fußnote 1 (Kapitel 3).

22 Immerhin gilt die Prostitution neben anderen ›Sünden‹ wie Ehebruch, Selbstbefriedigung, Unzucht, Vergewaltigung, Pornografie und homosexuellen Handlungen immer noch als eine der »Hauptsünden gegen die Keuschheit« (Katechismus der katholischen Kirche 2005, 492: 2351-2358, 2396).

ballweltmeisterschaft 2006 in Deutschland, aber auch (alltags-)kulturell an vielzähligen journalistischen Beiträgen, in denen die Geschichte eines osteuropäischen Opfers von Menschenhandel beschrieben wird.[23]

Wie gezeigt werden konnte, ist die diskursive Klassifizierung der männlichen Nachfrage nach käuflichem Sex von vielfältigen sozialen Kämpfen und Machtdiskursen durchzogen, so dass sie als äußerst ambivalente soziale Praxis charakterisiert werden kann. Um zu klären, inwieweit sich die bislang dargestellten Diskursstränge, Machttaktiken und Feldkämpfe auf die Produktion spezifischer Freier-Diskurse konkret auswirken, wird im Folgenden die Diskursivierung, Klassifizierung, Bebilderung und Selbstbebilderung von Freiern sowie spezifische Institutionalisierungsformen der Nachfragepraxis vom 19. Jahrhundert bis in die Gegenwart dargestellt und untersucht. Ziel dieses Abschnittes ist es, die im darauffolgenden Kapitel beginnende empirische Analyse der aktuellen Praxis männlicher Prostitutionsnachfrage für ein umfassenderes Verständnis des untersuchten Phänomens historisch zu rahmen und gesellschaftlich zu kontextualisieren.

FREIER, DIE UNSICHTBAREN SUBJEKTE

> »Although a bibliography of studies and writings on prostitutes will fill severalvolumes, there are only a comparative handfull of studies dealing with their patrons« (Elias/Bullough/Brewer 1998, 153).

> »Through a critical review of existing research, this article argues that (a) customers have been excluded from many debates surrounding prostitution, and including them will create a more robust dialogue regarding prostitution [...]« (Monto 2004, 160).

Exemplarisch weisen diese beiden Eingangszitate erneut auf den rudimentären Kenntnisstand der wissenschaftlichen Analyse der männlichen Prostitutionsnachfrage sowie auf die gesellschaftliche Unsichtbarkeit von Freiern hin. Es ist deshalb interessant, den paradoxen Sachverhalt zu ergründen, warum einerseits eine massive (von Männern initiierte und betriebene) wissenschaftliche, politische, administrative und soziale Diskursivierung der Prostitution und insbesondere ›der Prostituierten‹ zu verzeichnen ist, bei gleichzeitiger Nichtbeachtung der männlichen Nachfrageseite.[24] Hier wird im Anschluss an Kapitel 1 ›Forschungsstand‹ die (vertiefende) These vertre-

23 Vgl. u.a. Carstens (2005); Klenk (2006a, 2006b); Wimmer (2009).

ten, dass die Antwort auf diese Frage ebenfalls im Kontext der Entstehung der bürgerlich-patriarchalen Geschlechterordnung und ihrer biologisch begründeten binären Geschlechtermatrix seit dem ausgehenden 18. Jahrhundert zu verorten ist. Die patriarchal hierarchisierte Geschlechterstruktur und geschlechtliche Arbeitsteilung weist dabei der männlichen Geschlechtskonstruktion den Ort des Allgemeinen, Absoluten, Öffentlichen und Gesellschaftlichen zu. Frauen werden als das ›Besondere‹ und ›Abweichende‹ klassifiziert sowie der gesellschaftlichen Sphäre des ›Privaten‹ zugeordnet. Sie symbolisieren das Prinzip des Natürlichen, durchdrungen von ›Sexualität‹ (Butler 1991, Foucault 1992, Klinger 2000). Aus dieser (willkürlichen) macht- und herrschaftsvermittelten Struktur der bürgerlich-patriarchalen Geschlechter-Matrix leiten die männlichen Geschlechtssubjekte das Privileg ab, mit unhinterfragbarer Objektivität ausgestattet zu sein. Männer sind, Frauen sind geworden, was es von Seiten der Männer wissenschaftlich-rational zu durchdringen, zu klassifizieren sowie zu schützen und zu kontrollieren gilt. Die oben formulierte These der diskursiven und erkenntnistheoretischen Unsichtbarkeit des Männlich-Allgemeinen im sozialen Feld der Prostitution kann hieraus schlüssig abgeleitet und begründet werden. Männer sind als Freier deshalb fast nie in den Erkenntnisfokus der Human- und Biowissenschaften gerückt, weil ihre Geschlechtlichkeit (sex) und ihr geschlechtliches Handeln (doing gender) nicht als erklärungsbedürftig betrachtet wurden. Das ›männliche Prinzip‹ begreift sich zwar einerseits als Ausgangspunkt jedes Erkenntnisprozesses und sämtlicher Weltbetrachtung, definiert sich andererseits aber nicht zum Kosmos der zu erforschenden und zu beherrschenden Natur gehörig. Frauen als elementare Abweichung von diesem Prinzip unterlagen dem patriarchalen Aufklärungswillen, der sämtliche weibliche Lebensbereiche umfasst, hingegen unmittelbar. Insbesondere die weibliche Sexualität bzw. ihre Hysterisierung (in Gestalt unterschiedlichster Gesundheits-, Kontroll- und Pathologisierungsdiskurse) wurde von den Disziplinen wie der Medizin, der Psychiatrie, der Pädagogik oder der Justiz mit besonderer Aufmerksamkeit verfolgt. Prostituierte waren in diesem Macht-Wissen-Komplex – neben der Thematisierung der kindlichen Onanie, der Hysterisierung der weiblichen Sexualität und den Diskursen um die Perversionen – den stärksten Wahrheits- und Normierungsdiskursen unterworfen (Foucault 1992). Der strategische Effekt dieser Machteinwirkung ist ihre Zuordnung und Positionierung an der Peripherie des Geschlechterraumes. Dieser soziale Ort ist vom Zentrum hegemonialer bürgerlicher Sittlichkeits- und Moralvorstellungen maximal entfernt. ›Die Prostituierte‹ wird damit zum devianten Subjekt sui generis stilisiert und ist es in vielen Gesellschaften bis heute geblieben. Jegliche deviante Subjektposition existiert

24 Unter dem Suchbegriff »Prostitution« sind allein in der Deutschen Nationalbibliothek 693 Einträge zu finden. Der Suchbegriff »Prostitutionskunde« verzeichnet 13 Einträge (http://www.d-nb.de/, zuletzt 08.01.2010).

jedoch nur komplementär zu ihrem normativen Fixpunkt. Im gesellschaftlichen Diskurs um Prostitution wird dieser Fixpunkt, wie schon diskutiert, von der ›ehrbaren‹ Ehefrau und Mutter symbolisiert. Die Bedeutung der herrschenden männlichen Subjektposition in diesem System bleibt ambivalent. Einerseits verkörpert der bürgerliche Mann und die herrschende bürgerliche Klasse das Gesetz und die soziale Ordnung, dem auch sie gesellschaftlich untergeordnet sind. Andererseits ist mit der elitären Stellung der (männlichen) bürgerlichen Klasse eine Machtstellung verbunden, die es erlaubt, den offiziellen Diskurs in stillschweigender Legitimität doppelmoralisch zu unterwandern. In Bezugnahme auf die diskursiv produzierte Existenz einer spezifisch männlichen Begehrensstruktur waren (und sind) Männer dazu in der Lage, sich einen moralischen Freiraum zu verschaffen, welcher ihnen vielfältige Handlungsräume jenseits ihrer eigenen sexual-moralischen Norm- und Wertvorstellungen ermöglichte. Der bürgerliche Mann des 19. Jahrhunderts war auf Grund seiner ökonomischen, geschlechter-politischen, kulturellen und sozialen Position mit einer zu großen Machtfülle ausgestattet, um sexual-moralisch ›fehlen‹ zu können. Die Diskurs-Position des charakterlich, moralisch und sozial ›Verderbten‹ wurde identitär mit anderen Subjektformationen und Klassenpositionen verbunden. Diese Zuschreibung betrifft beispielsweise die sexuell nicht-monogame ›untreue‹ (bürgerliche) Ehefrau, wie sie Gustave Flaubert in der weltberühmten Romanfigur der »Madame Bovary« (erschienen 1857) entworfen hat.[25] Sie betrifft außerdem die als unzivilisiert, verroht und sexuell gefährlich geltende Klasse des Proletariats oder sämtliche ›nicht-weiße‹ Menschen, die durch die koloniale Bilderproduktion und rassistische Zuschreibungen als ›Wilde‹ markiert wurden und als Rechtssubjekte, Tieren gleichgestellt, aus der menschlichen Gemeinschaft kategorisch ausgeschlossen wurden. Aber auch die Prostituierte, klassifiziert als ›gefallenes, verdorbenes Mädchen‹ oder pathologisiert als ›triebkranke Nymphomanin‹ wurde selbst von der sozialistischen Frauenbewegung verachtet und aufgrund ihres ›asozial-verbrecherischen Potenzials‹ zum Lumpenproletariat hinzugezählt und gesellschaftlich gefürchtet. Wie Vanwesenbeeck (2001) richtig herausstellt, ist auch die männlich dominierte Prostitutionsforschung für diesen Sachverhalt mit verantwortlich:

25 Als weitere Beispiele literarischer Frauenfiguren des 19. Jahrhunderts, die ihre sexual-moralische Normübertretung letztendlich mit dem Leben ›bezahlen‹ mussten, können »Effi Briest« von Theodor Fontane (ersch. 1895), »Anna Karenina« von Leo Tolstoi (ersch. 1878) oder auch die Figur der »Mme de Rênal« in dem Roman »Rot und Schwarz« von Stendhal (ersch. 1830) genannt werden. Für das frühe 20. Jahrhundert ist in diesem Kontext idealtypisch auf das Drama »Lulu« von Frank Wedekind (ersch. 1913) zu verweisen.

»The first studies of ›the problem of prostitution‹ almost exclusively took the prostitutes as the unit of analysis and focussed on biological explanations for the presumed ›evil characters‹ and ›sick personalities‹ of women in prostitution. This focus of pathology in the individual prostitute was thoroughly cultivated within the psychoanalytical tradition of the 20th century« (Vanwesenbeeck 2001, 243, Herv. i. O.).

Abschließend sei noch angemerkt, dass zwar die ›Bürgerliche Frauenbewegung‹ auch das unsittliche Verhalten von (bürgerlichen) Männern angeklagt hat und in der Prostitution eine Verletzung der Menschenwürde und eine Degradierung aller Frauen zur ›Lustsklavin des Mannes‹ gesehen hat (vgl. Schmackpfeffer 1989, 39), ihre Stärke und Reichweite aber niemals ausreichte, um den herrschenden männlichen Standpunkt ernsthaft angreifen und in seiner hegemonialen Stellung gefährden zu können.

Die folgenden Ausführungen zur Bestimmung historischer und aktueller Freierbilder, männlicher Selbstbebilderungen, von Klassifikationsmustern, (Alltags-)Diskursen, Typologien von Prostitutionskunden und freierspezifischen Institutionen beanspruchen keineswegs, die geschilderte (sozial-historische) Forschungslücke umfassend und hinreichend schließen zu wollen und zu können. Vielmehr bleiben sie zeitlich und thematisch absichtsvoll eklektizistisch. Dennoch sollen die mir wesentlich erscheinenden nachfragebezogenen Machttaktiken und Diskursstrategien im Feld der Prostitution aufgezeigt und für weitere Forschungsbemühungen aufgebereitet werden.

Der Freier als Kavalier

Eine der wenigen historisch legitimen Positionen, die dem bürgerlichen Mann im Feld der Prostitution zugewiesen sind, betrifft die Figur des ›Kavaliers‹. »Ein Kavalier genießt und schweigt« (Herr Laube 193) – das ›geflügelte Wort‹ eines Probanden, bebildert dies deutlich. Er ist gesellschaftlich unsichtbar, verfügt über genügend Geldmittel und erfährt durch das herrschende männliche Kollektiv seine moralische, soziale und juristische Legitimation. Ein idealtypisches Porträt des bürgerlichen Freiers im 19. Jahrhundert findet sich beispielsweise in den berühmten Romanen »Die Kameliendame« von Alexandre Dumas d. J. (ersch. 1848) sowie in »Nana« von Émile Zola (ersch. 1880). Von einer Meta-Ebene betrachtet kann hierbei von einer Doppelung des männlichen Ausbeutungs-und Herrschaftsverhältnisses ausgegangen werden, zum einen in Form des effektvollen Regimes der sexuellen Doppelmoral und zum anderen in Bezug auf die unmittelbare bürgerlich-patriarchale Klassenherrschaft. Die ökonomische und soziale Vor-machtstellung bürgerlicher Männer erlaubte ihnen hierbei den ungehinderten prostitutiven Zugriff auf die Körper und Sexualität (proletarischer) Frauen. Differenzierend muss an dieser Stelle allerdings angemerkt werden, dass ein Großteil der prostitutionsaktiven Männer sich aus der Arbeiterklasse und dem Subproletariat rekrutierte, wie Finnegan herausgearbeitet hat:

»In spite of this, however, it has been generally accepted in recent studies of the problem that prostitution in the Victorian age was essentially the exploitation of one class by another – the vast majority of street-walkers, as we have seen, being recruited largely from the poorer working classes. But supposedly selling their bodies almost exclusively to men from the wealthier sections of society. [...] But because attention has been focussed almost exclusively on these superior metropolitan establishments, the excistence of the hundred of thousands of much more sordid ›houses of ill fame‹ staffed by less desirable women, as well as the vast number of even lower-class prostitutes who haunted the streets of every town in the country, has been lost sight of in recent studies. Yet these desperate and frequently creatures of the night, who, as we have seen, were often willing to sell their bodies for a few pence and who operated in the most insanitary and overcrowded of slums, could hardly have been the exclusive prey of men who could easily afford and would have been wise to pay for something better. It is clear that these women were being resorted to largely by men of their own class, particularly in those towns like York, which contained military or naval establishments« (Finnegan 1979, 114-115, Herv. i. O.).

Der in dem Zitat beschriebene Sachverhalt erklärt sich allerdings weniger aus der ideologischen Zuschreibung der vermeintlich ›unkontrollierbaren‹ Triebhaftigkeit des Proletariats. Vielmehr stellten bürgerliche oder adlige Männer insgesamt eine kleinere gesellschaftliche Gruppe dar. Zudem waren prostitutionsaktive Männer dieser gesellschaftlichen Klasse auf Grund ihrer Machtposition in der Lage, sich weit mehr als Angehörige niederer Klassen statistischen oder polizeilichen Registrierungen entziehen zu können (vgl. Frischauer 1968, Becker 2002). Des Weiteren war es ihnen möglich, semi-prostitutive Verhältnisse zu Schauspielerinnen, Verkäuferinnen, Blumenfrauen, Dienstpersonal oder (un-)verheirateten bürgerlichen Frauen einzugehen.[26] Diese sexuellen Verbindungen basierten oftmals auf subtilen ökonomischen und sozialen Abhängigkeitsverhältnissen, ohne dass sie offiziell als prostitutive Akte gewertet wurden (vgl. Schulte 1984, 68-88). Sexuelle Kontakte bürgerlicher Männer zum weiblichen Subproletariat waren schließlich wenig wahrscheinlich, da sie sozialräumlich zu weit von einander entfernt waren und (klassen-)habituell (ästhetisch und distinktiv) als Handlungsoption ›aussortiert‹ wurden.

Freier in Hygienediskursen

Eine der wenigen Diskurspositionen, in der die (unsichtbare) männliche Nachfrageseite explizit in den Fokus verschiedener Disziplinen gerückt worden ist, betrifft den biopolitischen Diskurs der infektiologischen Gefährdung

26 Im 19. Jahrhundert waren viele Frauen im Zuge der Industrialisierung auf Grund ökonomischer Not durch zu geringes Einkommen gezwungen, als ›Gelegenheitsprostituierte‹ zu arbeiten, vgl. Schmackpfeffer (1989, 13-18).

der Gesellschaft durch sexuell übertragbare (Geschlechts-)Krankheiten. In den epidemiologischen Medizindiskursen des 19. und 20. Jahrhunderts wird die Syphilis als eine der sexualpolitischen Hauptgefahren angesehen. Der Arzt Wilhelm Hammer (1906, 29) schätzt für Berlin um die Jahrhundertwende: »Trotz der Kontrollen kommen in Berlin durchschnittlich auf jeden geschlechtsreifen Mann 1,2 Geschlechtskrankheiten«. In den 1980er Jahren wird die sexual-hygienische Gefährdung des Gesellschaftskörpers durch die epidemiologische Gefahr des HIV/AIDS-Diskurses ergänzt und dominiert. Trotz unterschiedlicher Infektionswege, Krankheitsverläufe und Heilungschancen weisen beide Krankheitsmuster auf der Diskursebene strukturelle Homologien auf. Im Kontext der Prostitution wird in beiden Fällen die Prostituierte neben den Homosexuellen als ein wesentlicher ›Infektionsherd‹ und als epidemiologisches Gefahrenzentrum angesehen. Ihr promiskes Verhalten mit häufig wechselnden Geschlechtspartnern gilt als eine Hauptursache für die Verbreitung von Geschlechtskrankheiten und als gefährliches ›sozialschädliches‹ Verhalten, wie Hammer feststellt:

> »Der dritte Schaden, den das Dirnentum bringen soll, ist die Ausbreitung der Geschlechtskrankheiten. In der Tat ist der Verkehr vieler Männer mit wenigen Frauen die Hauptquelle der ansteckenden Geschlechtskrankheiten (Syphilis, Tripper, Schanker, Krätze, Läusesucht)« (ebd., 95).

Sämtliche hieraus resultierenden diskriminierenden, stigmatisierenden und repressiven Macht-Technologien, administrative Maßnahmen und Gesundheitspolitiken konzentrierten sich demzufolge in erster Linie auf Prostituierte, wie Schulte konstatiert:

> »Im Zwang zur wöchentlich ein- oder zweimaligen Untersuchung wird der Dirne die Verfügung über ihren Körper entzogen. Der Zugriff vollzieht sich über die Medizin, die in wissenschaftlicher Bürokratie über seine Krankheiten wacht, ihn sich als potentiellen Träger von ›Ansteckungen‹ aneignet. Das Moment von beängstigender unkontrollierter, streunender und deshalb ›wilder‹ Sexualität, das dem Körper der Dirne zugesprochen wird, ihm innewohnt als Krankheit, Ansteckung, Asozialität, rechtfertigt, ja erzwingt unablässig Beobachtung. [...] Kontrolle und Bestrafung, deren Ziel die unmittelbare Disziplinierung des Körpers ist, schaffen eigene Institutionen, denen die Prostituierte unterworfen ist und denen sie als Objekt ein- für allemal einverleibt wird um sie ›gesund‹ zu erhalten und sie zu bestrafen und zu heilen, falls sie krank ist« (Schulte 1984, 182f., Herv. i. O.).

Erst in einem zweiten Schritt wird das sexual-hygienische Risikoverhalten von Prostitutionskunden als gesellschaftliches Problem definiert. Freier wurden und werden sozusagen als die ersten epidemiologischen Opfer von Sexarbeiterinnen betrachtet. Durch diesen diskursiven Kunstgriff enthebt sich das männliche Kollektiv fast vollständig seiner medizinischen und sozialen Verantwortung und verfestigt die moralische sowie sexual-hygienische

Fixierung der Schuldfrage zu Lasten der Sexarbeiterinnen. Kritik an diesem Sachverhalt bzw. dieser doppelmoralischen Diskursformation erwächst wiederum fast ausschließlich von Seiten der Historischen und Neuen Frauenbewegung. Im Kontext der feministischen Kritik wird auch das potenziell verantwortungslose prostitutive Verhalten promisker (Ehe-)Männer kritisiert. Hingewiesen wird auf die familiäre (Ansteckungs-)Gefahr für Ehefrauen und potenzielle Kinder durch die infektiologischen Risikokontakte zu Sexarbeiterinnen. Der Subtext der doppelmoralischen Argumentation, die die Prostituierte zur ›eigentlichen‹ Infektionsgefahr erklärt, wird allerdings auch in diesen Diskursstrategien nicht dekonstruiert. Dies kann beispielsweise dadurch belegt werden, dass Argumentationsmuster der staatlich-administrativen Seite mitbetrachtet werden. Wie aus dem folgenden Zitat deutlich wird, wurden Geschlechtskrankheiten zwar auch für Prostitutionskunden als potenziell möglich erachtet, aber die sexual-hygienische Repression, die Sexarbeiterinnen im gleichen Falle unbarmherzig drohte, war und wäre für bürgerliche Männer und wahrscheinlich für Männer sämtlicher Klassenfraktionen nahezu undenkbar gewesen.

»Sie [die Prostituierte, U.G.] muß sich eine Krankenhausbehandlung gefallen lassen, wenn sie auch nur die geringste verdächtige Stelle an ihrem Körper hat. Diese Behandlung ist eine Zwangsbehandlung. Mädchen, die sich nicht fügen, werden festgeschnallt. [...] Ob die Mädchen mit dem Glüheisen gebrannt, mit Messern geschnitten, mit Ätzmitteln bestreut, mit Quecksilber geschmiert werden sollen, entscheidet der leitende Arzt des Krankenhauses. Ob sie betäubt werden sollen, ob sie die Schmerzen mit Bewußtsein zu ertragen haben, entscheiden nicht die Kranken, sondern die Ärzte. Als Richter entscheidet der Verwaltungsinspektor, ob ein Mädchen in dunkeln Arrest zu legen ist, ob es mit Nahrungsentziehung bestraft werden soll, ob Hungerkuren zur Bändigung des Mädchens eingeführt werden sollen. Am Ende der Leidenszeit wird das Mädchen mit einer Rechnung beglückt, Tag für Tag 2,50 Mark. [...] Das alles – zur Sicherung der Gesundheit, der öffentlichen Ordnung und des öffentlichen Anstandes« (Hammer 1906, 28).

Dennoch kann festgehalten werden, dass erst im Zuge derjenigen biopolitischen Diskurse, die in der männlichen Prostitutionsaktivität eine Gefährdung der gesamten bürgerlichen Gesellschaft sahen, Disziplinen wie Medizin, zivile und militärische Administrationsebenen oder empirische Menschenwissenschaften (insbesondere die Kriminologie und Anthropologie) damit begonnen haben, spezifische Wissens- und Wahrheitsdiskurse in Bezug auf Prostitutionskunden zu formulieren. Ausdruck dieser wissenschaftlich diskursiven Anstrengungen sind beispielsweise die medizinische

Forschung an Kondomen, Syphilis-Kuren, AIDS-Medikamenten etc.[27] Oder die moderne Freier-Forschung bzw. die freierspezifische STD-Präventionsarbeit (Kondomkampagnen), welche ihr Erkenntnisinteresse größtenteils aus der Sorge um eine potenzielle HIV/AIDS-Infektionsgefahr begründen (vgl. Kapitel 1).

Freier als Täter

Der Täterdiskurs im 19. Jahrhundert

Die stärkste und beständigste Diskursposition, die männliche Nachfrageseite aus ihrer gesellschaftlichen Unsichtbarkeit zu ›entreißen‹, entsteht durch die Bestrebungen der Historischen und Neuen Frauenbewegung, Prostitutionskunden als Täter zu klassifizieren. Wie bereits mehrfach aufgezeigt, unterliegen in offiziellen Verlautbarungen des herrschenden bürgerlichen Sittlichkeits-Diskurses des 19. Jahrhunderts sexuelle Kontakte einer umfassenden gesellschaftlichen Kontrolle und restriktiven Normierung. Der außereheliche Geschlechtsverkehr wird generell als eine unmoralische bzw. unsittliche Handlung betrachtet und sozial sanktioniert. In der offiziellen Lesart dieses Diskurses werden die normativen sexualpolitischen Anforderungen an Männer und Frauen gleichermaßen bindend formuliert, wie es prägnant in Adolf von Knigges berühmtem Werk »Über den Umgang mit Menschen« (erschienen 1788) nachzulesen ist:

> »Nichts erschüttert so heftig das Glück unter Gatten und Gattinnen als die Verletzung ehelicher Treue. Der Moralität nach und unseren religiösen und politischen Grundsätzen gemäß ist die Übertretung der ehelichen Pflichten von einer Seite so unedel wie von der anderen; in Rücksicht auf die Folgen hingegen ist freilich die Unkeuschheit einer Frau weit strafbarer als die des Mannes. Jene zerreißt die Familienbande, vererbt auf Bastarde die Vorzüge ehelicher Kinder, zerstört die heiligen Rechte des Eigentums und widerspricht laut den Gesetzen der Natur, nach welchen immer Vielweiberei weniger unnatürlich als Vielmännerei sein würde« (Knigge 1977, 177f.).

Auf Grund der bereits beschriebenen männlichen Macht zur Doppelmoral war die bürgerliche Elite in der Lage, einen strategischen Ausweg aus dieser Situation zu formulieren. Der bürgerliche Mann stilisierte sich in diesem System zum einen als unschuldiges ›Opfer‹ weiblicher Verführung sowie passiv Getriebener seines natürlichen Sexual- und Fortpflanzungstriebs. Zum anderen begriff sich die männliche Elite als aktiv handelnd und zugrei-

27 Eine ausführliche medizinhistorische Datenbank und Linkliste findet sich auf der Homepage des Instituts für Geschichte der Medizin der Albert-Ludwigs-Universität Freiburg (http://www.igm.uni-freiburg.de/Links/Geschichte, zuletzt 18.04.2007).

fend, ausgestattet mit einer Machtfülle, die es ihnen ermöglichte, ihr Begehren sexualpolitisch durchzusetzen. Bedingt durch diese Herrschaftsposition hatten Prostitutionskunden dieser sozialen Gruppe nur selten mit gesellschaftlicher Sanktionierung für ihr prostitutives Handeln zu rechnen. Mit (negativen) Konsequenzen in begrenztem Rahmen (Duelle, Zwangsheirat, Entehrung etc.) war nur dann zu rechnen, wenn sie öffentlich angeklagt waren, die symbolisch bedeutsame Kategorie der ›Jungfräulichkeit‹ bürgerlicher Frauen und Mädchen geraubt und die Frauen damit ›entehrt‹ zu haben oder wenn aus dieser illegitimen Beziehung eine Schwangerschaft resultierte. Proletarische Frauen wie beispielsweise Dienstmädchen, die häufig sexuellen Übergriffen seitens ihrer Hausherren oder deren Söhnen ausgesetzt waren, wurden unmittelbar mit der Entlassung konfrontiert, falls eine Schwangerschaft vorlag. Um die ökonomische Existenz für sich und das zu erwartende Kind zu sichern, blieb diesen Frauen oft nur der Weg in die Prostitution. Ein ›ehrbares‹ Leben mit eigener Heirat und Familiengründung oder eine neue Anstellung blieb ihnen in der Regel verwehrt. Erst im Zuge des Erstarkens der bürgerlichen und proletarischen Frauenbewegung in der zweiten Hälfte des 19. Jahrhunderts wurde diese patriarchale Machtkonstellation diskursiv attackiert. Für die bürgerliche Frauenbewegung stand hierbei die Auseinandersetzung mit der Sittlichkeit und der Kampf für die monogame Einehe im Vordergrund ihrer politischen Praxis. Promiskuitive sowie außereheliche Sexualität galten für Männer wie für Frauen gleichermaßen als verwerflich und eine ›sittsame‹ Kontrolle des Geschlechtstriebs wurde nicht nur für biologisch und politisch möglich, sondern auch für moralisch und ethisch höherwertig eingestuft. Prostitution und die Nutzung von Prostitution wurden gleichsam als Angriff auf alle Frauen gewertet. Die herrschende doppelte Moral wurde ebenso angeklagt wie die Degradierung der Frau im Allgemeinen zur kommensurablen Ware für den Mann.

»Wir Frauen dürfen nicht zugeben, dass die Rechte der Frau und die Achtung, die sie zu fordern hat, so tief verletzt werden, und wenn es der letzten unseres Geschlechtes wäre, wir dürfen nicht zugeben, daß eine Institution fortbesteht, die dem Laster Rechte einräumt. Wozu lehren wir unsere Söhne Tugend und Sitte achten, wenn der Staat die Unsittlichkeit als ein notwendiges Übel erklärt? Wenn er dem jungen Mann, ehe er überhaupt zu geistiger Reife gelangt ist, die Frau von der Obrigkeit zur Ware gestempelt, als ein Spielzeug seiner Leidenschaft vorführt? Die Sittlichkeit muß abnehmen, wenn der Staat selbst die erste Bedingung dazu, die Achtung vor der Frau, vernichtet« (Gertrud Guillaume-Schack unbek., zit. n. Schmackpfeffer 1989, 39).

Für die proletarische Frauenbewegung war in geringerem Maße die sexuelle bzw. moralische Ordnung Ankerpunkt ihrer Kritik. Unter Führung der Sozialistin Clara Zetkin konzentrierte sich ihre Analyse der Macht und Herrschaft (bürgerlicher) Freier auf die Klassifizierung dieser Männer als ›Klassen-Täter‹.[28] Der diskursive Angriff richtete sich demzufolge gegen die gesellschaftliche Dominanzstellung der Bourgeoisie, die auf Grund ihrer Machtstellung einen strukturellen Zugriff auf den pauperisierten weiblich-proletarischen (Klassen-)Körper hatte, um diesen sexuell und ökonomisch auszubeuten.

»Die moderne Prostitution ist eine Erscheinung, welche aufs Innigste mit den wirtschaftlichen Zuständen der kapitalistischen Ordnung verwachsen ist, ihnen ihren Riesenumfang verdankt und nur mit der bürgerlichen Gesellschaft zusammen verschwinden kann« (Clara Zetkin 1895, 107, zit. n. Schmackpfeffer 1989, 72).

Der Kampf gegen die Prostitution wurde in diesem Sinne immer mit dem unmittelbaren Kampf gegen den Kapitalismus verknüpft. Mit der Überwindung der kapitalistischen Gesellschaft wurde gleichzeitig – quasi als Nebenprodukt – die Errichtung einer neuen sozialistischen Geschlechterordnung und die grundlegende Abschaffung der Prostitution verbunden.

Das Tätermotiv der Neuen Frauenbewegung

Eine weitere global verbreitete Diskursposition von Freiern als Täter wurde, wie gezeigt, innerhalb des feministischen Theorieentwurfs der Neuen Frauenbewegung entwickelt, die das Bedürfnis nach Macht sowie den Dominanz- und Herrschaftsanspruch von Männern über Frauen als entscheidendes Motiv für die Nachfrage nach käuflichem Sex betrachtet (vgl. Kapitel 2). Eine exemplarische moralische und politische Zuspitzung erfährt dieser moderne Täter-Diskurs zudem im Kontext der Skandalisierung des Prostitutionstourismus:

»Prostitutionstourismus [ist, U.G.] ein Geschäft, bei dem die ›Waren‹ Frau und kaufbarer Sex auf der einen Seite stehen und westliche Männer als Käufer auf der anderen. Prostitutionstouristisches Verhalten ist sexistisch und rassistisch, da es auf einseitigen und unumkehrbaren Ausbeutungsverhältnissen zwischen Frauen und Männern und zwischen Industrie- und sog. Entwicklungsländern beruht. [...] Das prostitutionstouristische Verhalten stellt eine gewaltsame Einschränkung der Rechte von

28 Theoretisch stützte sich die proletarische Frauenbewegung auf die sozialistischen Grundlagenwerke von Friedrich Engels »Der Ursprung der Familie, des Privateigentums und des Staates« (ersch. 1885), auf das breit rezipierte und auflagenstarke Werk von August Bebel »Die Frau und der Sozialismus« (Erstauflage 1879, 50. Auflage bis 1910) sowie auf die Schriften von Clara Zetkin. Als Herausgeberin (1891 bis 1917) des sozialdemokratischen Zentralorgans der Frauenbewegung »Die Gleichheit« setzte sich Zetkin immer wieder inhaltlich mit der Prostitution, dem patriarchalischen Geschlechterverhältnis, dem Sittlichkeitsdiskurs sowie der sozialen Frage auseinander. Angaben zu ausgewählten Schriften von Zetkin zu diesem Themenbereich finden sich bei Schmackpfeffer (1989, 167).

Frauen dar, vor allem der Rechte auf Menschenwürde, auf sexuelle Selbstbestimmung, auf körperliche Unversehrtheit und auf Gleichberechtigung von Frau und Mann. [...] Die Ursprünge des prostitutionstouristischen Verhaltens liegen in den patriarchalen und postkolonialen Strukturen der Industrieländer« (Rothe 1997, 12).

Wie in der Studie von Rothe (1997) deutlich wird, ist der Prostitutionskunde als Täter-Figur innerhalb der globalen feministischen Theorienetze und Basisbewegungen stark verbreitet. Inhaltlich konzipiert wird dieser soziale Tatbestand einerseits als Krise der westlich-hegemonialen Männlichkeit sowie andererseits als Manifestation neo-kolonialer Hypermaskuliniät, in der sich Rassismus, neo-imperiale Ausbeutung sowie sexualisierte Gewalt gegen Frauen und Kinder in ihren ›klarsten‹ patriarchalen Erscheinungsweisen manifestierten.

Freier in Kriegs- und KZ-Bordellen

Eine weitere spezifische Tätertypologie, die aus feministischen sozial- und geschichtswissenschaftlichen Forschungsarbeiten entwickelt wurde, thematisiert die Prostitutionsnachfrage in Kriegs- und KZ-Bordellen (vgl. Paul 1994; Meinen 2002; Wickert 2002; Alakus et al. 2006). Die Erforschung der in militärischen Bünden organisierten Männer, die als Besatzungssoldaten, als Wachpersonal[29] in faschistischen Konzentrationslagern oder im nationalen Kernland prostitutionsaktiv waren, wird im Zusammenhang mit Krieg, patriarchalen Gewaltmustern, Rassismus, Antisemitismus, Neo-Kolonialismus und Männlichkeit diskutiert. Eine Sonderstellung in dieser Diskussion nehmen die seit 1941 vom NS-Staat eingerichteten und von der SS betriebenen Häftlings-Bordelle in Konzentrationslagern ein (vgl. Sommer 2006). Zugang zu diesen Bordellen hatten ausschließlich nicht-jüdische und zumeist deutsche Häftlinge, die eine ›Funktion‹ in den Lagerabläufen einnahmen (z.B. Kapos, Arbeitskommandos oder spezialisierte Arbeitskräfte). Der Besuch dieser Lagerbordelle war zudem an ein ›Prämiensystem‹ geknüpft und die Bezahlung erfolgte über Prämienscheine, die für besondere Arbeitsleistungen erworben werden konnten. Die Einführung dieser Maßnahme auf Beschluss von Heinrich Himmler sollte u.a. als Anreiz zur Erhöhung der Arbeitsleistung dienen. Diese Lagerinstitution ist – analog zu der Grausamkeit jüdischer Sonderkommandos – als äußerst perfide nationalsozialistische Herrschaftstechnik zu kennzeichnen. Die Lager-Insassen – Männer und Frauen gleichermaßen – wurden auf diesem Weg erneut hierarchisiert und gespalten, um noch effektiver durch die SS kontrolliert und beherrscht zu werden.[30] Abschließend hierzu Paul (1994), die eine der wenigen

29 Die Existenz eigenständiger Bordelle für SS-Wachmannschaften in Konzentrationslagern wird in der historischen Wissenschaft kontrovers diskutiert und kann hier nicht abschließend beurteilt werden (vgl. v.a. Paul/Sommmer 2006).

Historiker_innen ist, die sich bereits in den 1990er Jahren mit diesem tabuisierten Thema beschäftigt hat:

»Wenn im Falle der Wehrmachtsbordelle die Oberste Heeresleitung als Zuhälter auftrat, so war dies im Falle der Bordelle in den Konzentrationslagern die SA. Auf Befehl von Himmler im Juni 1941 sollten den männlichen KZ-Häftlingen als Arbeitsanreiz ›Weiber in Bordellen zugeführt werden‹ (zit. nach Paul 1994, 23). Die IG Farben regte ebenfalls an, zur Leistungssteigerung der männlichen Häftlinge neben Akkordprämien und Verpflegungszulagen auch Bordelle einzurichten. Im Mai 1943 trat schließlich eine allgemeine ›Prämienverordnung‹ in Kraft, der zufolge Häftlinge für ›hervorragende Leistungen‹ der Bordellbesuch gestattet werden sollte. Innerhalb eines Jahres entstanden so Bordelle in Auschwitz-Stammlager, Buchenwald, Sachsenhausen, Neuengamme, Flossenbrück, Dachau und Mittelbau-Dora« (Paul 1994, 26; Herv. i. O.).

Die Prostitution im Kontext kriegerischer Auseinandersetzungen kann des Weiteren in Bezug auf ihren zeitlichen Ablauf sowie auf ihre Außen- und Binnenwirkung hin differenziert werden. Im Anfangsstadium militärischer Operationen findet die sexualisierte Gewalt zumeist in Form vereinzelter oder systematischer Vergewaltigungen statt (vgl. Förster 2002; Mischkow-

30 Zur Lage der Frauen in den Lagerbordellen schreibt Mischkowski (2006): «Die Frauen in den Lagerbordellen stammten aus den Konzentrationslagern Ravensbrück oder Auschwitz-Birkenau und gehörten in der Regel zu den Gefangenen, die als ›kriminell‹ oder ›asozial‹ registriert waren. Diese Tatsache spiegelt sich in den späteren diskriminierenden Äußerungen ehemaliger KZ-Häftlinge wider. So hieß es immer wieder, dass die Frauen sich ›freiwillig‹ gemeldet hätten und sowieso ehemalige Prostituierte gewesen wären. Christa Paul, die als erste die Lagerbordelle systematischer untersucht hat, merkt dazu an, dass nirgendwo sonst, wenn es um Häftlingsarbeit geht, eine derartige Betonung von ›Freiwilligkeit‹ zu finden ist. Tatsächlich meldeten sich Frauen dazu, ins Lagerbordell zu gehen. Allerdings kann angesichts von Stacheldraht und Schwerstarbeit, von katastrophalen Lebensbedingungen und rauchenden Schornsteinen kaum von Freiwilligkeit die Rede sein. Meistens wurden den Frauen bessere Lebensbedingungen und eine Entlassung nach 3-6 Monaten versprochen. Doch die wenigsten Frauen wurden tatsächlich entlassen. Die meisten wurden entweder nach Ravensbrück oder Birkenau zurückgeschickt. Überlebende schilderten später, wie sie Abend für Abend in nur zwei bis drei Stunden bis zu acht Männer über sich ergehen lassen mussten (Amesberger et al. 2004; Paul 1994). Als sich immer weniger Frauen meldeten, ging die SS immer mehr dazu über, Frauen zu selektieren, ohne ihnen zu sagen wozu (Paul 1994, 38ff.). Faktisch waren die Frauen in den Lagerbordellen vollständig isoliert, ständig eingesperrt und wurden von den Aufseherinnen unter Druck gesetzt (Wickert 2002, 50)« (Mischkowski 2006, 24f., Herv. i. O.).

ski 2006). Erst in einem zweiten Schritt werden diese Gewaltexzesse reguliert und in prostitutive Infrastrukturen unter militärischer Kontrolle kanalisiert.[31] Ihren Vergewaltigungscharakter in einem moralischen und juristischen Sinne behalten Armee- bzw. Lagerbordelle auf Grund der existenziellen physischen und psychischen Gewalt- und Zwangssituation, in der sich die zur Prostitution gezwungenen Frauen befinden, bei.

Die strategische Wirkung sexualisierter Kriegsgewalt zielt in ihrer Symbolik auf den (besiegten) männlichen Feind ab. Der Kriegsgegner muss es erdulden, dass der den ›nationalen Frauenkörper‹ nicht mehr zu schützen vermag. Frauen und Kinder mutieren in diesem Prozess zur ›lebendigen‹ Kriegsbeute und sind strukturellen sexuellen Übergriffen der Besatzungsarmee ausgeliefert. Aber auch die einschüchternde Terrorwirkung, die von diesen sexualisierten Gewaltmaßnahmen auf potenziell weitere weibliche Opfer sowie auf die gesamte gegnerische Bevölkerung ausgeht, ist Ziel dieser Strategie.

Konkrete historische Beispiele der militärischen Institutionalisierung von Zwangsprostitution und sexueller Versklavung von Frauen im Kontext männlich-soldatischer Nachfrage nach Sex sind u.a. Frontbordelle im ersten Weltkrieg, Wehrmachtsbordelle in besetzten Gebieten (z.B. in Frankreich), Lagerbordelle in NS-Konzentrationslagern, Armee-Bordelle in Japan während des 2. Weltkrieges oder US-amerikanische Bordelle in Vietnam sowie in Korea.[32] Formen erzwungener Prostitution[33] bzw. dezentral organisierter Vergewaltigungen, wie sie in mulitfraktionell geführten »Neuen Kriegen« (Kaldor 2000), die auf die Erosion nationalstaatlicher Strukturen abzielen, anzutreffen sind, können ebenfalls in diesen Kontext eingeordnet werden. Beispiele hierfür sind unter anderen die Kriege und (militärischen) Konflikte in Ruanda (1994), Bosnien-Herzegowina (1992-1995) oder in Sierra

---

31 Mischkowski (2006) lässt es in ihrer abschließenden Bewertung offen, ob Kriegsvergewaltigungen von Militärs als bewusste Kriegsstrategie konzipiert und befohlen werden oder ob die ›ungeplante‹ Terrorwirkung auf die Zivilbevölkerung dieser Gewaltexzesse – trotz vordergründiger Ablehnung dieses Verhaltens – stillschweigend akzeptiert und begrüßt wird (Mischkowski 2006, 49).

32 Im Rahmen des so genannten »R & R«-Programms, (»Rest and Recreation«, frei übersetzt »Ruhe und Erholung«) wurde Ende der 1950er Jahre in Südkorea von der US-Armee und der südkoreanischen Regierung eine flächendeckende Bordellstruktur aufgebaut und den dort stationierten US-Truppen als ›Erholungsmaßnahme‹ und ›Freizeitvergnügen‹ zur Verfügung gestellt (vgl. Moon 1997; Mischkowski 2006). Auch in Vietnam während des Vietnam-Krieges von 1962 bis 1976 und auf den Philippinen wurde eine staatliche Prostitutionsinfrastruktur etabliert und genutzt (Friedrich-Ebert-Stiftung 1994). Dieses Phänomen ist zudem ein Grund für die Entstehung der gesamten süd-ostasiatischen Sexindustrie und des Sextourismus, da auf diese Weise – nach dem Truppenabzug von US-Streitkräften – der Nachfrageausfall kompensiert wurde.

Leone (1991-1999). Unschwer vorzustellen ist, welche schwerwiegenden psychischen und physischen Traumata – bis hin zur Todesfolge – diese exzessive Ausübung patriarchaler sexueller Gewalt für die betroffenen Opfer nach sich ziehen.

Die Binnenwirkung der Militärprostitution ist in erster Linie darauf gerichtet, die Kampfmoral der Soldaten zu konsolidieren und zu steigern. Der regulierte institutionalisierte Zugang zu Geschlechtsverkehr in Militärbordellen hat zum Ziel, den emotionalen Krisen- und Ausnahmezustand, den eine kriegerische Auseinandersetzung für die Kampftruppen bedeutet, (sexuell) zu kanalisieren und beherrschbar zu machen. Hierdurch sollen Desertion, unkontrollierte (sexuelle) Feindkontakte, die Ansteckung der Soldaten mit Geschlechtskrankheiten, Homosexualität sowie die psychische Dekompensation und der Verlust der Kampfmoral verhindert werden. Das abschließende Zitat von Mischkowski (2006) soll verdeutlichen, in welchem analytischen Rahmen Männer als Prostitutionskunden innerhalb kriegerischer Auseinandersetzungen zu positionieren sind:

»Auch wenn im Folgenden vor allem von sexualisierter Kriegsgewalt die Rede ist, bleibt festzuhalten, dass Vergewaltigungen und andere sexualisierte Demütigungen nicht die einzigen traumatischen Erfahrungen von Frauen und Mädchen im Krieg sind. Dazu gehören auch die Ermordung geliebter Menschen, die Ungewissheit, wenn sie vermisst werden, die Belagerung von Städten, der tägliche Beschuss durch Granaten oder Heckenschützen, Internierungen, Vertreibungen, Deportationen, Hunger, Kälte und Zerstörung kultureller Identitäten sowie die tägliche Sorge um das eigene Überleben und das Überleben von Kindern und Angehörigen. Zu einer umfassenden Geschichte sexualisierter Gewalt im Krieg gehören aber auch die meist fortgesetzten sexuellen Angriffe in der unmittelbaren Nachkriegszeit oder in vermeintlich sicheren Flüchtlingslagern sowie der gewaltige Komplex der Militärprostitution, die, wie noch gezeigt werden soll, in unmittelbarem Zusammenhang mit Kriegsvergewaltigungen und deren Wahrnehmung und Erklärung steht. Auch der Frauen- und Mädchenhandel, der die Sexindustrien nährt, geht teilweise direkt aus der sexuellen Versklavung in Kriegssituationen hervor. Und last, but not least gehört zur Geschichte sexualisierter Kriegsgewalt auch die Analyse von Kriegs- und Gräuelpropaganda, in deren Mittelpunkt häufig die Anprangerung von Vergewaltigungen steht« (Mischkowski 2006, 15f.).

---

33 Hierunter können (schein-prostitutive) sexuelle Übergriffe und Vergewaltigungen in Internierungslagern, in Militärcamps, in Privatwohnungen von Militärangehörigen, zeitlich begrenzte Zwangs-Ehen und Zwangs-Beziehungen mit Soldaten bzw. Paramilitärs oder die von Militärs organisierte sexuelle Versklavung von Frauen auf dem transnationalen Sexmarkt verstanden werden (Mischkowski 2006, 43-45).

Freier in Alltagsdiskursen

Neben der diskursiven Figur des Freiers als (Gewalt-)täter und Ausbeuter weiblicher Sexualität können aus aktueller gesellschaftlicher Perspektive weitere Diskursmuster aufgezeigt werden.[34] In alltäglichen Erzählungen, Bildern, Witzen und künstlerischen Produktionen werden Prostitutionskunden häufig als pathologische Identitätsformation markiert. Die Klassifizierungsmuster berühren dabei sowohl die sozialen als auch die körperlichen und psychischen Persönlichkeitsmerkmale dieser Männer. Freier werden innerhalb dieser (Alltags-)diskurse vornehmlich als psychisch labil, süchtig, emotional gestört, körperlich unattraktiv, als kontakt- und beziehungsunfähig oder als gewalttätig gedeutet. Resultat hiervon ist die Umschreibung und Bebilderung von Freiern mit Adjektiven wie dick, eklig, abartig, bierbäuchig, schmierig, brutal, linkisch, notgeil, armselig, pervers etc. In einer populärwissenschaftlichen Untersuchung aus dem Jahre 1988 werden Prostitutionstouristen in Thailand beispielsweise beschrieben als eine:

> »[...] unvorstellbare Ansammlung von häßlichen Menschen – verfettet, intellektuell, emotional und körperlich verarmte, tätowierte, laute, selbstherrliche Männer, die seit Jahrzehnten nichts mehr für ihren Körper gemacht haben, im Gesicht verhärtet von Frust und Alkohol, oder aber scheue, kontaktarme, häßliche Männer und bodygebildete, die vor lauter Narzißmus ihrem Körper gegenüber den Kopf vernachlässigen und ihr Ideal an Schönheit in der BRD nur selten bekommen, da sich Frauen hier auch gerne unterhalten wollen« (Waverzonnek 1988, 9; zit. n. Rothe 1997, 11).

Das Sozialverhalten von Prostitutionskunden wird als unterentwickelt eingeschätzt. Sie gelten zudem als einsam – zum einen, weil sie strukturell von ihren Partnerinnen getrennt leben müssen, wie z.B. Soldaten, Seeleute, Geschäftsreisende, zum anderen wird ihre Einsamkeit psychologisch gedeutet. Prostitutionskunden wird eine Beziehungs- oder Kontaktstörung unterstellt, die es ihnen erschwere bzw. verunmögliche, private sexuelle Kontakte mit Frauen einzugehen. Prototypisch für diese Freierpersönlichkeit gelten schüchterne und geschiedene Männer. Auf einer (alltags-)sprachlichen Ebene beschreibt Herr Weitenbach – Proband dieser Studie – diesen Sachverhalt wie folgt:

---

34 Die Evidenz der folgenden Ausführungen zu alltagskulturellen Freierbildern speist sich stark aus dem empirischen Erfahrungsschatz meiner langjährigen wissenschaftlichen Beschäftigung mit dem Thema und den Beobachtungen der Reaktionen sowohl des Fachpublikums als auch des nicht-wissenschaftlichen Umfeldes auf mein Forschungsvorhaben in Form von Phantasien, Sorgensbekundungen, Scham-, Angst- und Abwehrgefühlen, großer Neugierde, Ekelbekundungen etc.

W: ich kenne ein paar Leute die wirklich so denken die ((mich schauen)) die die es von mir NICHT WISSEN dass ich es mache aber mit denen ich mich schon mal darüber unterhalten habe die haben mir gesagt »ja das machen doch eh nur ARME WICHSER die sonst keine rumkriegen« (Herr Weitenbach 1522).

In diesem Zitat kommt eine deutliche Abwertung prostitutiver Sexualität zu Tage, die auch innerhalb des männlichen Sozialraums existent ist. Der Partikel »eh« unterstreicht dabei die (kollektive) Gewissheit, dass es sich hierbei um ein gesamtgesellschaftlich gültiges Alltagswissen mit hohem Wahrheitsgehalt handelt. Die herabsetzende Bezeichnung von Prostitutionskunden als »arme Wichser« verweist des Weiteren auf die Vorstellung, dass die Sexualität dieser Männer eine tendenziell perverse oder andersartig-ungenügende Aufladung besitzt, in deren Folge es ihnen nicht gelingt, eine (private) Sexualpartnerin zu finden. Die politische und moralische Delegitimation der männlichen Prostitutionsnachfrage wird also mit negativen Adjektiven und despektierlichen Männerbildern symbolisiert und kollektiv zum Ausdruck gebracht. Auf Grund der Tatsache, dass eine negative Bebilderung und Klassifizierung von Prostitutionskunden existiert, erhöht sich gleichzeitig auch der Druck auf prostitutionsaktive Männer, öffentlich und privat nicht als solche erkannt zu werden. Die Scham, das Tabu und die Vorsicht (beispielsweise bei verheirateten Freiern) unterbinden sozusagen ein empirisches Korrektiv zu den benannten Negativkonnotierungen dieser Männer. In persönlichen Gesprächen, Erzählungen und Erlebnisberichten wird diese Ebene deshalb kaum angesprochen und journalistische bzw. wissenschaftliche Abhandlungen über reale Freier und die konkrete Nachfragepraxis – jenseits von massenmedial aufbereiteten Skandal- und Enthüllungsgeschichten[35] – sind kaum existent, um ein realistisches Bild zeichnen zu können. Ergänzend sei an dieser Stelle noch angemerkt, dass neben den genannten Gründen m.E. aber auch eine sexualpolitische Subströmung als Ursache dieser despektierlichen Diskursmuster zu vermuten ist, die als klassische Verdrängung bzw. Sexualabwehr charakterisiert werden kann. In der ethischen und ästhetischen Deklassifizierung der männlichen sexuellen Praxis im Prostitutionsfeld als ›schmierig‹, ›eklig‹ oder ›ungehörig‹ spiegelt sich auch die Anziehungskraft des Verbotenen und Unreinen wider, die hiervon auf die Mehrheitsgesellschaft auszugehen scheint. Im Zwielicht des Rotlichtmilieus verbirgt sich im kollektiven Deutungsraum sozusagen eine phantastisch aufgeladene sexuelle Welt, in der geheime, verdrängte und perverse Wünsche wahr werden, deren Begehrlichkeit man/frau sich selbst nicht einzugestehen vermag, ganz zu schweigen von der Bedrohung bei einer Realisierung der

35 Es widerstrebt meinem ethischen und politischen Verständnis, mit dieser Arbeit die (boulevardeske) Struktur sexuell konnotierter Freier-Skandale zu reproduzieren. Deshalb wird an dieser Stelle bewusst auf eine namentliche Nennung der ›Skandalfälle‹ verzichtet.

privaten sexuellen Realität. Das Prostitutionsfeld als gesellschaftliche Projektionsfläche und Subkultur des Verdrängten wird somit zu einem ungeheuren und gefährlichen Raum und seine Protagonist_innen werden zu einem geächteten Kollektiv. Eine der wenigen sozial akzeptierten Formen männlicher Nachfrage nach käuflichem Sex im Kontext gesellschaftlicher Alltagsdiskurse ist lediglich für junge, sexuell unerfahrene Männer reserviert. Prostitution als Einzel- oder Gruppenritual beschreibt in dieser Logik die (legitime) Möglichkeit sexueller Initiation zur Etablierung einer vollständigen männlichen Erwachsenenidentität.

Von einem nüchternen wissenschaftlichen Standpunkt aus kann abschließend festgestellt werden, dass die aktuell existierenden Alltagsdiskurse über Prostitutionskunden nur von geringer Feldkenntnis und empirischer Validität gespeist sind. Wie Kleiber/Velten (1994) belegen, sind keine sozialcharakteristischen Spezifika bei Kunden weiblicher Prostituierter festzustellen. Sie weisen darüber hinaus keine vom Durchschnitt abweichenden Merkmale in Bezug auf körperliches Erscheinungsbild, Auftreten, psychische Strukturmuster, soziales Verhalten oder Lebensstile auf. In Bezug auf den Aspekt der Gewalt im sozialen Feld der Prostitution wird in dieser Studie die These vertreten, dass empirisch zwar ein erhöhtes Gewaltpotenzial in diesem Bereich festzustellen ist (BMFSFJ 2004, 23-26; Brückner/Oppenheimer 2006, 179-222), dies aber nicht ursächlich mit einer identitären Freier-Zuschreibung erklärt werden kann. Prostitutionskunden sind letztlich auch hier nicht von der männlichen Durchschnittsbevölkerung zu unterscheiden (Kleiber/Velten 1994, 60f.), d.h. Freier sind nicht per se gewaltbereiter oder gewalttätiger als prostitutionsinaktive Männer.[36] Das im Vergleich zu anderen Arbeitsfeldern deutlich erhöhte Gewaltpotenzial im Feld der Prostitution kann m.E. vielmehr aus dem bereits ausgeführten Sachverhalt der gesellschaftlichen Doppelmoral und patriarchaler Diskriminierung von Sexarbeiterinnen erklärt werden. Denn erst die gesamtgesellschaftliche Abwertung von Sexarbeiterinnen senkt die normative Schwelle, die es ›normalen‹ Männern ermöglicht, potenziell vorhandene Frauenverachtung sowie Gewaltbereitschaft in soziale Praxis umsetzen zu können.

Freier als Kunden und Gäste

Ein sehr modernes Phänomen ist die Klassifizierung von Freiern als Kunden und Gäste. Ihren Anfang nahm diese Diskursstrategie mit der Etablierung der Hurenbewegung im Zuge der weltweiten emanzipatorischen sozialen Bewegungen seit den 1960er Jahren. Im Kontext dieser sozialen Ausein-

36 Hierunter werden sämtliche Formen physischer und psychischer Gewaltakte subsumiert. Ausgenommen bleibt an dieser Stelle, inwieweit der ursprüngliche Akt des Erwerbs sexueller Dienstleistung bereits eine Ausformung von Gewalt darstellt. Diese Frage wird weiter unten ausführlich diskutiert.

andersetzungen wurden auch Freier in den Normalisierungsdiskurs mit eingeschlossen. Die diskursiven Figuren des ›verführten Mannes‹ (Opfer seiner Triebe) oder des ›Täters‹ (Symbol des Patriarchats) werden begrifflich zu ›Gästen‹ und ›Kunden‹ transformiert. Die Nachfrage nach käuflicher Sexualität wird im Zuge dieser kapitalistisch argumentierenden Normalisierungsstrategie (Prostitution als Arbeit) moralisch, emotional und sozial als unbedenkliches (sexuelles) Bedürfnis angesehen. Die Motive käufliche Sexualität nachzufragen werden positivistisch gewendet und als legitime Bedürfnisse nach sexueller Lust, körperlicher Nähe, Entspannung oder allgemein nach menschlichem Kontakt aufgefasst. Betont wird in diesem Kontext auch, dass in prostitutiven Settings Männer nicht Macht über Sexarbeiterinnen ausübten und auch nicht den Körper oder die Seele einer Sexarbeiterinnen kaufen könnten. Vielmehr wird darauf verwiesen, dass Männer nur eine klar umgrenzte Dienstleistung erwerben würden, wobei die volle Handlungs- und Vertragssouveränität in den Händen der Sexarbeiterin verbliebe. Abgesichert und verbürgt sei dies beispielsweise durch das grundsätzliche Recht von Sexarbeiterinnen, Kunden oder spezielle Kundenwünsche abzulehnen. Die Tatsache, dass Freier sich in ihrer sexuellen oder emotionalen Bedürftigkeit an Sexarbeiterinnen wendeten, zeige vielmehr die reale Machtverteilung in prostitutiven Settings auf. Die Entscheidungsgewalt über den Ablauf der Interaktion und die generelle Handlungshoheit wird viel eher der Seite der Sexarbeiterinnen zugeschrieben, in deren Ermessen die Befriedigung der Bedürfnislage der Freier liege. Das formulierte Ziel dieser diskursiven Strategie ist es daher – in expliziter Abgrenzung zum weiter oben beschriebenen Täter-Diskurs –, eine normalisierende Klassifizierung der Nachfrageseite und des sozialen Feldes der Prostitution insgesamt durchzusetzen, wie es im »Manifest der SexarbeiteInnen in Europa« explizit gefordert wird:

»Wir setzen uns für das Recht von friedlichen und fairen KundInnen ein, sexuelle Dienstleistungen gegen Bezahlung in Anspruch nehmen zu können« (Manifest der SexarbeiterInnen in Europa 2005, 14).

Die Begriffe ›Kunde‹ und ›Gast‹ sind bewusst und in Abgrenzung zu den üblichen Begriffen ›Freier‹ oder ›Prostitutionskunde‹ gewählt, um die gesellschaftliche Stigmatisierung auch von der Nachfrageseite abzuwenden. In der BRD wird dieser Normalisierungsdiskurs seit der Novellierung des Prostitutionsgesetzes 2002[37], welche eine weitestgehende Entkriminalisierung und Normalisierung des sozialen Feldes der Prostitution intendierte, verstärkt geführt. Exemplarisch und abschließend hierzu ein Auszug aus

37 Gesetz zur Regelung der Rechtsverhältnisse der Prostituierten (Prostitutionsgesetz – ProstG) vom 20.12.2001 (BGBl. I S. 3983, FNA 402-39). In Kraft getreten am 01.01.2002.

dem »Aufruf gegen Freier-Kriminalisierung« der Organisation Doña Carmen e.V. (Verein für soziale und politische Rechte von Prostituierten), einer politischen Basisorganisation von migrantischen Sexarbeiterinnen und ihren Verbündeten:

»Wir in der Prostitution tätige Frauen, Prostitutionskunden und Betreiber/innen von Etablissements, lehnen als Unterzeichner/innen dieses Aufrufs den Gesetzentwurf [zur Freierbestrafung, U.G.] entschieden ab. Freier-Kriminalisierung – ob teilweise oder ganz – ist nur der Einstieg in eine sexual- und prostitutionsfeindliche Politik à la Schweden. Die von der CDU/CSU losgetretene und von der SPD, Grünen und FDP in unverantwortlicher Weise unterstützte Anti-Freier-Kampagne diskriminiert Prostitutionskunden als potenzielle Gewalttäter mit dem erklärten Ziel, die Nachfrage nach sexuellen Dienstleistungen zu verringern. [...] Frauen in der Prostitution brauchen [...] Rechte statt Razzien und die Anerkennung von Prostitution als Beruf statt einer Kriminalisierung ihrer Kundschaft« (Doña Carmen 2006).

Freier-Selbstorganisierung

Rationalisierungsstrategie gegen die Sprachlosigkeit

Im Kontext der These der gesellschaftlichen ›Unsichtbarkeit‹ und sozialen Ächtung von Freiern ist es nicht verwunderlich, dass nur wenige öffentlich geführte selbstreferenzielle Diskurse von der Nachfrageseite ausgehen. Ein Ausweg aus diesem identitäslosen Schweigen bietet die Anonymität des Internet. In zunehmendem Maße finden prostitutionsaktive Männer hier eine Plattform für feldbezogene und identitätsstiftende Kommunikationsprozesse unter ihresgleichen. In so genannten Internet-Freier-Foren werden im Schutz anonymisierter Personendaten Erfahrungen und Erlebnisberichte aus dem sozialen Feld der Prostitution ›gepostet‹ und unter den ›usern‹ diskutiert.[38] Aber auch allgemeine Fragen, Probleme und Themen zum Gesamtkomplex Prostitution werden hier besprochen. Hierzu zählen beispielsweise dieThemengebiete Sexualität, Beziehung/Partnerschaft, Sexarbeit und Moral, Gesundheit, HIV/AIDS, Kondomverwendung, Prostitutionspolitiken, Rechtsfragen, Menschenhandel etc. In der Rubrik ›off topic‹ werden darüber hinaus auch prostitutionsferne Themen behandelt. Unter anderem wurde die Anfrage zur Teilnahme an dieser Studie in unterschiedlichsten Foren an diesem Ort veröffentlicht und intensiv diskutiert. Die Foren sind nach Regionen (Bundesländer, geografische Regionen, Städte), nach redaktionellen Schwerpunktsetzungen in Bezug auf die jeweiligen Prostitutionsformen (Club, Bordell, Straße etc.) sowie nach sexuellen Vorlieben untergliedert. Auf einer kulturell-stilistischen sowie geschlechterpolitischen Ebene sind

38 Vgl. u.a. roemerforum.com; hurenforen.to; bremersex.de; verkehrsberichte.de; tabulosforum.to; strichweb.com; dominaforum.net; internationalsexguide.info, zuletzt 11.12.2007.

ebenfalls deutliche Unterschiede zwischen den Freier-Foren festzustellen. Das (sexualpolitische) Selbstverständnis der Foren, der sprachliche Stil und die gewünschte Außenwirkung divergieren deutlich voneinander. Viele der Berichte in den Internet-Freier-Foren, die das kommunikative Epizentrum dieser Einrichtung bilden, sind als detaillierte Nacherzählungen um einen pornografischen Erzählkern herum konzipiert, wie das folgende längere Beispiel eindrücklich zeigt:

»Hallo liebe Stecherfreunde,
hier wieder ein neuer Einsatzbericht aus der Freudenhausszene Bremen. Heute während der Arbeit hatte ich nur einen Gedanken Fi....! Also die Zeitung mit den vier Buchstaben aufgeschlagen und ran an die Adressen. Mir war heute mal nach einem reifen Semester zumute. Mein Blick fiel auf eine Anzeige ›Je Oller – Je Doller Lara 43 J. ,Tolle Figur, OW 75 DD [...].‹ Ich also angerufen und nach Feierabend ab in die X-Straße im EG (Y-Stadtteil). Am Haus fiel mir dann auf, dass hier alles voller Klingeln von Mädels war. Ich also bei Lara geklingelt. Sie öffnete mir die Tür und ich war mir gleich sicher hier meinen Saft los zu werden. Sie ist ca. 165cm groß hat schulterlange rotbraune Haare eine wirklich tolle Figur, braungebrannt und hat 3 Tatoos (eins am Oberarm wie die Hutziger von RTL, auf dem Schulterblatt und eine schöne Welle über dem Arsch). Als wir in ihr Zimmer gegangen sind, fing sie mir an ihrer Preise zu nennen. In einem Wort 50 € für alles außer Anal und in den Mund spritzen. Ich also die Teuros auf den Ladentisch gelegt und runter mit den Klamotten. Sie zog sich auch bis zum BH und String aus und dann begannen wir mit geilen Zungenküssen und heißen befummeln. Ich zog sie dann ganz aus und bat sie dann sich vorwärts auf dem Sofa abzustützen, um dann von hinten ihre Muschi und den Arsch zu lecken. Ein toller Anblick. Im Zusammenspiel machten wir verschiedenste Stellungen, die sie sehr gut beherrschte. Sie geht ohne Zeitdruck und sichtlich viel Spaß an die Sache. Das blasen ist allerdings nicht ihre Spitzendisziplin. Nur vorne an und den Rest mit der Hand. Dann habe ich sie wieder ausgiebig geleckt und dabei festgestellt das ihr das sichtbar Freude bereitet. Habe mich dann auch entschieden sie aufsitzen zu lassen um in den Heimathafen zu fahren. Sie ritt also meinen kleinen Freund bis er willig das Conti füllte. Nun dachte ich das war es, falsch gedacht. Das reife Mädel fing an sich selbst noch einen Orgasmus abzureiten. 1:0 für mich!!!
Mein Fazit:
Absolut vorbildlicher Service,
Super Freundlich
Nationalität : Polin
Sprachkenntnisse: 3-4
Aussehen 2-3 für Altersklasse über 40
Titten: 75 DD
Küssen : 1-2
Zähne: 2
Figur : 2
Titten: 2
Muschi : sehr gepflegt und schön anrasiert

Blasen : leider Schwachpunkt 4
Eier lecken :2
Ficken: 2
Spaßfaktor :1-2
Der Wiederholungsfaktor liegt bei 110 %!!!
Also viel Spaß bis zum nächsten Frontbericht
Euer Flotterfick :h :h :h« (http://www.hurenforen.to/forum/showthread.php?s=734ffe7191444e9330067bba62cba51b&threadid=21754, Bericht vom 30.03.2004, zuletzt 10.04.2007).

Die Dimension des Pornografischen markiert in dieser und vielen anderen Erzählungen bzw. ›Sachberichten‹ auf einer symbolischen Ebene den Besitzstatus des Erlebten. Im Gegensatz zum privaten Intimsystem, in dem die diskursive Verfügungsmacht über die erlebte sexuelle Realität beiden Interaktionsteilnehmer_innen gleichermaßen obliegt, befindet sich das Erlebte in den Foren im ausschließlichen ›Besitz‹ der Freier. In der Folge wird im literarischen Stil der Nacherzählung, der Jargon der Foren spricht hier von »Fickberichten«, über individuelle Erlebnisse aus der jeweiligen Prostitutionspraxis en detail berichtet. Dies beinhaltet in der Regel die Beschreibung der aufgesuchten Orte, der gewählten Prostitutionsform (FKK Clubs, Wohnungsprostitution, Bordelle, Straßenstrich etc.), die Bewertung des Preis-Leistungsverhältnisses und der prostitutiven Infrastruktur. Des Weiteren erfolgt eine Einschätzung der performativen ›Qualität‹ der besuchten Sexarbeiterin(nen) sowie die soziale und sexuelle Gesamtbeurteilung des beschriebenen Prostitutionsbesuchs. Die für das Alltagsbewusstsein zum Teil bizarr anmutenden Berichte und pornografischen ›Reality Reports‹ erfüllen dabei eine wichtige Funktion für die Identitätskonstruktion ›organisierter‹ Freier. Die selbstverständliche mediale Verbreitung und klassifizierende Bewertung körperlicher, sozialer und sexueller Charakteristika von Sexarbeiterinnen ist in diesem Zusammenhang als Reinszenierung der basalen Logik und der Machtverhältnisse in prostitutiven Intimsystemen zu werten. Prostitutionskunden erwerben gegen eine Geldzahlung die Verfügung über ein raum-zeitlich begrenztes ›sexuelles Schaustück‹, welches an ihrem eigenen Körper und durch den Körper der Sexarbeiterin inszeniert wird. Folglich beanspruchen sie auch im Nachhinein die diskursive Verfügungsgewalt über das gemeinsame Erlebnis und die Sexarbeiterin wird ungefragt ihres ›Copyrights‹ über die Situationsdefinition ›beraubt‹.[39] Ein Vorgang, der, wie bereits angedeutet, nur innerhalb der herrschaftsvermittelten Tausch- und Besitzlogik prostitutiver Interaktionskontexte sinnhaft ist und private Intimsysteme (noch) nicht durchdrungen hat.[40] Beispielsweise dürfte es kaum realistisch sein, dass sich verheiratete Männer in einem Internet-Forum organisieren und sich dort detailliert über körperliche Details sowie die sexuellen Vorzüge und Nachteile ihrer Ehefrauen austauschten. Die exklusive ›Gesprächigkeit‹ von Freiern in den Foren und die ›trotzige‹ Plastizität der geschilderten Prostitutionsbesuche lässt sich vermutlich aus der weitgehenden gesellschaftlichen Tabuisierung, sozialen Ächtung und (sexual-)moralischen Diskreditierung der Nachfrage nach käuflichem Sex und der hieraus resultierenden Sprechverbote in privaten sozialen Feldern erklären. Wie auch in dieser Studie gezeigt werden konnte, existieren außerhalb der klar umgrenzten Peer-Group der Nachfrageseite kaum Sprechmöglichkeiten für Freier. Trotz der hohen sozialen, symbolischen und emotionalen Bedeutung, die die sexuelle Aktivität im sozialen Feld der Prostitution für Freier einnimmt, kann dieser Erlebnisraum kommunikativ kaum ausgebreitet werden, wie aus den folgenden Interviewpassagen deutlich wird:

»I: und wenn Du jetzt mit den Kumpels redest da ist es schon so dass alle es zugeben können dass sie mal irgendwie im Bordell waren oder im Puff waren (?)
P: Nee also die wenigsten eigentlich könnten es zugeben ja ä wenn sich dann mal einer verhaspelt so (...) sage ich ›hey erwischt‹ oder so also ich finde mit Freunden wir sind schon mal nach Hamburg gefahren auf die Reeperbahn ja so RICHTIG so übers Wochenende und so ne und äh so mit denen konnte ich das so auch ganz gut aber (3) es fehlt mir halt irgendwo was weil das alles so bisschen so auf der Oberfläche so bleibt jaa also man redet darüber so beim Bier ja so ungefähr und und ja das war's dann irgendwo so auch ich hab eigentlich bisher noch niemand gefunden mit dem ich mich mal so ausquatschen konnte so wie jetzt mit Dir« (Herr Peter 263 – 285).

---

39 In begrenztem Rahmen existieren auch Internet-Foren von und für Sexarbeiter_innen, wie beispielsweise www.sexworker.at, www.sexarbeiterinnen.com, hurenclub.com oder www.swop-usa.org. Die inhaltliche Schwerpunktsetzung und die konkreten Beiträge zentrieren sich dort hauptsächlich um Arbeitsaspekte wie Lohnraub, Belästigung und Gewalt durch Freier, Arbeitsangebote, Werbung, arbeitsrechtliche Fragen, Aufenthaltsbestimmungen etc. Fast nie finden sich Nacherzählungen von sexuellen Erlebnissen mit Kunden.

40 Eine interessante Diskussion wäre es zu erörtern, inwieweit die Lust der globalen ›Geschwätzigkeit‹ vermittelt durch (sexuelle) Erzählungen und intime Bekenntnisse in so genannten ›Weblogs‹ oder auf Internetseiten, in denen private sexuelle Begegnungen hochgeladen werden können wie beispielsweise www.youporn.de, pornotube.de etc., den normativen Konsens der intimen Verschwiegenheit im Kontext privater Sexualkontakte und sexueller Beziehungen aufzuweichen beginnt.

Aus der Sicht von Herrn Peter vermeiden es die meisten Männer, offen bzw. öffentlich von ihren Prostitutionsbesuchen zu erzählen. Das zufällige Bekenntnis (»verhaspelt«) wird als unfreiwillige Tat bzw. als klassische Freudsche Fehlleistung mit dem dazugehörigen Gefühl des peinlichen Berührtseins (»hey erwischt«) eingeordnet.[41] Das Gespräch über die eigene Prostitutionsaktivität scheint nur dann möglich, wenn die Männer einen gemeinsamen Erlebnishorizont teilen (»wir sind schon mal nach Hamburg gefahren auf die Reeperbahn«). Doch auch dann verbleiben die Gespräche über Sexualität im Allgemeinen bzw. über das spezielle Thema der Prostitutionsnachfrage im Besonderen eher oberflächlich und vermeidend. Der Gesamtüberblick über die Interviews bestätigt tendenziell die Tatsache, dass es für Freier kaum gesellschaftliche Orte und soziale Kontexte gibt, in denen sie offen und ohne Sorge vor moralischer, sozialer, beziehungsethischer oder politischer Verurteilung über ihre Erlebnisse sprechen können. Der virtuelle anonyme Raum der Freier-Foren als Treffpunkt Gleichgesinnter bietet eine der wenigen Möglichkeiten, die beschriebene kommunikative Leerstelle zu schließen und ist einer der wenigen sozialen Orte, an denen Prostitutionskunden mit anderen Menschen über ihre tabuisierte und stigmatisierte soziale Praxis in Kommunikation treten können.

Freier-Foren als feldbezogene Machtfaktoren (Kundenmacht)

Eine weitere Aufgabe übernehmen Internet-Freier-Foren als kundenorientierter Organisierungsversuch zur Stärkung von ›Konsumentenrechten‹ gegenüber der subkulturellen Marktmacht des Prostitutionsfeldes. Die Assoziation zur Institution der »Stiftung Warentest« liegt nahe und Freier-Foren begreifen sich in ihrem Selbstverständnis durchaus in diesem praktischen Sinne.[42] Berichte über Negativerfahrungen mit Sexarbeiterinnen, in Clubs, Bordellen oder auf dem Straßenstrich sind deshalb elementare Bestandteile der kommunikativen Foren-Kultur. Im Konkreten gewarnt wird die Foren-Community u.a. vor:

---

41 Lalanche/Pontalis (1996, 135) definieren in ihrem Nachschlagewerk ›Das Vokabular der Psychoanalyse‹ den Begriff der Fehlleistung wie folgt: »Handlung, deren ausdrücklich angestrebtes Ziel nicht erreicht, sondern durch ein anderes ersetzt wird. Man spricht nicht von Fehlleistungen, um jedes Versprechen, Vergessen und jede Fehlhandlung zu bezeichnen, sondern im Hinblick auf eine Absicht, deren Verwirklichung dem Subjekt gewöhnlich gelingt und deren Mißlingen es einzig seiner Unaufmerksamkeit oder dem Zufall zuschreibt. Freud hat gezeigt, daß die Fehlleistung wie die Symptome Kompromißbildungen zwischen der bewußten Intention des Subjekts und dem Verdrängten sind.«

42 Ein Internet-Forum beispielsweise platziert diese Assoziation unmittelbar und werbewirksam in einem Wortspiel auf ihrer Homepage: »www.lusthaus.cc. Das unabhängige Hurenforum für echte Männer! © 1997-2007 Stiftung Hurentest, S.A« (http//huren-test-forum.lusthaus.cc/index.php, zuletzt 11.04.2007).

- körperlichen bzw. kommunikativen Defiziten der Sexarbeiterinnen
- unzureichenden sexuellen Serviceleistungen (Unzufriedenheit über die sexuelle Performanz der Sexarbeiterinnen)
- überhöhten Preisen
- vorgetäuschten Praktiken (‹Falle Schieben‹),
- bezahlten, aber nicht ausgeführten Praktiken sowie nicht eingehaltenen Zeitabsprachen (‹Abzocke‹),
- unangenehm erlebten finanziellen Nachverhandlungen für weitere sexuelle Angebote (›Nachkobern‹) etc.

In einem Posting aus einem Freier-Forum stellt sich dies im Konkreten wie folgt dar:

Neuer FKKW-Referenz-Flop[43]: Anita
War nach längerer Pause mal wieder in Pohlheim. Die Lage ist gegenüber der sehr schlechten Situation zwischen den Jahren nun wieder besser geworden, aber leider fehlen noch etliche Top-Girls. Über den ganzen Tag waren jedenfalls deutlich mehr Frauen als Gäste im Klub. Selbst Abends änderte sich daran nichts grundlegendes mehr. Leider muß ich vor einem FKKW-Referenz-Flop unter den Neuzugängen warnen: Anita, um die 20, schlank, A-Cups, brünett, halblange Haare. gute Teenie-Figur. Aus »Italien«... So ziemlich die miserabelste Performance, die ich im FKKW je erlebt habe. Auf dem Zimmer ist sie unter fadenscheinigen Gründen gleich wieder abgehauen, und hat mich erstmal gut 7 Minuten warten lassen. Dann meinte sie ›Ich bin aber neu, und kein Profi!‹ Hätte ich bloß gleich abgebrochen! Habe das leider nur für Koketterie gehalten, aber es war doch stark untertrieben: Keine ZKs [Zungenküsse, U.G.], überhaupt kein Küssen. Totales Entsetzen über FO [Fellatio ohne Kondom, U.G.] (‹Das machen die anderen Frauen???!‹), dann folgte schlechtes F [Ficken, U.G.] mit Gummi, nachdem sie kaum das Kondom aus der Verpackung gekriegt hat. Nach kurzer Zeit dann der Wechsel auf noch schlechteren Handbetrieb. Während der ganzen Zeit hat sie abwechselnd albern gekichert oder sinnloses Zeug geplappert. So in dem Stil: ›Ja, ich will mit Dir Orgasmus!‹ und kurz danach: ›Nein, nicht mehr lecken! Ich hatte schon drei Orgasmus heute, und nicht will noch einen!‹ Und ja – sie ist zwischendurch tatsächlich auch ans Handy gegangen... Genau dann hatte ich endgültig die Nase gestrichen voll, und habe abgebrochen. Wiederholfaktor: -1000%. Mit zwei anderen, für mich ebenfalls neuen Mädels war ich dagegen recht zufrieden: Marie, kompakt, tolle Figur, ein Sex- und Energiebündel. Jana, sehr schlank, brünett, war eine ganz nette GF6-Nummer [Girlfriendsex, U.G.]. Ebenfalls OK: Gloria, brünett, etwas kleiner mit straffer Figur« (http://roemerforum.com/forum/showthread.php?t=13098, Bericht vom 05.02.2007, zuletzt 10.04.2007).

---

43 Mit »FKKW« ist der Club FKK-World in Pohlheim Hessen gemeint, eines der größten Club-Bordelle dieser Art in Europa (http://www-fkk-world.de, zuletzt 11.04.2007).

Der Autor dieses Berichts beschreibt das Prostitutionsfeld unter ökonomischen Gesichtspunkten. Analog zu Restaurant- und Hotelkritiken wird eine Bewertung der erbrachten Dienstleistung sowie der Angebotssituation der Lokalität vorgenommen (»Die Lage ist gegenüber der sehr schlechten Situation zwischen den Jahren nun wieder besser geworden, aber leider fehlen noch etliche Top-Girls«). Im Zentrum der kritischen Analyse steht die (negative) Bewertung einer gebotenen sexuellen Dienstleistung. Primäres Ziel ist es, andere Forumsteilnehmer hierüber zu informieren und warnend aufzuklären (»Leider muß ich vor einem FKKW-Referenz-Flop unter den Neuzugängen warnen«, »So ziemlich die miserabelste Performance, die ich im FKKW je erlebt habe«). Neben der Dienstleistung wird im Gegensatz zu anderen ökonomischen Teilbereichen der Dienstleistungsbranche auch der Körper bzw. die körperlich-ästhetische Repräsentation der Sexarbeiterinnen als kommensurables und klassifizierbares Gut begriffen. Der erzählerische Kern des Berichts beschreibt sehr plakativ die Unsicherheit der prostitutiven Intiminteraktion, die durch die potenzielle Inkongruenz zwischen Wunsch und Erwartungen der Freier und dem tatsächlichen Interaktionsverlauf mit der Sexarbeiterin entstehen kann. In diesem Beispiel bleiben sexuelle Phantasien und konkrete Vorstellungen des Autoren mehrfach unerfüllt, was zu großer Enttäuschung auf Seiten des Freiers und zum frustrierten Interaktionsabbruch führt (»hat mich erstmal gut 7 Minuten warten lassen«; »Keine ZKs, überhaupt kein Küssen. Totales Entsetzen über FO«; »schlechtes F mit Gummi«; »noch schlechteren Handbetrieb«; »albern gekichert oder sinnloses Zeug geplappert«). Implizit kann dieser Bericht aber auch als Beispiel für die (Gestaltungs-)Macht der Sexarbeiterin gelesen werden. Denn ihre aktive bzw. intuitiv gefällte Entscheidung in Bezug auf das Maß an verausgabter performativer Energie in der konkreten Ausgestaltung der Interaktion entscheidet letztlich über die ›Kundenzufriedenheit‹, sie ist dazu in der Lage, den sexuellen Austausch für sich angenehm, unkompliziert bzw. schützend zu gestalten oder in umfassendem Maße auf die Wünsche des Freiers einzugehen und die sexuelle Begegnung unabhängig von ihren individuellen Grenzsetzungen für ihn maximal zufriedenstellend auszugestalten. Unklar bleibt in diesem Fall allerdings, inwieweit es sich hierbei um eine Selbstermächtigungsstrategie handelt oder ob das Verhalten der Sexarbeiterin von Unerfahrenheit, Angst, Ambivalenz oder Zweifeln ursächlich bestimmt ist und die strukturelle Macht des ökonomischen (Anpassungs-)Drucks ihre punktuelle bzw. taktische Macht nicht doch übertreffen wird. Auf einer abstrakten Ebene zeigt sich in diesem Beispiel zudem ein (altes) arbeitssoziologisches (Macht-)Problem: die Diskrepanz zwischen erworbener Arbeits-Kraft und konkreter Arbeits-Leistung – wie Voß/Pongartz (1998) feststellen:

»Nach wie vor sehr hilfreich für das Verstehen dieses Grundproblems von Betrieben ist das von Bravermann (1980) aus den Arbeiten von Marx extrahierte Transformationstheorem. Danach kauft ein Unternehmen mit der Einstellung von Mitarbeitern (in der Regel) nicht vertraglich eindeutig definierte Tätigkeiten, sondern allein für bestimmte Zeiträume das Potential der Person, Arbeit verrichten zu können – also potenzielle Arbeits-Kraft und nicht fertige Arbeits-Leistung. Der ökonomische Akt des Kaufs von Arbeitskraft garantiert noch nicht die gewünschte Arbeit schon gar nicht in der erhofften Qualität und Quantität. Um die Arbeitskraft in die erforderliche Leistung zu transformieren, müssen zusätzlich zur Entlohnung organisatorische Vorkehrungen zur aktiven Steuerung und Überwachung von Arbeitstätigkeiten getroffen werden« (Voß/Pongartz 1998, 8f.).

Die Internet-Foren können m.E. exakt in das Spannungsfeld der Optimierung und Kontrolle der Arbeitsleistung von Sexarbeiterinnen eingeordnet werden. Das gesamte Setting, die Ausrichtung der Foren sowie die Kontroll- und Machttechnologien basieren dabei auf einer ökonomistischen Klassifikation des Prostitutionsfeldes und der hieraus folgenden Handlungsstrategien. Der implizite Rekurs auf die Dienstleistungsebene markiert für die Freier das Recht auf den Erhalt ›einwandfreier‹ Ware (sexuelle Serviceleistungen) für eine entsprechende Summe Geld. Sex bzw. sexuelle Dienstleistungen erhalten in dieser Logik keinen moralischen bzw. ästhetischen Sonderstatus und werden nicht aus der ökonomischen Betrachtungsweise ausgeklammert. Die Foren beziehen sich in ihrer marktförmigen Gestaltungs- und Kontrollmacht folgelogisch auf rationale Kommunikations- und Entscheidungsprozesse, dahingehend, dass sie Sexarbeiterinnen bzw. Clubbetreiber_innen die Möglichkeit einräumen, diese Postings zur Kenntnis zu nehmen und als handlungsrelevant für ihre Feldpraxis und ihren Kundenkontakt zu erachten.

Internetkommunikation als Selbstermächtigungsstrategie

Neben der Verbreitung feldbezogener Informationen zur Nachbereitung getätigter und zur Optimierung zukünftiger Prostitutionsbesuche ist die dritte bedeutsame Funktion dieser Foren in ihren Subtext eingeschrieben. Dieser Subtext ist als diskursive Doppel-Strategie zu charakterisieren. Einerseits zielt sie auf eine subjektiv-identitäre sowie gesamtgesellschaftliche Normalisierung der Nachfrageseite im sozialen Feld der Prostitution ab. Andererseits inszeniert sich die Internet-Freier-Community als ›hedonistische Elite‹ und als ›sexuelle Avantgarde‹, wie das Beispiel von Herrn Thanert, einem organisierten Forums-Freier zeigt:

T: (verschmitzt cool süffisant) natürlich so'n Kick ist einfach da äh (1) an sich ist es ne gewisse Form von n_ner extremen Dekadenz die da gelebt wird und wenn alle Leute die so WISSEN oder so wahrnehmen dann würde sich die Gesellschaft so wahrscheinlich nicht funktionieren (1) wenn alles von – gerad' in den Clubbereichen abtauchen die WIRKLICH ne eine andere Welt ist ein Schlaffen-ein-Schlaraffenland ein Paradies was so eben nicht normal ist (Herr Thanert 311 – 317).

Unbeeindruckt von den negativen Einflüssen einer repressiven Sexualmoral definiert sich die Gruppe der (Internet-)Freier zu einer Minorität, die im Gegensatz zur Durchschnittsbevölkerung in der glücklichen Lage ist, befreit von Scham- und Schuldgefühlen das ›rauschhafte‹ Potenzial der Prostitution für sich zu nutzen.

Weitere standardisierte Strukturmuster, die konstitutiv sind zur Konstruktion subkultureller Gruppen (vgl. Schwendter 1993), können auch hier festgestellt werden – z.B. die Abschottung der Gruppe nach außen, der starke Zusammenhalt nach innen, die kollektive Verteidigung der gemeinsamen ›Sache‹, ein gruppenspezifischer Jargon, die Markierung gemeinsamer Gegner etc.[44] Die überwiegende Anzahl der Foren-Beiträge ist deshalb im Sinne dieser Doppelstrategie verfasst.[45] Die detailgetreuen Nacherzählungen von positiven Prostitutionserlebnissen sollen praktisches feldbezogenes Wissen vermitteln, zur Nachahmung anregen und den identitären Gruppenzusammenhang nach innen stabilisieren. In diesem Sinne werden gesonderte Empfehlungen für spezifische Sexarbeiterinnen und Clubs ausgesprochen und unerfahrene Freier bzw. Neulinge werden mit den Feldstrukturen vertraut gemacht und unterstützend beraten. Die Normalität des Verhaltens und die positive Grundhaltung gegenüber der Prostitution und der männlichen Nachfrage nach dieser ›Dienstleistung‹ werden vermittelt. Die Prostitution wird generell als eine begrüßenswerte Institution betrachtet, die es Männern erlaubt, ihre sexuellen, körperlichen und sozialen Bedürfnisse, individuell abgestimmt, optimal zu befriedigen. Die gesellschaftliche Legitimität dieser Institution und der prostitutiven Praxis – der Austausch sexueller Handlungen gegen ein Entgelt – wird analog zur generellen Akzeptanz geldbasierter Tauschakte in kapitalistisch verfassten Gesellschaften begründet. Die Nachfrage nach käuflichem Sex und die Inanspruchnahme von Sexarbeiterinnen wird in den Kontext des gesamtgesellschaftlichen Dienstleistungsangebots (Verkauf, Körperpflege, medizinische Dienste etc.) gerückt und als moralisch und ethisch nicht beanstandbare soziale Praxis gewertet. In die-

---

44 Ein Hauptbestandteil des Jargons der Internet-Freier-Community besteht in der Verwendung feldspezifischer Fachterminologie zur Beschreibung sexueller Praktiken oder prostitutionsrelevanter Orte wie die folgende Auswahl zeigt:AST (After Sex Talk); GF6 (Girlfriendsex); KB (Körperbesamung); SÜD (Samenüberdruck); HH (Hobbyhure); DFH (Drei Farben Haus, Laufhaus in Stuttgart) etc. Der Sprachstil insgesamt ist zum Teil stark pornografisiert. Für eine ausführliche Darstellung freierspezifischer Sprachverwendung (vgl. http://www.roemer-forum.com/forum/showthread.php?t=4629&highlight=Abk%FCrzungen, zuletzt 11.04.2007).

45 Die folgenden Ausführungen können als ethnografischer Gesamteindruck meiner Internet-Feldbeobachtungen gewertet werden. Eine Systematisierung und empirische Spezifizierung dieser Ergebnisse in einer eigenständigen Untersuchung wäre wünschenswert.

sem Zusammenhang ist in den Foren eine explizite Abgrenzung gegenüber dem ›Täterdiskurs‹ festzustellen, der die Nachfrage nach käuflichem Sex per se als sexualisierte Gewalt definiert. Demgegenüber wird Sexualität grundsätzlich als positive und bereichernde Dimension der menschlichen Natur und des gesellschaftlichen Seins betrachtet. Kritik an der männlichen Nachfrage nach Prostitution wird wahlweise auf Unsachlichkeit und Unkenntnis zurückgeführt oder als feministische Prüderie bzw. als christliche Sexualfeindlichkeit gekennzeichnet und zurückgewiesen.

3. Feldstrukturen

In den vorangegangenen Kapiteln wurden die zentralen theoretischen Begriffe ›Feld‹, ›Habitus‹, ›Habitusanalyse‹ und ›soziale Felder als Kampffelder‹, mit denen in dieser Forschungsarbeit operiert wird, bestimmt. Insbesondere die symbolischen Kämpfe, Machtdiskurse und gesellschaftlich klassifizierten Positionen der wichtigsten Akteur_innen im Prostitutionsfeld – Freier und Sexarbeiterin – wurden nachgezeichnet. Wie gezeigt werden konnte, wird die männliche Nachfrage nach käuflichem Sex gesellschaftlich als äußerst widersprüchlich eingeordnet. Das soziale Feld der Prostitution kann dementsprechend als zerrissener und unbefriedeter sozialer Kosmos charakterisiert werden. In diesem Kapitel geht es darum, diesen Kenntnisstand aufzunehmen und die Untersuchung des Feldes sowie der Nachfragepraxis um eine Strukturebene zu erweitern. Im engeren Sinne umfasst dies die empirische Aufbereitung der grundlegenden Logik und konkreten Strukturen des Prostitutionsfeldes, die für die Nachfrage nach käuflichem Sex von zentraler Bedeutung sind. Forschungslogisch ist dieser Schritt die Voraussetzung dafür, die Dynamik zwischen den objektiven Strukturen eines sozialen Feldes und der auf dieses Feld abgestimmten habituellen Muster der im Feld handelnden Akteure bestimmen zu können. Die konkrete Betrachtung konzentriert sich dabei auf die Beschreibung der gesellschaftlichen Ausgestaltung des Prostitutionsfeldes in der Bundesrepublik Deutschland. Die ethnografische Bestimmung und Untersuchung konkreter Orte, an denen Männer Prostitution nachfragen können, also: Straßenstrich, Laufhäuser und Eros-Center, Wohnungen, Bars, FKK-Clubs und Edelbordelle wird zu Gunsten der Betrachtung der Nachfrageseite nur gestreift werden, ebenso wie die juristische Ausgestaltung des Prostitutionsfeldes. Viele interessante Fragen zu diesem Themenbereich werden dennoch en passant behandelt. In Bezug auf die juristische Strukturierung des Prostitutionsfeldes möge an dieser Stelle der Verweis auf die bereits behandelte historisch gewachsene Machtformel patriarchaler Doppelmoral genügen, die der Nachfrageseite weitgehenden Schutz vor Strafverfolgung und staatlicher Repression zusichert. Bis auf Schweden (seit 1999) und Norwegen (seit 2009), die als einzige europäische Länder ausschließlich die Nachfrage nach käuflichem Sex strafrechtlich verfolgen, ist in der Bundesrepublik – wie in den meisten anderen europäischen Staaten auch – die Prostitutionsnachfrage weitgehend legal. Die Nachfragepraxis wird kaum eigens und spezifisch juristisch reguliert. Renzikowski (2006) weist in einem Diskussionsbeitrag zur Bestrafung von Freiern Zwangsprostituierter zu Recht auf diesen (strukturellen) Sachverhalt hin: »Aber während die Prostituierte sich strafbar macht [bezogen auf Sperrgebietsverordnungen, U.G.], gilt für den Freier bis heute die Feststellung der Preußischen Untersuchenden Kommission aus dem Jahr 1799, dass eine Mannsperson nicht verpflichtet sei, die konsultierte Hure auf ihre Concession zu untersuchen. Heute nennt man das ›notwendige Beteiligung‹; das Ergebnis – Straflosigkeit« (Renzikowski 2006, 1, Herv. i. O.). Auch die von Teilen des Bundestages geforderte gesetzliche Bestrafung von Freiern im Kontext von Zwangsprostitution würde die Prostitutionsnachfrage m.E. nur in einem sehr schmalen Bereich eingrenzen, der zudem strafrechtlich kaum schlüssig beweisbar ist.[1] Selbst die große bundesdeutsche Reform der Prostitutionsgesetzgebung (ProstG) von 2002 birgt für die Prostitutionsnachfrage im engeren Sinne nur geringes Veränderungspotenzial. Die staatliche Regulierung der Prostitution belässt traditionell die Prostituierte im Fokus ihrer Aufmerksamkeit und Kontrollbemühungen (vgl. Schulte 1984, Gleß 1999, Freund-Widder 2003). Die zentralen Reformaspekte des Gesetzes seien hier dennoch kurz dokumentiert:

- die weitgehende Aufhebung der Sittenwidrigkeit (Gesetzesbegründung zum ProstG in: Drucksache 14/5958 – 4 – Deutscher Bundestag – 14. Wahlperiode)
- die Einklagbarkeit des mit einem Kunden vereinbarten Honorars (ProstG § 1)
- die legale Möglichkeit der Aufnahme eines sozialversicherungspflichtigen abhängigen Beschäftigungsverhältnisses als Sexarbeiterin (ProstG § 3)
- die Aufnahme in die gesetzlichen Sozialversicherungssysteme (Kranken-, Renten-, Arbeitslosenversicherung etc.) (ProstG § 3)
- die Streichung der Bestimmung »Förderung von Prostitution« (§ 180 a StGB, a.F.) im Falle der Bereitstellung guter Arbeitsbedingungen (z.B. Ausstattung der Betriebe mit Kondomen, Handtüchern, Zimmerservice etc.)[2]

---

1 Im Wesentlichen existieren aktuell zwei Gesetzesinitiativen – eine Bundesratsinitiative der Bayerischen Landesregierung (BR – Drs. 140/05, eingebracht am 18.03.2005) sowie eine Bundestagsinitiative der CDU/CSU-Fraktion (BT – Drs 15/5326, eingebracht am 19.04.2005) –, die einen Freier-Tatbestand im Kontext der sexuellen Ausbeutung von Menschenhandelsopfern fordern. Beide Gesetzesanträge sind (noch) nicht verabschiedet worden. Einen juristisch umfassenden ›verlinkten‹ Überblick zum Stand der Verfahren (Stand 2008) liefert Heinrich (2008).

- die Bereitstellung von Umschulungsmaßnahmen für ausstiegswillige Prostituierte.

Die Nachfragepraxis wird hiervon nur geringfügig berührt: Der Sittenwidrigkeitsvorwurf betraf und betrifft fast ausschließlich Prostituierte und die Betreiber_innen von Prostitutionsbetrieben. Die Einklagbarkeit des Lohns für Liebesdienste ist durch das ungeschriebene ›Feldgesetz‹ der Vorauskasse ohnehin irrelevant. Arbeitsrechtliche Kontexte interessierten Freier lediglich auf einer gesellschaftlichen bzw. sozialpolitischen Metaebene. Die grundlegende Intention bzw. der Geist des Gesetzes das soziale Feld der Prostitution zu befrieden, Sexarbeit zu entmoralisieren und vor allem für die Frauen (rechts-)sichere und legale Arbeitsbedingungen zu schaffen, begrüßen viele Freier zwar; dies führt jedoch bislang auf Grund der hegemonialen Dominanz des Täterdiskurses kaum zu öffentlichen Äußerungen von dieser Seite. Im Folgenden werden nun die zentralen Feldmuster, Feldstrukturen und Sinnsysteme des Prostitutionsfeldes bezogen auf die Nachfragepraxis aus dem Interviewmaterial rekonstruiert. Die verwendeten Interviewbeispiele beziehen sich dabei sowohl auf den Zeitpunkt vor dem ersten Prostitutionsbesuch als auch auf die Folgepraxis. Im Konkreten können vier Strukturmuster herausgearbeitet werden:

- Prostitution als Teilfeld des ökonomischen Feldes
- Prostitution als Teilfeld des Sexualitätsfeldes
- Prostitution als Subkultur
- Prostitution als Dimension des männlichen Lebensstils.

Zudem ergänzen zwei Exkurse (1.) zur Preispolitik im Prostitutionsfeld sowie (2.) zum Angebot und zur Nachfrage sexueller Praktiken im Prostitutionsfeld die Betrachtungen zu Feldstrukturen.

Die Prostitution als Teilfeld des ökonomischen Feldes

Das Feld der Ökonomie ist nach Bourdieu ein funktional ausdifferenzierter gesellschaftlicher Teilbereich, dessen Feldlogik sich an rationalen Abläufen zum Zwecke der Profitgewinnung orientiert:

---

2 Vor der Novellierung des Gesetzes lag die Strafbarkeit nach der alten Fassung des § 180a (Förderung der Prostitution) vor, wenn »die Prostitutionsausübung durch Maßnahmen gefördert wird, welche über das bloße Gewähren von Wohnung, Unterkunft oder Aufenthalt und die damit üblicherweise verbundenen Nebenleistungen hinausgehen« (§ 180a Abs. 1 Nr. 2 StGB, a.F.).

»In hochdifferenzierten Gesellschaften besteht der soziale Kosmos aus der Gesamtheit dieser relativ autonomen sozialen Mikrokosmen, [...] dieser Orte einer jeweils spezifischen Logik und Notwendigkeit, die sich nicht auf die für andere Felder geltenden reduzieren lassen. Zum Beispiel unterliegen das künstlerische, das religiöse oder das ökonomische Feld einer jeweils anderen Logik: Das ökonomische Feld ist historisch als das Feld des ›Geschäft ist Geschäft‹ entstanden, business is business, aus dem die verklärten Verwandtschafts-, Freundschafts- und Liebesbeziehungen grundsätzlich ausgeschlossen sind; das künstlerische Feld dagegen hat sich in der und über die Ablehnung bzw. Umkehrung des Gesetzes des materiellen Profits gebildet« (Bourdieu/Wacquant 1996, 127, Herv. i. O.).

Die elementare Feldlogik des ökonomischen Feldes ist funktional ausgerichtet auf zwei strategische Ziele – auf die Produktion, Distribution und Konsumtion von Waren, Gütern und Dienstleistungen innerhalb einer spezifischen Eigentumsordnung sowie auf die spezifische Organisation von Arbeit und Arbeitsprozessen. Die Rahmung und Klassifikation des Prostitutionsfeldes als gesellschaftlicher Teilbereich des ökonomischen Feldes kann hier empirisch nachgewiesen werden. Das sozialisatorisch gesammelte Alltagswissen oder praktische Wissen markiert und (an-)erkennt dabei den warenförmigen Tauschakt ›Sex gegen Geld‹ als elementare Logik des Feldes. Herr Konrad und Herr Weitenbach zeigen dies deutlich auf:

K: das hat mich schon INTERESSIERT aber ich habe gewusst dass das äh GELD kostet (Herr Konrad 50).

Oder Herr Weitenbach:

W: ich weiß noch da hatte ich noch gesagt ähm »ich nehme aber nicht mehr wie 100 Mark mit« und da sind wir dann bei eine gegangen [...] und ähm hat sie dann gefragt wie's wie teuer es wird hat sie gesagt »150 Mark« so viel hatte der auch nicht dabei und dann sind wir aber umgekehrt [...] und da sind wir aber abends wieder zurück haben wir noch ein bisschen Geld abgehoben und sind abends wieder zurück 150 Mark 150 Mark es es ist teuer die Gegend da (Herr Weitenbach 930-974).

Wie aus den Passagen von Herrn Konrad und Herrn Weitenbach deutlich wird, ist es Bestandteil ihres Alltagswissens, dass der Erwerb sexueller Handlungen an das Ausgeben einer spezifischen Summe Geld gekoppelt ist. Hieraus kann geschlossen werden, dass ihnen intuitiv bzw. habituell klar ist, dass sich die prostitutive Intiminteraktion nach der allgemeinen Tauschlogik ›Ware gegen Geld‹ homolog zu anderen Transaktionen im Feld der Ökonomie verhält (begehren – wählen – kaufen – bezahlen – konsumieren). Aus der kalkuliert begrenzten Summe Geld, die Herr Weitenbach vor Ort gezielt und bar zur Ausgabe bereithält (»ich nehme aber nicht mehr wie 100 Mark mit«), können zweierlei Schlüsse gezogen werden. Zum einen die für kapitalistische Tauschakte normale und sozial sinnhafte Anerkennung der zeitlichen und stofflichen Begrenzung des zu erwartenden Gegenwerts für das verausgabte Geldäquivalent (in diesem Falle eine sexuelle Intiminteraktion). Und zum anderen die Sorge, seine subjektive ›Wunschmaschinerie‹ könnte irrationalerweise mehr sexuelle Praktiken verlangen als ihm an Geldmittel zur Verfügung stehen. In dem geschilderten Sachverhalt spiegelt sich zudem die Angst von Herrn Weitenbach wider, seine unzureichende Feldkenntnis könnte beim Erstbesuch von der Sexarbeiterin (aus-)genutzt werden und ihn zu einer unbeabsichtigten Mehrausgabe als ursprünglich geplant verleiten. Dieser Gedanke verweist auf die Definition des Prostitutionsfeldes als einen Ort, der ›nicht geheuer‹ ist. Mit Foucault kann hier von einem ›heterotopen Raum‹ (Foucault 2005) gesprochen werden, vor dem es sich ›in Acht zu nehmen‹ gilt, da in ihm die Kernelemente der bürgerlichen Gesellschaft, die Loyalität zum Vertrag (pacta sunt servanda – Verträge sind einzuhalten), das Eigentum und der Verzicht auf gegenseitige Gewalt tendenziell auf dem Spiel stehen und subkulturell außer Kraft gesetzt sind (vgl. Fisahn 2008, 7). Ebenfalls abgedeckt durch die Dimension des Alltagswissens sind das Wissen und die Fähigkeit der geografischen Lokalisierung, an denen die ökonomische Transaktion des prostitutiven Tauschakts stattfinden kann. Die zentralen Feldakteurinnen und Tauschpartnerinnen – die Frauen, die als Sexarbeiterinnen arbeiten – werden dabei bewusst wahrgenommen und eindeutig klassifiziert (»unweit weg von G-Stadt gibt es die Stadt A und da waren an einer großen Nationalstraße sind so Puffs mit Fenstern wo man im Vorbeifahren mit dem Auto in die Fenster reingucken kann«, Herr Weitenbach 928-930). Die Männer wissen demzufolge sehr genau, dass sie prostitutiven Sex nur an spezifischen Orten und bei spezifischen Anbieterinnen käuflich erwerben können. Ergänzend hierzu kann aus der folgenden Interviewpassage von Herrn Questel explizit das allgemeingültige Wissensmuster der prostitutiven (Tausch-)Logik abgeleitet werden, dass die Geldzahlung des Freiers an die Sexarbeiterinan eine Weisungsmacht zur Durchsetzung der gewünschten Bedürfnisse geknüpft ist. Von einer Metaebene seiner langjährigen Nachfragekarriere stellt sich die Quintessenz der ökonomischen Feldlogik für ihn wie folgt dar:

> Q: alles was mit Prostitution im heutigen Sinne zu tun hat etwas fordern es bekommen und dafür den Obulus entrichten ganz normal ich meine so was hat's ja schon gegeben solange die Welt sich dreht bloß der Reiz der sofortigen Verfügbarkeit einer Person gegen eine Geldleistung ist ein Kick den man sich immer wieder gönnt und da sage ich mir da ist das Kaleidoskop der Frauen die sich nun mal anbieten in diesem Gewerbe riesengroß [...] und alles mal äh das man alles machen kann die Sau raus lässt auf deutsch gesagt was man mit der eigenen Freundin-Frau nicht machen würde (Herr Questel 27-33).

In dieser Interviewsequenz wird deutlich, wie die ökonomische Strukturlogik des Prostitutionsfeldes (»etwas fordern es bekommen und dafür den Obulus entrichten ganz normal«) die Logik des Sexuellen durchdringt und feldspezifisch transformiert. Dies zeigt sich darin, wie leicht die zentralen Relevanzstrukturen (moralische Codes, Ablaufmuster etc.) privater Sexualität von der kapitalistischen Tauschlogik außer Kraft gesetzt werden können. Herr Questel bezieht sich unmittelbar auf diesen sozialen Tatbestand (»man alles machen kann«; »die Sau raus lässt«). Die geldvermittelte Tauschlogik versetzt ihn potenziell in die Lage, jegliche sexuelle Willensregung und Forderung in unmittelbare empirische Realität übersetzen zu können. Das Geld ist in diesem Prozess das zentrale Medium, in welchem sich die Macht als außerhalb der Person stehende Dominanzstruktur objektiviert und den Interaktionsfluss entscheidend bestimmt. Sehr deutlich verweist Herr Questel dabei auf die Normalität und Notwendigkeit des Bezahlens (»etwas fordern es bekommen und dafür den Obulus entrichten ganz normal«). Damit ist ein implizites Wissen verbunden, dass es sich beim prostitutiven Kontrakt nicht um ein omnipotentes Macht- und Herrschaftsverhältnis handelt, beispielsweise um ein sklavenähnliches Verhältnis, verbunden mit dem legitimen Recht des Herrn über Leben und Tod zu entscheiden oder um ein Machtverhältnis im klassischen Weberschen Sinne, das daraus besteht ›etwas gegen den Willen einer Person durchzusetzen‹ (Weber 1980, 28). Vielmehr kann die prostitutive Beziehung als ein reguliertes kapitalistisches Tauschverhältnis charakterisiert werden, in der die Sexarbeiterin die Selbstbestimmung über ihre Arbeitskraft und Lebenszeit gegen eine Entlohnung temporär auf eine andere Person überträgt. Die Etablierung dieses spezifischen Machtverhältnisses ist dabei an elementare Voraussetzungen geknüpft: es setzt die Zustimmung der Sexarbeiterin als Vertragspartnerin voraus und es ist nicht ohne geldwerte Gegenleistung erhältlich (»Verfügbarkeit einer Person gegen eine Geldleistung«). Dazu ist es raum-zeitlich begrenzt, ebenso wie der vorab vereinbarte Handlungspielraum. Ein wesentliches Resultat dieser Vereinbarung ist die geldgesteuerte Transzendierung bzw. Aufhebung (ritualisierter) Begrenzungen, die für private sexuelle Begegnungen gelten – qualitativ wie auch quantitativ in Bezug auf die Auswahl potenzieller Sexualpartnerinnen. Dies wird von Herrn Questel als rauschhaftes Erlebnis empfunden, als »Kick den man sich immer wieder gönnt«. Konkret ist hiermit gemeint, dass die standardisierten Strukturmuster der (hegemonialen) sexuellen Verhandlungsmoral wie gegenseitige Rücksichtnahme, Respekt körperlich-sexueller Grenzziehungen sowie die Notwendigkeit reziproker Aushandlungsprozesse durch die ökonomische Logik des Prostitutionsfeldes überwunden oder außer Kraft gesetzt werden. Die Gestaltungsmacht über den sozialen Prozess wird dabei in einem für kapitalistische Gesellschaften logischen Rückschluss an die zahlende Partei geknüpft und in diesem Rahmen als eine historisch-feldspezifische Selbstverständlichkeit und Normalität wahrgenommen (»ganz normal so was hat's ja schon gegeben solange die Welt sich dreht«). Das zeigt sich des Weiteren auch daran, dass Herr Questel im Rahmen der Prostitution weder um das Begehren einer Sexualpartnerin werben noch (komplizierte) Deutungsleistungen bezüglich der Erfolgsaussichten seines Werbens erbringen muss (»der Reiz der sofortigen

Verfügbarkeit einer Person«). Der wechselseitige Entwicklungsprozess der ritualisierten Anbahnung innerhalb einer privaten sexuellen Interaktion zwischen zwei Individuen wird auf diesem Wege von Unsicherheiten, Dissonanzen bzw. dem gänzlichen Scheitern bewahrt. Verfügen Freier über ausreichendes ökonomisches Kapital (Geld) werden sie in prostitutiven Settings kaum mit (sexuellen) Grenzsetzungen konfrontiert. Die Prostitution wird deshalbvon vielen Freiern als Institution klassifiziert, die das Versprechen einer schrankenlosen (sexuellen) Wunscherfüllung zu individuell gewünschten Konditionen mit einem hohem Maß an sozialer und ökonomischer Realisierungsgewissheit für sie beinhaltet.

Exkurs: Zur Preispolitik im Prostitutionsfeld

Die Durchschnittspreise für sexuelle Dienstleistungen betragen aktuell 50 € für eine halbe und 100 € für eine volle Stunde. Hierin sind in der Regel Fellatio und vaginaler Geschlechtsverkehr mit Stellungswechsel im Preis inbegriffen. Ausgehend von diesen preislichen Mittelwerten ist eine vierdimensionale Ausdifferenzierung der Preise festzustellen.

Die erste Differenzierungsebene betrifft den Erwerb einzelner Praktiken. Oralverkehr oder Masturbation sind beispielsweise bereits für 20-40 € erhältlich, wohingegen BDSM-Sessions oder Rollenspiele erst ab 150 € pro Stunde zu erwerben sind. Für Analverkehr oder andere Sonderpraktiken wie z.B. Oralverkehr inkl. Ejakulation in den Mund muss in der Regel ein Aufpreis von 30 €, 50 € bis zu 100 € gezahlt werden. Auch wenn die Sexarbeiterin Zungenküsse praktizieren soll, wird zum Teil ein Aufpreis von 10-20 € verlangt. Die Zusatzpreise für einzelne Praktiken sind auch von den jeweiligen Konkurrenz- und Preiskämpfen auf dem Prostitutionsmarkt abhängig, so dass aktuell eine deutliche Erosion des Preisniveaus festgestellt werden kann. Auswirkung hiervon ist die Ausweitung der Angebotspalette bei gleichbleibenden Grundpreisen oder die Entwicklung hin zu Billigangeboten für sexuelle Dienstleistungen.[3]

Zum zweiten sind die Preise für sexuelle Dienstleistungen an strikte Zeittaktungen gebunden. Jede Zeitüberschreitung wird dem Kunden in Rechnung gestellt und die angebrochene Stunde kann mit bis zu 100 € angerechnet werden. Die Bestimmtheit, mit der eine Sexarbeiterin auf die Einhaltung der vereinbarten Zeittakte dringt, liegt stark im Ermessen ihres (Geschäfts-)Sinns für die Situation. Vielfach wird deshalb aus Marketing- oder sozialen bzw. situationsspezifischen Gründen eine geringfügige Zeitüberschreitung toleriert, um dem Gast einen positiv-organischen Erlebnishintergrund zu vermitteln.

Die dritte Ebene der Differenzierung betrifft die soziale Hierarchisierung des Prostitutionsfeldes und seiner Teilbereiche, die zentral über das Preisniveau hergestellt wird. Die symbolische Stellung des jeweiligen Prostitutionssegments und der in diesem Teilfeld arbeitenden Frauen spiegelt sich dabei sehr stark in der Preisstaffelung wider. Das niedrigste Preisniveau ist aktuell auf dem Straßenstrich zu beobachten. Nach Einschätzung der Beratungsstelle für drogenabhänige und sich prostitutierende Frauen, ragazza e.V., beziffern sich die Preise auf dem Drogenstrich im Hamburger Stadtteil St. Georg aktuell wie folgt:

»Die Frauen die wir gefragt haben sagen, dass sie für Französisch 10-20 € nehmen, für Verkehr 20-30 € und für anal 40-60 €. Wenn sie viel arbeiten, machen sie ca. 10 Freier am Tag. Manchmal aber auch nur 2. Was sie im Durchschnitt ›wirklich‹ verdienen, wusste keine. Die befragten Frauen sagten alle, dass sie recht oft direkt mit Stoff bezahlt würden, sich zum Essen einladen lassen u.ä., so dass dadurch der Verdienst noch schwieriger zu definieren ist« (ragazza e.V., mündliche Mitteilung, 19.01.2010)

---

3 Beispiele, wo diese Pauschalangebote zu ›Discounterpreisen‹ angeboten werden, sind das Hamburger Bordell ›Geizhaus‹. Käuflicher Sex für eine halbe Stunde wird dort pauschal für 38,50 € angeboten. Das Kölner Großbordell ›Pascha‹ (126 Zimmer mit bis zu 30.000 Besuchern monatlich) wirbt mit folgenden Angeboten: »SENIOREN NACHMITTAG: 50 Prozent Rabatt für alle Senioren ab 66 Jahren! Täglich: von 12:00-17:00 Uhr« oder »EXPRESS ETAGE: In der 1. Etage gibt es ab sofort wahlweise Verkehr oder Oral für nur 30,- € !!! Ab sofort bei jedem Girl in der 1. Etage« (Herv. i. O., http://www.pascha.de/akt-lh.htm, zuletzt 09.10.2007). Auch die im Sommer 2009 hitzig und kontrovers geführte gesellschaftliche Diskussion um die geplante Eröffnung eines sogenannten ›Flatrate-Bordells‹, in der den Freiern gegen einen gewissen Geldbetrag ›unbegrenzte‹ sexuelle Dienstleistungen garantiert werden sollten, kann hierunter gefasst werden, vgl. SZ 28.07.2009.

Im Billigsegment Laufhaus ist Geschlechtsverkehr ebenfalls ab 30 € erhältlich. Für die Inanspruchnahme der Appartement-, Bar- und Clubprostitution ist eine kontinuierliche Preissteigerung festzustellen. Zwar gelten auch hier in der Regel die Standardpreise von 50 € und 100 €, aber Preisabweichungen von 60-75 € für 30 Minuten bis hin zu 150 € pro Stunde sind nicht ungewöhnlich. Die höchsten Preise sind in der elitären Escort-Prostitution zu erzielen. Sie bewegen sich im Rahmen von 370 € für 2 Stunden bis hin zu 5100 € für eine ganze Woche, Reisekosten nicht inbegriffen (vgl. http://www.elite-escorts.de/ladies/greta.htm, zuletzt 31.07.2007).

Die vierte Differenzierungsebene in Bezug auf die Preispolitik hängt mit der sozialen und gesundheitlichen Situation der Sexarbeiterinnen zusammen sowie dem Kontext, in dem sie arbeiten. Als moderne »Arbeitskraftunternehmerinnen« (Voß 2003) sind auch Sexarbeiterinnen dem Diktat kapitalistischer Marktgesetze unmittelbar ausgesetzt. Die Marktlogik von Angebot und Nachfrage sowie die globale und lokale Konkurrenz der Sexarbeiterinnen untereinander zwingt diese, ihre Preispolitik reaktiv hierauf auszurichten. Ihre Preispolitik hängt dabei entscheidend ab von sozialen, ökonomischen und gesundheitlichen Freiheitsgraden, mit denen sie ihrer Tätigkeit nachgehen. Oder anders formuliert: ihre sozio-ökonomische Lage bestimmt zentral mit, inwiefern sie dem Drängen der Nachfrageseite nach Preissenkung und Angebotsausweitung sowie dem Druck der konkurrenzbedingten Preiskämpfe mit anderen Sexarbeiterinnen standhalten können. Übersetzt in die empirische Wirklichkeit bedeutet dies, dass beispielsweise eine professionell und hauptberuflich arbeitende Frau ohne Schulden und mit festem Kundenstamm ihre Preispolitik und Arbeitsweise stabiler und zugleich flexibler gestalten kann als Frauen, die sich z.B. in einer ökonomischen oder gesundheitlichen Krisensituation bzw. Zwangslage befinden (Schulden, Alleinverdienerin, Verantwortung für Kinder). Frauen, die Prostitution nur als Nebenerwerb zur Erhöhung ihres Konsumniveaus praktizieren, haben nochmals einen anderen Umgang mit dieser Problematik. Dem höchsten Preisdruck und den höchsten Arbeitsbelastungen in diesem Kontext sind nicht-selbstständig arbeitende migrantische Sexarbeiterinnen ausgesetzt. Denn diesen werden oft sowohl von Zuhältern und Bordellbetreiber_innen als auch indirekt von ihren Schleusern – denen sie exorbitant hohe Summen ›fiktiver Schulden‹ zahlen müssen – sehr lange ausbeuterische Arbeitszeiten mit einer hohen Kundendichte aufgezwungen. In milieuspezifischen Feldkämpfen konkurrierender Prostitutionskartelle untereinander werden sie zudem als ›Billigangebote‹ auf den Markt gebracht. Zum dritten liegt die Vermutung nahe, dass migrantische Sexarbeiterinnen ihre Preise nach unten hin flexibler gestalten, da die zu erwartenden Gewinne aus der Prostitutionstätigkeit in Bezug auf das Einkommensniveau in westlichen Metropolen zwar gering sind, sich die Einkünfte im relationalen Vergleich zur Kaufkraft des Herkunftslandes jedoch als sehr hoch bemessen.[4] Auch die Beschaffungsprostitution weist ein ähnliches Maß an Unfreiheit und Zwang in Bezug auf das Preis/Leistungsverhältnis auf. Wie bereits beschrieben, sind die dort tätigen Frauen auf Grund ihrer emotionalen, physischen und gesundheitlichen Notlage vermehrt einem massiven Preisdruck seitens der Kunden ausgesetzt.[5] In Kenntnis der suchtbedingten Notlagen dieser Frauen, Geld für die nächste Drogenration aufbringen zu müssen, verlangen einzelne Freier eine immer größere Angebotspalette (z.B. Sexpraktiken ohne Kondom, obligatorisches Küssen, Ejakulation in den Mund etc.) für immer weniger Geld. Ein Auszug aus einem Interview[6] mit einer drogensubstituierenden Sexarbeiterin aus dem Hamburger Stadtteil St. Georg[7] verdeutlicht diese Tendenz exemplarisch:

»Hier in Hamburg, in St. Georg arbeite ich. Das ist meistens zwanzig Minuten. Entweder im Auto oder in einem Zimmer im Hotel und dann fahre ich eigentlich los, um mir Drogen zu holen immer hin und her, das ist ein Teufelskreis. Entweder hält ein Auto oder zu Fuß kommt jemand und fragt, ob man Zeit hat, dann fragen die was gemacht wird, dann sage ich das. Also die meisten fragen nach Französisch und Verkehr und da sind aber die Preise ganz unterschiedlich, aber ich versuch da immer bei 40 Euro zu bleiben. Das hängt aber auch davon ab ob ich entzügig bin. Ich kriege mit, dass sie versuchen meine Grenzen auszunutzen oder zu übertreten, dass ich sage, das mache ich und das mache ich nicht und sie versuchen trotzdem irgendwelche Sachen zu machen. Das nervt mich doch ziemlich. Manchmal versuchen sie dann auch die Preise zu drücken auf 5, 10 oder 20 Euro« (Michaela, 27 Jahre, 2006).

---

4 Der monatliche Durchschnittslohn in Bulgarien beträgt beispielsweise 315 € (Quelle: Perau/DIHK 2007, 3).

5 Um keine Missverständnisse und falschen Bilder aufkommen zu lassen, sei darauf hingewiesen, dass in dieser Untersuchung die Meinung vertreten wird, dass nicht die stoffliche Sucht oder die körperlichen Symptome des Drogengebrauchs für die prekäre Lebenssituation von drogensubstituierenden Frauen auf dem Straßenstrich verantwortlich zu machen sind. Vertreten wird vielmehr die These, dass erst durch die staatliche Kriminalisierung (Betäubungsmittelgesetz und Strafverfolgung) den Frauen keine Wahl bleibt, als die prohibitionistisch überteuerten Preise für illegale Drogen in strafrechtlich relevantem Rahmen und im Rahmen erzwungener Armutsprostitution zu erwirtschaften.

6 Das Interview wurde im Februar 2006 im Rahmen von Feldbeobachtungen im Hamburger Stadtteil St. Georg in Kooperation mit der Beratungsstelle ragazza e.V. geführt.

7 Der Hamburger Stadtteil St. Georg, direkt hinter dem Hauptbahnhof gelegen, ist ausgewiesener Sperrbezirk und Prostitution somit gänzlich untersagt. Dennoch beherbergt dieses Viertel den zentralen Straßenstrich für drogensubstituierende Frauen in Hamburg.

Die insgesamt eher rückläufige Nachfrage nach käuflichem Sex sowie die gute (internetvermittelte) Preis- und Marktkenntnis der Kunden setzt den Prostitutionsmarkt preispolitisch zusätzlich unter Druck. Zurecht kann deshalb insgesamt von einer ökonomischen und sozialen Dominanz der Nachfrageseite gegenüber der Angebotsseite ausgegangen werden. Mit einem Zitat aus der Studie von Brückner/Oppenheimer sei dieser Sachverhalt abschließend noch einmal zusammengefasst:

»Aufgrund der Ausweitung von Wohnungs- und Privatclubprostitution ist die Postitutionsszene unübersichtlicher geworden und die Randbereiche scheinen zuzunehmen. Auf der einen Seite weitet sich die Edelprostitution aus, auf der anderen Seite die Billigprostitution mit geringen Profiten, hohen Freierzahlen, starker Konkurrenz und zunehmendem Druck zu immer extremeren Praktiken für wenig Geld, weitgehend ausgeführt von Migrantinnen, die unter einem höheren wirtschaftlichen (und manchmal auch persönlichen) Zwang stehen« (Brückner/Oppenheimer 2007, 14).

Die Prostitution als Teilfeld des Feldes der Sexualität

Die zweite These in Bezug auf die grundlegende Struktur und Logik des Untersuchungsfeldes bezieht sich auf die ifikation und Rahmung des Prostitutionsfeldes als elementares Teilfeld des sozialen Feldes der Sexualität. Der Begriff des Sexualitätsfeldes weist folgende Definition auf. Analog zu anderen autonomen funktional-ausdifferenzierten gesellschaftlichen Feldern obliegt dem sozialen Feld der Sexualität die generelle gesellschaftliche Organisation von Sexualität. Auf der Ebene des Alltagsverstandes wird das Sexualitätsfeld als gesellschaftlicher Teilbereich wahrgenommen, in dem es im allgemeinen Sinne ›um Sex geht‹. Die Feldgesetze (Logiken, Spielvoraussetzungen, Spieleinsätze/Kapitalien, Normen, Zugangsbedinguneng etc.) treten dabei den Akteuren als überindividuelle objektive Strukturen entgegen und gliedern sich, historisch differenziert, in unterschiedliche Strukturebenen und Regulationsweisen auf. Die wichtigsten Regulationsebenen des Sexualitätsfeldes seien hier kurz dargelegt und stichwortartig skizziert:

- Beziehungsmuster und gesellschaftliche Reproduktion: Ehe, Familienbeziehungen, außereheliche Beziehungsformen, legitime und illegitime Sexualbeziehungen (z.B. Prostitutionssex), (standardisierte) Sexualbiografien etc.
- Begehrensstrukturen: Hetero-, Homo-, Bi-, Asexualität und neosexuelles Begehren; illegitimes Begehren (Pädophilie, Gewalt, Kannibalismus)

- Sexualpraxis: sexuelle Skripte,[8] raum-zeitliche Ablaufmuster, Praktiken, sexuelle Settings, sexuelle Inszenierungen
- normative Regulationsweisen: sexuelle Normen, sexuelle Ästhetik, Gesetze, Straf- und Repressionsmuster, moralische Gebote, Pathologien (gesund-krank), Perversionen (normal-abweichend)
- sexuelle Körper: Körpernormen, Attraktivität, körperlich-sexuelle Reaktionsweisen (Begierde, Lust, Lustsuche, Lusterleben, Trieb), Fortpflanzung
- sexuelle Orte und Räume
- soziale und symbolische Kämpfe bzw. diskursive Hegemoniekämpfe: sexuelles Kapital, sexueller Distinktionsgehalt, sexualisierte Gewalt, Macht, sexuelle Herrschaft, Sexismus, Dominanz (insbesondere unter geschlechtsspezifisch-patriarchaler Perspektive).

Im Folgenden soll nun dargelegt werden, inwiefern das Prostitutionsfeld als subkulturelles Teilfeld des Sexualitätsfeldes bestimmt werden kann. Angemerkt sei an dieser Stelle, dass in diesem Analyseabschnitt sehr viele Beispiele die ambivalente bzw. gewalttätige Seite prostitutiver Nachfragepraxis thematisieren. Die orgiastisch-euphorische Dimension prostitutiver Sexualität, die rein logisch auch zum Sexualitätsfeld dazugehört, wird aus Darstellungsgründen im darauf folgenden Abschnitt ›Subkultur‹ nachgezeichnet.

Der sexuelle Sinn des Prostitutionsfeldes

Beginnen wird die Rekonstruktion des Prostitutionsfeldes als Teilfeld des allgemeinen Sexualitätsfeldes mit der Analyse der Aussagen von Herrn Thanert, Herrn Herz und Herrn Korbel:

---

8 Unter sexuellen Skripten wird ein von Simon/Gagnon (2000) entwickeltes Konzept verstanden, welches sexuelle Abläufe als erlernte interpretative Handlungsströme als ›Szenarien‹ in einem Drei-Ebenen-Modell entwirft. Diese Ebenen umfassen: 1. Kulturelle (gesellschaftliche) Szenarien, 2. Interpersonale Skripte 3. Innerpsychische Skripte (vgl. Simon/Gagnon 2000, 70-95; Lautmann 2002, 179-202). Konkret geht es dabei um Folgendes: »Ein ›Szenario‹ beschreibt den ›‹plot‹ einer sexuellen Begebenheit: Worum wird es gehen? Es enthält Angaben über die Personen, Rollen, Zeitpunkte und Orte, Arten und Folgen der vorkommenden Aktivitäten. Ein solches Szenario ergibt sich, wenn man eine Sexualform operational definiert, also in Handlungsfolgen übersetzt. Daraus erfahren die Beteiligten einer sexuellen Situation, was sie tun, und sie wissen es voneinander. Mit diesen Anhaltspunkten ausgerüstet können sie konkret werden. Wo hingegen solche Beschreibungen und Kenntnisse fehlen, wird sich sexuell kaum etwas ereignen; denn die Beteiligten erkennen nicht, was bei ihnen selber oder beim Gegenüber ›Sache‹ ist bzw. was zu tun wäre, um diese Sache in Gang zu bringen« (Lautmann 2002, 180, Herv. i. O.).

T: das war ganz einfach (lacht) ganz banal gesagt, dass ich Lust auf's äh Poppen hatte (Herr Thanert 140).

Ergänzend Herr Herz:

H: ich bin dann einfach regelmäßig in den Puff gegangen weil (2) weil ja weil ich einfach GEIL war (Herr Herz 167).

Und abschließend Herr Korbel:

K: der größere Teil der Gäste in den Clubs oder in der Prostitution [...] die suchen einfach nur WIRKLICH GUTEN SEX und körperliche Entspannung Befriedigung (Herr Korbel 1170 – 1176).

Auf eine einfache Formel gebracht: es ist den Probanden klar, dass es in diesem Feld um Sexualität geht. Es existiert auf einer rudimentären Deutungsebene ein allgemeines praktisches Wissen, dass es um Begierde, körperliche Lust (»weil ich geil war«), das Praktizieren von Sex (»Lust aufs Poppen«; »wirklich guten Sex«) und um ihr individuelles leiblich-sexuelles Wohlbefinden (»körperliche Entspannung Befriedigung«) geht. In der Phase vor dem ersten Prostitutionskontakt ist dieses Wissen in Ermangelung realer Felderfahrung eng an praktische Erfahrungen aus der privaten sexuellen Praxis oder aus alltagskulturellen Diskursen bezüglich sexueller Skripte und erotischer Intiminteraktionen gekoppelt. Dass diese Bilder, Assoziationen oder Vorstellungen dann nicht immer mit den realen Feldgegebenheiten und Ablaufmustern im Feld übereinstimmen, zeigt die Erfahrung von Herrn Weitenbach während seines ersten Prostitutionsbesuchs:

W: wobei ich halt gar nicht WUSSTE wie's so abläuft war zuerst mal erstaunt dass dass die mit Gummi geblasen hat hatt' ich noch NIE GESEHEN oder GEHÖRT dass Frauen mit Gummi blasen und dann dann wollt ich der ein bisschen so an die MUSCHI gehen mit den Fingern hat sie gesagt »ne bitte nicht« hab ich schon gedacht »blöde Kuh« und dann aber (2) ich weiß nicht ich hab's die Sache dann ziemlich schnell hinter mich gebracht (Herr Weitenbach 976-992).

Zwei divergierende Wissensformationen in Bezug auf das soziale Feld der Prostitution werden hier deutlich. Zum einen die praktische Unkenntnis in Bezug auf die konkreten Interaktionsabläufe bzw. Skripte im Prostitutionsfeld (»ich wusste nicht wie's so abläuft«). Und zum anderen die Gewissheit, dass die soziale Rahmung und Deutung der Situation als sexuell den sozialen Sinn des Gesamtsettings adäquat erfasst. Auf einer leiblichen und kognitiven Ebene des Alltagswissens ist ihm wie selbstverständlich klar, dass es um Sex geht (beispielsweise um Fellatio oder Petting) und dass der sexuelle Austausch mit der Sexarbeiterin in dieser Situation eine vernünftige und legitime Handlungsoption darstellt. Die praktische Gewissheit in Bezug auf die Normalität und Erwartbarkeit gewisser Ablaufmuster, gespeist aus dem präprostitutiven sexuellen Erfahrungsschatz von Herrn Weitenbach, wird durch die empirische Realität der konkreten Interaktion mit der Sexarbeiterin allerdings empfindlich gestört (»noch nie gesehen oder gehört, dass Frauen mit Gummi blasen«). Da Herr Weitenbach zu diesem Zeitpunkt keinerlei konkrete private sexuelle Praxis aufweist, muss sein sexuelles Wissen rein diskursiv bzw. medial geprägt sein. In der konkreten Intiminteraktion werden viele sexuelle Abläufe, die Herr Weitenbach auf der interpersonalen Skriptebene als normal antizipiert (»erstaunt, dass die mit Gummi geblasen hat«; »an die Muschi gehen«), von der Sexarbeiterin zurückgewiesen und abgeblockt (»ne bitte nicht«). Die praktische (Lern-)Erfahrung der Diskrepanz zwischen der antizipierten Offenheit und Reziprozität privater sexueller Skripte und den distanziert reglementierenden prostitutiven Skripten wird von Herrn Weitenbach als unangenehmer Prozess erlebt (»blöde Kuh«). Dies führt aus der Sicht des unerfahrenen Freiers zu einem ambivalenten Verlauf der Interaktion und zu einer starken Gefährdung des Handlungsflusses (»ein komisches Gefühl im Magen gehabt«; »dann ziemlich schnell hinter mich gebracht«). Hieran zeigt sich wie gerade dieser unmittelbare Eintrittsprozess in das soziale Feld der Prostitution von vielen Freiern als praktischer Balanceakt voller Unsicherheit, Unkenntnis und habitueller Destabilisierung erlebt wird.

Sexuelle Normen und Machtdiskurse im Prostitutionsfeld

Eine weitere Sinnebene umfasst den Bereich sexueller Normen, Moralvorstellungen und Diskurse, die das Prostitutionsfeld als Teil des Sexualitätsfeldes ausweisen und bestimmen. Von zentraler Bedeutung sind hierbei zwei Aspekte. Zum einen betrifft dies die Unterwanderung des Monogamiegebots in romantischen Paarbeziehungen durch einen potenziellen Prostitutionsbesuch. Dieses Sinnmuster ist im Kontext religiös-konservativer Machtdiskurse zu verorten, die polygames, promiskes bzw. polymorph-perverses Sexualverhalten generell als moralische Verfehlung aburteilen. Wie bereits gezeigt werden konnte, basiert dieses Anklagemuster auf dem Diskurs, der Sexualität nur im Rahmen (heterosexueller) Ehearrangements für legitim und zulässig erklärt. Zum anderen betrifft dies die Thematisierung der Gewaltfrage sowie die generelle moralische oder geschlechterpolitische Verurteilung und Delegitimierung der männlichen Nachfrage nach käuflicher Sexualität (Täterdiskurs).

Normen

Die Präsenz des Monogamiegebots verdeutlicht z.B. die Aussage von Herrn Frank: »das Gewerbe steht ja immer noch nicht im besten Ruf, ja ja, keiner gibts zu« (Herr Frank 239). In Bezug auf die monogame Normierung exklusiver Liebesbeziehungen führt Herr Frank des Weiteren aus:

F: also ich bin_bin vor der Trennung von meiner Frau hm nicht in SOLCHE LÄDEN gegangen ich fand das gehört nicht zu einer Beziehung das ist irgendwie das passt nicht zusammen ich bin da relativ altmodisch auch überhaupt was jetzt_was wie soll ich sagen sexuelles Verhalten bei einer Beziehung angeht [...] überhaupt Fremdgehen also ich war irgendwie_kam halt nicht vor ja war kein Thema war nicht_war nicht_genau Grundlage unserer Beziehung war auch sexuelle Treue (Herr Frank 337-385).

Es zeigt sich deutlich, dass das Verbot außerpartnerschaftlicher sexueller Kontakte für Herrn Frank von hoher Bedeutsamkeit ist. Für Herrn Frank ist es schlichtweg eine unhinterfragbare Selbstverständlichkeit, seiner Frau sexuell treu zu sein. Die grundlegende Gültigkeit dieser normativen Vorgabe und der hohe moralische Anspruch der Erfüllung des Monogamiegebots basiert auf der hegemonialen Dominanz dieses Machtdiskurses im Feld der Sexualität. Ein ›Vergehen‹ in diesem Bereich und das Unterwandern der Norm, beispielsweise durch einen Prostitutionsbesuch, birgt deshalb ein hohes Konfliktpotenzial in sich. Im Falle eines aufgedeckten Prostitutionsbesuchs ist nicht ausgeschlossen, dass die in dieser Weise ›betrogene‹ Partnerin das sofortige Beziehungsende einleitet.[9] Dieser Sachverhalt ist deshalb als soziale Zugangshürde zur Prostitution zu klassifizieren, nicht jedoch als Ausschlussgrund. Zu den Männern, die trotz Ehe und Partnerschaft Prostitution nachfragen, zählen in dieser Studie beispielsweise Herr Konrad, Herr Meister, Herr Herz, Herr Bund, Herr Schnell, Herr Questel, Herr Peter und Herr Laube.

Täterdiskurs und Zugangshürden zum Feld

In Bezug auf den Täterdiskurs und die Frage nach der Ausübung sexualisierter Gewalt und Macht im Rahmen der Nachfragepraxis ist ebenfalls ein offensichtlicher Resonanzraum bei den Freiern festzustellen. Die Problematisierung prostitutiver Sexualität als frauenverachtende Manifestation physischer bzw. psychischer Gewalt seitens der Freier gegenüber den sich prostituierenden Frauen lässt sich nachweisen. In den Aussagen von Herrn Konrad und Herrn Frank können diese Muster klar nachvollzogen werden. Im erweiterten Kontext des prostitutiven Einstiegsprozesses dieser Männer stellen sich diese Aussagen wie folgt dar:

K: man hat ja so immer eingetrichtert bekommen von den 68er Lehrern dass dass äh die Frau äh eine Frau die äh ihren Körper f_für Geld zur VERFÜGUNG STELLT (1) würde unterdrückt sein und es wäre äh ne schlechte Erfahrung und man wäre ein SCHWEIN wenn man so was machen würde (Herr Konrad 74-78).

9 Im Beispiel von Herrn Konrad ist diese Entwicklung exakt so eingetreten.

Oder Herr Frank:

F: ABER ÜBERHAUPT ERST MAL MIT NER FRAU ANZUBÄNDELN ähm ja das war (1) hm (1) war viel Unsicherheit von meiner Seite aus dabei war auch schlechtes Gewissen würde ich sagen ob das überhaupt in Ordnung ist [...] Frauen zu mieten zu kaufen [...] ob das in Ordnung ist so was zu machen (Herr Frank 227-241).

Sehr gut kann an diesen Beispielen gezeigt werden, wie habitualisiert diese Freier die zentralen Argumentationsmuster des Anti-Prostitutionsdiskurses: ›Freier sind Gewalttäter‹, ›Freier kaufen Frauen‹ und ›Prostitution ist moderne Sklaverei‹ bereits vor dem Einstieg in die Prostitution innerlich abrufbereit haben. Zu Beginn ihres Feldeintritts müssen sie sich deshalb massiv mit der normativen bzw. moralischen Dimension ihres Habitus (Ethos) und ihrer Urteilskraft (›Was will ich?‹, ›Ist das richtig?‹, ›Kann ich das tun?‹, ›Ist das gut oder falsch?‹ etc.) auseinandersetzen. Herr Konrad bezieht sich dabei direkt auf einen normierenden Machtdiskurs, dem er sich in seiner Schüler- und Jugendzeit ausgesetzt sah (»68er Lehrer«). Dieser linksfeministische Diskurs markiert für ihn die männliche Nachfrage nach käuflichem Sex unmissverständlich als Ausbeutungs- und Gewaltstruktur mit eindeutig negativen Konsequenzen für die Sexarbeiterin (»die Frau würde unterdrückt«; »es wäre eine schlechte Erfahrung«). Die unmittelbare Auswirkung dieser diskursiven Formation auf die Handlungs- und Subjektebene kann anhand des Folgebeispiels von Herrn Frank beobachtet werden. Es ist eineerhebliche Unsicherheit in Bezug auf die Kontaktaufnahme zu einer Sexarbeiterin festzustellen. Die offensichtliche Ambivalenz und die geäußerten Zweifel an der moralischen Legitimität seiner prostitutiven Nachfrage (»schlechtes Gewissen ob das in Ordnung ist«) bilden dabei ein strategisches Hemmnis der Praxis aus und trüben die Handlungsbilanz deutlich ein. Die gezielte Wortwahl »Frauen«, »mieten«, »kaufen«, mit denen Herr Frank die Prostitutionsnachfrage charakterisiert, ist ein zusätzlicher Hinweis für seinen Bezug auf den feministisch geprägten Anti-Prostitutionsdiskurs (so gebraucht er an dieser Stelle beispielsweise nicht die distanzierend-neutralen Begrifflichkeiten »sexuelle Dienstleistung« oder »Sexarbeiterin«, die der pro-prostitutive Arbeitsdiskurs an Bezeichnungen für die Feldlogik und -akteurinnen bereithält). Hieraus kann geschlussfolgert werden, dass die Männer habituell bestimmende Lebens- und Existenzbedingungen in ihrer Sozialisation durchlaufen haben müssen, in denen sie mit diesen prostitutionskritischen Diskursmustern in Berührung gekommen sind. Dies kann z.B. in der Schule geschehen sein, durch sogenannte »68er Lehrer«, wie Herr Konrad berichtet, in der Familie oder massenmedial vermittelt, wie das Beispiel von Herrn Meister weiter unten zeigen wird. Zum anderen ist evident, dass die Einstiegspraxis ins Feld der Prostitution nur dann erfolgreich verlaufen kann, wenn es den Männern gelingt, die sozialen ›Hürden‹ in Gestalt verinnerlichter moralischer Bedenken (»schlechtes Gewissen«) und körperlicher Reaktionsmuster (»die ersten Erfahrungen waren ernüchternd«) zu überwinden. Gelingt dies nicht, wird die prostitutive Praxis vermutlich schnell wieder eingestellt oder das Feld grundsätzlich gemieden werden, wie Herr Herz und Herr Weitenbach in Bezug auf ihnen bekannte Nicht-Kunden plastisch ausführen:

H: also der Michael (ein Geschäftspartner, U.G.) sagt auch immer »ja er muss das Gefühl haben begehrt zu werden deswegen kann er nicht in Puff« war auch noch nie im Puff ja klar er wird ja auch nicht begehrt ja also ich kann das nicht nachvollziehen aber muss ich ja auch nicht ja ich ((replizier/akzeptier das so)) (Herr Herz 2148-2150).

Und Herr Weitenbach:

W: (1) ich hab auch Kumpels die die würden NIEMALS bei ne Hure gehen auch nicht im schlimmsten sexuellen Notstand ne die würden's nicht machen ne für die ist das trotzdem was ANRÜCHIGES (Herr Weitenbach 1512-1516).

Im ersten Beispiel wird deutlich, dass der Bruch mit einem zentralen Paradigma privater sexueller Begegnungen, der Reziprozität des Begehrens nicht vollzogen werden kann. Auf einer symbolischen, nicht moralischen Begründungsebene, ist der beschriebene Mann nicht in der Lage, sexuelle Lust und Erregung in Bezug auf die Prostitutionsnachfrage zu entwickeln. Zu sehr ist er habituell in der Logik des Feldes (privater) Sexualität verhaftet, als dass es ihm möglich wäre, Libido in das Prostitutionsfeld zu verausgaben. Im Fall von Herrn Weitenbach ist interessant zu sehen, dass einerseits die körperliche Ebene männlicher Lustsuche im Sinne eines unkontrollierbaren psycho-physischen Zustands sexueller Triebdynamik angesprochen wird (»im schlimmsten sexuellen Notstand«), diese andererseits aber auch in moralischer Hinsicht als kontrollierbar und zu bändigen betrachtet wird. Interessant ist dies deshalb, weil in diesem vermutlich seltenen Fall die gesellschaftlich vermittelte, habitualisierte moralische Urteilskraft für stärker erachtet wird als die ansonsten für diesen ›Thron‹ reservierte genetisch begründete (Human-)Biologie in Gestalt des (männlichen) Sexualtriebes. Die (legitimatorische) Funktion der umgekehrten, triebdynamischen Argumentation als motivationale Begründung für (!) Prostitutionsbesuche, welche weit verbreitet ist, wird noch ausgiebig diskutiert werden (vgl.Kapitel 6).

Prostitutionssex als defizitäre Sexualitätsform

Eine weitere Strukturlogik des Prostitutionsfeldes als Teilfeld des allgemeinen Sexualitätsfeldes findet sich in den Aussagen einiger Probanden, demzufolge die Nachfrage nach käuflichem Sex als eine defizitäre Form männlicher Sexualität wahrgenommen und beschrieben wird. Insbesondere in der alltagskulturell weit verbreiteten Paraphrasierung des prostitutiven Motivmusters »es nötig zu haben« wird die defizitäre Markierung käuflicher Sexualität deutlich. Dieser Diskurs, mit dem Freier sowohl vor ihrem ersten

Prostitutionsbesuch als auch im Laufe ihrer Folgekarriere häufig konfrontiert werden und zu dem sie sich positionieren müssen, kann anhand der folgenden Passagen von Herrn Thanert und Herrn Weitenbach rekonstruiert werden:

T: ja das muss man erst so gebacken kriegen dass man sich dafür bezahlt man muss auch irgendwie-irrr es gebacken bekommen das heißt »hab ich das nötig zu bezahlen für Sex?« (Herr Thanert 356-357).

Oder Herr Weitenbach

W: es es sind auch noch viele Leute die das eben nicht machen die sagen »ich hab das NICHT NÖTIG ich muss nicht für Sex Geld bezahlen« es ist auch oft so dass das so ein bisschen wie ich als als SCHWÄCHE angesehen wird
I: aha (2) im Sinne von
W: »ach der der arme Teufel da der kriegt doch keine andere rum deswegen muss er bei die Huren gehen« (2) vi-vi-viele Leute denken noch so also viele also ich ich kenne ein paar Leute die wirklich so denken die ((mich schauen)) die die es von mir NICHT WISSEN dass ich es mache aber mit denen ich mich schon mal darüber unterhalten habe die haben mir gesagt »ja das machen doch eh nur ARME WICHSER die sonst keine rumkriegen« und wo doch gerade das gar nicht stimmt also auch sehr verheiratete Frau-äh Männer machen und so weiter alles und auch sehr viele wirklich SEHR VIELE LEUTE die an sich auch viel Erfolg bei Frauen haben (Herr Weitenbach 1518-1522).

Die Differenz zwischen legitimer privater Sexualität und defizitärer käuflicher Lust begründet sich in diesen Beispielen nicht aus einer normativ-ethischen Dimension heraus, sondern aus der Spezifik symbolischer Kapital- und Machtkämpfe unter Männern im Feld der Sexualität. In diesem Kontext möchte ich den Begriff des sexuellen Kapitals einführen. Diese Kapitalform kann sehr allgemein definiert werden als die umfassende leibliche Inkorporierung sexueller Akte, denen ein gesellschaftlich definierter Distinktionswert innewohnt.[10] Der angenommene Distinktionswert, der mit diesen hierarchisierten und klassifizierenden Praktiken, Settings und sexualbiogra-

---

10 Theoretisch könnte sexuelles Kapital als Unterkategorie von kulturellem Kapital aufgefasst werden. Aufgrund der hohen gesellschaftlichen Bedeutung von Sexualität wird in dieser Arbeit in Bezug auf die Weiterentwicklung des Bourdieuschen Kapitalkonzepts der Vorschlag unterbreitet, sexuelles Kapital als eigenständige Kapitalsorte neben den hinlänglich bekannten Kapitalkategorien – ökonomisches, kulturelles, soziales und symbolisches Kapital – zu platzieren. In dieser Studie kann das Konzept des sexuellen Kapitals allerdings nur für die männliche Sexualität empirisch hergeleitet werden. Eine geschlechtsspezifische Differenzierung ist für die weitere Verwendung des Begriffs daher unumgänglich.

fischen Erfahrungshorizonten verbunden ist, kann in eine quantitative und qualitative Dimension unterschieden werden. Die quantitative Dimension umfasst dabei die Anzahl an Sexualpartnerinnen, die Häufigkeit von Geschlechtsverkehr, die Kenntnis vielfältiger sexueller Praktiken etc. Die qualitative Dimension bezieht sich auf die Ebene der Begehrensdynamik (z.B. sexuelles Begehren, Lust und Begierden in einer anderen Person wecken und auf sich lenken zu können), auf körperliche und soziale Attraktivitätsmerkmale sowie auf die emotional-erotische Intensität und Qualität sexueller Praktiken und Begegnungen.[11] Der symbolische Gehalt und die Aufladung der distinktiven Merkmale – Struktur und Volumen – ist dabei historisch zu kontextualisieren und zu bestimmen. Unter aktuellen gesellschaftlichen Bedingungen kann davon ausgegangen werden, dass Sex bzw. die Akkumulation sexuellen Kapitals innerhalb des männlichen Geschlechterraums, im Rahmen männlicher Selbstkonzepte, eine existenzielle Bedeutung besitzt. Analog zu anderen begehrten Kapitalsorten ist Sexualität bzw. der Zugang zu sexuellen Erfahrungen oftmals durch Knappheit und die ›Beschwerlichkeit‹ des Erwerbs definiert, wodurch Sex zu einer wertvollen und begehrten Ressource wird. Die symbolische Aufladung der jeweiligen klassifizierten und klassifizierenden Akte bzw. distinktiven Zuschreibungen bewirkt – biografisch differenziert – eine hierarchisierte Positionierung und Statusplatzierung im männlichen Sozialraum und stellt eine entscheidende Machtressource innerhalb symbolischer Kapitalkämpfe um ›hegemoniale Männlichkeit‹ dar (vgl. Connell 1999). Die praktische Kenntnis, sinnhafte Deutung und praktische Beherrschbarkeit dieses hierarchisierten Koordinatensystems als symbolische Ordnung wird in der jeweiligen historischen Epoche sozialisatorisch in den männlichen Geschlechtshabitus eingeschrieben:

»Die Idee, daß die Kämpfe um Anerkennung eine fundamentale Dimension des sozialen Lebens bilden, daß es darin um Akkumulation einer besonderen Art von Kapital geht – eben ›Ehre‹ im Sinne von Reputation, Prestige, daß es folglich eine spezifische Logik der Akkumulation von symbolischem, d.h. auf Bekanntheit und Anerkennung begründetem Kapital gibt; die Idee der ›Strategie›, verstanden als Ausrichtung der Praxis, die weder bewußt und kalkuliert noch mechanisch determiniert ist, vielmehr Resultat des ›Ehrgespürs‹, d.h. eines ›Sinns‹ für jenes spezifische ›Spiel‹, das der Ehre eben [...]« (Bourdieu 1992, 37).

11 Ein Beispiel kann ein Freier sein, der über überdurchschnittliche sexuelle Kontakte und vielfältige Praxiserfahrungen verfügt, aber kaum private sexuelle Begegnungen erwirken kann – im Gegensatz zu Männern, die einen kleineren sexuellen Erfahrungsschatz aufweisen können, denen es aber gelingt, auf Grund ihrer sozialen, körperlichen und erotischen Fähigkeiten weibliches Begehren zu wecken und potenzielle Sexualpartnerinnen für sich zu begeistern.

Die konkreten bzw. aktuellen symbolischen Kämpfe können in diesem Sinne empirisch als ›stille‹ bzw. sozial unbewusst ablaufende Distinktionskämpfe beschrieben werden. Abgesehen von offensiven und plastisch-drastischen Rivalitätskämpfen unter jugendlichen Männern, wie Herr Stahl berichtet: »wenn da andere Leute jetzt irgendwie den ja mit'm Finger auf dich zeigen ja: ›mit 16 1/2 hast noch nicht?‹ und ›was bist du für'n Weichei‹« (Herr Stahl 476), werden sexuelle Vergleichskämpfe kaum offen geführt. Sie vollziehen sich eher im spekulativen Rahmen von Andeutungen, Ableitungen, Unterstellungen, Vermutungen oder Phantasien bezüglich der sexuellen Gesamtpotenz anderer Männer. Abgeleitet werden kann dies u.a. aus der ethnografischen Gesamtschau des hier erhobenen empirischen Materials, in der ein generalisiertes Vermeidungsverhalten gegenüber ernsthaften und offenen Gesprächen bezüglich Sexualität und persönlicher sexueller Erfahrungen unter Männern festgestellt werden kann. Die Funktionsweise erfolgt viel eher als impliziter automatischer Abgleich, wenn das Thema beiläufig z.B. auf der kalauernden ›Witzebene‹ zur Sprache kommt oder aus offensichtlichen Abgleichsdaten im Falle unverheirateter bzw. beziehungsloser Männer. Der Gedanke bzw. das Gefühl ›was kann ich‹, ›welche Erfahrung weise ich vor, um mich auf Augenhöhe mit anderen Männern treffen zu können‹, bildet dabei die empirische Folie, auf der die Hierarchisierung der sozialen Praxis und des sexuellen Erfahrungsschatzes in symbolische Macht (Überheblichkeit) oder in symbolische Demütigung (Scham) transformiert wird. Die Währung, in der sexuelles Kapital als ›konsumierbarer‹ Profit ausgezahlt wird, ist ein positives Selbstwertgefühl, eine in sich ruhende, stabile männliche Geschlechtsidentität, (sexuelles) Selbstbewusstsein gegenüber anderen Männern und potenziellen Sexualpartnerinnen sowie sexuelle Handlungssicherheit. Subtile oder massive Beschädigungen dieser Struktur können deshalb motivationale Antriebsquellen sein, um diesen Missstand mittels der Prostitution zu beheben. Inwieweit passt sich nun die kontinuierliche Nachfragepraxis von Prostitutionskunden in dieses Konzept strategisch ein?

In den Interviewpassagen von Herrn Thanert und Herrn Weitenbach zeichnet sich deutlich ab, dass prostitutive Sexualität in den privaten Lebenszusammenhängen von Freiern abgewertet und als tendenzielle Negativ- bzw. Mangelkategorie in das hierarchisierte Symbol- und Koordinatensystem männlicher Konkurrenzkämpfe um sexuelles Kapital eingeordnet wird. Die folgenden Textzeilen zeigen dies eindrücklich: »es gebacken bekommen«, »dass es als Schwäche angesehen wird«, »dass machen doch eh nur arme Wichser die sonst keine rumkriegen«. Jenseits der Tatsache, überhaupt sexuelle Aktivität vorweisen zu können, ist es den Probanden kaum möglich, symbolisches Kapital im Sinn von ›Ehre‹, ›Anerkennung‹, ›Prestige‹ aus der prostitutiven Praxis zu erzielen. Die nachrangige Bedeutung von Prostitutionssex innerhalb der symbolischen Konkurrenzkämpfe hegemonialer Männlichkeit wird zentral aus dem Faktum abgeleitet, dass die Zugangsberechtigung zum weiblichen Körper und zur weiblichen Sexualität innerhalb des Feldes der Prostitution der entfremdeten Warenlogik der Feldstruktur geschuldet ist. Strukturell ausgeschlossen ist in diesem Fall, dass die einem Mann individuell zugeschriebenen körperlichen, sozialen, sexuellen oder ökonomischen Status-Attraktionen in der Lage sind, das Begehren potenzieller Sexualpartnerinnen zu wecken und zum gewünschten sexuellen Erfolg führen. Im Gegenteil, erst die nivellierende und entindividualisierende objektive Macht des Geldes, die potenziell allen als gesellschaftliche (Macht-)Ressource zur Verfügung steht, versetzt die Freier in die Lage, die knappe und begehrte Ressource (weiblicher) Sexualität zu erschließen. Gekaufte Hingabe wird daher als tendenzieller männlicher Misserfolg bzw. gänzlich ungültige sexuelle Begegnung gedeutet, wie abschließend am Beispiel von Herrn Fischer verdeutlicht werden kann:

F: also ich hab mein Leben mit irgendwie mit 80 FRAUEN GESCHLAFEN davon habe ich mit äh sechs sieben geschlafen die ich nicht bezahlt haben die restlichen 70 oder was auch immer da hab ich bezahlt dafür das würde ich NIE SAGEN NEIN weil es für mich einfach auch nicht das ZÄHLT für mich auch nicht (Herr Fischer 308-314).

Für Herrn Fischer ist gekauftes Begehren eine nahezu inexistente Kategorie, die zu gesellschaftlicher Unsichtbarkeit ›verdammt‹ ist. Im Vergleich zur privaten, ›realen‹ Sexualität erfährt käufliche Sexualität innerhalb männlicher Kapitalkämpfe sowie innerhalb des geschlechtlichen sozialen Raums als ganzem wenig Anerkennung und besitzt nur geringen Distinktionswert. Das tendenzielle Tabu und die Ambivalenz, mit der die Gesellschaft und auch die Mehrzahl der Freier selbst das Phänomen der Nachfrage nach käuflicher Sexualität belegt, dürfte sich neben moralischen und (geschlechter-)politischen Gesichtspunkten zentral auch aus dieser Quelle speisen.

Ergänzend zu dieser Interpretationsweise soll allerdings folgende Differenzierung hinzugefügt werden. Wenn z.B. wie in den Fällen von Herrn Schnell oder Herrn Herz sexuelles Kapital in ausreichendem Umfang vorhanden ist (»Sex den kann ich anders Ort zuhauf haben ohne großes Geld dafür auszugeben«), muss die (initiale) Prostitutionspraxis vielfach erweitert hergeleitet werden. Drei klassifizierende Aspekte der Prostitutionsnachfrage können hier hervorgehoben werden. Zum ersten kann sie als Manifestation eines luxuriös-dekadenten Freizeitvergnügens im Rahmen männlicher Lebensstile gewertet werden (Beispiel Herr Herz), zum Zweiten als Ausdruck sexualisierter Hypermaskulinität (»ich hab nur noch gefickt gefickt gefickt und das habe ich auch viele Jahre lang gemacht also ich hab sehr promisk gelebt in meinem Leben und ähm und das ((Huren)) ficken (lacht) ist eigentlich nur ein Teil der der war etwas GRÖSSERE Teil ist eigentlich noch der von privaten Frauen«, Herr Herz 193). Zum dritten ist sie lesbar als standesgemäß integrierter Ausdruck einer (herrschenden) Klassenposition. Für diesen Typus könnte z.B. das hypothetische Bild eines gestressten Managers mit 16 Stunden Tag gezeichnet werden, der den Abend auf einer Dienstreise, weit weg von seiner Frau und Familie, in geschmacklicher und moralischer Übereinstimmung mit sich selbst in Begleitung einer stilvollen, gebildeten Escort-Sexarbeiterin verbringt oder vielleicht im Rahmen eines Geschäftsabschlusses das erste Mal in den männerbündisch-kollektiven Genuss prostitutiver Sexualität kommt.

Die männliche Prostitutionsnachfrage als sexualisierte Gewalt

Zum Abschluss dieser Betrachtung bezüglich der Deutung und Klassifizierung des Prostitutionsfeldes als Teilfeld des Sexualitätsfeldes sei auf ein letztes Strukturmuster hingewiesen: auf die patriarchale Optionalität des Feldes, als Austragungsort männlicher Macht- und Dominanzphantasien zu fungieren.

Die Prostitutionsnachfrage als symbolische Gewalt

Hiermit ist gemeint, dass das Prostitutionsfeld Strukturen bereithält und einer sexualisierten Feldlogik unterliegt, die es Freiern ermöglicht, sexuelle Szenarien umzusetzen, die von erheblicher Verachtung, Entwürdigung und objekthafter Degradierung gegenüber den dort arbeitenden Frauen geprägt sind. Ein Beispiel hierfür ist der Fall von Herrn Herz:

H: ja ich gehe im käuflichen Bereich ähm mit VORLIEBE zu Frauen die HÄSSLICH sind die etwas ÄLTER sind die DICK sind (lacht) z.B. ja bei (2) ich hab eigentlich ((genug)) ausreichende Gelegenheiten gehabt äh privat nette attraktive gebildete Frauen kennenzulernen (1) und mit denen bin ich ich ich gehe immer sehr höflich um mit denen und bin immer SEHR ZUVORKOMMEND auch und man ähm geht auch aufeinander ein beim Sex und ist auch sehr intensiv und auch sehr schön und macht auch wirklich Spaß aber manchmal will ich einfach nur das so Animalische rauslassen das kann ich auch mit manchen Frauen auch machen die die wissen das zu nehmen einfach ja also es geht hier NICHT UM ähm SADISMUS oder so was oder Masochismus sondern Sex ist manchmal einfach DRECKIG und SCHMUTZIG und VERSAUT ja und nicht nur »ach Schatz wärst du freundlich die Beine zu spreizen« sondern (schauspielernd-lüsternd) »komm her mach mal deine Beine auseinander jetzt FICK ich dich« und so ja und ähm das so was richtig HARTES und DERBES kann man halt KANN ICH im Puff besser ausleben weil die die privaten Frauen die die respektier ich zu sehr da hab ich zu viele Konventionen die auf mich eindringen so ne Frau die respektier ich schon auf ihre Art und Weise aber für DIE Zeit die ich mir KAUFE ist sie sozusagen mein mir willfähriges Geschöpf und äh ich mache jetzt mit ihr was ich will also ich verletze niemanden oder ich ich behandle sie nicht SCHLECHT oder so was ja aber in dem Augenblick kann ich machen was was ich WILL und ich muss da jetzt auch auf niemanden Rücksicht nehmen und DAS ist äh ist dann in dem Augenblick sehr angenehm und wenn es jetzt ne HÜBSCHE Hure ist dann TRAU ich mich wieder auch net dann will ich mich wieder von meiner besten

Seite zeigen weil ich dann denk »oh mein Gott die ist ja echt schön und du kannst die jetzt net einfach so besteigen« (Herr Herz 209-251).

Eindrücklich wird in diesem Interviewausschnitt deutlich, wie organisch Herr Herz auf die Dimension der sexualisierten symbolischen Gewalt der objektiven Feldstrukturen des Prostitutionsfeldes abgestimmt ist. Das Prostitutionsfeld wird in der Alltagsdeutung intuitiv als Teilfeld des männlichen Herrschafts- und Dominanzbereichs über Frauen und die weibliche Sexualität definiert. Diese Herrschaftsstruktur basiert dabei auf der symbolischen Gewalt der Spaltung des weiblichen Geschlechterraums in ›Heilige‹ und ›Huren‹. Die Dimension der ›Heiligen‹, also private Frauen, Mütter und Partnerinnen, wird als überhöhte und tendenziell unantastbare Sphäre betrachtet und mit positivierenden Attributen belegt (»nette attraktive gebildete Frauen«). Im Gegensatz hierzu ermöglicht die sozialräumliche Sphäre der Prostitution den Freiern, diese Konventionen aufzuheben und die Normübertretung ihrerseits zu sexualisieren. In diesem Kontext ist die Rücksichtnahme auf eine Partnerin und die reziproke Beachtung sexueller Erwartungen strukturell aufgehoben. Der Eintritt in das Feld der Prostitution kann daher für einige Männer maßgeblich von aggressiv-destruktiven Machtimpulsen und dem Drang, patriarchale Herrschafts-und Dominanzphatasien ausleben zu wollen, bestimmt sein (»für die Zeit die ich mir kaufe ist sie sozusagen mein mir willfähriges Geschöpf und äh ich mache jetzt mit ihr was ich will«). Der Ort des ›Anderen‹ und des Außerbürgerlichen (»das schmuddelige Milieu«, Herr Herz 249) wird in dieser Konstellation aktiv aufgesucht, um Verhaltensweisen auszuleben, die aufgrund habitualisierter innerer Schranken – moralischer, normativer und geschmacklicher Natur – gesellschaftlich legitimiert für einige Männer fast nur dort und nur mit der gesellschaftlich abgewerteten geschlechtlichen Kategorie der ›Prostituierten‹ ausgelebt werden können (»was richtig hartes und derbes kann man halt kann ich im Puff besser ausleben weil die privaten Frauen die die respektier ich zu sehr da hab ich zu viele Konventionen die auf mich eindringen«). Auf der Ebene des Leibes und der geschlechtlichen Subjektivität zeigt sich zudem, wie intensiv die Ebene der Macht und die sozialräumliche Aufspaltung des Geschlechterraums von den Männern erotisiert und mit sexuellem Begehren verknüpft wird. Die objektivierende und abwertende Bezeichnung von Sexarbeiterinnen als ›Huren‹, im Sinne eines gesellschaftlichen Kollektivsymbols, bildet dabei das gesellschaftliche Wissensmuster, welches diesen sozialen Kontext strukturell rahmt. Die ›Hure‹ wird in diesem sozialen Rahmen zum gesellschaftlich abgewerteten Sexualobjekt stilisiert, welches Männern zur individuellen (sexuellen) Verfügung steht (»ich kann machen was ich will, ich muss da jetzt auch auf niemand Rücksicht nehmen«). In der konkreten Sexualphantasie von Herrn Herz taucht die ›Hure‹ dabei sowohl als unattraktive, gesellschaftlich abgewertete Figur (»ich gehe im käuflichen Bereiche mit Vorliebe zu Frauen die hässlich, etwas älter und die dick sind«) als auch als überdurchschnittlich schöne attraktive und unnahbare ›femme fatale‹ auf (»ne hübsche Hure da trau ich mich auch wieder nicht«). Die beschriebene soziale und sexuelle Hemmung, die Herr Herz hierbei ganz unmittelbar körperlich erlebt, basiert dabei auch auf der grundlegenden gesellschaftlichen Spaltung der ästhetischen Dimension, wie es sich am adjektivischen Gegensatzpaar schön/hässlich zeigen lässt. Nur das Hässliche, Unreine, Befleckte und Beschmutzte, z.B. die Hure und der Freier können es sich auf Grund der gesellschaftlich bereits vollzogenen Abwertung und Ausgrenzung erlauben, unethisch und (sexuell) schrankenlos zu agieren. Dem Schönen, Reinen, Heiligen und Unbefleckten, z.B. der Mutter, der Ehefrau, dem ›treuen‹ Ehegatten oder dem Kind ist es nicht gestattet, die gegebenen normativen und moralischen Schranken zu überschreiten. Es besteht die Pflicht, ethisch anständig sein zu müssen. Dennoch bleibt die strukturelle Abwertung des Feldes und der patriarchalen Funktion von Sexarbeiterinnen bestehen, für die unmittelbare Umsetzung sexueller Willensbekundungen von Männern zur Verfügung zu stehen (»komm her mach mal die Beine auseinander jetzt fick ich dich«). Die strukturelle und subjektive Potenzialität, Sexarbeiterinnen abzuwerten, versetzt die Freier daher in die Lage, ihre abgespaltenen, aggressiven, destruktiven oder pornografischen Impulse hiermit kurzzuschließen und ausleben zu können – gerade dann, wenn sie sich in privaten Settings habituell gehemmt (normativ, psychisch, körperlich) und außer Stande fühlen, dies mit ihren Partnerinnen zu praktizieren. Die gezielte Herbeiführung dieser (sexual-)moralischen und normativen Enthemmung wird von den Freiern als intensiv aufgeladene Erfahrung erlebt. Dieser Sachverhalt beschreibt daher für einen (unbekannt großen) Teil der Freier ein zentrales Motivmuster für Prostitutionsbesuche.

Um keine Missverständnisse aufkommen zu lassen sei an dieser Stelle angemerkt, dass dieses empirische Beispiel keinen anomischen Zustand zügelloser Gewalt und Unterdrückung umschreibt. Auch diese soziale Situation im Prostitutionsfeld wird von gesellschaftlich bindenden Regeln und Normen durchzogen, reguliert und begrenzt. Die Reziprozität dieses sozialen Prozesses wird dabei zwar nicht wie in privaten Settings durch die Logik egalitärer Kommunikationsprozesse bzw. der Verhandlungsmoral gelenkt, sondern basiert auf der reziproken Tauschlogik prostitutiver Intiminteraktionen. Der Fokus liegt hierbei auf der vertraglichen Fixierung des Tausches sexueller und sozialer Bedürfnisse gegen Geld innerhalb klar vereinbarter raum-zeitlicher Grenzen. Der Interaktionsrahmen in Bezug auf sexuelle Kommunikationsformen, sexuelle Symboliken und den Vollzug (sexueller) Praktiken wird hierbei klar bestimmt und eingegrenzt. Übersetzt in empirische Wirklichkeit bedeutet das Folgendes: wenn die Sexarbeiterin ihrer (symbolischen) Demütigung als ›Hure‹ innerhalb eines spezifischen sexuellen Skripts (z.B. im Rahmen von Zofen oder Sklavinnen-Inszenierungen oder pornografisch inspirierten Gruppenejakulationen auf eine Frau) bzw. im allgemeinen Rahmen sexistischer Symbolsysteme zustimmt, wird die normative Struktur und die Reziprozität des prostitutiven Vertrages gewissermaßen nicht verletzt – ungeachtet der Tatsache, dass hiermit eine patriarchale Dominanzgeste seitens der Freier motivational transportiert werden kann. Denn für die ihr zugefügte kalkulierte und begrenzte Demütigung und Entfremdung von ihrer Sexualität, ihrem Körper und ihrer personalen Integrität erhält sie im Austausch eine spezifische Summe Geld. In der Aussage von Herrn Herz, »so ne Frau die respektier ich schon auf ihre Art und Weise« kommt dieser Sachverhalt deutlich zum Ausdruck. Innerhalb der Logik des prostitutiven Tauschgeschäfts genießt die Sexarbeiterinals Frau, die sich gegen Geld ›verkauft‹, in diesem Sinne seinen Respekt. Hiermit ist auf der Handlungsebene auch verbunden, dass Herr Herz direkte physische Gewaltanwendung bzw. eine unabgesprochene Vertragsverletzung für sich ausschließt (»also ich verletze niemanden oder ich behandle sie nicht schlecht oder so«). Es kann sogar die Hypothese aufgestellt werden, dass in diesem Beispiel die Dimension der Projektion und des Phantastischen deutlich hervorgehoben werden muss. Es ist denkbar, dass Herr Herz lediglich das sexistische Potenzial des Prostitutionsfeldes nutzt, um gesellschaftliche Normen und sexuelle Moralvorstellungen, die ihn emotional und körperlich einengen, subjektiv zu überwinden (»zu viele Konventionen«; »Sex ist manchmal einfach dreckig und schmutzig und versaut«), ohne dass sich dies auf der Verhaltensebene in der konkreten Interaktion mit der Sexarbeiterin in offensichtlichen Gewaltmustern widerspiegeln muss. Hiervon unberührt bleibt selbstredend ein potenziell grenzwertiger Stil der sexuellen Interaktion bzw. des sexuellen Benehmens, der hieraus resultieren kann. »Einfach nur so das Animalische rauslassen« bzw. »so was richtig Hartes und Derbes« kann in diesem Kontext auch bedeuten, sich rücksichtslos, körperlich grob, ungestüm, unachtsam, unfreundlich und herablassend gegenüber den Frauen zu verhalten, ohne manifeste Gewalt im engeren Sinne auszuüben. Dies von Seiten der Sexarbeiterin zu erdulden und zu ertragen oder die Interaktion zu beenden bzw. zukünftige Kontakte abzulehnen, korreliert wiederum mit ihrer sozialen und ökonomischen Gesamtsituation.

Die Prostitutionsnachfrage als manifeste (sexuelle) Gewalt

Insgesamt abgrenzt werden muss hiervon der soziale Tatbestand manifester Gewalt, die als paradoxe Form der strukturellen Potenzialität des Prostitutionsfeldes zu werten ist. Im Konkreten umschreibt dieser Modus die soziale, moralische, ökonomische und sexuelle Regellosigkeit in Gestalt physischer und psychischer Gewalt, die als einseitige Vertragsverletzung von der männlichen Nachfrageseite ausgehen kann. Ein eindrückliches Beispiel einer solchen Gewaltsituation liefert der Beitrag einer drogensubstituierenden Straßen-Sexarbeiterin aus dem Hamburger Stadtteil St. Georg, die den nachfolgenden Bericht in dem sogenannten ›Freierbuch‹[12] der Hamburger Beratungsstelle ragazza e.V. aufgeschrieben hat:

»Ich war mit einem Mann mit dem Namen Marko-Heinrich im Hotel. Er war für's Verkehr und für Französisch 40 Euro + 10 Euro Hotel also insgesamt 50 Euro waren abgemacht. Es war ja auch alles in Ordnung bist die ganze Sache erledigt war. Weil dann wollte er noch einmal aber ohne noch einmal zu bezahlen. Da ich damit aber nicht einverstanden war fing er an gewalttätig zu werden. Es kam zwar nicht zu einer Vergewaltigung aber er hat mich geschlagen und das reicht ja wohl. Wo ich anfing zu Schreien hat er von mir gelassen und ist rausgelaufen. Der Mann sah aus: Lange Haare bis zur Schulter Jeansklamotten an Farbe blau. Braune Augen sowie auch braune Schuhe Er ist 39 Jahre alt das Schwein. Liebe Frauen bitte tut euch den Gefallen und paßt auf euch auf. Yvonne« (Dücker 2005, 141).

Deutlich ist in diesem Beispiel die strukturlogische Zweiteilung des Interaktionsgeschehens zu beobachten. Zu Beginn verhält sich der Freier gemäß der normativen Vorgaben der Feldgesetze. Erst gegen Ende der Interaktionssequenz durchbricht er mit seiner Forderung nach kostenloser Sexarbeit und der Anwendung massiver physischer Gewalt den für beide Parteien bindenden Konsens der Prostitutionslogik. Der Freier überschreitet damit eindeutig und massiv die Grenzen des Prostitutionsvertrages. Dennoch kann hier die These aufgestellt werden, dass das Gewaltmuster dieser sozialen Situation auf der gleichen Logik basiert wie die ›kontrollierte‹ Aggression im Beispiel von Herrn Herz, nämlich auf der gesellschaftlichen Abwertung von Sexarbeiterinnen als ›Huren‹. Der wahrnehmungsbezogene, klassifikatorische und moralische Kontext, aus dem dieses Verhalten erwachsen kann, basiert dabei auf dem bereits rezipierten Bild von ›der Prostituierten‹ als gesamtgesellschaftlich rechtloser Figur. Neben dieser symbolischen Ebene dürfte zudem bei einigen Freiern nur eine geringe strafrechtliche Verfolgungsangst vorhanden sein, insbesondere im Segment der Straßenprostitution, was die Hemmschwelle senken kann, männlich-patriarchale Verachtung sowie Gewalt in allen erdenklichen Ausformungen auszuagieren: angefangen von abschätzigen Blicken, verbalen Demütigungen, sexueller Entwürdigung oder Lohnraub bis hin zu offener physischer Gewalt, Vergewaltigung und Mord. Das Paradoxe hieran ist somit, dass das Prostitutionsfeld strukturell die Potenzialität besitzt, Freier dergestalt agieren zu lassen und damit zugleich die

12 Das ›Freierbuch‹ ist ein Kommunikationsmedium innerhalb der sozialpädagogischen Beratungsstelle ragazza e.V., in dem die dort betreuten Frauen unangenehme, bedrohliche bzw. gewalttätige Erlebnisse mit Freiern aufschreiben und mitteilen können, um andere Frauen hiervor warnen und um so Beleidigungen, Demütigungen, Lohnraub, sexueller oder physischer Freiergewalt vorbeugen zu können.

grundlegende ökonomische Feldlogik als vertragsgebundene Befriedigung des prostitutiven Austauschs verletzt und außer Kraft gesetzt wird.

Zur (sexuellen) Ethik der Nachfragepraxis im Prostitutionsfeld

Natürlich sind nicht alle Männer gleichermaßen von diesem Muster geprägt, welches die symbolische Gewalt der sozial-räumlichen Spaltung des weiblichen Geschlechterraums aufrechterhält. Aus meiner Feldkenntnis heraus vermute ich, dass es nur die wenigsten Freier sind, die eine explizit despektierliche, verachtende oder aggressive Einstellung gegenüber Sexarbeiterinnen besitzen, wenn diese These auch nicht durch eine eigenständige bundesrepublikanische Untersuchung quantitativ-empirisch abgesichert ist, wie sie beispielsweise Sanders et al. (2008) für Großbritannien liefert (vgl. Kapitel 1). Ebensowenig bewiesen werden kann die Vermutung, dass die allermeisten Begegnungen und Intiminteraktionen zwischen Freiern und Sexarbeiterinnen in gegenseitigem Respekt und in befriedeten Bahnen verlaufen dürften, die sich auf der Verhaltensebene (!) von privaten sexuellen Kontakten kaum unterscheiden. In dieser Untersuchung kann dies exemplarisch anhand der Aussagen von Herrn Frank, Herrn Studer und Herrn Schnell verdeutlicht werden. Das (korrigierende) Bild, dass dabei von Freiern entsteht, zeigt diese als respektvoll, achtsam und ethisch überlegt handelnde Männer:

> F: ja das war (1) hm (1) war viel Unsicherheit von meiner Seite aus dabei war auch schlechtes Gewissen würde ich sagen [...] grundsätzlich es war nicht meine Einstellung dass es_dass es in Ordnung Frauen zu mieten zu kaufen [...] ähm von daher ja war es einfach ich war nicht sicher ob das in Ordnung ist so was zu machen (Herr Frank 227-241).

In der selbstkritischen Einschätzung von Herrn Frank bezüglich seines präprostitutiven Erfahrungsraums wird deutlich, dass die Option, Prostitution zu nutzen, für ihn ganz bewusst mit erheblichen moralischen Zweifeln belastet gewesen ist (»schlechtes Gewissen«; »ich war nicht sicher ob das in Ordnung ist so was zu machen«). Deutlich wird, dass ihm der ökonomische Zugang zum Feld und die ökonomistische Legitimation seines Handelns in dieser Frage sehr fragwürdig vorkommt (»es war nicht meine Einstellung dass es_dass es in Ordnung (ist, U.G.) Frauen zu mieten zu kaufen«). Hierin zeigt sich ein moralisches Verständnis, welches den weiblichen Körper und die sexuelle Veräußerung im Tauschakt ›Sex gegen Geld‹ grundlegend anzweifelt und im Verkauf sexueller Dienstleistungen eine Dissoziation der körperlichen, sozialen und sexuellen Gesamtintegrität der Sexarbeiterin sieht. Wie solch eine bedächtig-empathische Einstellung die konkrete Nachfragepraxis bestimmen kann, zeigt das folgende Beispiel von Herrn Studer:

St: das vielleicht und woher ich das-ja ich hab mir als festen Grundsatz vorgenommen daß ich in meinem ganzen Leben eigentlich nie ner Frau wehtun will weder körperlich noch psychisch
I: hm und da hattest Du das Gefühl dass Du es tust
St: dass ich es eventuell tun könnte also ich hab schon darauf geachtet ich hab jedesmal gefragt ich-ich-hab-ich war auch schon bei Prostituierten hab mir die Adresse geben lassen bin dahin gegangen hab mir die angeguckt und bin wieder weggegangen und bin bei ne andere gegangen weil die fast kein Wort deutsch gesprochen hat und da ich mir schon sag ich mal da ist das Risiko oder die Chance dass sie (3) dass sie das nicht freiwillig mach ist die beträgt da 90% oder so sag ich jetzt mal und das ist mir dann schon wichtig dass ich bei eine gehe die das (2) aus aus eigenem Wunsch macht und die nicht irgendwie unterdrückt wird oder verschleppt wurde oder so und da wo ich das Gefühl hatte dass eine das nicht freiwillig macht bin ich gleich wieder wegegangen MANCHE habe ich auch gefragt ob sie das freiwillig machen ob sie natürlich ne ehrliche Antwort geben oder nicht das weiß man nicht aber das ist mir eigentlich schon wichtig (Herr Studer 301-309).

Auch Herr Studer liefert einen eindrücklichen Beleg dafür, dass ethisches bzw. respektvoll-empathisches Handeln seitens der Freier im Kontakt mit Sexarbeiterinnen möglich ist. Klar zeigt sich, wie Herr Studer aus einer allgemeinen moralischen Setzung heraus die Ausübung patriarchaler Gewalt und Dominanz gegenüber Frauen kategorisch ablehnt (»nie ner Frau wehtun will weder körperlich noch psychisch«). Seine Nachfragepraxis ist nach wertrationalen Maßstäben ausgerichtet (»wo ich das Gefühl hatte dass eine das nicht freiwillig macht bin ich gleich wieder weggegangen«). Die Prostitutionsnachfrage ist dabei aktiv von empathischem Mitgefühl für die soziale Situation der Sexarbeiterin geprägt (»das ist mir dann schon wichtig dass ich bei eine gehe die das (2) aus aus eigenem Wunsch macht und die nicht irgendwie unterdrückt wird oder verschleppt wurde«). Darin zeigt sich deutlich die schlichte Existenz freundlich-respektvoller Freierpersönlichkeiten, denen es nicht um das Ausagieren von Macht-, Dominanz- und Gewaltmotiven geht. Abschließend und auf eine allgemeine geschlechter- bzw. prostitutionspolitische Ebene abzielend sei in diesem Kontext Herr Schnell zitiert:

S: (1) ja ich meine (1) Frauen die irgendwo rekrutiert werden von Familien abgekauft werden EINGEPFERCHT über Grenzen gekarrt werden drei Monate lang vergewaltigt werden um die ge_hörig zu machen das ähm BRAUCH man nicht drüber zu diskutieren das GEHT EINFACH NICHT also so (.) NEIN so sollten MENSCHEN nicht BEHANDELT werden dürfen NIRGENDWO und seien DAS GEHT EINFACH NICHT das finde ich zum KOTZEN (Herr Schnell 892-900).

Ebenso wie Herr Studer spricht sich auch Herr Schnell eindringlich für eine Befriedung des Prostitutionsfeldes aus, in dem patriarchale Gewaltanwendung und sexuelle Versklavung von Frauen explizit und kategorisch ausgeschlossen sind (»so sollten Menschen nicht behandelt werden dürfen nirgendwo und seien das geht einfach nicht das finde ich zum kotzen«). Es zeigt sich hierin ein weiteres Mal, dass der ausdrückliche Einschluss moralischer Maßstäbe und der Respekt sowie die Achtsamkeit gegenüber den sexuellen und allgemeinen Freiheitsrechten der Sexarbeiterinnen eine Struktureigenschaft der männlichen Nachfrage nach käuflicher Lust sein kann.

Exkurs: Angebot und Nachfrage (sexueller) Dienstleistungen im Prostitutionsfeld

Transformationsprozesse im Prostitutionsfeld

Anfang der 1990er Jahre gehen Kleiber/Velten davon aus, dass die in der Regel von Freiern ausgeführten sexuellen Praktiken im Prostitutionskontext wenig ›spektakuläre‹ Muster aufweisen. 78 % geben an »Koitus immer bis häufig« zu praktizieren, »Petting« wird mit 60% und »Mundverkehr/Frau aktiv mit 70,9% angegeben (Cunnilingus mit 29.9%). Nur 9.6% praktizieren beispielsweise »Analverkehr immer bis häufig« und nur 5,1% »Gruppensex« (Kleiber/Velten 1994, Tabelle 28, 86).

Aktuell ist allerdings eine deutliche Ausdifferenzierung und Spezifizierung des Angebots sexueller Dienstleistungen im Prostitutionsfeld zu beobachten, wie die übersteigerte, im typischen Prostitutionsduktus verfasste Internet-Werbe-Anzeige einer Sexarbeiterin eindrücklich zeigt:

»Vorsicht Pipi kommt!! Die Anal-Göttin ich mache nicht nur Pipi, sondern ich mag es auch gern anal bis ich komme. Natürlich mag ich auch leidenschaftlichen Sex, wie mit Deiner besten Freundin. Von zart bis hart. [...] Was ich mag/ mein Service: Verkehr in verschiedenen Stellungen, 69, Französisch Safer, Französisch Natur, Französisch n. mit Aufnahme, Eier lecken, Spanisch Natur Körper Besamung, Gesichtsbesamung, Striptease, Facesitting, Massagen, Handentspannung, Kuscheln, Schmusen, Küssen, Zungenküsse, Nylon-Strapserotik, Schuh- und Fußerotik, Verbalerotik, Rollenspiele, Doktorspiele, Duschspiele, Badewannenspiele, Whirlpoolspiele, Dildospiele aktiv/passiv, Aktfotografie, Natursekt aktiv/passiv, Analverkehr aktiv/passiv, Zungenanal aktiv/passiv, Lesbische Spiele, Sandwich, Girlfriendsex, Outdoorsex Gruppensex Gyn-Stuhl, Fisting aktiv, Alles was Frauen mögen ..., Spanking, Schlagen, Peitschen, Rohrstock, Drill, Analmassagen aktiv, Fingeranal aktiv, Haus und Hotelservice Spezieller Service für Paare, 2 Frauen/ zu Dritt, Leckspiele aktiv/passiv, Swingerclubbesuche, Babyerziehung, Bondage, CBT/Dominakuss, Dominanz in Leder, Lack und Gummi, Haarentfernungen, Peitschen, Fesselung und Knebelspiele, Fuß-Strumpf-Schuh und Stiefelerotik, Bein-Busen-Po Erotik, Soft Englisch für Einsteiger, kein Studio – privates Ambiente. Was ich nicht mag/ Meine Tabus KV, SM Hart« (http://www.callgirls.de/detail.php?id=452, zuletzt 30.07.2007).

Wie hier zu sehen ist, übersteigt das beworbene Angebot die zweidimensionale Fokussierung auf Geschlechts-und Oralverkehr um ein Vielfaches. Es ist eine deutliche Ausweitung des Angebotsspektrums an sexuellen Praktiken und Settings festzustellen. Auch in einem Interview mit einer älteren Sexarbeiterin (49 Jahre) über ihre 30-jährige Berufserfahrung (Brückner/Oppenheimer 2007) wird deutlich, wie sich die Angebotsstruktur sexueller Dienstleistungen sowie die Arbeitsbedingungen in der Prostitution im Laufe ihrer Erwerbstätigkeit verändert haben:

»Die Frauen haben alle dasselbe gemacht. Und heute macht die Eine Analverkehr, die Andere macht ohne Gummi, die lässt sich voll spritzen von jedem Gast – die haben überhaupt keine Grenzen mehr. Und das gab's früher alles nicht. Früher hat jede Frau mit Gummi gemacht, es gab kein Knutschen, es gab nur das eine, da ist ne Frau angelernt worden, bei uns wird nur das und des gemacht, wenn du das nicht machst, dann fliegst du raus. Und das war ein tolles Arbeiten, weil jede dasselbe gemacht hat, hat auch jede dasselbe verdient. Aber heute ist es ja so: ich war die Einzige, die mit Gummi gemacht hat und die anderen fünf machen ohne Gummi. Und schlucken und machen und tun. Das habe ich alles nicht gemacht. Also hab ich natürlich Abstriche machen müssen, hab ich halt dadurch manchmal gar nichts verdient oder ganz wenig. Und das hat das Geschäft kaputt gemacht« (Brückner/Oppenheimer 2007, 80f.).

Gesellschaftliche Ursachen

Wie ist dieser Wandel begreifbar zu machen? Einerseits ist es nicht ungewöhnlich, dass die perverse Sexualität der Moderne – also alle illegitimen, normierten, tabuisierten, für ›krank‹ und ›widernatürlich‹ erklärten Spielarten des Sexuellen – im sozialen Feld der Prostitution ihren genuinen Platz haben. Im Schutz der Subkultur sucht und findet der geordnete bürgerliche Mann die Befriedigung seiner verdrängten und verborgenen Lüste, die er als unsittlich aus dem öffentlichen Leben verbannt hat. Andererseits spiegeln sich in der Ausweitung des prostitutiven Angebots an sexuellen Praktiken und sexuellen Settings aber auch grundlegende gesellschaftliche Modernisierungsprozesse des Sexuellen wider (vgl. Lautmann 2002; Schmidt 2003; Sigusch 2006). Die Transformation der Prostitution wird dabei durch drei entscheidende Aspekte dieses Modernisierungsprozesses geleitet, der wesentlich von den gesellschaftlichen Emanzipationsbewegungen der 1960er Jahre ausgelöst und mitbestimmt wurde. Diese Aspekte sind (1.) die allgemeine Liberalisierung sexueller Verhältnisse, (2.) eine verstärkte Pornografisierung der Gesellschaft und (3.) die Ausweitung »neosexueller« Sexualitätskonzepte (Sigusch 2006). Lebensweltlich spürbar kann dieser gesellschaftliche Wandel zum einen daran gemessen werden, dass Menschen jeglichen Geschlechts in postmodernen Gesellschaften (zum Teil) früher und auch selbstverständlicher ihre ersten sexuellen Erfahrungen sammeln.

Zum anderen ist die Verhandlungsmoral[13] zur dominierenden Sexualmoral aufgestiegen und hat dabei die sexuelle Praxis normativ-regulierende Moralkonzepte (religiös-konservativ geprägte Ge- und Verbotskonzepte etc.) stark zurückgedrängt. Schließlich haben sich Beziehungsformen, Partnerschaftskonzepte sowie sexuelle Identitätskonzepte in ihren Erscheinungsformen erheblich ausdifferenziert. Für die Entwicklung der Ausweitung an Angeboten sexueller Dienstleistungen im sozialen Feld der Prostitution ist vor allen Dingen die umfassende Pornografisierung der Gesellschaft als ein prägender Faktor zu nennen. Spätestens seit der flächendeckenden Versorgung vieler Haushalte und Arbeitsplätze mit Internet[14] kann von einer umfassenden Rezeption pornografischer Filme, Bilder und Texte in der Mehrheitsbevölkerung ausgegangen werden.[15] Auch die Sexualisierung und Pornografisierung vieler Fernsehformate durch das Privatfernsehen seit den 1980er Jahren hat zu dieser Entwicklung mit beigetragen. Die Vermutung liegt nahe, dass Prostitutionskunden potenziell pornografische Phantasien verstärkt in das Feld der Prostitution hineingetragen haben und das Bedürfnis, diese in prostitutiven Settings zu realisieren, an Bedeutsamkeit zugenommen hat.[16] Insbesondere die zentralen stilbildenden Elemente pornografischer Filme wie Fellatio, männlich-aktive dominante Penetration sämtlicher weiblicher Körperöffnungen sowie der »Cum-Shot« also die sichtbare Ejakulation auf den Körper, in das Gesicht oder in den Mund der Darstellerin, werden von Prostitutionskunden verstärkt nachgefragt (vgl. Williams 1995, 135-165). Aber auch die Normalität, mit der die Prostitution das verstärkte Auftreten neosexueller Phantasien und Bedürfnisse (»Nylon-Strapserotik«, »Gyn-Stuhl«, »Babyerziehung«, oder »Fuß-Strumpf-Schuh und Stiefelerotik«) in ihr Angebot mit aufnimmt, unterstreicht den Prozess des gesellschaftlichen Wandels. Die Prostitution als Teil der Sexindustrie reagiert damit, wie jedes andere kapitalistische Unternehmen im Feld der Ökonomie auch, auf sich verändernde Marktsituationen. Demgemäß werden in einem wechselseitigen

---

13 Dieses Moralkonzept beruht auf den Grundsätzen der Gleichheit zwischen den Partnern, dem Respekt vor der Autonomie der anderen Person sowie der Achtung der Bedürfnisse und Grenzen des sexuellen Gegenübers in der intimen Interaktion. Günter Amendt (2003) bringt dies in einem taz-Artikel prägnant auf den Punkt: «Trotzdem kann man heute davon ausgehen, dass die Quintessenz dieser neuen Sexualmoral – alles ist erlaubt, was, ohne Dritte zu schädigen, in wechselseitigem Einverständnis geschieht – gesellschaftlich weitgehend akzeptiert ist.«

14 Eine Erhebung des statistischen Bundesamtes beziffert die Haushalte mit einem Internetanschluss für das Jahr 2006 auf 61%, Mohr (2007, 546).

15 Zum Pornografiekomsum im Allgemeinen sowie im Internet vgl. Egli (2008); Nussbaum (2009, 17-26).

16 Inwieweit diese Tendenz mit einer unzureichenden Erfüllung ›pornografisch‹ gefärbter Sexualität in privaten Beziehungen zusammenhängt, wird in Kapitel 4 dieser Arbeit ausführlich diskutiert werden.

Prozess immer neue und ausgefallenere Wünsche und Bedürfnisse produziert, um sie innerhalb der kapitalistischen Verwertungslogik als Ware kommensurabel zu machen. Das soziale Feld der Prostitution ist dahingehend ausdifferenziert, dass den Freiern sämtliche sexuellen und sozialen Optionen offengehalten und angeboten werden – vom harten pornografischen Sex, über den ›authentischen‹ Beziehungssex bis zum semi-therapeutischen Gespräch – und sie so schnell und ›zwingend‹ in einen Zirkelschluss aus Wünschen, Werbung und Bedürfnisproduktion in das Feld hineingezogen werden. Dabei gelingt es kapitalistischen Akkumulationsregimen (vgl. Hirsch 1995) immer wieder auch, Forderungen und Errungenschaften nonkonformer antikapitalistischer sozialer Bewegungen aufzugreifen und systemimmanent zu integrieren.

Subjektivierung der Arbeit: zum Paradigmenwechsel im Prostitutionsfeld

Dieser neoliberal-postfordistische Transformationsprozess im Feld der Prostitution konfrontiert die Sexarbeiterinnen notwendigerweise mit einem veränderten und erhöhten Anforderungsdruck an ihre Arbeitsweise, ihre Arbeitsmoral und an ihre Identität als Sexdienstleisterin. Um in den Konkurrenzkämpfen im Feld der Prostitution bestehen zu können, stehen sie unter dem Druck, sich gesellschaftlichen Veränderungen permanent anzupassen. Vielfach besteht die Anpassung für Sexarbeiterinnen darin, härter und intensiver zu arbeiten und mehr Leistung für weniger Geld zu erbringen. Neben der erhöhten Arbeitsbelastung durch die Ausweitung angebotener sexueller Praktiken und Szenarien im Zuge des ›pornographic turns‹ sind weitere Ausweitungen der Arbeitsorganisation festzustellen,[17] so zum einen die Transformation der sexuellen Arbeit in Bezug auf das steigende Verlangen von Kunden, prostitutive Sexualkontakte emotional ›authentisch‹, eng angelehnt an private Sexualität zu gestalten.[18] Zum anderen besteht ein verstärktes Interesse von Prostitutionskunden, Geschlechts- und Oralverkehr ohne Kondom durchzusetzen (Brückner/Oppenheimer 2007, 325). Inwiefern diese beiden Aspekte im Zusammenhang mit der Ausweitung der Verhandlungsmoral stehen, kann hier nicht abschließend beurteilt werden. Fest steht

---

17 Dieser Gedankengang leitet sich weitgehend aus dem hier erhobenen empirischen Material sowie aus den unmittelbaren Feldbeobachtungen, speziell der Freierforen ab.

18 In einem Glossar zur Begriffserklärung des subkulturellen Sprachgebrauchs eines Freierforums wird dieser Umstand definiert als: »GF6/GFS:kurz für ›Girlfriendsex‹. Bezeichnung für eine Variante der käuflichen Liebe,die illusionär verschwimmt mit der Vorstellung von privatem Sex. DerFreier bekommt erfolgreich (!) den Eindruck vermittelt, als gehe es nichtum seinen Geldbeutel, sondern um ihn als Mensch bzw. Mann« (http://www.roemerforum.com/forum/showthread.php?t=4629, zuletzt 03.08.2007).

jedoch, dass die Ausweitung der Anspruchshaltung seitens der Nachfrageseite in verstärktem Maße einen repressiven neoliberalen Paradigmenwechsel in Bezug auf die Anforderungen an das Arbeitsethos und die Berufspraxis der Sexarbeiterinnen beschreibt. Die professionelle Distanz zum Kunden – keine Küsse, keine Intimität, Konzentration auf sexuelle Praktiken, Kondomzwang –, die den Kern des alten Prostitutions-Paradigmas gebildet hat, wird damit aufgebrochen und transformiert. Statt eines kurzen distanzierten Sexualkontakts wird ein umfassendes Repertoire an ›soft skills‹ seitens der Kunden von einer professionellen Sexarbeiterin verlangt, wie das Beispiel von Herr Frank verdeutlicht, »es gibt tatsächlich erlebt_Erlebnisse hier oder auch in anderen Clubs wo du_wo du wirklich glaubst du bist hier mit deiner Frau oder Freundin im Bett liegen« (Herr Frank 462). Die bereitwillige und organische Verausgabung von Gefühl, Engagement, Motivation, Zärtlichkeit, Gesprächigkeit, Empathie und ganzheitlicher Aufmerksamkeit werden zu Grundvoraussetzungen für eine gelungene prostitutive Begegnung erhoben. Selbst das authentische Erleben eigener Lust durch die Sexarbeiterin, idealtypisch gipfelnd in einem unverfälschtem Orgasmus, den der Freier der Sexarbeiterin durch seine sexuelle ›Darbietung‹ beschert hat, werden zum Teil als Anforderung und Wunsch formuliert, wie das Beispiel von Herrn Korbel idealtypisch zeigt, »also ich zumindest jetzt für mich auch immer den Ehrgeiz ja jetzt so VIEL WIE MÖGLICH jetzt von dem Menschen selber kennenzulernen und auch den den andern Menschen die Frau auf die Spitze zu bringen ne« (Herr Korbel 367-369).

Zusammenfassend kann konstatiert werden, dass auch die Prostitution in Bezug auf die Transformation der Angebotsstruktur, der Arbeitsweisen und der Umdefinition des Begriffs ›Professionalität‹ gesamtgesellschaftlichen Umbruchprozessen einer neoliberalen Umstrukturierung der Organisation von Arbeit unterworfen ist. Die »Subjektivierung von Arbeit« (vgl. Kleemann/Matuschek/Voß 2002; Voß 2003) und die ›totalitäre‹ Unterwerfung des Subjekts unter die erweiterten Anforderungen kapitalistischer Arbeitsprozesse als »Entgrenzung von Arbeit« (Gottschall/Voß 2003) schreiten auch in diesem Feld rasch voran. Bildlich gesprochen dringt der patriarchale Kapitalismus damit nicht nur in jede weibliche Körperöffnung ein, sondern konfrontiert die Sexarbeiterinnen als moderne »Arbeitskraftunternehmerinnen« (Voß/Pongartz 1998) zusätzlich mit einer Herrschaftstechnik, die unmittelbar auf die Subjektebene abzielt und als ›Liebe zur Arbeit‹ und ›Liebe zum Kunden‹ umschrieben werden kann. Im Sinne der weiter oben beschriebenen Entfremdungsthese warenförmiger Arbeitsstrukturen manifestiert sich in diesem Sachverhalt demnach nichts weiter als die Pathologie des Sozialen kapitalistischer Vergesellschaftung.

Das Prostitutionsfeld als subkulturelles Feld

Das dritte objektive Strukturmuster des sozialen Feldes der Prostitution kennzeichnet die Prostitution als Subkultur. Hiermit wird die Vorstellung einer in sich abgeschlossenen entgrenzten und entgrenzenden gesellschaftlichen Sphäre abweichenden Verhaltens vom normativen Epizentrum des gesamtgesellschaftlichen Sozialraums verknüpft, sowohl im sexuellen als auch sozialen Sinne. Die subjektive Deutung und Rahmung des Feldes als subkulturelle Sphäre kann dabei sowohl negativ als auch positiv ausgestaltet sein. Deutungsmuster für eine positiv aufgeladene Klassifikation der Prostitution als Subkultur liefern die Interviewbeispiele von Herrn Schnell und Herrn Thanert.

Das Prostitutionsfeld als (anti-)bürgerliche Subversionsphantasie

Einleitend führt Herr Schnell zu diesem Themenbereich aus:

> S: was mich daran reizt ich GLAUBE mich reizt einfach (1) mich reizt einfach ich hab_bin jemand ich hab von Menschen immer ein sehr bestimmtes Bild ich (.) also für mich sind Menschen für mich hat JEDER ne DUNKLE Seite und ähm also mir kann niemand erzählen dass er grundsätz_dass ER DURCH UND DURCH EIN GUTER MENSCH IST ich glaube jeder hat ABGRÜNDE in sich und DAS IST EIN ORT wo Menschen hingehen um das AUSZULEBEN oder NICHT MAL um (.) ja man holt sich damit_oder es ist genauso (.) JA SO IST ES VIELLEICHT BESSER ähm ich (.) glaube dass viele Jungs oder so immer ein (.) Reiz daran haben kriminell zu sein großer Mafiaboss und so was alles und MAN HOLT SICH DAMIT EIN STÜCK VON DIESER WELT also so geht es mir mir geht es dabei nicht um den Sex den KANN ICH anders_anders Ort zuhauf haben ohne großes Geld dafür auszugeben mir geht das davon man macht eigentlich ein bisschen was Verbotenes was GEHEIMES ja was GEHEIMES (verschmitzt) ja (.) WAS ICH MEINER MUTTER EBEN NICHT ERZÄHLEN WÜRDE (klopft auf den Tisch) zum Beispiel und DAS gefällt mir daran (Herr Schnell 114-126).

Die kulturelle Hegemonie des gesellschaftlichen Glaubens an das ›Gute‹ im Menschen wird von Herrn Schnell als normierende Zwangsvorstellung sowie als doppelmoralische (Selbst-)Lüge dekonstruiert (»mir kann niemand erzählen, dass er grundsätzlich, dass er durch und durch ein guter Mensch ist; ich glaube jeder hat Abgründe«). Mit ›spitzbübischer‹ Gewissheit ist Herr Schnell vielmehr von der anthropologischen Existenz des Bösen und Destruktiven überzeugt. In diesem Sinne stellt für ihn das Feld der Prostitution einen gesellschaftlichen Ort dar, an dem dieser verdrängten bzw. verleugneten Realität ein legitimer Ort zugewiesen ist (»jeder hat ne dunkle Seite«; »was Verbotenes«; »jeder hat Abgründe in sich und das ist ein Ort wo Menschen hingehen, um das auszuleben«). Das Rotlichtmilieu als Subkultur wird in diesem Sinne kulturkritisch zu einem ›ehrlichen‹ Ort stilisiert. Der ›Mann‹ kann hier in ungeschönter ›Wahrheit‹ und authentischer ›Aufrichtigkeit‹ ›zu sich‹ kommen, entgegen den Zwängen und der existenziellen Verlogenheit des legitimen Kultur- und Geschlechterraums. Das Feld der Prostitution tritt ihm in dieser Wahrnehmung als Subkultur entgegen, indem es für die Feldteilnehmer_innen die Möglichkeit der Verletzung bürgerlicher Normvorstellungen und Wertmaßstäbe als institutionalisierte Potenzialität bereithält. Auf einer konzeptionellen Ebene ist dabei die konkrete Symbolik bzw. der soziale Sinn, mit welcher das Interesse an der Subkultur besetzt wird, für Herrn Schnell zweitrangig. Im Vergleich zu anderen Freiern wird von ihm beispielsweise die libidinöse Besetzung der begrenzten Normüberschreitung als Ausbruch von Alltagsgeschehen deutlich höher gewichtet als das genuin sexuelle Motiv der Prostitutionsnachfrage (»Sex den kann ich anders Orts zuhauf haben«). In seinem konkreten Fall wird dieser Sachverhalt symbolisch repräsentiert durch das Bild der Gangster, Kriminellen sowie der Mutter als Repräsentantin und normierenden Überwachungsinstanz der legitimen moralischen Ordnung. Von zentraler Bedeutung ist ihm allerdings, dass es sich um ein Spiel handelt, welches von Männern gespielt und libidinös besetzt wird. Für Herrn Schnell wird dabei das von ihm begehrte subversive Männlichkeitsbild innerhalb der Strukturlogik und Symbolik des Prostitutionsfeldes als kriminelle Subkultur konstruiert (»viele Jungs oder so immer ein Reiz daran haben kriminell zu sein großer Mafiaboss, man holt sich damit ein Stück von dieser Welt«). Da er das Bedürfnis nach Grenzüberschreitung und Subversion verallgemeinernd auf den gesamten männlichen Geschlechterraum überträgt, wird der strategische Disktinktionsgewinn seiner Prostitutionsbesuche deutlich. Das distinktive Versprechen der Akkumulation kulturellen Kapitals (»reizt mich«; »gefällt mir«) bezieht sich dabei auf zwei Ebenen. Zum einen kann der ›Mut‹, sich überhaupt in dieses Feld ›hineingetraut‹ zu haben, als Profit und symbolisches Kapital verbucht werden, insbesondere als stiller Triumph gegenüber weniger mutigen Männern, denen diese Erfahrung in ihrer (Sexual-)Biografie fehlt. Zum anderen wird aber auch das Überschreiten gesellschaftlicher Normen und Konventionen als eigenständiger Zugewinn an symbolischem Kapital verbucht (»was Verbotenes was Geheimes«; »was ich meiner Mutter eben nicht erzählen würde«). Zusammenfassend bedeutet der Eintritt in das soziale Feld der Prostitution für Herrn Schnell einen gesellschaftlichen Tabubruch, inszeniert als subversive Unterwanderung der herrschenden moralischen Ordnung. Die symbolische Grenze, welche für diesen subversiven Akt begrenzter Regelverletzung die notwendige Voraussetzung bildet, zielt dabei auf die Dekonstruktion gesellschaftlicher Moralkonzepte und Subjektivitätsentwürfe ab. Das Koordinatensystem gesellschaftlicher Moralvorstellungen und der idealisierende Glaube der Subjekte an die Gültigkeit, Umsetzbarkeit und leibliche Verankerung dieser (positiven) Ordnung bilden einen zentralen Fixpunkt seiner kulturkritischen Weltdeutung ab.

Das Prostitutionsfeld als polymorph-perverse Sexualphantasie

Dennoch darf die sexuell-erotische Dimension der subkulturellen Feldebene als lustvoll-entgrenzende Wunschphantasie (»das ist ein Schlaraffenland«) und die hieraus entstehende Ausstrahlung und Anziehungskraft auf die potenziellen Freier nicht unterschätzt werden. Aus dem Interview von Herr Thanert lässt sich dies plausibel ableiten:

T: die ersten Monate hatte ich da mitgelesen in diesem Forum und konnte mir das so gar net vorstellen hab mir immer gedacht »DIE DIE LÜGEN ALLE das ist ein Schlaraffenland das kann so gar net sein das ist ja richtig schön das das geht ja net« man hat ja so diese Illusion ähm teilweise Sex geht nur mit Liebe und dementsprechend und da hab ich ((gesehen)) »stimmt ja gar net so es geht ja auch anders« man kann sogar teilweise richtig sogar manchmal ein Tick BESSER (Herr Thanert 531-551).

Herr Thanert ist über den exorbitanten erotischen Kosmos, der sich vor ihm ausbreitet, sehr überrascht. Die tendenzielle Unkenntnis des Feldes ist funktional der Abschottung jeder Subkultur nach außen hin geschuldet. Andererseits wird gerade über diesen Mechanismus der kulturelle Mythos des Geheimnisses und die Lust, dieses Geheimnis aufzuspüren, sozial konstruiert – erst recht, wenn der ›Kern‹ des Geheimnisses sexuell konnotiert ist. In diesem Sinne lässt Herr Thanert sich auf seiner Suche nach Sexualität von seinem sozial Unbewussten bzw. seinem habituellen Gespür strategisch leiten – und wird nicht enttäuscht. Die Prostitution als subkultureller Raum erweist sich für Herrn Thanert schnell als sozialer Kosmos, in der die Begrenzungen privater erotischer Intimbeziehungen und privater sexueller Praxis aufgehoben sind. Die gewählte ›Schlaraffenland‹-Metapher bebildert dies eindrücklich. Die Entdeckung dieses sexuellen Erlebnishorizonts, welches seinen bisherigen (sexuellen) Erfahrungshorizont exponentiell transzendiert, versetzt ihn deshalb in überwältigendes Erstaunen (»die lügen alle«). Das Geheimnis, welches es im Feld der Prostitution als Subkultur zu entdecken gilt, materialisiert sich für Herrn Thanert im Versprechen und in der erotische Sensation, sich mit Sexualität in unbegrenztem Umfang und ungekannter Qualität versorgen zu können.[19] Die Logik und die Spielregeln des Prostitutionsfeldes erweisen sich zudem als eine Transzendierung und Erweiterung der ihm bislang vertrauten Spielregeln im Feld der (privaten)

19 Verstärkt worden sein dürfte dieses Gefühl zusätzlich dadurch, dass Herr Thanert seinen Prostitutionseinstieg in Bereich der ›FKK-Club-Prostitution‹ gewählt hat, in der bis zu 70 nackte oder leicht bekleidete Sexarbeiterinnen in einem gehobenen Clubambiente den Freiern ihre sexuellen Dienste anbieten. Ein sexuell aufgeladener sozialer Kosmos also, der alltägliche, paarbezogen private sexuelle Settings ›ungeheuerlich‹ übersteigen dürfte.

Sexualität. Insbesondere die grundlegende Trennung geschlechtlichen Begehrens, sexueller Bedürfnisse und sexueller Praxis von romantischen Bindungs- und Beziehungserwartungen stellt für Herrn Thanert ein neues Sinnmuster bzw. eine neue strategische Spielvariante auf dem sexuellen Spielfeld dar. Bislang ist für ihn Sexualität organisch und ausschließend im Beziehungsmodus habituell verankert gewesen (»man hat ja so diese Illusion Sex geht nur mit Liebe«). Die Transzendierung dieses Erfahrungsraums stellt für ihn eine äußerst positive Erfahrung dar und bildet im weiteren Verlauf seiner sozialen Freierkarriere ein eindringliches Motivmuster der Nachfrage nach käuflichem Sex ab (»es geht ja auch anders, sogar teilweise ein Tick besser«; »ein Schlaraffenland«).

Das Prostitutions-Milieu als Angst-Projektion

Das Prostitutionsfeld kann allerdings nicht nur als eine mit sexueller Energie aufgeladene Subkultur und als temporäre Bühne zur Transzendierung alltäglicher Routinen und bürgerlich-konventioneller Lebensräume klassifiziert werden. Ebenso kann es als sozial unerwünschte und bedrohliche Raumdimension wahrgenommen werden (und zwar in exakter Umkehrung der Positivierung dieser Dimension, wie am Beispiel von Herrn Schnell gezeigt wurde). An dem Interviewausschnitt von Herrn Meister kann gezeigt werden, wie wirkmächtig und handlungsleitend bzw. handlungsunterbindend auch diese Feldstruktur sein kann. Die Frage nach der Begründung für seinen mit 36 Jahren relativ späten Einstieg in das Feld der Prostitution führt er auf eine kulturindustriell produzierte ›Desinformationskampagne‹ zurück:

M: (1) VORURTEILE GEGENÜBER DEM ROTLICHTMILIEU ich hätte mir NIE zu träumen gewagt was man dort erleben kann man kennt ja sonst äh Puffs nur aus FERNSEHEN ZEITUNGEN und so weiter und äh glaubt das dann alles so was man da LIEST ne äh das habe ich auch immer w_wenn Redakteure ir_irgendwas über irgendwelche Puffs schreiben DIE SIND DOCH SELBER DA und erz_was schreiben die da für'n Mist ne warum schreiben die eigentlich nur von SEHR NEGATIV da drüber also von man liest ja immer nur von den SCHLIMMSTEN MIESESTEN ABSTEIGEN von STRASSENSTRICH was weiß ich was was war_was ZUGEGEBENERMASSEN die DUNKELSTE SEITE im gesamten Rotlichtmilieu ist was man da so liest ne aber WARUM liest man nicht über äh ich sag mal über die INTERESSANTEN Seiten sag ich mal ne das es au_auch (.) PAY SEX gibt oder oder auch Varianten des Örtlichkeiten des Pay Sex gibt die wirklich KLASSE sind von denen aber nie was von in den öffentlichen Medien von hören wird oder (1) ich weiß auch nicht warum die das man äh (1) das ist ein (räuspert sich) ein Bereich der so von Vorurteilen lebt die eben noch aus der Steinzeit des _des Rotlichtmilieus kommen ne es GIBT HEUTZUTAGE ja eigentlich keine KEINE LUDEN mehr die in Le_Le_Le_Le_Lederklamotten und vier Kampfhunden und und ner alten amerikanischen Schüssel durch die Gegend fahren und jeden UMHAUEN der ihnen zu nahe kommt die Zeiten sind seit 20 Jahren VORBEI (Herr Meister 764-781).

In dieser Passage spiegeln sich idealtypisch immer noch gültige gesellschaftliche Topoi bzw. gesellschaftlich vermittelte Wahrnehmungsmuster in Bezug auf die subkulturellen Strukturmuster des Prostitutionsfeldes wider. Prostitution wird innerhalb dieser Sichtweise als krimineller, gewalttätiger und explizit anti-bürgerlicher Kosmos klassifiziert und gedeutet (»dunkle Seiten«, »mieseste Absteigen«; »Luden«; »Lederklamotten und vier Kampfhunden«; »die jeden umhauen, der ihnen zu nahe kommt«). Sie wird als sozialer Raum klassifiziert, der für ›ehrbare‹ Mitglieder der Kerngesellschaft mit einem deutlichen Eintrittsverbot belegt ist, wie am Späteinstieg von Herrn Meister expliziert werden kann oder wie es Herr Konrad ausdrückt: »das war mir irgendwie suspekt diese Szene das war irgendwie ne andere Welt in die ich nicht reingehöre« (Herr Konrad 428-430). Gespeist wird diese habituelle Hürde der männlichen Nachfrageseite aus einem diffusen Bedrohungsgefühl heraus, welches v.a. Dingen auf die Angst vor einer Verletzung der physischen und ökonomischen Integrität des Individuums abzielt. Dies nährt sich aus alltagskulturell weitverbreiteten stereotypierenden Assoziationen: Kriminalität, Drogen, (Zuhälter-)Gewalt, Bandenkriege, Ausbeutung von Frauen, Menschenhandel etc. Sehr plastisch ist in dieser Interviewsequenz die Wirkmächtigkeit und Funktionslogik allgemeinen gesellschaftlichen Alltagswissens bzw. praktischen Wissens als Dimension des Habitus zu beobachten. Herr Meister führt seine langjährigen Berührungsängste dem Feld gegenüber ›ideologiekritisch‹ auf eine mediale bzw. diskursive Manipulation seiner Wahrnehmungs- und Urteilskraft zurück. Der (journalistisch) produzierte Machtdiskurs bemächtigt sich seiner Ansicht nach einer Strategie der ungültigen Verallgemeinerung bzw. Aufblähung kleinerer abseitiger Negativsegmente des Prostitutionsfeldes, um ein negatives Gesamtbild der Prostitution zu zeichnen. Die subjektive Wahrnehmung und Klassifikation der Prostitution als (gefährlicher) Subkultur wird so für Herrn Meister zum habituellen Handlungshemmnis, welche einen Feldeintritt lange Zeit logisch ausgeschlossen hat (»Vorurteile gegenüber dem Rotlichtmilieu«; man liest ja n liest ja immer nur von den schlimmsten miesesten Absteigen von Strassenstrich was weiß ich was was war_was zugegebnermaßen die dunkelste Seite im gesamten Rotlichtmilieu«).

Zusammengefasst zeigt sich, dass die subkulturellen Strukturen, die das Prostitutionsfeld mitkonstituieren, von erheblicher sozialer Spannbreite geprägt sind und sich die Nachfrage nach käuflicher Lust für die Freier zu einer gesellschaftlichen ›Achterbahnfahrt‹ auswachsen kann. Im positiven Sinne kann für die Freier das enorme sexuelle Potenzial des subkulturellen Feldes verbucht werden, ebenso wie die Möglichkeit den herrschenden bürgerlichen Konventionen kurzfristig zu entfliehen. Im negativen Sinne kann daraus das bedrohliche Gefühl erwachsen, nach dem Feldeintritt nicht mehr unter dem Schutzschild der bürgerlichen Rechts- und Moralordnung zu stehen. Die Sorge um Leib und Leben (Herr Meister) sowie die im vorherigen Abschnitt thematisierten Unsicherheiten bezüglich der prostitutiven Nachfragepraxis (Täter- und Illegitimitätsdiskurs) belegen dies deutlich.

DAS PROSTITUTIONSFELD ALS DIMENSION DES MÄNNLICHEN LEBENSSTILS

In diesem Abschnitt wird der These nachgespürt, inwiefern das Prostitutionsfeld ein geschlechtlich strukturiertes Teilfeld des männlichen Raums der Lebensstile als Feld klassifizierter und klassifizierender kultureller Praktiken darstellt. Analog zur Untersuchung (distinktiver) sozialer Praktiken, die sich über die Klassenposition und den Klassenhabitus der jeweiligen Akteur_innen zu klassenspezifischen Lebensstilen verdichten, wird hier auf das Konzept des Geschlechtshabitus Bezug genommen und empirisch entwickelt (vgl. Bourdieu 1997, Meuser 1998, 108-221, Krais/Gebauer 2002, 48-64). Auf den Untersuchungsgegenstand bezogen, gilt es deshalb geschlechtshabituell verankerte Muster herauszuarbeiten, die die Nachfrage nach käuflichem Sex und insbesondere den initialen Eintritt in das Feld für die Männer als sinnvolle und alltagslogische Handlungsoption erscheinen lassen.

Männlicher Lebensstil und Prostitutionsnachfrage

Das stärkste empirisch nachweisbare Muster des praktischen Sinns als orientierungs- und sinnstiftende Instanz des (Geschlechts-)Habitus lässt die Prostitution den Männern als standardbiografisches Element männlicher Lebenswelt und maskuliner sexueller Selbstkonzepte erscheinen. Hiermit sind mehrere Aspekte verbunden. Zum einen kommen fast alle Menschen im Laufe ihrer Sozialisation lebensweltlich oder über Medien unweigerlich mit dem sozialen Tatbestand der Prostitution in Berührung. Zum zweiten ist es Bestandteil des gesamtgesellschaftlichen Alltagswissens, dass die Institution der Prostitution eine umfassende prostitutive Infrastruktur für Männer zur Verfügung stellt. Zum dritten existiert ein weitverbreiteter Alltagsdiskurs, der die Prostitution der männlichen Lebenswelt und der männlichen Nachfrage zuordnet. Letzteres Deutungsmuster ist dabei zentral mit dem hegemonialen Diskurs verbunden, der eine bedeutende körperliche und identitäre Verknüpfung zwischen Sexualität und Männlichkeit herstellt (vgl. Kapitel 6). Trotz rudimentärer Feldkenntnisse zu Beginn ihrer sozialen Karriere ist deshalb bei den Freiern eine habituelle Gewissheit festzustellen, dass sie qua (biologischem) Geschlechts und qua sexualbiografischer Positionierung – männlich, jung, sexuell unerfahren – mit einem legitimen Eintritts- und Zugriffsrecht bezüglich der Institution der Prostitution und auf den Körper von Sexarbeiterinnen ausgestattet sind. Aus der folgenden Ausführung von Herrn Stahl wird dies klar ersichtlich:

S: ja im Endeffekt ist es halt irgendwie so ja diese ja wie soll ich sagen »Kleinjungenprahlerei« so ich sach jetzt mal Kleinjungen weil mit 18 19 irgendwie so äh da hieß es dann »ja äh MUSS man mal gemacht haben« irgendwie und es gehört halt dazu zum Erwachsenwerden und jeder Mann der der sagt er hat noch nie en Porno gesehen oder sagt er war noch nie im Puff der der lügt halt irgendwie und dann hat sich das einfach mal ergeben dass dass man's einfach mal ausprobieren wollte ich sach mal so wie damals das erste Bier oder die erste Zigarette [...] es war ES WAR JETZT HALT SO IM FREUNDESKREIS Bekanntenkreis DASS da halt erzählt wurde »ja ich hab das gemacht oder ich war« dann kam der Nächste »ja ich war in Hamburg und da hat sich das ergeben der nächste sagte ja ich hab hier in Bremen« und so da das man halt irgendwie immer so im Hinterkopf hatte »ja die haben schon ALLE« so im Endeffekt wird es wahrscheinlich vielleicht auch viel äh Trara gewesen sein äh aber das man dann halt irgendwie so es nicht drauf angelegt hat sondern dass man halt ja ok die Gelegenheit hat sich ergeben man probiert es halt einfach mal aus (Herr Stahl 237-244).

Aus der Perspektive von Herrn Stahl stellt sich das Interesse am Feld der Prostitution als selbstverständlicher und normaler Tatbestand innerhalb einer männlichen Sexualbiografie dar. Mit ›schlafwandlerischer‹ Selbstverständlichkeit ist der männliche Habitus in dieser biografischen Phase an das Feld der Prostitution als (strategisches) Teilfeld des geschlechtlichen sozialen Raums angepasst. Anhand der Aussage, »man probiert es halt einfach mal aus« kann gezeigt werden, wie habitualisiert die Prostitution als männliche Institution gedeutet wird. Aus dem Gebrauch des Partikels »halt« lässt sich ferner ableiten, dass die Prostitution als gesellschaftlicher Tatbestand wahrgenommen wird, der gerade für junge, sexuell unerfahrene Männer eine sinnvolle und unkompliziert umsetzbare Handlungsoption im Rahmen einer männlichen Sexualbiografie darstellen kann. Die Übersetzung in soziale Praxis erscheint innerhalb dieser Alltagslogik ähnlich sinnvoll und von intentionsloser Intentionalität getragen wie der Besuch eines Kinos oder die Mitgliedschaft in einem Sportverein bzw. im analogen Sinne zu gesamtbiografischen Entwicklungsschritten wie der erste Schulbesuch, den Führerschein zu machen, der erste Kuss, die Suche nach einem Ausbildungsplatz etc. Wie brüchig und sozial ›konstruiert‹ die geschlechtsspezifische Deutung dieser biografischen und gesellschaftlichen Normalität ist, lässt sich gedankenexperimentell leicht zeigen, wenn zum Beispiel die Erzählung von Herrn Stahl in eine Mädchenclique verlegt werden würde, die sich über ihre Erlebnisse in einem Laufhaus oder auf den Straßenstrich austauschten (die intuitive Dissonanz, die aus dieser paradoxen Intervention ›ersteigt‹, dürfte deutlich sein). Im Kontext der herrschenden patriarchalen Geschlechterlogik wird der Besuch bei einer Sexarbeiterin jedoch weiterhin als exklusive Anforderung bzw. Spieloption einer männlichen Sexualbiografie klassifiziert. Ab dem Zeitpunkt der Geschlechtsreife steht es jungen Männern somit frei, diese Potenzialität zu aktivieren oder im inaktiven Modus zu belassen. Wie zu sehen ist, ist die Phase der Adoleszenz und der frühen Jugend für die Entwicklung des praktischen Wissens und auch des ›praktischen Glaubens‹ in Bezug auf das Prostitutionsfeld von prägender Bedeutung. Die konkreten Kenntnisse und das praktische Wissen bezüglich des Prostitutionsfeldes werden u.a. innerhalb der männlichen Peergroup vermittelt, wodurch auch die habituelle Normalität (moralisch als auch geschmacklich) und die leibliche Verankerung der Nachfrage nach Prostitutionssex erzeugt wird (»es war jetzt halt so im Freundeskreis Bekanntenkreis, dass da halt erzählt wurde ›ja ich hab das gemacht oder ich war‹ dann kam der Nächste ›ja ich war in Hamburg und da hat sich das ergeben der nächste sagte ja ich hab hier in Bremen‹«). Der Anfangs- und Endpunkt dieses reflexiven Prozesses ist gesozusagen das Moment der geschlechtlich bzw. leiblich implantierten Gewissheit der normativen und ästhetischen Legitimität der männlichen Prostitutionsnachfrage und prostitutiven Praxis. Die Prostitution kann deshalb aus der subjektiven Wahrnehmung der Probanden als eine (allen) Männern offen stehende und auf die Befriedigung männlich definierter Bedürfnisse abgestimmte Institution klassifiziert und lebensweltlich eingeordnet werden. Mit Bourdieu kann dieser nicht-reflektierte Seinszustand begrifflich als ›Doxa‹ – im Sinne einer habituellen Akzeptanz gegebener gesellschaftlicher Strukturen, Institutionen und sozialer Praxis – aufgefasst werden, als »Verhaftung an Ordnungsbeziehungen, die, weil gleichermaßen reale wie gedachte Welt begründend, als selbstverständlich und fraglos hingenommen werden« (Bourdieu 1994, 734).

Differenzierungen: Klassenlage, Habitus und Nachfragepraxis

Differenzierend sei jedoch angemerkt, dass die habituelle Einordnung der Prostitution als standardbiografisches Element männlicher Lebenswelt jenseits einer allgemein-klassifikatorischen Ebene nicht für Männer aller Klassenfraktionen und Milieus eine unmittelbare praktische Relevanz besitzt. Zumindest lässt sich dieser Sachverhalt nicht für alle Männer aus dem gewonnenen Material nachweisen. Nur Herr Stahl, Herr Zimmer, Herr Korbel und Herr Hahn begründen ihren Prostitutionseinstieg aus einer klassisch jugendlich-lebensweltlichen Perspektive heraus. Hieraus kann die Hypothese abgeleitet werden, dass diese Zuweisung möglicherweise stark an eine proletarische Sozialisation und Klassenposition angebunden ist. Dies belegen z.B. die Beispiele von Herr Zimmer als Friseur und KFZ-Mechaniker sowie Herr Korbel als Feinmechaniker, die analoge Einstiegserzählungen produzieren wie Herr Stahl als Schlosser. Begründet werden kann diese Hypothese damit, dass der Prostitutionsbesuch innerhalb der proletarischen Lebenswelten und Sexualbiografie als ein eingegrenztes, mäßig ›aufgeladenes‹ bzw. singulär auftretendes Element männlicher Freizeitaktivität betrachtet wird.

Aus dem ergänzenden Zitat bezüglich des ersten Prostitutionsbesuchs von Herrn Stahl lässt sich dies schlüssig folgern:

H: ja wie gesagt das erste Mal war halt wirklich irgendwie so dieses Ding so »ja ich habs getan« äh aber es war nicht nicht wirklich irgendwie so was Besonderes dabei dass dass dass man jetzt sagen müsste »so ich muss es jetzt immer wieder tun oder ich würd's jetzt halt immer wieder tun« hm es war ne Erfahrung die man gemacht hat und ähm (.) das wars halt irgendwie im ersten Moment so jetzt nicht irgendwie so zu sagen so »ich hab jetzt was wo ich mit protzen kann« sondern einfach nur irgendwie so dieses Ding ja wenn das Thema mal wo zu sprechen kommt kann man halt mitreden (Herr Stahl 250-258).

Mit deutlichem Understatement auf der Erzählebene berichtet Herr Stahl von seinem ersten Prostitutionsbesuch (»nicht wirklich was Besonderes«; »nicht protzen«). Das Ereignis nimmt für ihn in seinem Lebenslauf weder faktisch noch biografisch eine herausragende Stellung ein, was aus der nüchternen Erzählweise und der Singularität dieser sexuellen Erfahrung abzuleiten ist (»es war nicht wirklich so was Besonderes dabei«; »ich muss es jetzt [nicht, U.G.] immer wieder tun«). Viel eher wird es als standardisiertes Ablaufmuster einer männlichen Sexualbiografie begriffen, welches einem deutlich spürbaren gruppenspezifischen Normierungsdruck unterworfen ist. Die Referenz von Herrn Stahl auf seine männliche Peer-Group weist dabei das Männerkollektiv eindeutig als normierende und kontrollierende Instanz dieses Machtdiskurses aus. Der Prostitutionsbesuch wird in diesem Sinne also auch strategisch durchgeführt, um in männlichen Konkurrenz- und Disktinktionskämpfen um sexuelles Kapital bestehen zu können. Im kommunikativen Austausch mit der männlichen Peer-Group innerhalb des geschlechtlichen Raums wird somit die praktische sexuelle Erfahrung des Prostitutionsbesuchs als internalisiertes kulturelles Kapital in symbolisches Kapital bzw. sexuelles Kapital mit einem spezifischen Distinktionsgewinn transformiert (»wenn das Thema mal wo zu sprechen kommt, kann man halt mitreden«). Ergänzend kann an dieser Stelle noch hinzugefügt werden, dass die sozial-räumliche Distanz zwischen der Klassenposition eines Großteils der Sexarbeiterinnen (vgl. BMFSFJ 2004, 16-25; Brückner/Oppenheimer 2007, 168-173) und einem jungen Arbeiter zudem relativ gering ist, weshalb die kulturellen Hürden und Berührungsängste, in das Feld einzutreten, jenseits des Hochpreissegments der Escort-Prostitution nicht als sehr groß eingeschätzt werden können.

Kontrastiert werden kann diese lebensweltlich-biografische Kontextualisierung der präprostitutiven Deutung und Wahrnehmung der Prostitution durch das Beispiel eines bürgerlichen Mannes der Mittelklasse, wie u.a. des Herrn Meisters. Als prostitutiver Späteinsteiger mit 36 Jahren und Geschäftsführer eines mittelständischen Unternehmens legt er, kulturell, normativ und ästhetisch einen sehr weiten Weg innerhalb des sozialen Raums bzw. des Raums sozialer Klassen zurück (siehe auch oben seine subjektiven Berührungsängste vor der Institution der Prostitution als ›kriminelles Milieu‹). Es kann deshalb die These aufgestellt werden, dass die Nachfrage nach prostitutiver Sexualität für bürgerliche Männer erst zu einem viel späteren Zeitpunkt Teil ihrer Lebenswelt wird, dies z.B. im Kontext von Ehe- und Sexualkrisen, im Rahmen von Geschäftsabschlussfeiern bzw. betrieblich-korruptiver Arbeitsweltkontexte[20] oder als gediegenes Freizeitvergnügen zusammen mit anderen Männern (vgl. Kapitel 4). Eine quantitative Überprüfung dieser Hypothesen wäre empfehlens- und wünschenswert.

›Sense of one's place‹: geschlechtshabituelle Gewissheiten und die Legitimität der Prostitutionsnachfrage

Abschließend sei noch angemerkt, dass die hier beschriebenen standardbiografischen Strukturmuster der Einstiegs- und Folgepraxis auf einer theoretischen Ebene unter Rückgriff auf die Kategorie des »sense of one's place« erklärend gerahmt werden können. Diesen Begriff bestimmt Bourdieu (1995) wie folgt:

> Die Erfahrung von sozialer Welt und die darin steckende Konstruktionsarbeit vollzieht sich wesentlich in der Praxis, jenseits expliziter Vorstellung und verbalem Ausdruck. Einem Klassen-Unbewußtem näher als einem ›Klassenbewußtsein‹ im marxistischen Sinn, stellt der Sinn für die eigene Stellung im sozialen Raum – Goffmans ›sense of one's place‹ – die praktische Beherrschung der sozialen Struktur in ihrer Gesamtheit dar – vermittels des Sinns für den eingenommenen Platz in dieser. Die Wahrnehmungskategorien resultieren wesentlich aus der Inkorporierung der objektiven Strukturen des sozialen Raums. Sie sind es folglich, die die Akteure dazu bringen, die soziale Welt so wie sie ist hinzunehmen, als fraglos gegebene, statt sich gegen sie aufzulehnen und ihre andere, wenn vollkommen konträre entgegenzusetzen. Der Sinn für die eigene soziale Stellung, also Gespür dafür, was man ›sich erlauben‹ darf und was nicht, schließt ein das stillschweigende Akzeptieren der Stellung, einen Sinn für Grenzen (›das ist nichts für uns‹), oder, in anderen Worten, aber das gleiche meinend: einen Sinn für Distanz für Nähe und Ferne, die es zu signalisieren, selber wie von seiten der anderen einzuhalten und zu respektieren gilt« (Bourdieu 1995, 18).

Bezogen auf das Prostitutionsfeld produziert der »sense of one's place« als Dimension des Habitus für die potenziellen Freier eine vorreflexive geschlechtliche Gewissheit, dass die Prostitution einen Ort im sozialen Geschlechterraum darstellt, wo ›Mann‹ richtig und der Aufenthalt legitim ist. Es existiert sozusagen eine leibliche Gewissheit darüber, dass man sich an diesem Ort innerhalb des sozialen Raums nicht deplatziert oder falsch fühlt. Vielmehr bewirkt der geschlechtshabituell bestimmte »sense of one's place«, dass sich die Männer im Einklang mit ihrem Körper, ihrer Wahrnehmung, ihren Absichten, spezifischen Bedürfnissen, moralischen Überzeugungen und ästhetischen Bewertungen organisch in das Feld hineinbewegen

20 Eindrückliche Beispiele für diesen Kontext liefert Grenz (2005, 96f.).

und agieren können. Die habituell verankerten Wissensmuster, die sich in einer Gesamtbetrachtung in Bezug auf diese Feldstrukturen für die männliche Nachfragepraxis ergeben, können wie folgt untergliedert werden als:

- Wissen über die infrastrukturelle Existenz der Prostitution (das Feld existiert und man kann es nutzen)
- verleiblichte Gewissheit der (sexual-)moralischen Legitimität der Nachfrage nach käuflicher Lust (›man darf es machen‹, ›es ist normal, wenn mein Körper danach verlangt‹ und ›es ist normal, dass Frauen sich Männern hierfür anbieten‹)
- männliche Omnipotenzphantasie bezüglich der Zugriffsmöglichkeit auf weibliche Sexualität als begehrte soziale Ressource (›man kann dort ungeahnte Sachen erleben und ausprobieren‹)
- ein möglicher normativ-biografischer Druck, Erfahrungen im Feld der Prostitution vorweisen zu müssen (›man muss es einmal gemacht haben‹).

Diese Rahmen, welche Legitimation und Normalität herstellen, sind in der empirischen Realität allerdings nicht in dieser idealtypischen ›Reinheit‹ wiederzufinden. Zur Klärung dieses Sachverhalts möchte ich deshalb den Begriff sozialer Loipen einführen. Unter sozialen Loipen können gesellschaftlich bestimmte biografische Strukturmuster verstanden werden, die das Bewusstsein und den Handlungsstrom in standardisierte bzw. vorgegebene soziale Bahnen lenken können. In einem stark umkämpften Feld wie der Prostitution werden diese Bahnen nicht selten gekreuzt, unterwandert oder komplett verwischt, etwa von alternierenden Weltdeutungen, gegenläufigen moralischen Codes und widerstreitenden Machtdiskursen. Einige Elemente dieser ›Gegendiskurse‹ ließen sich bereits empirisch bestimmen, wie z.B. das Monogamiegebot, der Gewalt- und Unterdrückungsdiskurs, die Ausbeutungsthese, die Angst vor dem Milieu, sexuelle oder moralische Tabus oder Scham- und Schuldgefühle.

Zusammenfassend kann festgestellt werden, dass in diesem Kapitel vier entscheidende soziale Sinn- und Strukturmuster des Prostitutionsfeldes empirisch herausgearbeitet worden sind, die in ihrer jeweiligen Gewichtung sowie sozialstrukturellen Einordnung empirisch ausdifferenziert werden müssen. Im Gesamtüberblick stellen sich die konkreten Strukturmuster des sozialen Feldes der Prostitution dar als:

- Teilfeld des ökonomischen Feldes (Strukturlogik: ›Sex gegen Geld‹)
- Teilfeld des sozialen Feldes der Sexualität (sexuelle Skripte, Normen und Machtdiskurse)
- Subkultureller Erlebnisraum (positiviert und erotisiert als entgrenzende Normüberschreitung oder gefürchtet als heterotop-krimineller Raum bzw. Raum illegitim-tabuisierter Sexualität)
- Option männlicher Standardbiografie und männlicher Lebensstile.

Im folgenden Analyseschritt wird nun untersucht, wie die Freier dynamisch auf diese Feldstrukturen reagieren und wie sich der Einstieg in das Feld im Konkreten darstellt. Beginnen wird die Analyse mit der Betrachtung des unmittelbaren Einstiegsprozesses und der Rekonstruktion der ›feinstofflichen‹ Motivmuster in ihren Unterschieden, Differenzierungen und Kombinationsmöglichkeiten zu Beginn einer sozialen Freierkarriere im Feld. Die Einstiegspraxis in das soziale Feld der Prostitution.Die Einstiegspraxis in das soziale Feld der Prostitution.

4. Die Einstiegspraxis in das soziale Feld der Prostitution

In diesem Kapitel wird empirisch rekonstruiert, wie sich die Nachfrageseite auf die institutionelle Feld-Potenzialität bezieht und wie dieser Prozess als Feld-Habitus-Dynamik beschrieben werden kann. Im Konkreten wird untersucht, wie sich der Prostitutionseinstieg als sozialer Prozess im Kontext der initialen Koppelung von Feldlogik, Interesse und Motivmustern darstellt und wie sich die soziale Praxis des Erstbesuchs im Einzelnen ausgestaltet. Zudem wird beleuchtet, welche flankierenden Faktoren bzw. sozialen Voraussetzungen dem Erstbesuch zu Grunde liegen, in welchen sozialen Konstellationen der Prostitutionseinstieg erfolgt, wie die Erstkunden diese Situation wahrnehmen und emotional hierauf reagieren. Des Weiteren wird untersucht, wie sich der Abgleich mit der empirischen Realität im Feld für sie darstellt und welche feldspezifischen (Spiel-)Regeln, Normen und symbolischen Machtverhältnisse sich hierin auffinden lassen. Im Schwerpunkt der Analyse wird jedoch die Untersuchung der zentralen Motivmuster sowie der konkreten sozialen Praxis der initialen Prostitutionsnachfrage stehen. Für die Erstpraxis wird ein Phasenmodell ritualisierter Ablaufmuster konzipiert, welches idealtypisch auf sämtliche prostitutiven Austauschkontakte übertragen werden kann. Die zentrale These dieses Untersuchungsabschnitts lautet dabei: Die soziale Praxis der initialen Nachfrage nach käuflichem Sex als Einstieg in ein unbekanntes soziales Feld stellt sich aufgrund mangelnder Habitualisierung für die handelnden Subjekte mit hoher Wahrscheinlichkeit als ein ambivalenter sozialer Prozess dar. Die Erzählungen der konkreten Einstiegspraxen eignen sich besonders gut zur Rekonstruktion der Strukturprinzipien des Feldes, da die ›Neulinge‹ im Feld erst hier die grundlegenden Regeln erlernen und mit ihren der Praxis vorgängigen Phantasien und Befürchtungen abgleichen müssen. Die Feldmuster treten in diesem Prozess sehr plastisch zu Tage.

RAHMENBEDINGUNGEN DER EINSTIEGSPRAXIS

Um im Detail erklären zu können, warum und wie es zu einem initialen Prostitutionsbesuch kommt, müssen spezifische Rahmenbedingungen erfüllt sein. Neben der Ebene habitueller Dispositionen, welche die Genese und Struktur von Motivmustern, Denk-, Wahrnehmungs- und Handlungsapparaten analytisch und logisch bestimmen (vgl. Kapitel 6), werden diese Rahmenbedingungen den Freiern bei ihrem Feldeintritt durch die Logik des Prostitutionsfeldes und angrenzender Felder funktional auferlegt. Die initiale soziale Praxis der Prostitutionsnachfrage kann daher nicht nur subjektiv aus der intentionalen Logik der Subjekte bestimmt werden, sondern muss in einen erweiterten Handlungsrahmen eingebunden werden. Neben der grundlegenden motivationalen Bereitschaft zum Prostitutionseinstieg können folgende Faktoren zur Bestimmung des erweiterten Handlungsrahmens der Einstiegspraxis hinzugezählt werden:

- ökonomisches Kapital
- Zeitressourcen und Informationsmanagement
- eine existente bzw. aktivierbare prostitutive Infrastruktur.

Die ausreichende finanzielle Ausstattung, um eine sexuelle Dienstleistung erwerben zu können, ist eine logische Zugangsbedingung zum Feld der Prostitution als logisches Teilfeld des Feldes der Ökonomie. Strukturlogisch äquivalent zu anderen ausdifferenzierten und hierarchisierten Feldern bestimmt und limitiert auch hier die verfügbare Geldsumme den potenziellen Handlungsspielraum. Für den Erstbesuch ist die limitierende Bedeutung des finanziellen Spielraums der Freier allerdings nicht als sehr hoch zu bewerten. Sofern keine maximale soziale und ökonomische Prekarisierung vorliegt, ist davon auszugehen, dass die Mehrzahl der Männer, ob jugendlich oder erwachsen, dazu in der Lage sein dürfte, 30 bis 150 Euro für einen einmaligen Prostitutionsbesuch aufzubringen. Limitierend wirkt sich die finanzielle Ausstattung lediglich in zwei Richtungen aus. Zum einen in Bezug auf die Nutzung hochpreisiger Prostitutionssegmente, die einen Prostitutionsbesuch mit Kosten von 300-400 Euro schnell zu einem exklusiven ›Luxusgut‹ für die obere Mittelschicht bzw. klassenbewusste Oberschicht-Freier werden lassen können. Zum anderen in Bezug auf die unmittelbare Mobilisierung einer ausreichenden Summe Geld, um einem situativ-spontanen Impuls nach prostitutiver Sexualität nachgehen zu können.

Weit bedeutsamer als die Geld-Dimension sind die Faktoren ›Zeitressourcen‹ und ›Informationsmanagement‹ zu werten. Die Mobilisierbarkeit ausreichender Zeitressourcen für eine Prostitutionsbesuch (Anfahrt, Auswahl/Verhandlung, sexuelle Interaktion, Abreise, Verarbeitung) bildet dabei eine existenzielle Voraussetzung für die erfolgreiche Umsetzung der prostitutiven Nachfrage in soziale Praxis. Für ledige oder jugendliche Freier mit einem ausreichendem Kontingent frei einteilbarer Zeit stellt diese Zugangsbedingung zum Feld weitestgehend kein Problem dar. Bedeutsamer und ambivalenter wirkt sich der Zeitfaktor allerdings bei verheirateten bzw. in fester Partnerschaft lebenden Freiern aus. Eine berufliche Einbindung bedeutet zudem eine empfindliche Limitierung des verfügbaren Zeitbudgets. Wie bereits diskutiert ist die Nachfrage nach Prostitution aufgrund der gesellschaftlichen Wirkmächtigkeit des Monogamiegebots innerhalb heterosexueller Paarbeziehungen sowie der moralischen und politischen Klassifikation als abweichendes Verhalten weiterhin mit einem starken gesellschaftlichen Tabu belegt. Dieses Faktum zwingt in der Regel Freier, insbesondere aber Männer in festen Partnerschaften, dieses Tabu informationspolitisch zu ›managen‹. Freier, die in Partnerschaften leben, müssen sich prostitutive Zeitfenster unbemerkt von ihren Partnerinnen erschließen, wollen sie ihre Beziehung nicht existenziell gefährden, beispielsweise auf Dienstreisen oder innerhalb männerbezogener Gruppenevents (Ausflüge, Militärdienst, Geschäftsreisen etc.). Oder aber es werden temporäre Phasen ›unkontrollierbarer‹ freier Zeit geschaffen, beispielsweise während der Mittagspause, nach Feierabend oder am Wochenende, die dann vor der Partnerin verschwiegen oder falsch ›klassifiziert‹ werden (Lüge). Dieser Modus setzt selbstredend ein erhöhtes Maß an Informationsmanagement voraus, um das tabuisierte Verhalten zu verbergen bzw. einen krisenhaften Zusammenbruch der romantischen Liebesbeziehung zu verhindern (»wenn ihr das jetzt jemand aus sicherer Quelle mitteilen würde dann würde wahrscheinlich zwei Stunden meine Sachen auf der Straße liegen« Herr Bund 85), als bei Freiern ohne Partnerin, die sich informationspolitisch nur mit dem leichter zu kontrollierenden und manipulierenden sozialen oder beruflichen Nahumfeld auseinanderzusetzen haben. Über den Anteil der Männer, die in ihrer Ehe oder Partnerschaften ihre Prostitutionsbesuche offen mit ihrer Partnerin besprechen, existieren aktuell keine Zahlen. Die Verbreitung dieses Beziehungsarrangements dürfte allerdings sehr gering sein.

Die letzte Basisvoraussetzung für den (ersten) Prostitutionsbesuch stellt die Existenz einer aktiven bzw. aktivierbaren prostitutiven Infrastruktur dar. In der Bundesrepublik ist dieser Faktor weitgehend umfassend erfüllt. In allen städtischen wie ländlichen Bereichen des sozialen Raums ist die Institution der Prostitution fest verankert und stellt eine nahezu lückenlose Infrastruktur zur Befriedigung sämtlicher Prostitutionsnachfragen zur Verfügung.[1] Das Internet, Schriftmedien (Lokalzeitungen oder spezialisierte Erotikführer), die exzentrisch-plakative Symbolik und Werbewirksamkeit des ›Rotlichtmilieus‹ (Leuchtreklamen, Hinweisschilder, aufgestylte Sexarbeiterinnen auf dem Straßenstrich etc.) sowie das Allgemeinwissen um die Lage von ›Rotlicht-Orten‹ haben zudem die informationspolitischen Zugangshürden zum Prostitutionsfeld fast vollständig beseitigt. Männer, die Prostitution

1 Eine kurze unkomplizierte Internetrecherche bzw. ein Blick in jede beliebige bundesdeutsche Lokalzeitung mag als Beleg dieser Angebots-These genügen.

nachfragen möchten, sind in der Bundesrepublik jederzeit und an jedem Ort dazu in der Lage. Lediglich die Spontaneität, mit der sich die Prostitution Laufkundschaft ›einverleiben‹ kann, ist in einigen strukturschwachen (ländlichen) Gebieten geringer als in prostitutiven ›Ballungsgebieten‹.

Zum Abschluss sei noch darauf verwiesen, dass neben den bereits beschriebenen Parametern (prostitutive Infrastruktur, Geldmittel, Informationsmanagement und motivationaler Vorlauf) der Einstiegsprozess noch von weiteren Aspekten bestimmt wird, z.B. von der Deutung und Klassifikation des Feldes (Berührungsangst, lebensweltliche Sicht oder Affinität) oder vom Informationsstand über die Feldabläufe und Feldstrukturen, der beispielsweise durch direkte Kontakte zum Feld, über erfahrene Kunden oder über das Internet (Freierforen) bereits vorstrukturiert ist. Das Alter und der biografische Zeitpunkt, an dem der Eintritt erfolgt, sind zusätzliche wichtige Faktoren, die den Einstiegsprozess mitbestimmen. Im Folgenden wird es nun darum gehen, diesen Prozess auf Grundlage des bislang erabeiteten Kenntnisstandes genau zu untersuchen und empirisch herzuleiten.

SOZIALE SETTINGS DER EINSTIEGSPRAXIS

Als grundlegende Differenzierung der initialen Prostitutionspraxis kann festgestellt werden, dass die Männer ihren ersten Prostitutionsbesuch aus einer Gruppensituation heraus, zu zweit mit einer vertrauten (männlichen) Person oder alleine gestalten. Wie sich der Gruppeneinstieg lebensweltlich in der empirischen Realität darstellen kann, beschreibt Velten in ihrer Freier-Studie wie folgt:

»10 Männer (16%) berichten, das erste Mal nicht alleine oder aus einer Gruppensituation heraus zu einer Prostituierten gegangen zu sein [...] fünf suchten während der Bundeswehrzeit mit einem oder mehreren Kameraden eine Prostituierte auf und weitere fünf gingen mit Freunden oder Arbeitskollegen ins Milieu« (Velten 1994, 110).

In dieser Studie vollziehen nur Herr Laube, Herr Weitenbach und Herr Andrews ihren Prostitutionseinstieg aus einer Gruppe heraus:

I: and the setting for ((the ways was)) (...) with good friends
A: yeah with friends yeah
I: okay (5) and the motivation sort of
A: it just like having fun or something satisfying yourself at a particular time (Herr Andrews 55-57).

Das stärkste kollektive Deutungsmuster und (sexual-)moralische Band prostitutionsaktiver Männergruppen ist in der sozialen Verankerung dieser Praxis im Rahmen allgemeiner männlicher Freizeitaktivitäten bzw. männlicher Lebensstile zu verzeichnen. In der Aussage »just like having fun« wird dies sehr deutlich. Gekaufter Sex wird in diesem Beispiel als integraler Bestandteil eines Gruppen-Events im Rahmen männlicher Unterhaltungs- und Vergnügenskultur definiert. In der empirischen Realität lässt sich dies z.B. im Rahmen gezielt geplanter prostitutionsaktiver Kurzreisen nachweisen. Der Prostitutionsbesuch bildet in diesem Kontext von Beginn an einen festen Bestandteil des geplanten Tagesablaufs und der Freizeitgestaltung. Solche männlichen Freizeitaktivitäten oder Gruppenreisen existieren z.B. in Gestalt von Vatertags-, Betriebs- oder Vereinsausflügen, im Anschluss an (Fußball-)Stadionbesuche, als Urlaubsreisen oder auch als gezielt organisierter Prostitutionstourismus. Lebensweltlich übertragbar ist diese Rahmung aber auch auf männliche Gruppenaktivitäten im Feld der Ökonomie. Demzufolge kann es auch innerhalb der Arbeits- und Berufswelt zu einem prostitutiven Erstkontakt kommen, etwa im Rahmen von Messe- oder Konferenzbesuchen, Dienstreisen, Geschäftsabschlussfeiern, Montageaufenthalten, Auslandsaufenthalten oder während des Freigangs mit anderen (kasernierten) Militärangehörigen. Das situativ-spontane Gruppenerlebnis, in der eine vage männliche Aggregation ungeplant-zufällig mit dem Feld der Prostitution in Kontakt kommt und aus einer ›Laune‹ heraus das prostitutive Angebot wahrnimmt, bildet ebenfalls eine Variante innerhalb dieser Kategorie.[2] Die enthemmende Wirkung von Alkohol und die selbstreferentiell legitimatorische Funktion der Gruppe, in deren Rahmen sich die Gruppenmitglieder wechselseitig die soziale und moralische Legitimität ihres Tuns spiegeln und versichern, spielt in diesem Kontext eine nicht zu unterschätzende Rolle. Die Zugangshürden zum Feld werden hierdurch deutlich herabgesetzt.

Von prostitutionsaktiven Männerkollektiven – spontan zusammengesetzt oder geplant agierend – kann aber auch ein erhebliches Maß an subtiler gruppenspezifischer Repression bis hin zu manifester (psychischer) Gewalt ausgehen. Dies betrifft sämtliche Prostitutionskontakte, die aus einem manifesten oder latenten Gruppendruck heraus vollzogen werden. Hierzu zählen beispielsweise (1) formell hierarchisch strukturierte Männergruppen innerhalb der Berufs- und Geschäftswelt.[3] In diesen sozialen Konstellationen unterwirft sich ein Teilnehmer unfreiwillig aus Angst vor expliziten bzw. impliziten (beruflichen) Sanktionen seitens Vorgesetzter oder Geschäfts-

2 In bundesdeutschen Großstädten wie im Hamburger Stadtteil in St. Pauli, im Frankfurter Bahnhofsviertel oder auf der Oranienburgerstraße in Berlin etc. ist dieser Sachverhalt häufig zu beobachten. Grundlage hierfür ist die innerstädtische Vermischung von nicht-prostitutiver Freizeitinfrastruktur (Clubs, Restaurants, Bars, Gaststätten, Spielhallen etc.) mit dem Feld der Prostitution.

3 Angesichts der in Kapitel 2 ›Symbolische Kämpfe‹ thematisierten Ausübung sexualisierter Gewalt durch Militärs in Kriegseinsätzen oder während Auslandsmissionen ist es m.E. angebracht, die Funktionslogik der Prostitutionsnachfrage im Kontext militärischer Strukturen eigens zu untersuchen.

partner dem prostitutiven Ritual. (2) Zudem sei auf männliche Gruppen mit informellen Hierarchien und normierenden Machtstrukturen wie z.B. Freundes- und Kollegenkreise, Sportvereine, jugendliche peer-groups etc. verwiesen. Innerhalb dieser männlichen Zusammenhänge können Gruppenmitglieder unfreiwillig und entgegen ihrem Willen aus Versagensängsten, Konkurrenzverhalten, Imponiergehabe heraus, zur Abwendung der Beschämung, als Mutprobe, aus Unterordnung unter die Gruppenhierarchie oder anderen gruppendynamisch-normativen Mechanismen einen prostitutiven Sexualkontakt eingehen. Als besonders eklatantes Beispiel für die Macht der Gruppe kann hier ein mir persönlich überlieferter mündlicher Bericht bezüglich eines Betriebsausflugs angeführt werden.[4]

Die Erzählung beschreibt einen eintägigen Betriebsausflug der männlichen Belegschaft eines kleinstädtischen Handwerksbetriebs zu einer Fachmesse in eine nahegelegene Großstadt. Dieser einmal jährlich stattfindende Betriebsausflug läuft, so die Erzählung, ritualisiert nach einem gleichbleibenden Verlaufsmuster ab. Nach Beendigung des Messebesuchs verlangt es das Ritual, dass die älteren Betriebsangehörigen den neu hinzugekommen Auszubildenden einen Prostitutionsbesuch (»Frei-Bums«) in einem Bordell spendieren. Im Rahmen der Erzählung werden dann zwei Lehrlinge erwähnt, die an diesem Ritual teilnehmen. Während ein junger Mann (Lehrling 1) in seinen ersten Prostitutionsbesuch ohne Widerstände einwilligt und diesen von außen betrachtet problemlos zu bewältigen weiß, wird von dem anderen Lehrling (Lehrling 2) berichtet, dass er hinter verschlossener Tür um Hilfe gerufen hat, welches von der Restgruppe fröhlich-lachend zur Kenntnis genommen worden ist.

Wie deutlich zu sehen ist, ist der Prostitutionskontakt der beiden männlichen Auszubildenden nur unter dem Zwang des institutionalisierten Gruppenrituals zustande gekommen. Während Lehrling 1 sich organisch in das Ritual einfügt und seine subjektive Situation mit den Erwartungen der Gruppe in Übereinstimmung bringen kann, erlebt Lehrling 2 zwei die Situation als gewaltvermitteltes Zwangs- und Gewaltverhältnis. Seine Scham- und Intimitätsgrenzen werden von der Gruppe deutlich überschritten und seine körperlich-sexuelle Integrität wird verletzt, was subjektiv als leidvoll erfahren wird. Die Funktion des Rituals nimmt den Charakter eines klassischen Initiationsritus an. Die männliche Gruppe bezieht sich dabei auf das zugrundelegende soziale Sinnmuster, welches Prostitution als normalen und legitimen Bestandteil einer männlichen Sexualbiografie und des männlichen Lebensstils definiert. In ihrem Vorgehen reproduziert die Gruppe dieses Sinnmuster und tradiert es an die folgende Generation weiter. Aus dem Erzählkontext, den der Ich-Erzähler in einen heiter-anekdotenhaften Rahmen setzt, kann zudem geschlossen werden, dass die Gruppe das Gesamtereignis

4 Das Beispiel stammt aus dem Jahr 1998 und beruht auf einer Erzählung eines Handwerkers, der an diesem Ereignis aktiv teilgenommen hat.

als positiv-wertschätzendes und keineswegs destruktives Ritual intendiert und subjektiv deutet. Der kostenlose Prostitutionsbesuch ist im symbolischen Sinne als ›kostbare‹ Gruppengabe zu interpretieren. Phänotypisch meinen es die Altgesellen ›gut‹ mit ihren Lehrlingen. Auf einer tiefergehenden Ebene werden durch dieses jährlich wiederkehrende Interaktionsritual aber auch die (symbolischen) Machtverhältnisse und Hierarchien innerhalb der Gruppe ausgehandelt und bestimmt. Das Alter und die Betriebszugehörigkeit – symbolisiert durch die ›großzügige‹ Geldspende – bilden in diesem Rahmen den Status, aus dem sich das Recht und die Macht ableiten, das Verhalten der jüngsten Gruppenmitglieder zu bestimmen. Das Lachen über die Furcht des Lehrlings kann zudem als patriarchaler Distinktionsmechanismus bezüglich gruppeninterner Statuskämpfe im Rahmen hegemonialer Männlichkeit angesehen werden. Die Sexualfurcht vor der Sexarbeiterin oder vor der ersten sexuellen Erfahrung überhaupt wird Lehrling 2 dabei tendenziell als Versagen ausgelegt und als ›unmännlich-weibliches‹ Verhalten markiert. Es lässt sich leicht ausmalen, wie dieser Sachverhalt in Status- und Hierarchiekämpfen im weiteren beruflichen Alltag von anderen Kollegen symbolisch-klassifizierend ausgenutzt worden ist (Häme,Witze, Spott etc.). Für den betroffenen Lehrling oder im erweiterten Sinne für alle Männer, die aus einer Gruppensituation zu prostitutiven Handlungen ›gezwungen‹ worden sind, dürfte dies weitreichende Konsequenzen auf ihre sozialen, moralischen, psychischen und körperlichen Selbstkonzepte haben: Scham, körperlicher Ekel, moralische Bedenken, Demütigungs- und Missbrauchsgefühle sind denkbare Reaktionsmuster.

Völlig different hierzu verhält sich das Beispiel von Herrn Weitenbach, der mit einem Freund zusammen, als aktive männliche Solidargemeinschaft, seine erste Prostitutionserfahrung macht:

W: es war aber nur mit einem Kumpel wo ich da drüber sprechen konnte mein bester Kumpel damals und ähm und es war DER der an sich mehr gepuscht also wir beide waren noch Jungfrau dermals damals und wir waren beide sehr frustriert dass wir einfach keinen Sex hatten und so weiter alles ne und daaa er war an sich der der mehr da gepuscht hat er hat selbst er hatte kein Auto das heißt er konnte nicht dahin fahren er hat mich dafür schon gebraucht und ähm (1) er wie immer gekommen »wir machen's« und manchmal hatten wir schon vor dahin zu fahren aber dann ist wieder was dazwischen gekommen da war ich schon fast FROH dass es nicht geklappt hatte weil ich ich hab mich ii-irgendwie nicht so gutes Gefühl a-a-aber a-aber im Mai dann haben wir uns gesagt hier hat er mich wieder so gequengelt »hier komm jetzt jetzt fahren wir mal« hab ich gesagt »o.k. jetzt jetzt fahren wir« (Herr Weitenbach 132-140).

In Bezug auf die angespannte Situation, die das Fehlen sexueller Erfahrung innerhalb des sexualbiografischen Kontextes bei Herrn Weitenbach und seinem Freund auslöst, bilden diese ein durch Freundschaft verbundenes kommunikatives und infrastrukturelles Unterstützungsnetz, um mit diesem Problem umzugehen (»nur mit einem Kumpel wo ich da drüber sprechen konnte mein bester Kumpel damals«; »er hatte kein Auto«). Der institutionalisierte Rahmen der Freundschaft erlaubt es hierbei, sowohl die sexualbiografisch belastende Situation gemeinsam zu bearbeiten als auch sich gegenseitig zu fordern und zu unterstützen, um die sozialen und psychischen Hürden des Prostitutionsfeldes zu überwinden. Deutlich ist bei Herrn Weitenbach ein nervöser Zustand aufgrund der sexuellen Unerfahrenheit sowie einer Berührungsangst mit dem Feld festzustellen. Dies lässt sich anhand dieser Interviewsequenz (»da war ich schon fast froh, dass es nicht geklappt hatte, weil ich hab mich irgendwie nicht so gutes Gefühl«), als auch aus der Gesamtperspektive ableiten (»ich weiß noch am Anfang war ich immer war ich immer ganz ziemlich nervös wenn ich bei ne Hure«, Herr Weitenbach 1596). In der Zweiergruppe werden diese Ängste und Sorgen aktiv thematisiert und bearbeitet. Aus der Rückschau kann die hier gewählte soziale Strategie als erfolgreich charakterisiert werden. Beide Personen erleben gleichzeitig ihren ersten Geschlechtsverkehr, wenn auch – aus subjektiver Einschätzung – nur im abgewerteten prostitutiven Kontext. Dennoch heben sie damit zielgerichtet ihre identitär aufgeladene sexualbiografische Krise auf. Diesen Sachverhalt bewerten sie subjektiv als identitätspolitischen Handlungserfolg.

Es ist jedoch weit plausibler davon auszugehen, dass die Mehrheit der Freier ihren ersten Prostitutionsbesuch nicht aus einer Gruppensituation oder zu zweit durchführen, sondern alleine (valide Daten existieren auch zu dieser Annahme nicht). Begründet werden kann dies in erster Linie durch das starke Tabu, mit dem ein Prostitutionsbesuch außerhalb geschlossener Männerbünde gesellschaftlich belegt ist. Das nachfolgende Beispiel von Herrn Peter zeigt dies eindrücklich:

> P: das hat mich sehr bedrückt also daß ich keine Freundin hatte bis ich zwanzig war (.) das hat mich doch BELASTET weil ich hab mich wirklich so GESEHNT wie ich 17 18 19 war hab ich mich echt gesehnt nach ner Freundin ich bin vor Sehnsucht vergangen und hatte keine und das hat mir schon sehr weh getan schon sehr leid getan und JA es war einfach die Neugier und die Lust und äh ja die Neugierlust [...] wenn ich daran denke wie dann diese selbstbewussten Playboys waren so mit 18 Jahren die hatten jedes Wochenende hatten die ne andere und ich wäre froh gewesen wenn ich überhaupt mal eine gehabt hab – also das war wohl schon soo bisschen mangelndes Selbstbewusstsein oder so auch oder einfach ich hab mich regelrecht geschämt ja (Herr Peter 60-66).

Das offene Bekenntnis zur prostitutiven Nachfrage (Neugierde) dürfte in diesem Fall schwer fallen und einem offenen Bekenntnis innerhalb einer männlichen Gruppe widersprechen. Zu deutlich wird der Mangel an privater sexueller Erfahrung (sexuellem Kapital) als distinktiver Missstand innerhalb des hierarchisch strukturierten männlichen Geschlechterraums herausgehoben. Wenn der Erstbesuch daher aus einem (beschämenden) Leidensdruck heraus motiviert ist, wie z.B. aus mangelnder sexueller Erfahrung bzw. Partnerinnenlosigkeit, aus Defiziten in der partnerschaftlichen Sexualität, oder aus schambesetzten sexuellen ›Sonderwünschen‹, wird dieser m.E. in der Regel alleine durchgeführt.

ZUR AMBIVALENZ DER EINSTIEGSPHASE

Jenseits des Aspekts, in welcher sozialen Konstellation der erste Prostitutionsbesuch stattfindet, soll im Folgenden nun der bedeutsamen Frage nachgegangen werden, wie genau sich die soziale Praxis des Erstbesuchs darstellt und differenziert. Wie bereits dargelegt, kann das soziale Feld der Prostitution als hybrides Teilfeld des ökonomischen sowie des Feldes der Sexualität und des Feldes der Kultur definiert werden. In der Schnittmenge des Sexualitätsfeldes und des Kulturfeldes kann die Prostitution des Weiteren als heterotop-subkulturelle Sphäre gekennzeichnet werden. Diese soziale Doppelkonstellation übt einen entscheidenden Einfluss auf die initiale Praxis der Prostitutionsnachfrage aus und versetzt die allermeisten Subjekte zu Beginn ihrer Freier-Karriere in einen exorbitanten Spannungszustand. Die leiblich manifesten Spannungszustände des Prostitutionseinstiegs beziehen sich dabei auf unterschiedliche Aspekte des Feldes, z.B. auf das unbekannte Rotlichtmilieu an sich, auf die erotisierten und sexualisierten Körper der Sexarbeiterin oder auf die phantasierten ›Wonnen‹ bzw. ›Gefahren‹ des Prostitutionssexes. Die emotionale Qualität und leibliche Intensität dieses psycho-sozialen Unruhezustands divergieren hingegen deutlich. Subjektiv können sie sowohl positiv als auch negativ konnotiert sein. In positiver Gestalt wird diese Unruhe beispielsweise wahrgenommen als hitzige (Sexual-)Phantasie, als körperliche Lust und intensives Begehren, als lustvoll antizipierte Grenzüberschreitung, als sexualbiografisch-identitäre Entlastung oder als ›fiebrig-nervöse‹ Spannung in Bezug auf die Erweiterung des sexuellen Erfahrungsschatzes. Als negativ klassifizierte Spannungsmuster hingegen erscheinen die Angst vor Kriminalität und Gewalt im ›Milieu‹, vor (prostitutiver) Sexualität im allgemeinen (schmutzig, schambesetzt, Tabubruch, moralische Bedenken etc.) oder die Angst vor der als aggressiv phantasierten Sexualität der Sexarbeiterin, die Versagensängste oder Minderwertigkeitsgefühle bei den Freiern auslöst. Die subkulturelle und sexuelle Felddimension prägen hierbei den Einstiegsprozess gleichermaßen intensiv. Die subkulturelle Abschirmung des Feldes bewirkt, dass die Freier zu Beginn ihrer Karriere über keinerlei Handlungspraxis und -sicherheit verfügen. Das unbekannte Feld macht die handelnde Subjekte in ihrem Einstiegsprozess deshalb aus zweifacher Hinsicht vulnerabel. Zum einen in Bezug auf die mangelnde Habitualisierung der sozialen Praxis, zum anderen hinsichtlich milieuspezifischer Alltagsdiskurse, die physische Gewalt, ökonomische Verluste und soziale Stigmatisierung als ›große Erzählung‹ der Gefahr beschreiben. Aber auch die sexuelle Dimension des Prostitutionsfeldes hält strukturelle ›Fallstricke‹ und Spannungsmomente für die Erstkunden bereit. Im Zentrum steht hierbei die erregende Dimension des Sexuellen an sich, die der Sexualitäts-Diskurs der Moderne auf diesen ›glühenden Thron‹ gepflanzt hat. Aber auch bedeutsame geschlechterpolitische Fragen, Ängste und Machtkämpfe rund um den Etablierung und Behauptung einer männliche Geschlechtsidentität werden hiervon zentral erfasst, beispielsweise wenn der Prostitutionssex gleichzeitig die erste generelle sexuelle Erfahrung ist, wenn der Prostitutionsbesuch eine Reaktion auf ein sexuelles oder seelisches Leid darstellt oder hegemonialen Konkurrenzkämpfen um Sexualität geschuldet ist.

Wie genau sich diese Faktoren der strukturellen Feldlogik auf die Denk-, Wahrnehmungs- und Handlungsmuster der Prostitutionskunden im prostitutiven Einstiegsprozess im Einzelnen auswirken, wird im Folgenden empirisch bestimmt und vertieft werden. Die ausführliche Beschäftigung mit diesem Aspekt ist deshalb wichtig, um die strukturelle Dynamik und Macht, die das Feld in dieser Phase der Einstiegspraxis zu entfalten in der Lage ist, zu demonstrieren und zu verstehen.

Beginnen wird die empirische Analyse mit Beispielen von Herrn Bund und Herrn Weitenbach, anhand derer die theoretisch beschriebenen Spannungszustände plastisch exemplifiziert werden können:

I: war's früher anders so beim ersten Mal
B: jaa war schon komisch so da schlug das Herz in'n Hals hoch (lacht) (Herr Bund 105-107).

Oder Herr Weitenbach:

W: aber ich weiß noch am Anfang war ich immer war ich immer ganz ziemlich nervös wenn ich bei ne Hure bin wirklich also vor-vor-Auf-Aufregung größteneils das weiß ich noch aber es hat sich dann mit der Zeit gegeben das ist ja klar (Herr Weitenbach 1596-1599).

Sowohl Herr Bund als auch Herr Weitenbach erleben ihren ersten Prostitutionsbesuch als einen starken physischen und psychischen Spannungs- bzw. Stresszustand (»da schlug das Herz in'n Hals hoch«; »ziemlich nervös vor Aufregung«). Wie offensichtlich ist, manifestiert sich dieser alarmierende und beklemmende emotionale und soziale Seinszustand körperlich deutlich spürbar in den handelnden Subjekten. Gespeist wird diese Zustandsbeschreibung aus unterschiedlichen Quellen. In erster Linie daraus, dass es sich um Sexualität und eine sexuelle Interaktion handelt, welche die Subjekte im Kontext des Sexualitätsdiskurses der Moderne grundsätzlich in einen identitär aufgeladenen Spannungs- und Unruhezustand versetzt. Hinzukommt, dass es sich bei der initialen Nachfrage nach käuflichem Sex um einen sexuellen Interaktionsrahmen bzw. Erfahrungskontext handelt, welcher von völliger praktischer Unkenntnis geprägt ist. Zusätzlich erschwerend und belastend wirkt es sich auf die handelnden Subjekte aus, dass das Feld der

Prostitution von zahlreichen gesellschaftlichen Tabus, sexualmoralischen Verboten sowie macht- und geschlechterpolitischen Ambivalenzen durchzogen ist (hierzu weiter unten ausführlicher im Beispiel von Herrn Studer).

Im Beispiel von Herrn Weitenbach speist sich der körperlich und emotional belastende Spannungszustand des ersten Prostitutionskontakts des Weiteren aus einer bereits beschriebenen geschlechterpolitischen Identitätskrise heraus. Für Herrn Weitenbach fällt dieser Prostitutionsbesuch zusammen mit seiner ersten generellen sexuellen Erfahrung. Die sexualbiografische Dreifachbelastung – erste sexuelle Erfahrung, erster sexueller Kontakt mit einer Prostituierten, Etablierung einer männlichen Erwachsenenidentität – erklären hinlänglich das enorme Maß innerer Anspannung.[5]

Im Falle von Herrn Bund erklärt sich sein aufgeregt-angespannter Zustand aus der antizipierten Befriedigung einer bislang unerfüllten sexuellen Phantasie. Die nachfolgende ergänzende Erzählsequenz bezüglich seiner Einstiegssituation belegt dies eindrücklich:

I: kannst du dich noch an dein schönstes Erlebnis erinnern (?)
B: (1) das erste Mal_das erste Mal war ((unglaublich)) das war so der richtige Kick war das war so schnell vorbei (lacht) [...] wie gesagt mein Fetisch war es immer wirklich so Frau mit richtig Holz vor der Hütte ne irgendwann hatte_hatte man immer mal gehört Holzhafen war mal damals eigentlich das dann bin ich da irgendwann mal durchgefahren und dann_dann stand da eine ja dann bin ich (...) BH größer der war PHÄNOMENAL die Runden die ich gedreht hab und bei der der Fuß wollte nicht auf die Bremse und dann hab ich doch angehalten (lacht) und die war ganz freundlich »hallo (...)« ((und dann hab ich gefragt ob sie auch ein Tittenfick macht)) (.) »Ja« hab ich gesagt »was kostet denn dat (?)« »ja 50 mit und 80 ohne Gummi« ich sag »ok«und denn »hast du ein Zimmer (?)« »ja ja« »ok« und hin und es war so schnell vorbei also als die da oben ohne VOR MIT STAND nicht mir wurde schwindelig ne (Herr Bund 144-166).

5 An dieser Stelle sei erwähnt, dass sich die Angebotsseite im Prostitutionsfeld diesem Sachverhalt durchaus bewusst ist. Eine Reaktion hierauf ist z.B. die infrastrukturelle Ausweitung der Programmangebots spezialisiert auf Erstfreier, wie folgende Werbeanzeige eines Berliner Bordellbetriebs zeigt: »Es gibt Girls, die besonders gut mit Männern umgehen können, welche noch keine Erfahrungen mit (käuflichem) Sex gemacht haben. Bei diesen Mädchen steht dann folgendes: ›Newbees [unerfahrene Freier, U.G.] sind bei mir richtig‹. Diese Damen verfügen über die nötige Sensibilität und das richtige Fingerspitzengefühl im Umgang mit einem Newbee. Bei ihnen kannst du dir sicher sein, dass du sehr behutsam und verständnisvoll eingeführt wirst, weil sie genau wissen, wie viel Mut und Überwindung solch ein ›Erster Besuch‹ erfordert« (http://www.ritter11.de/newbee.html#danach, zuletzt 16.10. 2008).

Gelenkt durch sein Alltagswissen steuert Herr Bund in diesem Rahmen zielgerichtet einen stadtbekannten Prostitutionsort an (»hatte man immer mal gehört«). Deutlich ist aus der Schilderung zu schließen, wie hoch die sozialen und emotionalen Zugangshürden zum Feld der Prostitution als Subkultur sind und wie sie ihre Wirkmächtigkeit entfalten. Denn Herr Bund ist trotz der großen erotischen Attraktion, die von einer Sexarbeiterin auf ihn ausgeht, nicht in der Lage zielstrebig und ambivalenzfrei sein Ziel zu verfolgen (»die Runden die ich gedreht hab und bei der, der Fuß wollte nicht auf die Bremse«). Mit dem Ausdruck »Kick« benutzt Herr Bund zudem eine Metapher, die sein erstes Prostitutionserlebnis symbolisch in den Kontext eines ekstatischen Rausch- oder Drogenerlebnisses stellt. Die unmittelbare Möglichkeit der Inkorporation seines bislang unerreichten sexuellen Fetischs, der ›übergroßen‹ weiblichen Brust, kann analog zu Erlebnisberichten stofflicher Rauschzustände als enormer ›Flow‹ beschrieben werden (vgl. Honisch 2007). Diese in seinem Privatleben unbefriedigte Sexualphantasie beschreibt zugleich sein zentrales Einstiegsmotiv. Die funktionale Auswahl der Sexarbeiterin nach diesem körperlichen Kriterium als antizipierter erotischer Sensation folgt daher logisch diesem Schema.

Die beschriebene Ambivalenz und das zögerliche Verhalten in Bezug auf den definitiven Schritt hinein in das Feld werden auch von anderen Freier dieser Studie berichtet, wie u.a. von Herrn Stahl:

> St: dann hat man halt vor der Tür gestanden und (lacht) Daumen auf der Klingel und Hand schnell wieder in ne Tasche »nee ich mach's doch nicht« iist wieder halt nach Hause gefahren ja irgendwann ist es dann halt so gewesen dass man wirklich geklingelt hat und so »ich ZIEHS JETZT DURCH ich wills jetzt halt einfach ausprobieren« und ja dann ist es halt im Grunde genommen ja passiert halt (Herr Stahl 262-264).

Auch hier wird durch den Abbruch des ersten Prostitutionsversuchs deutlich, wie hoch die Hürde, in das Feld einzutauchen und wie hoch der psycho-soziale Druck ist, der in dieser Situation auf komplett unerfahrenen Freiern lasten kann.

Die Erzählung von Herr Bund markiert im weiteren Verlauf eine ähnliche Unsicherheit dem Feld und der Angebotsseite gegenüber. Aus seiner erstaunten Feststellung bezüglich der freundlich-offenen Reaktion der Sexarbeiterin auf seine Kontaktanfrage hin kann dies abgeleitet werden (»dann hab ich doch angehalten (lacht) und die war ganz freundlich ›hallo‹«). Die Phantasie in Bezug auf die erwartbare Erfüllung eines intensiv begehrten sexuellen Wunsches und die unmittelbar konkrete Umsetzung in ›empirische Realität‹ führen dann zu einer (nicht unerwarteten) systemischen Überforderung (sozial und emotional). Die eigentliche sexuelle Interaktion wird von dem Überlastungszustand wesentlich beeinflusst und beschleunigt (»es war so schnell vorbei also als die da oben ohne vor mit stand, nicht, mir wurde schwindelig«). Die sexuelle Interaktion mit der Sexarbeiterin, als Verwirklichung einer bislang unerfüllt gebliebenen fetischisierten sexuellen Phantasie, wird dabei als soziale, sexuelle und psychische Grenzerfahrung erlebt. Diese sexual-praktische Grenzverschiebung und Horizonterweiterung wird subjektiv als sexuelle Sensation in beträchtlichem Ausmaße wahrgenommen. Das intensive Erleben des Unbekannten und Ungekannten, verbunden mit einer hohen Erwartungshaltung, verschmilzt hier auf einer körperlichen Ebene manifest mit der subkulturellen Logik des Prostitutionsfeldes. Das omnipotente (sexuelle) Glücksversprechen, welches die prostitutive Feldlogik transportiert, wird dabei intuitiv von den Freiern aufgegriffen und praktisch umgesetzt. Zu vermuten ist aber auch, dass der Unruhezustand der Erstkunden durch eine zusätzliche Ambivalenzströmung bedingt ist. Die These, die hier formuliert und im Laufe der Studie weiter vertieft werden soll, lautet wie folgt: die Sexarbeiterinwird von den Männern einerseits als idealisierte Phantasie einer aktiven, sexuell tabu- und grenzenlos agierenden Frau herbeigewünscht. Andererseits wird der unmittelbare empirische Kontakt mit dieser Phantasie – einer lebendigen und im wahrsten Sinne des Wortes tabulos agierenden Sexarbeiterin – als Überforderung und Versagensangst auslösenden Tatbestand definiert, der Unruhe, Aufregung sowie Nervosität nach sich zieht und dessen konkrete Umsetzung durchaus Mut von den (jungen) Männern abverlangt.

In ihrer Gesamtheit sprechen viele Faktoren dafür, dass der Einstieg in die Prostitutionsnachfrage als tendenziell angstbesetzte Situation im Sinne einer habituellen Krise erlebt wird. Körperlich macht sich dies bemerkbar als Stressgefühl, Anspannung, Aufregung und Nervosität, woraus dann an eine systemische Handlungsunsicherheit erfolgt. Nicht selten resultiert aus dieser inneren Anspannung auch ein sexuelles Unvermögen innerhalb der konkreten Intiminteraktion mit der Sexarbeiterin, wie die Beispiele von Herrn Meister und Herrn Studer zeigen:

M: zum ersten Mal zu ner HURE gehen ist wie zum ersten mal überhaupt SEX MACHEN da bist du mit'm n_nervös wie HULLE und s_sozusagen der äh KOMISCHWEISE IST ES AUCH nachher so äh es gibt immer (.) (engagiert gesprochen) ich hab das Gefühl es gibt immer zwei ((Handlungen)) wenn jemand zum ersten Mal zu ner Hure geht entweder er kommt GAR NICHT oder er ko_kommt nach zwanzig Sekunden es ist wie erster Sex geht schnell wie Haare waschen unter ne und ich gehörte eher zu denen die da sozusagen nach zwei_nach zwei Minuten äh gekommen bin ne und äh ne REINE NERVOSITÄT ne du kannst dich da natürlich noch NICHT ENTSPANNEN und GENIESSEN weil es einfach ein PURES ABENTEUER ist (Herr Meister 734-760).

Die Ausführungen von Herrn Meister zeigen deutlich, wie folgenreich die ambivalenten Gefühle, Phantasien und Anforderungen in dieser initialen Einstiegssituation sein können. Herr Meister wird dabei sowohl von seinen phantasierten Ängsten und Sorgen bezüglich des Prostitutionsfeldes innerlich belastet als auch im positiven Sinne ›übererregt‹ von der sexuellen Omnipotenzdimension des Prostitutionsfeldes. Diese verspricht ihm nicht weniger als die Erfüllung eines in der Partnerschaft schon lange uneingelösten sexuellen Wunsches (»Französisch mit Aufnahme«, Herr Meister 125). Die ambivalenten Erwartungshaltungen (»Abenteuer« und »Vorurteile gegenüber dem Rotlichtmilieu«, Herr Meister 764) sowie der konstitutionelle Mangel an praktischem Wissen und an sozialem Sinn als Orientierungssinn minimieren die Handlungssouveränität in dieser Situation deutlich. Der für diese Situation notwendige ›Spielsinn‹ bzw. der ›Sinn für das Spiel‹ (Bourdieu) kann habituell nicht hergestellt werden. In unmittelbarer Konsequenz folgt hieraus, dass der (sexuelle) Körper nicht in der Lage ist, die Konzentration in Bezug auf das genuin sexuell-erotische Setting zu fokussieren. Das Ergebnis dieser habituellen Dysfunktion, basierend auf mangelnder Feldpraxis, umschreibt eine ambivalente Interaktionsdynamik, die ein Scheitern der sexuellen Interaktion innerhalb des prostitutiven Settings nach sich zieht (»du kannst dich da natürlich noch nicht entspannen und genießen«).

Aber auch normative Begrenzungen, moralische, religiöse oder (geschlechter-)politische Zweifel an der grundlegenden Legitimität der Prostitutionsnachfrage können die unmittelbare prostitutive Interaktion stark beeinflussen und belasten. Wenn Scham- und Schuldgefühle die Denk-, Wahrnehmungs- und Handlungsapparate der Subjekte systemisch bestimmen, bleibt wenig Raum für eine in sich ruhende strategisch erfolgreiche soziale Praxis im Feld. Die folgende längere Interviewpassage des ersten Prostitutionsbesuchs von Herrn Studer ist ein idealtypisches Beispiel eines solchen Einstiegsmusters:

St: Ich war halt ziemlich aufgeregt (.) bevor ich da überhaupt hingefahren bin hab ich (.) Alkohol getrunken gehabt aber nicht so viel sondern (2) ein zwei Kurze oder so aufwärmen (.) und (3) ja das war (1) ich war total aufgeregt weil ich noch nie ne Frau irgendwie angefasst gehabt oder so was und (3) ich habe mich dann einfach mal hingelegt und (2) sie hat erst mal gemacht so'n bisschen (2) das heißt irgendwie angepackt berührt gestreichelt und so (3) ähm sie hat dann gefragt ob sie (2) auch französisch machen soll (?) aber (2) das wollt ich nicht weil ich da (4) Angst hatte vor (2) HIV Ansteckungsgefahr obwohl es war es ist ja alles mit Kondomen läuft das is ja immer alles aber ich hab mich da halt noch nich so ausgekannt (.) wie das genau ((so betrieben wird)) da hab ich mich erst später informiert ähm (.) das wollt ich erst nich da hat'se dann ganz doof geguckt und gefragt warum nicht und so (.) da hab ich dann gesagt »ja (.) dann machen mers doch« ich wollt mir ja nicht die Blöße geben (lachend) zu sagen »nee ich will nicht« (.) und (.) ja (2) das war eigentlich ein schönes Gefühl und später habe ich dann haben dann noch richtigen Geschlechtsverkehr gemacht hm (2) das hat nicht so lang gedauert ich weiß nicht mehr wie lang (lacht) (.) vier fünf Minuten vielleicht und dann war von ner Stunde natürlich erst ne halbe Stunde oder so rum (.) und sie is dann in die uff die Toilette gegangen (,) und in der Zeit (.) also ich kam mir halt zwar unheimlich toll vor (.) weil ich's erste Mal Sex hatte das war so ein totales Glückserlebnis (.) ähm aber irgendwie hab ich mich auch

ein bisschen geekelt und ich hab dann die restliche halbe Stunde hab ich drauf verzichtet hab mich dann angezogen (.) hab ihr gesacht ähm das ich geh
I: vor was hast Du Dich geekelt
St:ähm (.) einfach mit ner fremden Frau ins Bett zu steigen obwohl ich die gar nicht kenne
I: Hast Du Dich auch en bisschen geschämt (2) sich so auszuziehen und plötzlich so (.) intim zu sein (.) mit nem Mensch den man gar nicht kennt
St: Ähm (2) ja vor der Frau nicht aber (2) weiß nicht ob das so wahr ist (.) aber natürlich kommen so Gedanken mit (.) Eltern »wenn die das jetzt wüssten« (.) oder »was würd die Mutter sagen wenn die das jetzt wüsste« und so'n Kram (.) und daher hab ich mich schon so'n bisschen vor mit selbst geschämt ((also)) daß ich da hingegangen bin oder das ich's überhaupt nötig hatte oder dass ICH das nötig hatte ja viele andre nicht (.) für so was zu bezahlen
I: Also war das noch mal dass das (.) ähm (.) ähm dass das kein richtiger Erfolg war oder das halt besser gewesen wär mit nem mit nem normalen Mädchen Sex zu machen
St: das auf jeden Fall (.) also (2) das das war mir auch schon vorher klar dass dass dass ich nich ähm ((ja das)) normal laufen würde man lernt sich kennen man bekommt ne Freundin irgendwann (.) geht man mal ins Bett mitnander (.) ähm dass das der normale Weg ist und dass der auf jeden Fall besser ist als für Sex Geld zu bezahlen das war mir schon vorher klar (Herr Studer 77-117).

Sehr deutlich lassen sich in diesem Beispiel soziale, emotionale und moralische Ambivalenzen nachzeichnen, die den Einstieg in das Prostitutionsfeld von Herrn Studer wesentlich beeinflussen. Den Ausgangspunkt bildet auch hier die habituelle Doppelkrise der praktischen sexuellen Unerfahrenheit im Feld der Prostitution wie auch im Feld (privater) Sexualität. Der hieraus resultierenden körperlich-systemischen Anspannung und Verunsicherung (»ich war total aufgeregt«) setzt Herr Studer mit dem Konsum von Alkohol eine alltagskulturell fest verankerte männliche Beruhigungsstrategie entgegen (»ein zwei Kurze oder so aufwärmen«). Vom Alkohol verspricht sich Herr Studer einerseits eine beruhigende Wirkung, um die identitär stark aufgeladene Situation der sexuellen Initiation zu meistern, andererseits aber auch eine Bewältigung der praktischen, ästhetischen und moralischen Hürden, die die Praxisanforderungen im Feld an ihn stellen. Auch in dieser Interviewsequenz wird die Wirkmächtigkeit des gesellschaftlichen Tabus und des Sprechverbots deutlich, mit welchem die Nachfrage nach Prostitution belegt ist. Denn Herr Studer greift nicht auf die Hilfe von Freund_innen, Bekannten oder Familienangehörigen zur Problembewältigung seiner sexuellen Krise zurück. Vielmehr verfolgt er eine Strategie der stofflichen Bewältigung seiner Problemlage unter Rückgriff auf eine Alltagsdroge. Herr Studer setzt sich der gesamten Situation im Prostitutionsfeld zu Beginn fast vollständig passiv aus, da er keinerlei praktisches Wissen in Bezug auf sexuelle Skripte und prostitutive Ablaufmuster besitzt (»ich habe mich dann einfach mal hingelegt und sie hat erst mal gemacht«). Wenig verwunderlich ist in diesem Rahmen, dass die Sexarbeiterin die gesamte Interaktion lenkt und strukturiert. Die (neurotische) Angst, sich trotz Kondom mit HIV/AIDS anzustecken, ist zudem ein erster Indikator für einen ›Scham-Schuld-Komplex‹, der dem gesamten Prostitutionseinstieg auf einer sozial unbewussten habituellen Subjektebene als Ambivalenzstruktur zugrunde liegt. Dennoch werden auch die unsicheren Handlungsstrategien von Herrn Studer rasch von der Logik und den ritualisierten Handlungsroutinen des Feldes (Spielzüge, Strategien, Zeittakte etc.) gerahmt und gelenkt. Entgegen seiner ursprünglichen Absicht stimmt er deshalb in den Vollzug von Oralverkehr ein, den er als unumgängliche Handlungsnorm des Feldes interpretiert (›»ja dann machen mers doch‹ ich wollt mir ja nicht die Blöße geben (lachend) zu sagen ›nee ich will nicht‹«). Die subjektive Bilanz des Prostitutionseinstiegs zeichnet sich folglich als sehr ambivalent aus. Glück und Scham sind in diesem Koordinatensystem die herausstechenden Wahrnehmungsmuster und Emotionen. Mit Stolz und Glück markiert Herr Studer dabei die sexualbiografische und geschlechtsidentitäre Entlastung durch den Vollzug seiner sexuellen Initiation (»also ich kam mir halt zwar unheimlich toll vor weil ich's erste Mal Sex hatte das war so ein totales Glückserlebnis«). Nach der Logik standardisierter sexualbiografischer Ablaufmuster fühlt sich Herr Studer nun im Besitz des gültigen Zugangscodes zur Etablierung einer vollständigen und vollwertigen männlichen Erwachsenenidentität. Die sexuelle Praxis kann zudem als initialer Profit innerhalb männlicher Konkurrenzkämpfe im Feld der Sexualität zur Akkumulation sexuellen Kapitals gewertet werden. Die Überwindung der geschlechtsidentitären und sexualpolitischen Exklusion aus dem männlichen Geschlechtsraum löst deshalb bei Herrn Studer starke Glücksgefühle aus. Diese positive Bilanzierung wird jedoch auch negativ ›eingetrübt‹. Prostitutive Praktiken werden in ihrem Distinktionsgehalt – im Kontext hegemonialer Konkurrenzkämpfe im männlichen Geschlechterraum – als deutlich abgewertet gegenüber privater Sexualität betrachtet (»der normale Weg ist und dass der auf jeden Fall besser ist (,) als für Sex Geld zu bezahlen das war mir schon vorher klar«). Zwar werden prostitutive sexuelle Praktiken und Erfahrungen nicht grundsätzlich als illegitimes sexuelles Kapital gewertet, wie auch in diesem Beispiel zu sehen ist. Dennoch werden sie selbst aus innermännlicher Perspektive heraus deklassifiziert und mit Ambivalenz belegt, insbesondere im biografischen Kontext kompletter sexueller Unerfahrenheit, an dem Herr Studer sich zu Beginn seines Prostitutionseinstiegs befindet (in der beschriebenen Szene ist er 23 Jahre alt und ohne jegliche private sexuelle Erfahrung). Diesen Sachverhalt definiert Herr Studer im Vergleich zu anderen (sexuell erfolgreicheren) Männern explizit als einen sozialen und sexualbiografisch inadäquaten Zustand. Die prostitutive Sexualität, ohne ergänzende private sexuelle Erfahrungen, wird deshalb vom Probanden tendenziell als problembeladene und abweichende Verhaltensweise interpretiert (»ich mich schon so'n bisschen vor mit selbst geschämt ((also)) dass ich da hingegangen bin oder dass ich's überhaupt nötig hatte oder dass ICH das nötig hatte ja viele andre nicht für so was zu bezahlen«). Herr Studer akzeptiert in diesem Sinne die ›Demütigung‹, dass sein Prostitutionsbesuch keinen großen Kapitalgewinn darstellt, sondern vielmehr auf seine körperlichen, kommunikativen und erotischen Defizite im Feld (privater) Sexualität verweist. Gerade im Vergleich zu sexuell ›potenten‹ Männern, die in der Lage sind, das Begehren von Frauen aus ihrer eigenen sozialen und erotischen Repräsentation profitreich auf sich zu ziehen. Er anerkennt damit seine niedrige Stellung innerhalb des hierarchisch strukturierten männlichen Geschlechterraums. Die symbolische Gewalt bzw. symbolische Macht, die von diesem klassifizierenden und hierarchisierenden Tatbestand ausgeht, besteht dabei sowohl in der grundlegenden Anerkennung und Legitimität des sexuellen Kapitals an sich als auch in der Akzeptanz des legitimen bzw. illegitimen Erwerbs dieser Kapitalart. Wie sich diese analytische Sicht lebensweltlich aus der empirischen Perspektive der Subjekte darstellt, kann anhand der ergänzenden Erzählsequenz von Herrn Studer veranschaulicht werden:

B: ich wollte schon (.) ähm seit ich fufzehn Jahre ungefähr (.) alt war seitdem wollt ich ne Freundin haben (.) aber ich war in der Schule hat ich überhaupt keinen Kontakt zu Mädchen da war ich total gehemmt [...] ich dann immer halt gesehen was die andren alle haben was ich nich hat (,) und da war ich schon da war ich schon ziemlich neidisch und es is klar das man nichts erzwingen kann [...] was was die andren in meinem Alter natürlich mit links gemacht haben also ganz normales Verhältnis hatten die andren (.) zu Frauen (,) sach ich jetzt mal so wie ich das wahrgenommen hab und bei mir ging gar nix (.) wenn ich mit ner Frau sprechen wollte hab ich kein Wort raus gekricht oder hab angefangen zu stodddern (.) und das war immer ziemlich daneben (Herr Studer 34-45).

Im Kern der biografischen Erzählung steht hier der Sachverhalt, dass es Herr Studer nicht gelingt, in einem altersadäquaten Rahmen einen initialen Zugang zum Feld der Sexualität zu etablieren. Dies wird als Scheitern wahrgenommen. Im Vergleich und in Konkurrenz zu anderen Mitgliedern seiner Alterskohorte, insbesondere zu anderen Männern, wird dieser soziale Tatbestand subjektiv als sehr schmerzhaft erlebt (»ich war schon ziemlich neidisch«). Die (logischen) Rückschlüsse, die Herr Studer hieraus zieht, mangelnde körperliche und soziale Attraktivität, kommunikative Defizite und ein Mangel an erotischer Ausstrahlungskraft, bilden eine zusätzliche Quelle narzisstischer Kränkung und biografischer Verunsicherung. Zentral bezieht sich dies darauf, dass er als soziale und erotische Persönlichkeit nicht dazu in der Lage ist, Begehren und Interesse von potenziellen Partnerinnen zu wecken. Die Frustration, die die prostitutive Kompensationsstrategie bei Herrn Studer daher auch mittransportiert, ist aus dieser Perspektive zusätzlich verständlich. Die prostitutive Praxis wird daher auch als Symbol der Unzulänglichkeit im Feld der Sexualität und innerhalb männlicher Konkurrenzkämpfe wahrgenommen. Im Sinne der symbolischen Gewalt der Deutungsmacht bezüglich legitimer und illegitimer Kapitalakkumulation manifestiert sich hierin also ein partielles Scheitern der prostitutiven Handlungsstrategie. Der Prostitutionseinstieg wird aus dieser Perspektive nicht als lustvolle, freiwillige und gleichwertige Handlungsoption unter anderen gewertet. Vielmehr ist die prostitutive Praxis als ambivalente Ausweichstrategie zu begreifen, um den identitär belastenden Missstand des sexualbiografischen Defizits zu kompensieren.

Eine weitere Quelle, welche die initiale Praxis im Prostitutionsfeld zu einem unsicheren Erlebnis ausgestaltet, ist in der ethischen Dimension seines präprostitutiven Geschlechtshabitus zu lokalisieren. Herr Studer verspürt deutlich moralische Bedenken in Bezug auf die Legitimität seiner sexualbiografischen Kompensations- und Stabilisationsstrategie (»ein bisschen geekelt«; »kommen so Gedanken mit Eltern ›wenn die das jetzt wüssten‹«). Die Nachfrage nach käuflichem Sex widerspricht entschieden seinen bislang verinnerlichten und habitualisierten Norm- und Wertvorstellungen. Sie wird auf der kognitiven wie auch emotionalen Ebene klar und deutlich als moralisch verwerfliche und illegitime (sexuelle) Praxis eingeordnet. Insbesondere in der angstbesetzten Symbolik der strafenden Mutter-Figur (»was würd die Mutter sagen wenn die das jetzt wüsste«) als moralisch richtende Instanz (Über-Ich) wird die mangelnde Habitualisierung der initialen Handlungsabläufe im Feld der Prostitution deutlich (denn Habitualisierung bedeutet ja gerade die grundlegende Beseitigung von Ambivalenzen aus dem Handlungsfluss). Neben der für alle anderen Freiern gültigen Tatsache des logischen Mangels an praktischem Wissen ist Herr Studer zusätzlich von der geringen (leiblichen) Gewissheit der Legitimität seines Handelns betroffen. Der Glaube an das Spiel, als Legitimität des Spiels an sich und als Legitimität der Teilnahme am Spiel als Spieler, wird sozusagen von der ethischen und auch ästhetischen Dimension seines bis dato stark prostitutionskritischen Geschlechtshabitus wesentlich beeinträchtigt und negativ berührt.

Zusammenfassend kann festgestellt werden, dass die unmittelbare Situation der Einstiegspraxis als eine habituelle ›Minikrise‹ gedeutet werden kann. Das Moment der Krise des Sozialen in Bezug auf die Interaktionsebene und der Krise des Subjekts auf der psychischen Ebene ergibt sich daraus, dass zu Beginn keine ausreichende Habitualisierung bzw. Anpassung ans Feld vorhanden ist. Zu Beginn der Nachfragepraxis im Prostitutionsfeld existiert das konkrete praktische Wissen, materialisiert und inkorporiert in spezifischen Denk-, Wahrnehmungs- und Handlungsmustern, nur als alltagskulturelles Metawissen (quasi eklektisch zusammengesetzt aus der habitualisierten Feldpraxis bezogen auf andere Felder, wie dem Feld der Sexualität und der Ökonomie). Konkretes (verleiblichtes) Feldwissen, als praktisches Wissen und praktischer Sinn fehlt jedoch vollständig, was die unmittelbare soziale Praxis stark verunsichert und automatisierte Handlungsroutinen zu diesem Zeitpunkt ausschließt. Die Dringlichkeit und Unumkehrbarkeit der feldspezifischen Handlungsanforderungen können nicht mit der›schlafwandlerischen‹ Sicherheit des Habitus ›gemeistert‹ werden, sondern werden im reflektierten Modus aktiver Berechnung strategisch kalkuliert ausgeführt. Das Wissensdefizit und die Handlungsunsicherheit der Freier zu diesem Zeitpunkt wird oftmals von den Sexarbeiterinnen im Feld (als ›Kampfarena‹) strategisch zu ihrem ökonomischen und sozialen Vorteil ausgenutzt.

Um der empirischen Wirklichkeit umfassend gerecht zu werden, sei zum Abschluss dieses Abschnitts aber auch darauf verwiesen, dass abweichend zum eben beschriebenen und wahrscheinlich vorherrschenden Einstiegsmodus auch alternierende Einstiegsszenarien festzustellen gewesen sind. Anhand zweier Beispiele des Samples dieser Untersuchung von Herrn Herz und Herrn Schnell kann dies kurz verdeutlicht werden:

I: warst du nervös am Anfang als du da hin bist
H: ähmm ach GAR NICHT MAL irgendwie so obwohl's mein erstes Mal war hab ich eben gedacht äh »das hab ich schon immer gemacht« ja ich war eigentlich gar nicht so nervös (Herr Herz 108-111).

Trotz ähnlicher Ausgangssituation wie die der oben beschriebenen Probanden (erster sexueller Kontakt, keine feste Partnerschaft und erster Feldkontakt) erlebt Herr Herz den ersten Prostitutionsbesuch nicht als soziale und sexuelle Stresssituation. Er spricht dies sogar selbstreflexiv an (»obwohl's mein erstes Mal war, war eigentlich gar nicht so nervös«). Implizit bestätigt er damit die Plausibilität der Annahme, dass der zu erwartende Handlungsmodus der initialen Prostitutionsnachfrage und des ersten Geschlechtsverkehrs eine habituelle Minikrise darstellt. Sein eigenes Verhalten klassifiziert er deshalb als Abweichung von der Norm, ohne jedoch tiefere Gründe oder subjektive Erklärungsansätze hierfür zu liefern. In gewissem Sinne bleibt dieses atypische Verhalten wahrscheinlich eine seltene Abweichung von der Regel.

Ein anderer Fall liegt bei Herr Schnell vor, der ebenfalls in einem ruhigen Handlungsmodus seinen ersten Prostitutionsbesuch bewältigt:

I: ähm (lacht) und äh hast du da Angst gehabt beim ersten Mal (?) oder war das_warst du unsicher
S: also ich war_NEE (Herr Schnell 149-150).

In diesem Fall kann das Verhalten mit dem wohl ausgeprägten sexuellen Selbstbewusstsein von Herrn Schnell und seiner Affinität zur prostitutiven Subkultur erklärt werden. Herr Schnell agiert nicht nur im Feld der (privaten) Sexualität äußerst erfolgreich (feste Partnerschaft zusätzlich außerpartnerschaftliche sexuelle Kontakte). Zudem genießt er auch beruflich und finanziell einen überdurchschnittlichen hohen gesellschaftlichen Status. Ausgestattet mit dieser leiblich verankerten (geschlechts-)habituellen Selbstgewissheit sowohl auf der Handlungsebene als auch in moralisch-geschmacklichen Hinsicht ist Herr Schnell deshalb in der Lage, die prostitutive Praxis mühelos in sein allgemeines Handlungsrepertoire zu integrieren.

MOTIVE DER INITIALEN PROSTITUTIONSNACHFRAGE

Forschungslogisch gilt es an dieser Stelle den Begriff des Motivs einzuführen und unter Bezugnahme auf den Interesse-Begriff empirisch zu operationalisieren. Zu klären gilt es, innerhalb welcher sozialer Kontexte die Probanden ein konkretes initiales Interesse an prostitutiver Sexualität bzw. am Feld der Prostitution entwickeln und wie sich dieser Prozess im Einzelnen darstellt. Die Kategorie des Interesses handelnder Individuen bzw. gesellschaftlicher Klassen an sozialen Feldern ist in Kapitel 1 bereits kurz beschrieben worden. Auf Grund ihrer Bedeutsamkeit sei hier nochmals genauer darauf eingegangen. So beschreibt Bourdieu (1996) das Verhältnis zwischen Feld und Interesse dahingehende:

»Jedes Feld setzt eine spezifische Form von Interesse voraus und aktiviert sie, eine spezifische illusio als stillschweigende Anerkennung des Wertes der Interessenobjekte, die in ihm auf dem Spiel stehen, und als praktische Beherrschung der Regeln, die in ihm gelten« (Bourdieu 1996, 149).

Das heißt ein Feld als Spielfeld muss nicht nur durch den praktischen Sinn als solches erkannt und in seiner Logik, Regelhaftigkeit und geschmacklich-disktinktiven Bedeutsamkeit intuitiv verstanden und praktisch beherrscht werden. Es bedarf zudem für den Eintritt wie auch den weiteren Verbleib im Feld einer (leiblichen) Identifikation mit dem Feld, einer Anerkennung bzw. eines praktischen Glaubens an den genuinen Wert der Produktion und der ›produzierten‹ Güter sowie der Ausbildung eines motivationsleitenden Interesses für die dort praktizierten Spiele und Konkurrenzkämpfe. Oder um es auf den Punkt zu bringen, die Teilnahmebereitschaft (Hingabe) an einem Feld beruht zentral darauf, diese sowohl als sinnvoll als auch erstrebenswert zu empfinden. Zur weiteren Klärung des Interesse Begriffs, der auch als illusio bezeichnet wird, noch einmal Bourdieu (1998):

»Was die Stoiker Ataraxie nannten, ist eine Indifferenz, Seelenruhe, Gleichgültigkeit, die kein Freisein von Interesse bedeutet. Die illusio ist daher das Gegenteil von Ataraxie, sie ist das Sicheinlassen, das Investieren in Einsätze, die es infolge der Konkurrenz in einem bestimmten Spiel gibt und die nur für Leute existieren, die von diesem Spiel erfaßt und mit Dispositionen zur Anerkennung der in ihm auf dem Spiel stehenden Einsätze ausgestattet und deshalb bereit sind, für Einsätze zu sterben, die umgekehrt aus der Sicht einer Person, die von diesem Spiel nicht erfaßt ist, uninteressant erscheinen und sie indifferent lassen. Man könnte also auch auf das Wort Investition bzw. Besetzung zurückgreifen, d.h. im doppelten Sinne, psychoanalytisch und ökonomisch« (Bourdieu 1998, 141f.).

Das Interesse bzw. die illusio an einem Feld ist demzufolge als ein umfassendes ›Sich-Einlassen‹ der handelnden Akteure und Akteurinnen auf die Feldlogik und die Feldstrukturen (Spielregeln, Spieleinsätze, Profitchancen,

Kapital-Kämpfe etc.) zu verstehen; ein Prozess der Körper, Geist und die begierige Seele zugleich umfasst. Auf Subjektebene vollzieht sich die Verausgabung von Interesse vielfach als vorreflexiver bzw. unbewusster Prozess. Bewusst verbleibt den sozialen Akteuren zumeist ›nur‹ die manifeste Ebene subjektiv rekonstruierbarer Handlungsgründe ihrer spezifischen Feldpraxis (oftmals auch nur, wenn sie gezwungen sind, aktiv Rechenschaft hierüber abzulegen). In dieser Untersuchung wird der Motiv-Begriff exakt auf auf dieser Ebene lokalisiert und unter Rückgriff auf Weber wie folgt gefasst: »Motiv heißt ein Sinnzusammenhang, welcher dem Handelnden selbst oder dem Beobachtenden als sinnhafter ›Grund‹ eines Verhaltens erscheint« (Weber 1980, 5).

Die Analyse der Motive heterosexueller Männer für die Nachfrage nach käuflichem Sex zielt auf dieser Ebene der Untersuchung daraufhin ab, den intentionalen Sinn ihrer Einstiegsgründe nachzuzeichnen. Betrachtet wird also das, was sie subjektiv als Begründung für ihr Handeln angeben. Um ein plastisches Beispiel für die angesprochenen analytischen Begriffe ›Interesse‹ und ›Motiv‹ in der empirischen Verwendung anzuführen, sei folgender hypothetischer Sachverhalt skizziert:

In einer sportsoziologischen Untersuchung antwortet eine Person auf die Frage nach ihrem sportlichen Verhalten dahingehend, dass sie joggen geht, weil sie sich gerne bewegt und Spaß am Ausdauerlauf hat (weil-Motiv). Diese spezifische Körperpraktik übt sie aber auch aus, um sich fit zu halten, schlank zu bleiben und ihre berufliche Leistungsfähigkeit zu steigern (um-zu-Motiv, als Entwicklung von Interesse in Bezug auf gesellschaftlich vermittelte leibliche Selbstkonzepte und disziplinarische Normen des ökonomischen Feldes). Den sportlichen Einstieg in das regelmäßige Laufen erklärt die Person aus einem ›traumatischen Kontakt‹ mit ihrer Waage, dem zufälligen Hineinzappen in eine Fernsehsendung über die positiven gesundheitlich-diätetischen Aspekte von Ausdauersport und der gemeinsamen Verabredung zum Laufen mit einem Freund/einer Freundin in ähnlicher Situation (auf einer weiteren Abstraktionsebene könnten anschließend noch Dispositionen bzw. habituelle Muster bestimmt werden, aus denen sich das jeweilige Interesse am Feld und die spezifischen Motiv- bzw. Begründungsmuster auf einer allgemeinen Subjektivitätsebene herleiten).

Generalisierte Motive der Prostitutionsnachfrage

Es gilt nun in einem ersten Schritt generalisierte Motiv-Dimensionen der Prostitutionsnachfrage herauszuarbeiten. In Abgleich mit den objektiven Strukturmustern und Angebotspotenzialen des Prostitutionsfeldes werden diejenigen Motive bestimmt, mit denen die Freier auf einer allgemeinen bzw. grundlegenden Ebene das Prostitutionsfeld mit Interesse (Bedürfnisse, Gefühle, Begierden und Phantasien) motivational besetzen (um-zu-Motive). Diese Bedürfnisstrukturen können sozusagen als generalisierte Motivmuster bzw. als allgemeinste Motiv-Dimension der männlichen Prostitutionsnachfrage begriffen werden. In einem Folgeschritt gilt es dann zu untersuchen, wie sich diese allgemeinen Bedürfnismuster der Freier im Einzelnen und Konkreten auf die Angebotsstruktur des Prostitutionsfeldes beziehen (weil-Motive). Empirisch lassen sich in dieser Untersuchung vier Verbindungslinien zwischen der Angebotsseite des Prostitutionsfeldes und der männlichen Nachfrage benennen und belegen: Diese Aspekte der generalisierten Motiv-Ebene umfassen folgende Dimensionen:

- die sexuelle Motiv-Dimension
- die soziale Motiv-Dimension
- die psychische Motiv-Dimension
- die subkulturelle Erotisierung des Feldes

Die sexuelle Motiv-Dimension

Doing Sex

Die sexuelle Feldebene umfasst sämtliche Angebotsmuster des Prostitutionsfeldes, die mit einer unmittelbar körperlich-sexuellen Funktionslogik motivational besetzt werden können. In den Aussagen von Herrn Hahn, Herrn Thanert und Herr Konrad lässt sich sie Kopplung der Nachfrage an diese Angebotsstruktur deutlich nachzeichnen. Zur genuin sexuellen Ebene führt Herr Hahn aus:

H: ich sach mal der eigentliche Zweck des Besuchs [ist, U.G.] halt eben auch der sexuelle Austausch (Herr Hahn 19).

In der Aussage von Herrn Hahn wird der explizite Bezug auf die sexuelle Feldebene plastisch ausgeführt. Hierzu zählt beispielsweise die Möglichkeit, eine zeitlich begrenzte Sexualpartnerin zu finden oder sexuelle Lust und sexuelles Begehren (problemlos) in Sexualität umsetzen zu können. In der klinisch gewählten Begrifflichkeit von Herrn Hahn (»Austausch«) kommt zudem die instrumentelle Logik des prostitutiven Tauschakts – Lust, Geilheit, Begehren, Blicke, Geldzahlung, Ejakulation – deutlich zum Ausdruck.

Körperkontakt und Zärtlichkeit

Daneben ist aber auch die Nachfrage nach Körperkontakt im Allgemeinen (Zärtlichkeit, Küsse, Berührungen) als Motiv anwesend, wie Herr Thanert schildert:

T: also es ist schon die Kombination es ist schon ahmmm dass da irgendwo Nähe und Zärtlichkeit da ist ganz klar es ist in dem Moment immer wenn du sagst ähm du küsst ganz einfach weil das ist ja auch ne Sache die viele sagen wir mal Wohnung oder Strich eben NICHT mag das wird da eben relativ oft gemacht
I: ah ja (1) na ja das ist ja schon recht intim

T: das ist schon recht intim und (1) es ist immer so ne gewisse Grenze also es ist auch net das erste Mal dass irgendwo Gäste also Gäste sich verlieben das ist irgendwo MASSIG (Herr Thanert 245-253).

Herr Thanert stellt diesen Bezug eindeutig her (»es ist schon die Kombination da irgendwo Nähe und Zärtlichkeit da«; »das ist schon recht intim«). Aus arbeitssoziologischer Perspektive im Sinne der These der »Subjektivierung der Arbeit« (Voß/Pongartz 1998) ist damit auch für das Feld der Prostitution eine entgrenzende Erweiterung und Intensivierung der Arbeitsanforderungen an die Sexarbeiterinnen verbunden. Von Bedeutung ist nicht mehr nur allein der klar abgegrenzte sexuelle Akt in der Dynamik zwischen Angebot und Nachfrage. Vielmehr wird von den Sexarbeiterinnen verlangt, ihre gesamte Subjektivität (Gefühl, Intimität, Lust, Empathie, sexuelle Kreativität) und ihre (leibliche) Persönlichkeit als Ganzes in die Interaktion mit den Freiern einzubringen. Das Praktizieren von Zungenküssen (»du küsst ganz einfach«, Herr Thanert 247) oder die Erlaubnis für Freier, die Sexarbeiterin überall zu berühren, kann im Vergleich zu ›klassischen‹ Prostitutionsstandards (keine Küsse, keine Berührungen, klare Grenzziehungen etc.) als Tabubruch gewertet werden (vgl. Brückner/Oppenheimer 2007, 80-86, 156-161). Die voranschreitende Etablierung dieses Angebots als standardisiertes Angebotsmuster symbolisiert den in Kapitel 4 ›Exkurs‹ angesprochenen neoliberalen Modernisierungsprozess auch im Feld der Prostitution eindrücklich.

Omnipotenz

Des Weiteren sei auf das ekstatisch-entgrenzende Versprechen der Prostitution als omnipotentes Universum sexueller Wunscherfüllung verwiesen (erinnert sei in diesem Zusammenhang auch an die Erläuterungen zur ›Schlaraffenland‹-Metapher von Herrn Thanert). Herr Herz führt hierzu aus:

H: das war wie so ein Abenteuer man ist dann durch die Gegend gelaufen hat dann ne RIESEN AUSWAHL an Frauen gehabt die man sonst so gar nicht oder gar nicht so leicht poppen könnte also man kann ne CHINESIN finden eine KATEU also ne Transsexuelle oder eine AFRIKANERIN eine KUBANERIN also man sieht die ganze Welt (Herr Herz 171-175).

Herr Herz rekurriert in dieser Interviewsequenz sehr euphorisch auf die enorme erotische Potenzialität des Prostitutionsfeldes mit seiner im Vergleich zum Feld privater Sexualität qualitativ und quantitativ überdurchschnittlich hohen Auswahl an Sexualpartnerinnen. Drei Aspekte müssen dabei gesondert hervorgehoben werden, die für die generalisierte Motiv-Ebene als bedeutsame Anziehungskraft der männlichen Prostitutionsnachfrage von herausgehobener Bedeutung sind. Zum ersten muss ein Freier auf dem ›Sexmarkt‹ kaum mit Zurückweisung rechnen, sofern er genügend Geldmittel bereit- und gewisse vertragliche Grundregeln einhält.

Zum zweiten sind soziale bzw. kulturelle Kapitalanforderungen, die im Feld (privater) Sexualität Grundvoraussetzung einer profitablen strategischen Praxis bilden, wie z.B. Aussehen, sexuelle Attraktivität, Kommunikationstalent, körperliche Funktionstüchtigkeit, insbesondere die Erektionsfähigkeit etc., außer Kraft gesetzt bzw. durch die abstrahierende Logik des Tauschakts transzendiert (»Frauen, die man sonst so gar nicht oder gar nicht so leicht poppen könnte«). Zum dritten wird deutlich, dass die (subkulturelle) Anziehungskraft, die die Prostitution auf die Freier ausübt, auch dadurch begründet ist, dass jedes Begehren, jede sexuelle Vorliebe, gesellschaftlich oder individuell tabuisierte ›Sonderwünsche‹, die aus welchen Gründen auch immer (persönliche Scham und Kommunikationsbarrieren, Beziehungsprobleme, aktuelle Partnerinnenlosigkeit etc.) nicht realisiert werden können, potenziell befriedigt werden können. Dabei kann das Begehren, wie im Fall von Herrn Herz, exotistisch aufgeladen sein (»Riesenauswahl an Frauen ne Afrikanerin, Chinesin, Kubanerin«), neosexuelle Formen annehmen (»eine Kateu, also ne Transsexuelle«) oder andere Gestalten annehmen – pornografische, orgiastische oder unspektakuläre –, wie u.a. die folgende Interviewpassage von Herrn Konrad zeigt:

> K: zum Beispiel hat_hat mich äh Analverkehr interessiert oder ähm äh intensiver Oralverkehr oder ähm (1) hmm (2) ja (1) oder ähm (1) ähh Sex mit einer_mit einer Transvestitin (Herr Konrad 144-150).

Im Falle von Herrn Konrad bezieht sich dies beispielsweise auf das Ausprobieren von »Analverkehr« und »Oralverkehr« im prostitutiven Setting bzw. auf die Nachfrage nach einer trans-heterosexuellen Begegnung (»Sex mit einer Transvestitin«). Wichtig und bedeutsam ist an dieser Stelle festzuhalten, dass das objektive Angebotsmuster des Prostitutionsfeldes als Subkultur jegliches Begehren für gültig und legitim erklärt und darum bemüht ist, eine Befriedigung der Kundennachfrage zu gewährleisten. Dagegen wohnt privaten sexuellen Skripts immer auch das Risiko des Scheiterns inne, sei es an eigenen Schamgrenzen, aus Attraktivitätsmangel, Begehrensdisparitäten, kommunikativen Missverständnissen oder aus körperlichem Unvermögen.

In Bezug auf die männliche Gesamtnachfrage nach Prostitution dürfte der motivationalen Besetzung der sexuellen Feldebene sowohl quantitativ als auch qualitativ die größte Bedeutung zufallen.

Die soziale Motiv-Dimension

Kommunikativ-emotionale Bedürfnismuster

Die soziale Feldebene ist zum einen funktional auf kommunikativ-emotionale Bedürfnismuster der Freier ausgerichtet. Herr Korbel, ein langjähriger Freier, Internetforumsbesucher und differenzierter Kenner des Feldes führt diese Felddimension deutlich aus:

K: KENNE MENGE LEUTE die kontaktARM sind oder kontaktSCHWACH sind ein Problem haben UND SUCHEN halt wirklich die LIEBE ne meine sie sie könnten sie bezahlen im Club und finden se ne aber des ist halt FALSCH des ist mit Sicherheit falsch [...] UND halt teilweise oft auch nur äh psychologische Entspannung VIELE gehen auch auf die Zimmer und und poppen gar net ne also wird nur nur palavert ne das gibt's auch (Herr Korbel 1156-1178).

Wie Herr Korbel deutlich macht, deckt die Angebotsstruktur des Prostitutionsfeldes auch Bedürfnisse nach allgemeinem menschlichem Kontakt, nach Aufmerksamkeit, Zuneigung, Liebe oder Kommunikation ab (»die suchen halt wirklich die Liebe«; »die poppen gar net da wird nur palavert«). Dies trifft insbesondere auf solche Freier zu, die in ihrem privaten Leben deutliche Defizite in Bezug auf diese Bedürfnismuster zu verzeichnen haben (»Leute die kontaktarm sind oder kontaktschwach«). Als weiteren Punkt sei ein Aspekt angesprochen, auf den Herrn Korbel in der Interviewsequenz nur indirekt hinweist. Es handelt sich hierbei um Bedürfnisse der Männer, ihre emotionale Bedürftigkeit im Kontakt mit einer Sexarbeiterin ausleben zu können. Das heißt: Sorgen mitteilen, Rat suchen, sozialer Isolation/Einsamkeit entgegenwirken etc. (»Leute die kontaktschwach sind und ein Problem haben«).

Patriarchale Destruktivitätspotenziale

Aber auch destruktive Anteile menschlicher bzw. männlicher Sozietät (Macht-, Gewalt- und Dominanzmuster, Frauenverachtung, Frauenhass) werden von der sozialen Feldebene abgedeckt und korrespondieren mit analogen Motivstrukturen von Freiern. In der zugespitzten Beschreibung und Klassifizierung der aktiven Nachfrage von drogensubstituierenden Sexarbeiterinnen bei Herrn Herz kann der Rekurs auf diese Motiv- und Feldlogik nachgezeichnet werden:

H: ja also ich begeb mich irgendwie außerhalb der Gesellschaft und ähm (2) JA und ich muss auch DOCH sagen vielleicht ist es sogar so dass ich SAGE »mit DIESEN FRAUEN kann man vielleicht NOCH MEHR MACHEN was man möchte« also eine eine ja eine Laufhaushure ist immer noch vielleicht mehr selbstbestimmt also »wenn ich dich nicht als Freier nehme dann nehme ich den nächsten als Freier« (1) und ähh bei einer (1) bei einem Straßenjunky ist es wirklich so die hat keine Wahl die muss dich jetzt nehmen und äh das macht vielleicht auch noch mehr an dass das einfach (3) LETZTLICH die DE-GRADIERUNG zum reinen FICKMATERIAL möchte ich mal diesen Begriff so sagen ist beim Straßenstrich am meisten noch gegeben (Herr Herz 496-506).

Historisch betrachtet und unter aktuellen gesellschaftlichen Bedingungen immer noch gegeben, speist sich diese Dynamik aus der diskursiven Verortung des Prostitutionsfeldes als abgewerteter anti-bürgerlicher Kosmos (»ich begebe mich außerhalb der Gesellschaft«). Sie beruht des Weiteren auf der strukturellen (sexistischen) Verachtung, Entrechtung und sozialen bzw. rassistischen Diskriminierung von Sexarbeiterinnen. Insbesondere Sexarbeiterinnen in prekären Lebens- und Arbeitssituationen sind häufig hiervon betroffen. Hierzu zählen in erster Linie Frauen auf dem Straßenstrich. Wie Herr Herz darlegt, geht es ihm in diesem Fall der prostitutiven Nachfrage sehr zentral um die aktive und bewusste ›Erotisierung‹ des körperlichen, ökonomischen und sozialen ›Elends‹ dieser Frauen. Die vorgefundene Hilflosigkeit (»bei einem Straßenjunky ist es wirklich so die hat keine Wahl die muss dich jetzt nehmen«) ermöglicht es dem Freier, diese Frauen zu verdinglichen und zu demütigen (»letztlich die Degradierung zum reinen Fickmaterial«). Der Akt der Demütigung und die direkte Machtausübung gegenüber der wehr- und hilfosen Sexarbeiterin innerhalb des Settings der Drogenprostitution kann als eigenständige Lustquelle der prostitutiven Interaktion und Nachfrage gekennzeichnet werden. Der männliche Bezug auf diese Angebotsebene ist als patriarchaler Akt symbolischer Macht bzw. symbolischer Gewalt zu klassifizieren. Hiermit ist gemeint, dass die außergewöhnliche Verfügungsmacht über den Willen, den Körper und die Sexualität von (Straßen-)Sexarbeiterinnen, welche in privaten Settings kaum denkbar ist, von Herrn Herz als legitime rauschhafte Entgrenzungserfahrung erlebt und nachgefragt wird (»mit diesen Frauen kann man vielleicht noch mehr machen was man möchte«). Dieser Kontext sexualisierter Gewalt und Macht betrifft aber nicht nur Frauen auf dem Straßenstrich, sondern zum Teil auch prekär beschäftigte migrantische Sexarbeiterinnen mit ungesichertem Aufenthaltsstatus oder Frauen, die von Menschenhandel betroffen sind. Insgesamt ermöglicht diese Ebene der prostitutiven Angebotsstruktur, dass Freier abgespaltene oder in ihrer Gesamtpersönlichkeit sedimentierte patriarchale Dominanzbedürfnisse in einem für sie institutionell abgesicherten Rahmen frei und problemlos ausagieren können.

Die psychische Motiv-Dimension

Die dritte Ebene der objektiven Angebotsmuster, welche motivational besetzt werden kann, zielt auf psychodynamische Bedürfnisstrukturen von Freiern ab. Ein plastisches Beispiel dafür liefert Herr Fischer:

F: ne äh äh Affäre ha_hatte da WAR was zu Ende gegangen und ich war irgendwie ziemlich war irgendwie furchtbar schlecht drauf und dann äh da GAB ES DAMALS so'n Laden am X-Ort in Y-Stadt [...] das war das erste Mal (2) war irgendwie_das war furchtbar also das war irgendwie_nein das war wirklich furchtbar [...] ich hab auch nichts zustande gebracht ja ähm ja (lacht) äh ja und_und da war dann hinterher wirklich der_dieser_dieser so_so'n Selbstekel einfach äh sehr stark ausgeprägt ja ja
I: das überhaupt gemacht zu haben (?)
F: ja ja
I: so was VERBOTENES (?) BÖSES AUCH (?)
F: JA JA JA na eben auch äh auch so damals so'n bisschen damals auch wenn ich mich so recht entsinne was ja übrigens auch schon irgendwie 15_weit über 15 Jahre

her ähm (.) wie soll ich sagen schon so auch irgendwie meine äh meine meine GEFÜHLE für diese Frau unter_w_unter deren sozusagen äh Abwesenheit in meinem Leben ich sehr litt äh irgendwie BEFLECKT zu haben dadurch also das war auch damals ähm also das war_daran erinner' ich mich noch dass das damals auch ziemlich (2) heftig war (Herr Fischer 615-656).

In der Angebotslogik dieser Feldebene geht es primär darum, psychische Spannungszustände (Scham- und Schuldgefühle, narzisstische Kränkungen, Selbstwertkrisen, Depressionen etc.) oder andere missliebige Stimmungslagen (wie z.B. Langeweile oder Frustration) ausagieren und kompensieren zu können. Im Beispiel von Herrn Fischer zeigt sich dieses Muster in der gewichtigen Wahl psychologisierender Begriffe, mit denen er sein Verhalten beschreibt und erklärt (»ich war irgendwie ziemlich war irgendwie furchtbar schlecht drauf«; »hinterher dieser Selbstekel«; »meine Gefühle für diese Frau befleckt zu haben«), und zum anderen in der Tatsache, dass die sexuelle Interaktion mit der Sexarbeiterin nahezu vollständig ›gescheitert‹ ist (»das war wirklich furchtbar, ich hab auch nichts zustande gebracht«). Der vollständige Mangel der Aktivierung sexueller Lust, das Ausbleiben einer Erektion und in Folge dessen das Scheitern der sexuellen Interaktion ist für diesen Nachfragemodus bzw. diese Angebotsstruktur jedoch nicht zwingend konstitutiv.

Die Erotisierung der Subkultur

Die vierte Ebene des feldspezifischen Potenzials der Interessenbesetzung umfasst die bereits weiter oben angesprochene Dimension der Erotisierung des Prostitutionsfeldes als (antibürgerliche) Subkultur. Auch Herr Herz reklamiert diesen Tatbestand als Element seiner prostitutiven Praxis für sich. Auf die Frage nach dem Reiz an der Prostitution antwortet er:

H: Am Anfang ist es sicherlich der Reiz des UNMORALISCHEN in Anführungszeichen unmoralisch vielleicht [...] und DANN ähm es ist auch muss ich auch ganz ehrlich sagen ne Art SUCHTVERHALTEN irgendwann was eintritt es sind so die GERÄUSCHE die TÖNE die man so hört das ganze AMBIENTE oder Milieu wie man es nennen will das was man so als Freier dann BRAUCHT das ist ähnlich wie der Spielsüchtige der in den ins Casino geht und hört das ganze Geklimpere der einarmigen Banditen oder was (...) und die ganzen Töne überhaupt das Rotlichtviertel das das zieht irgendwie magisch an auf ne gewisse Art und Weise man fühlt sich so als OUTCAST in der GESELLSCHAFT und JAA man fühlt sich als irgendwie sogar als noch was Besonderes in seiner (.) überheblichen Art oder so wenn man manchmal so unterwegs ist ja (1) (Herr Herz 156-187).

Wie in diesem Abschnitt zu sehen ist, übt die Prostitution als subkultureller Ort ein hohes Maß an Faszination und Anziehungskraft auf Herrn Herz aus. Die Feldgrenzen der prostitutiven Subkultur können eindeutig erkannt werden und der soziale Kosmos dahinter wird als ein mit eigenen Gesetzmäßigkeiten, Ritualen und symbolischen Logiken definierter subkultureller Erlebnisraum klassifiziert. Zentral bezieht sich Herr Herz auf die doppelte Funktion, die mit der Begrifflichkeit der Prostitution als Subkultur erfasst werden kann. Das potenziell zu veräußernde Interesse bezieht sich dabei zum einen auf den Lust- und Distinktionsgewinn in Gestalt eines positiv aufgeladenen geschlechtlichen Selbstbewusstseins und strotzenden Selbstwertgefühls, der aus der begrenzt-kalkulierten Überschreitung bürgerlicher Normen und sexueller Konventionen gezogen wird (»am Anfang ist es sicherlich der Reiz des Unmoralischen«; »das war wie so ein Abenteuer«; «man fühlt sich als Outcast in der Gesellschaft«; «irgendwie sogar als noch was Besonderes in seiner überheblichen Art«). Die subkulturelle Dimension der Prostitution, insbesondere in ihrer sozialräumlichen Manifestation als ›Rotlichtort‹, übt dabei eine eigenständige erotische Anziehungskraft auf die Freier aus, dies zum Teil selbst jenseits der Interessensbesetzung der genuin sexuellen Dimension des Prostitutionsfeldes, wie auch das Beispiel von Herrn Schnell gezeigt hat (»überhaupt das ganze Rotlichtmilieus das zieht irgendwie magisch an«; »die Geräusche, die Töne, die man so hört das ganze Ambiente oder Milieu was man so als Freier dann braucht«).[6]

Im folgenden Abschnitt gilt es nun empirisch zu bestimmen, wie und in welchen Kontexten bzw. Kombinationen diese objektiven Angebotsmuster initial mit Interesse besetzt und von den Männern in soziale Praxis übersetzt werden. Konkret können in dieser Untersuchung drei zentrale Motivmuster für den ursprünglichen Einstieg in das soziale Feld der Prostitution herausgearbeitet werden. Diese Muster treten hierbei nicht nur als Einzelfaktoren auf, sondern kombinieren sich in unterschiedlicher Gewichtung miteinander, in Anbindung an die objektiven Feldstrukturen (sexuelle, psychische, soziale und subkulturelle Ebene).[7] Diese Aspekte differenzieren sich aus in:

- Zufall bzw. situationsbedingte Einstiegsfaktoren
- Neugierde
- Strategische Sexualitätssuche und habituelle Krise.

Situationsbedingte Motivmuster und zufällige Einstiegsfaktoren

Als ein wichtiges Motivmuster für den initialen Prostitutionsbesuch geben einige Probanden außerhalb der Person liegende zufalls- bzw. situationsbedingte Gründe für den Erstbesuch an. Aus der rückblickenden Erzählper-

6 Auf die in dieser Interviewsequenz thematisierte Suchtdimension der prostitutiven Nachfrage wird im Kapitel 5 noch eingegangen.

7 Die im folgenden präsentierten Ergebnisse weisen eine hohe Übereinstimmung mit den von Velten publizierten Ergebnissen bezüglich der Einstiegsfaktoren auf (vgl. Velten 1994, 107-116).

spektive des Interviews stellt sich die erste Prostitutionserfahrung dieser Freier in erster Linie als ein nicht intendiertes und ungeplantes Ereignis dar. Das prostitutive Handeln wird nur in geringem Maße als kausal bzw. von bewussten Motivmustern geleitet angesehen. Dieser Handlungsmodus kann jedoch im Rahmen einer empirisch fundierten Habitusanalyse als ein interessantes Beispiel für die Untersuchung und anschauliche Wirkungsweise habituellen Handelns betrachtet werden. Konkret können hierunter Praktiken und Vorstellungen verstanden werden, »die objektiv an ihr Ziel angepaßt sein können, ohne jedoch bewußtes Anstreben von Zwecken und ausdrückliche Beherrschung der zur deren Erreichung erforderlichen Operationen vorauszusetzen, die objektiv ›geregelt‹ und ›regelmäßig‹ sind, ohne irgendwie das Ergebnis der Einhaltung von Regeln zu sein» (Bourdieu 1993, 98-99, Herv. i. O.). In der Interpretation des Datenmaterials kann gezeigt werden, dass hinter der subjektiven Deutung der Einstiegspraxis als scheinbar zufälliges Ereignis eine habituell vermittelte Interessenbesetzung der objektiven Feldstrukturen erfolgt ist. Die vom Habitus generierten Handlungsentwürfe haben dabei im Modus der ›intentionslosen Intentionalität‹ ihr Ziel effizient und erfolgreich erreicht. In der Interpretation der folgenden Beispiele von Herrn Fischer, Herrn Schnell und Herrn Bund wird nun im Einzelnen weiter ausgeführt, was hierunter genau zu verstehen ist. Untersucht wird dabei, wie sich (geschlechts-)habituelle Strukturen der Probanden mit den konkreten Feldebenen sinnhaft kurzgeschlossen und eine strategisch erfolgreiche soziale Praxis hervorgebracht haben. Die Analyse beginnt mit der Fortsetzung der Einstiegssequenz von Herrn Fischer, die weiter oben bereits kurz angeführt worden ist:

F: ja das erste Mal da bin ich so äh ähm QUASI was heißt reingerutscht doch doch eben man muss schon sagen reingerutscht weil es ist so das war da war ich soo na (1) 25 26 schätze ich mal so äh und äh und das war_war ähnlich wie ich das von jetzt von dieser von dieser von dieser Geschichte mit dieser Frau erzählt habe also mit JÜNGST wo ich mit der ich ne äh äh Affäre ha_hatte da WAR was zu Ende gegangen und ich war irgendwie ziemlich war irgendwie furchtbar schlecht drauf und dann äh da GAB ES DAMALS so'n Laden am X-Platz in Y-Stadt das ist irgendwie kennen sie sich in Y-Stadt ein bisschen aus (?) so ist so wie St Pauli halt nur kleiner ((als St Georg)) da am Bahnhof DA Da GAB ES so'n Laden und das war auch irgendwie in da wurde auch drüber in den Zeitungen berichtet und es war aber irgendwie nicht also es war mir eigentlich nicht klar dass das IRGENDWIE dass das halt eben auch ein Bordellbetrieb ist und das war eigentlich eher so mit irgendwie SHOW und damals auch Peep Show noch und das war irgendwie so'n_ich glaube auch mit irgendwelchen auch mit äh äh mit Sexkino und so ich weiß es war_es war auch ziemlich GROSS und ziemlich irgendwie äh ziemlich BUNT und äh GALT auch so damals ((viele)_damals waren wie gesagt auch so Artikel in der Zeitung irgendwie als so dass ist jetzt so vom SCHMUDDELIMAGE WEG geht so bla bla und da HATTE ICH ähm in der NÄHE irgendwie ZU TUN IRGENDWAS also ich bin da wirklich zufällig also ich hab gewusst dass es das gibt das hatte ich da aber nicht gelesen und bin da vorbeigefahren und äh (1) bin dann (1) da rein (1) und ich musste irgend_muss irgendwie Geld ACH NEIN NEIN ich WOLLTE was kaufen genau was immer das jetzt gewesen sein mag ich hätte damal_ich hätte also_ich hätte Geld dabei ich wollte irgendetwas kaufen da in der Nähe so muss es gewesen sein ich wollte irgendwas kaufen in der Nähe genau und ((also)) hatte von daher wohl offenbar Geld dabei und äh (1) BIN DANN DA REIN und ähm ja und irgendwie war_war es dann eben ähm (1) äh war es dann eben so alles mögliche und neben unter anderem eben auch äh äh auch so'n äh Bordellbetrieb was mir auch eigentlich als ich da REIN GING gar nicht so richtig klar war und (.) JA und da war dann und da wurde man dann auch ziemlich ange_(.)_baggert von den Damen und da war dann irgendwie eine die ich irgendwie so (.) NETT FAND ganz gut aussehend sympathisch und ja und so bin ich dann (1) das war das erste Mal (2) war irgendwie_das war furchtbar also das war irgendwie_nein das war wirklich furchtbar und also danach bin ich dann auch äh ich glaube nach dem ersten Mal bin ich (2) ich glaub' ich zwei Jahre ach ich weiß es nicht genau aber VERDAMMT LANGE also WIRKLICH LANGE äh (.) NIRGENDWO mehr gewesen (Herr Fischer 623-636)

Herr Fischer schildert heute seinen ersten Prostitutionsbesuch sehr stark als ein jenseits bewusster Intentionalität liegendes zufälliges Ereignis. Subjektiv von (medial vermitteltem) Alltagswissen geleitet (»da gab es so'n Laden und da wurde auch drüber in den Zeitungen berichtet»), nutzt er die infrastrukturelle Präsenz eines Bordellbetriebs, welches er fälschlicherweise für eine Peep Show bzw. ein Sexkino hält. In der ungewohnten Umgebung und der Unmittelbarkeit der Feldpräsenz fällt es Herrn Fischer offensichtlich schwer, sich der Logik und Dynamik des Feldes zu entziehen. Dem Drängen und Werben einer ihm sympathischen Sexarbeiterin gibt er sich, subjektiv überraschend, ohne große Widerstände hin (»da wurde man dann auch ziemlich angebaggert von den Damen«). Die von Herrn Fischer benutzte Metapher des ›Zufalls‹ darf, wie bereits thematisiert, nicht überanstrengt bzw. zu wörtlich genommen werden. Sehr deutlich wird, dass die Motivation, überhaupt ein Etablissement der Sexindustrie zu besuchen, ursächlich von einer manifesten psychischen (Trennungs-)Krise gerahmt und gelenkt wird (»ne Affäre war zu Ende und ich war ziemlich irgendwie furchtbar schlecht drauf«). Die Interaktion mit der Sexarbeiterin wird deshalb sowohl auf einer sexuellen als auch emotionalen Ebene als Scheitern und intensives Negativerlebnis gewertet (»das war furchtbar ... ich hab auch nichts zustande gebracht und da war dann hinterher dieser Selbstekel sehr stark ausgeprägt«, Herr Fischer 641-647). Die Hypothese liegt nahe, dass von einer intrapsychischen Perspektive aus betrachtet hintergründig genau jener Scham-Schuld-Komplex als ›gewünschte‹ Reaktion gesucht worden ist und als motivationsleitende Sinnstruktur benannt werden muss. Bemerkenswert am Einstieg von Herr Fischer ist darüber hinaus, dass die als ›Zufall‹ klassifizierte spontan-ungeplante Eingebung ein Bordell zu besuchen und die konkrete Übersetzung des Feldeintritts in soziale Praxis einen zeitlich unmittelbaren Charakter aufweisen. Von der Perspektive der Habitusanalyse betrachtet, ist die gesamte Einstiegssequenz allerdings keineswegs als Zusammenspiel zufällig aufeinandertreffender Faktoren zu werten. Vielmehr verdeutlicht sich darin, wie der soziale Sinn und das praktische Wissen, als Dimensionen des Habitus, den Seinszustand der emotionalen Krise habituell zielgerichtet mit der auf diesen Seinszustand abgestimmten Logik des Prostitutionsfeldes – der psychischen Feldebene – motivational verknüpfen. Denn Herr Fischer war bereits vor diesem Ereignis in der Lage, diese Lokalität im erweiterten Sinne der Sexindustrie zuordnen (»da wurde auch drüber in den Zeitungen berichtet und aber es war mir eigentlich nicht klar dass das irgendwie dass das halt eben auch ein Bordellbetrieb ist«). Trotz grundlegender Kenntnis um Prostitution und dieses spezielle Etablissements hatte er bislang keinen Impuls verspürt, diesen im allerweitesten Sinne mit käuflicher Lust konnotierten Ort (»Peep Show«; »Sexkino«) zu betreten. Der Habitus hat also in den ihm vorgegebenen Grenzen seiner gesellschaftlichen Produktion als strukturierende Struktur eine logische und, abgesehen von der seelischen Qual des Subjekts, auch eine erfolgreiche Strategie auf ein manifestes Handlungsproblem generiert. Das Aufeinandertreffen bzw. die Dynamik zwischen Feld und Habitus hat also dazu geführt, die prostitutive Potenzialität wahrzunehmen, das motivationale Interesse am Feld auszubilden und in konkrete soziale Praxis umzusetzen. Potenziell wären natürlich auch andere Strategien der psychischen Kompensation in anderen hierfür prädestinierten Felder möglich gewesen, wie beispielsweise im Feld des Konsums oder im Feld der stofflichen Süchte. Die Frage, warum diese anderen Optionen nicht gewählt wurden, kann aus empirischer Perspektive dahingehend beantwortet werden: Herr Fischer ordnet sich politisch und lebensweltlich dem links-alternativen Milieu zu. Teile bzw. gewisse Fraktionen dieser sozialen Gruppe definieren sich in extremer politischer Gegnerschaft und Ablehnung zur Prostitution und insbesondere zur männlichen Nachfrage nach käuflichem Sex. Im Falle des ›Entdecktwerdens‹ seiner Prostitutionsaktivitäten könnte dies zu erheblichen Problemen in seinem persönlichen Nahumfeld führen, wie Herr Fischer vermutet, bis hin zu vereinzelten Kontaktabbrüchen:

> F: UND die (...) ich glaube in mei_in so den Leuten in dem Kreis der Leute die ICH kenne ist das schon auch ähm ist das schon eben auch aus_auf Grund so ner_so ner_so ner LINKEN MORAL einfach ziemlich verpönt und auch ziemlich_also einfach SEHR sehr UNMORALISCH und ich_also es gibt sagen wir mal so sicherlich Leute ich glaube es gibt Leute schon die äh (1) wirklich so richtig gute Freunde die auch ähm glaub_also könnte ich mir vorstellen auch den Kontakt mit mir abbrechen würden (Herr Fischer 68-70).

Wenn man so will, verspricht die Prostitution in diesem Sinne für Herrn Fischer den höchsten Profit in der ›Akkumulation‹ von Scham- und Schuldgefühlen, die das Interesse an der Prostitution speisen und den initialen Reiz für ihn ausmachen.

In einem weiteren Beispiel kann ebenfalls die subjektive Deutung des Prostitutionseinstiegs als ein situativ-zufälliges Ereignis beobachtet werden:

S: als ich DAS ERSTE MAL da hingegangen bin da war ich VOLL WIE EIN EIMER (lacht) und das ist in X-Stadt ist das so witzig es gibt da kein wirklichen Rotlichtbezirk es ist da wirklich ähm du gehst hier durch die Straßen und irgendwo hast du ne Neonreklame von irgend so'm Ding und ähm als ich da hinzog hab ich schon gesehen bei mir um die Ecke war so'n Ding PARIS BAR (lacht schallend) und ähm DA hatte ich auch wirklich das war auf ECHT ich musst da ein super Abend gehabt haben wahrscheinlich war irgend ein Kongress von dicken schwitzenden Männern in X-Stadt so dass ich da REIN KAM ich kam von ner Abendveranstaltung von meinem Arbeitgeber also war irgendwie ENTSPRECHEND schnucklig zurecht gemacht und ähm schneite da mit 23 Jahren (lacht) in diesen Laden rein und die Mädels haben sich echt da drum gerissen (lacht) ähm mit wem ich da nun losgehen würde und das war ein ECHT DAS WAR ein SUPER ABEND muss ich sagen also WAS HEISST EIN SUPER ABEND (?) das war NE GUTE STUNDE für die ich gerne ich glaube die hat bestimmt 300 Mark gekostet aber die (.) hab ich GUT und GERNE dort investiert (Herr Schnell 135-148).

Idealtypisch kann hier ein Einstieg in die Prostitution beobachtet werden, in dem sich praktisches (Alltags-)Wissen bezüglich der Wahrnehmung und Lokalisierung feldspezifischer Strukturen (»als ich da hinzog hab ich schon gesehen bei mir um die Ecke war so'n Ding Paris Bar«) mit einer situativen Begebenheit – dem Passieren einer Bar in stark alkoholisiertem Zustand – kreuzt. Das Resultat dieses Aufeinandertreffens von Feld und Habitus verdichtet sich dann in der Situation zu einer adäquaten, sinnhaften und ›vernünftigen‹ Handlungsstrategie. Es liegt nahe, dass durch den Faktor ›Alkohol‹ eine potenzielle Hemmschwelle die Bar zu betreten, sofern bei Herrn Schnell überhaupt vorhanden, stark herabgesetzt wurde. Diese Konstellation gibt ihm die Gelegenheit, sein habituell vermitteltes Interesse an der subkulturellen Ebene des Prostitutionsfelds ausleben zu können. Diese Handlungsstrategie kann im Fall von Herr Schnell ebenfalls als gelungen interpretiert werden. Dies bezieht sich sowohl auf die Reibungslosigkeit des Interaktionsablaufs als auch auf die für ihn positive Bilanz der Akkumulation kulturellen, sozialen und sexuellen Kapitals (»das war ein super Abend hat bestimmt 300 Mark gekostet aber die (.) hab ich gut und gerne dort investiert«).

Dass dies nicht immer koinzidieren muss, zeigt das Beispiel der Einstiegspraxis von Herrn Bund:

B: ja was da letztlich der Auslöser war das WEISS ICH GAR NICHT MEHR es war auf jeden Fall zu ner Zeit da war ich GERADE mit ner Partnerin fest zusammen ich ((würde mal)) denken irgend ne sexuelle Hungerphase ja und da wurde ich auf diese ANNONCEN AUFMERKSAM woher also (...) na ja X-Stadt war die Oberweite 140 stand jedenfalls und dann gingen bei mir gleich mal die Glocken an und ach wer weiß ich wie oft ich da angerufen und muss man erst mal die Bänder abgehört äh gefragt und ja »(...) so und wie ist das denn und« hingefahren und aber auch vorbeigefahren am Haus denn wie gesagt das erste Mal war dann im HOLZHAFEN hab ich mir dann ein Herz gefasst weil ich es dann auch nicht nur auf mit den Versprechungen vom Telefon hatte die da hab ich nicht gesehen ne (1) und da stand die da an so'm Hauseingang von irgend so ner Firma da (1) wie gesagt hat aber LANGE GEDAUERT die ersten Gedanken wo man mal so ne Nummer angerufen hat ich glaub bin ich mal abends durch en Hafen gefahren ist Holzhafen jetzt (1) bestimmt ein halbes Jahr gedauert ne bis es zum ersten Mal gekommen ist (1) ja und bin im nächsten Tag gleich wieder gegangen (Herr Bund 327-343).

In dem Beispiel des Prostitutionseinstiegs von Herrn Bund ist auf den ersten Blick nicht erkenntlich, warum hier die Kategorie ›Zufall‹ bzw. ›situative Bedingung‹ gewählt werden kann. Ganz im Gegenteil zeichnet sich der Einstieg von Herr Bund durch eine sehr lange Anlaufphase bis hin zum eigentlichen Prostitutionskontakt aus (»hat bestimmt ein halbes Jahr gedauert«). Gewählt wurde dieses Beispiel dennoch, um zu zeigen, wie voraussetzungsvoll und zeitlich dehnbar die subjektive Deutung der Kategorie ›Zufall‹ sein kann. Gemeint ist hiermit, dass Herr Bund erst in einer sexuellen Problemphase mit seiner damaligen Partnerin (»ne sexuelle Hungerphase«) den ›Reiz‹ des medialen Angebots der Sexindustrie bzw. der sexuellen Feldebene wahrnimmt und darauf aufmerksam wird (»dann gingen bei mir gleich mal die Glocken an«). Erst eine krisenhafte Feld-Habitus-Dynamik im sozialen Feld der Sexualität – hierzu weiter unten mehr – lässt den ›Zufall‹ entstehen, dass er das sieht und wahrnimmt, was an prostitutiven Werbeanzeigen in der Zeitungs- und Medienlandschaft Tag für Tag omnipräsent ist. Im Kontrast zu Herrn Fischer ist hier augenscheinlich, wie groß die bereits weiter oben angeführten habituellen Hürden sein können, die den Feldeintritt beeinträchtigen.

Abschließend zu diesem Kapitel sei noch ein zusammenfassendes Zitat aus der Freier-Studie von Velten bezüglich situativer Einstiegsfaktoren und Begründungsmuster für den prostitutiven Erstbesuch angefügt. In diesem Zitat werden überblickshaft einige konkrete lebensweltliche Kontexte ausgeführt, in denen die Freier auf dieses spezifische Motivmuster zur Darlegung ihres ersten Prostitutionsbesuchs rekurriert haben:

»Neun Freier (15%) haben das erste Mal in ›unvertrauter Umgebung» gewerbliche Sexualität in Anspruch genommen; sechs während eines temporären Aufenthaltes an einem fremden Ort (Urlaub, Geschäftsreise) und drei kurz nach der Übersiedlung in eine fremde Großstadt. Häufiger berichtet wurde auch, daß eine beendete Partnerschaft als günstige ›Gelegenheit‹ wahrgenommen worden war, den Besuch bei einer Prostituierten erstmals zu realisieren (n=6)« (Velten 1994, 110, Herv. i. O.).

Motivmuster Neugierde

Das Gefühl der Neugierde wird in der Regel als intensiver leiblicher Spannungszustand erlebt und (hier) als sexuell konnotierte Gier nach Unbekanntem und Neuen erfahren. Die Neugierde ist eines der wichtigsten und relevantesten subjektiven Motivmuster für den initialen Einstieg in das Prostitutionsfeld. Dies trifft einerseits auf junge Männer ohne oder mit nur geringer sexueller Erfahrung zu, andererseits aber auch auf sexuell erfahrene Männer, die sich initial häufig von der (sexuellen) Omnipotenzdimension des Prostitutionsfeldes sowie der subkulturellen Ebene angezogen fühlen. Wie sich dies empirisch aus dem Datenmaterial ableitet, soll im folgenden Abschnitt näher untersucht werden. Begonnen wird mit dem Beispiel von Herrn Korbel, der auf die Frage nach der ursprünglichen Anziehungskraft des Prostitutionsfeldes antwortet:

K: Gott es ist eine GENERELLE SACHE mit Sex und der Prostitution man ist neugierig ne man fängt mal an damit (Herr Korbel 47-49).

Und ergänzend:

K: ja gut das war in JUNGEN JAHREN man ist neugierig mit der ersten Freundin hat's net ganz so geklappt dann sucht man was anderes oder versucht irgendwo was zu lernen oder Erfahrungen zu kriegen wo damals das erste Mal in ner WOHNUNG in X-Stadt angerufen DAMALS gab es noch Wohnungen in X-Stadt ist inzwischen verboten
I: hm und war das der erste SEX dann für dich
K: das war der erste RICHTIGE SEX dann
I: GESCHLECHTSVERKEHR
K: (1) und danach hat's dann auch wieder mit der Freundin geklappt damals
I: (lacht) wie alt warst du da
K: ah (sich selbst fragend) wie alt war ich'n da (.) 18 19 (Herr Korbel 740-752).

Dieses Beispiel veranschaulicht in idealtypischer Weise den biografischen Kontext, in dem junge, sexuell unerfahrene Männer die sexuelle Ebene des Prostitutionsfeldes mit sozialem Sinn und mit motivationalem Interesse belegen. Herr Korbel beschreibt dies einerseits als Gefühl der Neugierde an Sexualität und dem Prostitutionsfeld im Allgemeinen (»generelle Sache mit Sex und der Prostitution«), so wie andererseits als Möglichkeit, sein praktisches (sexuelles) Wissen zu erweitern (»was zu lernen oder Erfahrungen zu kriegen«) bzw. ein Handlungsproblem zu lösen (»mit der ersten Freundin hat's net ganz so geklappt«). Es zeigt sich deutlich, dass vor dem ersten Geschlechtsverkehr wenig habituelle Sicherheit auf Grund mangelnden praktischen Wissens und praktischer Erfahrung im Feld der Sexualität zu verzeichnen ist. Die Prostitution wird in klassischer Manier als biografisch adäquates Experimentierfeld klassifiziert, um einem subjektiv empfundenen Mangel an Erfahrungswissen aktiv-kompensatorisch zu begegnen. In diesem Beispiel kann zudem sehr gut beobachtet werden, wie multifaktoriell die initialen Begründungsmuster des Prostitutionseinstiegs strukturiert und ineinander verwoben sind. Im Prinzip ist ein eigenständiger praktischer Glaube an das Feld als sicheres Gefühl der grundlegenden geschlechtlichen Zugehörigkeit zu diesem festzustellen. Des Weiteren zeigt sich ein hohes Maß der ›Verausgabung‹ von illusio in das Feld, insbesondere in Bezug auf die sexuelle Feldebene, worauf das Gefühl der ›Neugierde‹ hinweist. Aber erst im reaktiven Kontext eines Handlungsproblems werden diese Dispositionen aktiviert und kann die Affinität zum Feld der Prostitution initial in soziale Praxis übersetzt werden.

Die motivationsbestimmende Kategorie der ›Neugierde‹ kann in Bezug auf das Prostitutionsfeld aber auch an fortgeschrittenen Punkten innerhalb einer männlichen Sexualbiografie entscheidende Bedeutsamkeit erlangen. In den Interviewsequenzen von Herrn Bund und Herrn Thanert kann dies expliziert werden. Auf die Frage nach den Beweggründen, prostitutive Sexualität initial nachgefragt zu haben, antwortet Herr Thanert:

T: ähm relativ einfach eben nach ner Beziehung PSYCHISCH DOWN wo man gesagt hat »o.k. das nach dem Motto wie ((das so schön heißt)) die Welt ist ((immer oder wieder)) scheiße und alles ist scheiße« und äh wow nur die Hormone lassen sich davon ja net abhalten von dieser Sache und ähm ja da o.k. GEREIZT oder haste immer oder man kriegt an sich seitdem was ich in der Pubertät ist immer wieder das Rotlichtmilieu mit und sagt »o.k. man kennt es nicht man probiert's dann irgendwann mal aus« [...]
I: hm und war das schwierig so den ersten Schritt da rein zu machen
T: ähm pff die ersten Monate hatte ich da mitgelesen in diesem Forum und konnte mir das so gar net vorstellen hab mir immer »DIE DIE LÜGEN ALLE das ist ein Schlaraffenland das kann so das kann ja so gar net sein das ist ja richtig schön das das geht ja net« man hat ja so diese Illusion ähm teilweise Sex geht nur mit Liebe und dementsprechend und da hab ich ((gesehen)) »stimmt ja gar net so es geht ja auch anders« man kann sogar teilweise richtig sogar manchmal ein Tick BESSER gewesen [...]
I: hm (1) und was würd's du sagen der was war der Anfangsgrund das die Beziehungslosigkeit oder
T: ähm ja doch einfach mal die Neugier die Neugier war schon immer das hätte ich aber nie gemacht während einer Beziehung oder beziehungsweise ich wäre PRIVAT nicht fremdgegangen also das heißt ohne ähm nicht ner Gewerblichen hab auch so und so nicht äh gewerblich und da hab ich halt o.k. »dann jetzt testen wir es mal aus« (Herr Thanert 523-560).

In der retrospektiven Deutung seines Prostitutionseinstiegs wird ersichtlich, dass auch der praktische Sinn Herr Thanerts die soziale Situation in einen standardbiografischen Kontext rückt. Auch hier ist die soziale Rahmung darauf ausgerichtet, das Prostitutionsfeld als elementaren Bestandteil männlicher Lebenswelt (»man kriegt seit der Pubertät immer wieder das Rotlichtmilieu mit«) und als begehrte (sexuelle) Ressource (»gereizt«)

wahrzunehmen und zu klassifizieren. Aufgrund der Dominanz der geschlechts-habituellen Dimension des Ethos, die ihm außerpartnerschaftliche Sexualität und Untreue untersagt (»das hätte ich aber nie gemacht während einer Beziehung«; »ich wäre privat nicht fremdgegangen«), kann sich das sozialisatorisch implantierte Interesse an Prostitution (»die Neugier war schon immer da«) erst im Rahmen einer psychischen Krise ›Bahn brechen‹. Die psychische Krise korrespondiert wiederum mit einer habituellen Krise, die aufgrund der Unterbrechung der Handlungsroutinen im Feld der privaten Sexualität zu verzeichnen ist (im Sinne der traumatisch erlebten Trennung von der privaten Sexualpartnerin und der Unterbrechung der gewohnten Realisierung von Sexualität im privaten Setting). Dennoch übt auf Herrn Thanert neben der psychischen Felddimension auch die sexuelle Feldebene einen starken Reiz und eine enorme Anziehungskraft aus. Die Metapher des ›Schlaraffenlandes‹ ist hierbei unmittelbar an die zentrale Strukturlogik des Prostitutionsfeldes geknüpft, die der Nachfrageseite die umfassende Befriedigung sämtlicher sexueller Wünsche und Bedürfnisse als Profit verspricht (Akkumulation sexuellen und symbolischen Kapitals). Die grundlegende illusio (Interesse) am Feld wird in diesem Prozess vom gesteigerten praktischen Wissen gesteuert und potenziert. Dies manifestiert sich offensichtlich im verstärkten subjektiven Wunsch (»Neugierde«), Prostitution nachfragen zu wollen. Intensiviert wird hierdurch aber auch der praktische Glaube an das Feld, was notwendig ist, um die subkulturell errichteten Feldhürden zu überwinden und sich auf eine bislang unbekannte Feldlogik neu einzulassen (»man hat ja so diese Illusion ähm teilweise Sex geht nur mit Liebe«).

Auf die abschließende Frage, was die Kategorie der ›Neugierde‹ als initiales Begründungs- und Motivmuster für den Einstieg in das Prostitutionsfeld in ihrem Kern bestimmt oder anders gefragt, was die Neugierde von Männern an der Prostitution überhaupt weckt, können folgende Faktoren als bestimmend genannt werden:

- Sex im Allgemeinen
- Sex in bislang unbekannten Ausmaßen und Formen
- Sex ohne Grenzen und Zugangshürden
- Sex mit attraktiven und privat potenziell ›unerreichbaren‹ Frauen.

In den zitierten Sequenzen wird des Weiteren ersichtlich, wie von Beginn an die subkulturelle Abschottung des Prostitutionsfeldes und die Vermutung eines nur finanziell begrenzten sexuellen ›Wunschparadieses‹ das Interesse und das Begehren an der Nachfrage nach Prostitution erwecken und intensivieren. Die Prostitution wird seit je her sozial-räumlich eingehegt und als schillernder ›Rotlichtort‹ am gesellschaftlichen Rand platziert. Die formelle gesellschaftlich-moralische Ächtung der Prostitution wird von der Feldlogik aufgenommen und strategisch transformiert. In diesem Kontext werden die gesellschaftlichen Barrieren auch als werbewirksame Sichtgrenzen subversiv umgedeutet, da sie einen direkten Blick ins ›Innere‹ des Feldes verhindern. Damit verstärken sie die intendierte Aura der Prostitution als Ort ›geheimnisvoller‹ erotischer Sensationen und erhöhen die Ausstrahlungs- und Anziehungskraft dieses sozialen Raums. Bedingt durch die grundlegende Logik ›Sex gegen Geld‹ und der geschilderten strategischen Außenrepräsentanz des Feldes ist vielen Männer intuitiv klar, dass dort Sexualität in ungekanntem Ausmaß auf sie warten kann. Sie besitzen aber aufgrund fehlender Praxis nur ein geringes Maß an unmittelbarem praktischen Wissen hinsichtlich dieser Orte. Sobald sie beginnen, diese Hürde praktisch zu überwinden und über ihre männlichen Peer-Groups sowie vermutlich auch über Massenmedien (ein Beleg hierfür findet sich im Interviewmaterial leider nicht) praxisrelevante Informationen hinzugewinnen, wie u.a. die Beispiele von Herrn Stahl und Herrn Zimmer zeigen (vgl. Kap. 6.1.4 ›Prostitution und männliche Lebensstile‹), kann von der Prostitution ein starker Sogeffekt ausgehen. Das Begehren und das grundsätzliche (männliche) Interesse nach Sexualität wird in dieser Phase initial mit derjenigen Prostitutionslogik kurzgeschlossen, die strukturell darauf abgestimmt ist, männliche Bedürfnisstrukturen zu erfassen und in umfassendem Maße zu befriedigen. Der Reiz, der von dieser sozialen Konstellation ausgeht und das Versprechen an die männlichen Begehrensstrukturen, welches damit verbunden ist, kann dabei auf eine plakative Formel gebracht werden. Den Freiern wird das Versprechen gemacht, Sex mit attraktiven Frauen ihrer Wahl haben zu können und zwar wann sie es wollen, mit wem sie es wollen, wo sie es wollen, was und wie sie es wollen. Genau jenes intuitiv bzw. vorbewusst erfasste (sexuelle) Versprechen, welches vom Prostitutionsfeld ausgeht, speist stark das von den Freiern beschriebene Gefühl der Neugierde als gedankliche sowie leiblich spürbare Dimension des Interesses an der Nachfrage nach käuflicher Lust.

Habituelle Krisen und strategische Sexsuche

Neben den Kategorien ›Zufall‹ und ›Neugierde‹ ist die zweckrational-strategische Suche nach Sexualität ein weiteres bedeutsames Motivmuster für den ersten Prostitutionsbesuch. Diese Motivstruktur leitet sich ganz entscheidend aus der Krise habituell vermittelter Ablaufprozesse im Feld privater Sexualität ab. Aus der subjektiven Sicht der Probanden begründet sich dieses strategische Suchmotiv des Prostitutionseinstiegs aus fünf Aspekten:

- erstens aus der Kompensation mangelnder sexueller Erfahrung zu Beginn der Sexualbiografie
- zweitens aus der Kompensation aktueller Partnerinnenlosigkeit und der Abwesenheit von Sexualität
- drittens aus der Kompensation kommunikativer Probleme im Kontakt mit Frauen oder subjektiv empfundener Unattraktivität
- viertens aus der Kompensation nicht-realisierter sexueller Bedürfnisse in privaten Beziehungssettings, wie Partnerschaft oder Ehe (spezifische

Sexualpraktiken, körperliche Attraktionen, Fetische oder erotische Settings) sowie
- fünftens dem Bedürfnis nach sexueller Abwechslung und der Kompensation sexueller Routinen in (längerfristigen) Partnerschaften.

Das strategische Element dieses Motiv- und Begründungsmusters findet sich anteilig natürlich auch in den weiter oben beschriebenen Fällen, beispielsweise im Fall von Herrn Korbel (Motivmuster ›Neugierde‹ und strategischer Lösungsweg seiner Probleme mit der Kohabitarche, »danach hat's dann auch wieder mit der Freundin geklappt«), im Fall von Herrn Bund (Motivmuster ›Zufall‹ und strategische Bedürfnisbefriedigung seines Fetischs »Holz vor der Hütte«) oder von Herrn Thanert (»nach ner Beziehung psychisch down«; »nur die Hormone lassen sich davon ja net abhalten«). Der Unterschied zur Kategorie der ›strategischen Sexsuche‹ ist jedoch, dass den Probanden zu Beginn ihrer Freierkarriere eine spezifische Affinität bzw. Faszination in Bezug auf die Prostitution als (subkultureller) Erlebnisraum weitgehend fehlt. Oder anders ausgedrückt: wären sie nicht mit einem konkreten Problem im Feld der privaten Sexualität konfrontiert, welches ihre gewohnten (sexuellen) Handlungsroutinen empfindlich stören würde, würden sie den Einstieg in das Prostitutionsfeld nicht vollziehen. Dieser Umstand soll hier mit dem Begriff der habituellen Krise gefasst werden. Der hier verwendete Krisenbegriff ist als Ablaufstörung oder Zusammenbruch gewohnter sozialer Konstellationen zu begreifen, aus denen heraus (notwendigerweise) eine Neuinterpretation der sozialen Situation vorgenommen werden muss und neue Handlungsstragien entwickelt werden müssen. Der Schwerpunkt liegt also nicht auf dem denkbaren psychischen oder sozialen Kollaps der Subjekte und des habituellen Handlungssystems, sondern auf der Notwendigkeit der Reorganistion des Sozialen. Für die weitere Lektüre dieses Kapitels gilt es diese Anmerkung in Erinnerung zu behalten. Die Gesamtthese, die mit dem Begriff der habituellen Krise verbunden ist, muss in einem ersten Schritt von der Handlungssicherheit, die mit habituell generierter sozialer Praxis verbunden ist, abgegrenzt werden. Bourdieu bestimmt diese grundlegende ›Gewissheit‹, die der Habitus als Schnittstelle zwischen Struktur (Gesellschaft, sozialer Raum, soziale Felder, Institutionen) und sozialer Praxis einnimmt, wie folgt:

> »Kurz, als ›Erzeugnis‹ einer bestimmten Klasse objektiver Regelmäßigkeiten sucht der Habitus die ›vernünftigen‹ Verhaltensweisen des ›Alltagsverstands‹ zu erzeugen, und nur diese, die in den Grenzen dieser Regelmäßigkeiten möglich sind und alle Aussicht auf Belohnung haben, weil sie objektiv der Logik angepaßt sind, die für ein bestimmtes Feld typisch ist, dessen objektive Zukunft sie vorwegnehmen« (Bourdieu 1993, 104, Herv. i. O.).

In Differenz zu dieser grundlegenden Struktur des Sozialen sei mit dem Begriff der habituellen Krise in Bezug auf das Feld der Sexualität folgende

Problemkonstellation umrissen. In einer jeweiligen gesellschaftlichen Epoche existiert – vermittelt über das habituelle implementierte Alltagswissen – eine verinnerlichte Gewissheit über den ›normalen‹ und erwartbaren Verlauf einer (standardisierten) Sexualbiografie. Die handelnden Subjekte sind deshalb im Besitz verinnerlichter Denk-, Wahrnehmungs- und Handlungsschemata, die intuitiv auf die Logik des sexuellen Feldes abgestimmt sind, insbesondere in Bezug auf körperliche und soziale Anforderungen, auf Erwartungen, raum-zeitliche Begrenzungen, moralische Codes, Begehrensstrukturen, Spielräume, die zu erwartenden Profitmöglichkeiten etc. Wie empirisch noch gezeigt werden kann, ist die normierende Macht, die von dieser Struktur auf die Individuen ausgeht, von großer Intensität. Dem praktischen Sinn als Orientierungs- und Wirklichkeitssinn kommt deshalb in diesem Prozess als sinn- und ordnungsstiftende Dimension des Habitus eine zentrale Bedeutung zu. Grundlegend versetzt er die Individuen dazu in die Lage, die unter den jeweiligen gesellschaftlich-historischen Feldbedingungen gültige und erwartbare Sexualbiografie zu lokalisieren. Des Weiteren ermöglicht es der praktische Sinn, dass sich die Subjekte in diesem biografischen Koordinatensystem raum-zeitlich verorten, um sinnvolle bzw. subjektiv vernünftige soziale Praktiken zu generieren. Im Konkreten bilden aus soziologischer Sicht – stark vereinfacht – folgende Eckpunkte den standardisierten Verlauf einer westlich-modernen Sexualbiografie ab: das Entdecken der jeweiligen subjektiven Begehrensstruktur (heterosexuell, homosexuell, bisexuell, polymorph-pervers), das Erleben von Verliebtheitsgefühlen, der Austausch von Zärtlichkeiten und erster sexueller Erfahrungen, die Kohabitarche, unterschiedliche sexuelle Begegnungen, erste längere Partnerschaften und die (potenzielle) Erweiterung und Intensivierung des sexuellen Erfahrungsschatzes. Wie gesehen kann aber auch der kurzfristige Kontakt mit dem Prostitutionsfeld ein Element innerhalb des männlichen Raums der Lebensstile und einer männlichen Sexualbiografie abbilden (experimentieren, ›Hörner abstoßen‹, Mutprobe bestehen, männliches Konkurrenzverhalten, alkoholisiertes Freizeitvergnügen, männliches Gruppenevent etc.). Das prostitutionsrelevante Verhalten wird in aller Regel aber relativ häufig schnell wieder eingestellt oder nur selten wiederholt, wie einige wenige Zahlen internationaler Studien über Freierverhalten zeigen (vgl. Kapitel 1). Das Moment der habituellen Krise tritt in diesem Kontext daher nur auf, wenn es zu einer empfindlichen Störung im Feld privater Sexualität sowie zu einer Dissonanz in der auf ›Reibungslosigkeit‹ programmierten Dynamik zwischen Feld und Habitus gekommen ist. Ausgelöst werden kann diese Krise beispielsweise dadurch, dass der normierte Verlauf einer standardisierten (männlichen) Sexualbiografie mit der jeweiligen biografischen Situation nicht in Übereinstimmung gebracht werden kann (hierzu in den empirischen Beispielen gleich mehr). Die normierende Macht, die von diesem Sachverhalt ausgeht, wird dann von vielen jugendlichen, aber auch erwachsenen Männern als massive und existenzielle Bedrohung der Etablierung bzw. der Stabilität ihrer männlichen Geschlechtsidentität wahrgenommen. Auf einer emotionalen Ebene wird dies beispielsweise konkret erfahren als Minderwertigkeits-, Neid- oder Schamgefühl im Vergleich zu anderen, sexuell vermeintlich erfolgreicheren Männern. Eine Möglichkeit mit dieser Problemlage umzugehen, besteht deshalb in der Generierung eines ›prostitutiven Rettungsplans‹ in Gestalt der aktiven Suche und Nachfrage nach käuflichem Sex. Diese Entscheidung ist sozusagen eine Möglichkeit, die erlebte narzisstische Kränkung und die damit einhergehende Selbstwertkrise kompensatorisch zu bewältigen und Beschädigungen von der Geschlechtsidentität abzuwenden.

Was hiermit genau gemeint ist und wie sich dieser sehr bedeutsame Faktor der Erklärung prostitutiver Einstiegspraxis aus empirischer Perspektive im Einzelnen darstellt, wird im folgenden Abschnitt ausgeführt. Begonnen wird diese Ausführung mit der Analyse einer Interviewsequenz von Herrn Weitenbach, der seine ersten sexuellen Erfahrungen im Prostitutionsfeld macht. Auf die Frage, wie er den zeitgleichen Beginn seiner aktiven Sexual- und Freierkarriere zusammen mit einem Freund subjektiv deutet, berichtet er:

W: wir waren beide sehr frustriert dass wir einfach keinen Sex hatten und so weiter alles [...] aber dann ist wieder was dazwischen gekommen da war ich schon fast FROH dass es nicht geklappt hatte weil ich ich hab mich ii-irgendwie nicht so gutes Gefühl [...] ich weiß nicht ich hab's die Sache dann ziemlich schnell hinter mich gebracht es war ich weiß noch danach ich hab richtig so (1) ein komisches Gefühl im Magen gehabt also IRGENDWIE so so ne Erleichterung Erleichterung »ich hab's hinter mich gebracht« es war doch nicht so schwer (2) also ich hatte schon wirklich so ein bisschen ich will nicht gerade sagen ANGST DAVOR aber schon bisschen ich war schon aufgeregt wirklich richtig richtig aufgeregt ja (1) (Herr Weitenbach 942-1002).

Und weiter:

I: und waren sie glücklich nach den ersten Mal dann
W: ja ich war froh dass ich es mal hinter hatte dass ich meine Entjungferung hinter hat meine Entjungferung hinter hatte hinter mir hatte (Herr Weitenbach 1564).

Und nochmals Herr Weitenbach

W: ob das ein Problem für mich war (?) ich hab immer drun-drunter gelitten dass ich nicht so viel Erfolg bei Frauen hatte aber das hat jetzt nichts mit studieren zu tun ich war 22 da eben und das war ich muss damit leben dass ich ich kann es sowieso nicht mehr ändern ne ((das ist ja so)) aber es ist die MEISTEN Männer haben zwar früher schon angefangen aber es gibt auch einige die noch später (Herr Weitenbach 1032-1048).

In diesen Textausschnitten ist deutlich zu sehen, dass die Nichtexistenz jeglicher sexueller Erfahrung in der Sexualbiografie junger Männer als intensive psycho-soziale Krise erlebt werden kann. Dies produziert einen erheblichen Leidensdruck (»wir waren beide sehr frustriert dass wir einfach keinen Sex hatten«). Insbesondere in Konkurrenzkämpfen mit anderen Männern nimmt die erste Sexualerfahrung oder genauer gesagt der erste heterosexuelle Geschlechtsverkehr als sexuelles und symbolisches Kapital eine zentrale Stellung im geschlechtlichen Sozialraum bzw. im Feld der Sexualität ein (»ich hab immer drunter gelitten dass ich nicht so viel Erfolg bei Frauen hatte«). Auch wenn dieser Sachverhalt nicht bewusst mit dem männlichen Geschlechtshabitus bzw. männlicher Identität verknüpft wird, ist doch ersichtlich, wie existenziell aufgeladen die symbolische bzw. identitäre Grenze der sexuellen Initiation als Zugangsvoraussetzung zum Feld der Männlichkeit bzw. als Ausschlusskriterium aus dem sozialen Spiel um sexuelles Kapital empfunden wird. Herr Weitenbach ist es aus unbestimmten Gründen verwehrt, das Begehren von Frauen zu wecken und Sexualität in privaten Settings zu realisieren. Im direkten Vergleich zu anderen Männer wird dieser soziale Tatbestand subjektiv als defizitär gewertet (»ich muss damit leben, ich kann es sowieso nicht mehr ändern die meisten Männer haben zwar früher schon angefangen«). In der Anschlussbemerkung »aber es gibt auch einige die noch später« wird auch die objektive Konkurrenzdynamik in Bezug auf die Akkumulation sexuellen Kapitals deutlich sowie die Notwendigkeit, sich in diesem hierarchisierten Koordinatensystem (Kapitalvolumen und -struktur) zu verorten. Die gewählte Kompensationsstrategie, ausgehend von der habituellen Krise als sexualbiografische Ablaufstörung, geht jedoch mit einem hohen psycho-sozialen Stresslevel einher. Weder existiert praktisches Wissen in Bezug auf die sexuelle Praxis im Allgemeinen und damit verleiblichte und routinisierte habituelle Handlungssicherheit noch ist das Individuum im Speziellen auf die soziale und sexuelle Situation im prostitutiven Setting adäquat eingestellt. Auf einer gesellschaftlichen Ebene kann diese identitär-biografische Krise zurückgeführt werden auf die Existenz spezifischer Dispositionen des Geschlechtshabitus. Diese Dispositionen, als grundlegende Strukturmuster des Geschlechtshabitus, sind auf gesellschaftliche Existenz- und Produktionsbedingungen zurückzuführen, die vom Macht-Diskurs der sexuellen Liberalisierung seit dem Ende der 1960er Jahre maßgeblich mitgeprägt worden sind. Einerseits haben diese gesellschaftlichen Veränderungen die grundlegende Zunahme der sexuellen Freizügigkeit und den Zugang für Jugendliche zu Sexualität erleichtert (vgl. Schmidt 2002, 26-30; Schmidt 2003) und in Folge dessen die Bedeutung der Prostitution als sexuellem Katalysator oder primärem Sexualitätseinstieg stark zurückgedrängt.[8] Andererseits ist die normierende Macht der Ideologie der sexuellen Freiheit oder des spezifischen Sexualitätsdiskurses in Bezug

8 Vgl. Kapitel 1.

auf jugendliche Sexualitätserfahrungen stark angewachsen. Zentrale Erzählstränge dieses Machtdiskurses sind: Sex zu haben ist leicht möglich, wer keinen Sex hat, hat ein Problem bzw. ist das Problem, überprüfe deinen Körper, bestimme deinen erotischen Marktwert, vergleiche dich mit anderen, weise sexuelle Erfolge in ausreichendem und ausgewiesenem Maße nach etc. In der gewählten Konkurrenzmetapher von Herrn Weitenbach und auch von Herrn Herz (»ich wußte einfach nicht wie ich damit umgehen sollte dass alle meine Freunde schon Sex hatten und keine hat sich für mich interessiert«, Herr Herz 81-83) sind diese Strukturmuster deutlich abzulesen. Als das ›Eigentliche‹, ›Normale‹ und in männlichen Konkurrenzkämpfen gültige sexuelle Kapital wird demzufolge in erster Linie die private sexuelle Praxis gewertet, wie Herr Weitenbach deutlich macht. Auf die Frage, ob er Stolz empfinde auf die Tatsache, dass er mit ca. 400 Frauen Sex gehabt habe, antwortet er:

W: ne ich hätte lieber 400 private gehabt (2) ja also ich äh ne also ich ich wie soll ich darauf STOLZ SEIN das also ich ich hab sie ja nicht rumgekriegt ich muss ja schließlich dafür bezahlen da kann ich beim besten Willen nicht stolz sein also (Herr Weitenbach 544-548).

Aus dieser Sequenz lässt sich zudem ein weiterer empirischer Beleg für das Konzept des sexuellen Kapitals ableiten. Sehr deutlich zeigt sich die Dominanz und die Legitimität der Inkorporierung sexuellen Kapitals innerhalb privater Settings gegenüber Prostitutionskontexten. Die zentrale Kategorie umfasst dabei das authentische Vermögen, real und somit gültiges bzw. profitables weibliches Begehren zu wecken, um hieraus symbolisches Kapital schlagen zu können. Demgegenüber steht der ungültige bzw. illegitime Erwerb prostitutiver Begehrens-Illusionen (»ich hab sie ja nicht rumgekriegt ich muss ja schließlich dafür bezahlen da kann ich beim besten Willen nicht stolz sein«). Aber auch in Bezug auf zukünftige Partnerinnen, Bekannte, Eltern oder das berufliche Umfeld dürfte die Tatsache, als Prostitutionskunde markiert zu sein, massive Nachteile nach sich ziehen und ein erhöhtes Stigmamanagement im Goffmanschen Sinne zur Folge haben (vgl. Goffman 1992).

Mit einem ergänzenden Beispiel von Herrn Frank und der Beschreibung einer habituellen Krise in Folge der Trennung von seiner Ehefrau kann dieser Sachverhalt um einen weiteren Aspekt ergänzt werden:

F: eigentlich auch der Grund warum ich überhaupt in die Szene eingestiegen bin (.) ich leb' also grad in Scheidung und ich hab überhaupt keine Lust auf IRGENDEINE FORM von Beziehung will aber nicht ins Kloster ziehen also wenn es hier keine Frauen gäb' wär ich auch nicht hier das ist ganz entscheidend_ist ein ganz entscheidendes äh ähm Moment und hier sind äh ja in anderen Clubs auch hier sind nette Frauen mit denen ich mich wirklich wohl fühlen kann ähm aber ich sag mal am Ende des Tages zahlst du dein Geld und (.) damit hat sich das [...] und ja ich bin hier eigentlich auch erst reingekommen in diese ganze Szene nachdem ich mich von meiner Frau getrennt hatte da hab ich erst mal so auf_auf ähm (2) ja an den normalen Plätzen äh Frauen kennen gelernt ja hab mit denen was gemacht (1) ähm das ist aber_also kann_ FÜHRTE auch sehr schnell zu Komplikationen äh weil ich keine feste Beziehung will so und äh da erwischst du oder ((was nicht mir ge(...) oder ich weiß auch nicht (..) vielleicht ne Frau)) die sich vielleicht mehr darunter einbildet und dann hast du wieder Stress ohne Ende und dann hab ich mir gesagt »nee_da_dann geb ich lieber Geld aus« ne (Herr Frank, 200-209).

Nach dem Beziehungsende mit seiner Ehefrau, nach 13 Jahren Ehe, bricht für Herrn Frank das Selbstverständnis der habituell vermittelten sexuellen Praxis im Rahmen einer monogamen Zweierbeziehung zusammen. Die habituelle Krise dieser sozialen Konstellation stellt sich auf zwei Ebenen dar. Einerseits bleibt der vergesellschaftete Geschlechtskörper in Gestalt verinnerlichter Körperschemata, Reaktionsweisen und Gefühlszuständen in gewohnter Weise existent. Das heißt der Körper ist weiterhin von heterosexuellen Begehrensmustern durchzogen, ist erregbar und verspürt sexuelle Lustgefühle. Die Abwesenheit von Sexualität wird deshalb als Problemstellung wahrgenommen (»ich will nicht ins Kloster ziehen«). Andererseits ist das soziale Feld (der privaten Sexualität) praktisch zusammengebrochen. Die prägnante Formel »[(Habitus) (Kapital) + Feld = Praxis]« (Bourdieu 1994, 175) wird in diesem Fall um eine zentrale Variable beschnitten, was den Handlungsstrom bzw. die gewohnte soziale Praxis dekompensieren lässt. Die vom Habitus generierte Strategie zur Lösung dieser krisenhaften Situation erfolgt nun in zwei Schritten. Zu Beginn wird der Versuch unternommen, das private Feld der Sexualität unter Rückgriff auf einen bislang normativ ausgeblendeten Teilbereich kurzfristiger sexueller Begegnungen (›Affären‹) zu rekonstruieren (»da hab ich erst mal so auf_auf ähm (2) ja an den normalen Plätzen äh Frauen kennen gelernt«). Erst als diese Option an inneren Widerständen und unterschiedlichen Situationsdefinitionen und Beziehungserwartungen mit den neuen Partnerinnen scheitert, dringt die Möglichkeit, Prostitution zu nutzen, als Gedanke und Gefühl ins Bewusstsein vor (»das führte auch sehr schnell zu Komplikationen äh weil ich keine feste Beziehung will«; »vielleicht ne Frau die sich mehr darunter einbildet und dann hast du wieder Stress ohne Ende«). Das initiale Interesse am Feld der Prostitution von Herrn Frank und der mit Ende 30 relativ spät erfolgte Feldeintritt wird dabei primär von einer generellen Sexualitäts-Disposition bestimmt.[9] Diese Disposition als habituellem Strukturmodus bzw. generativer Grammatik wird von den Männern auf einer körperlicher Ebene als Spannungszustand und als aktiver Wunsch nach Sexualität erlebt (»nach der

9 Was es im Speziellen unter dieser Disposition als ein Grundmuster des männlichen Habitus zu verstehen gilt, wird in Kapitel 6 ›(Geschlechts-)Habituelle Dispositionen‹ ausführlich diskutiert werden.

Trennung von meiner Frau [...] war das für mich etwas was mein Leben sehr stark dominiert hat, ja auch so'n Nachholeffekt«, Herr Frank 1083-1085). Die existenzielle Vorbedingung für diese Verknüpfung von Prostitutionsfeld und Habitus bildet jedoch die habituelle Krise im Feld der Sexualität. Denn erst diese setzt die ethisch-normative Dimension des Geschlechtshabitus von Herrn Frank außer Kraft, welche bislang verhindert hatte, dass sich die Sexualitätsdisposition mit der Omnipotenzdimension des Prostitutionsfeldes kurzschließen und somit Praxisrelevanz erlangen konnte.

In der folgenden Diskussion der Beispiele von Herrn Meister, Herrn Andrews und Herrn Konrad wird abschließend noch eine letzte Dimension kompensatorischer Einstiegsmotive diskutiert, die im Kontext der Realisierungsproblematik spezifischer sexueller Praktiken, körperlicher Attraktionen, erotischer Settings bzw. der Kompensation sexueller Routinen in privaten Beziehungskonstellationen (Langeweile, Lust auf Abwechslung) zu verzeichnen sind. Hierzu führt Herr Meister aus:

M: in meinem ganz konkreten Beispiel war der URAUSLÖSER ÜBERHAUPT zu einer PROFESSIONELLEN zu gehen war zum BEISPIEL dass meine damalige Freundin mit der ich jetzt verheiratet bin SCHLICHT UND ERGREIFEND Französisch mit Aufnahme NICHT MACHT das respektiert man das ist so und damit kommt man auch klar man selber macht ja auch nicht alles sage ich mal was so möglich ist und äh da man das ja sozusagen äh sagt »ok« da man das ja die nächsten wohlmöglich 20 30 Jahre nicht drauf VERZICHTEN möchte (lacht) und äh auch übrigens die Variante oder sich nicht Geliebte oder ein one night stand muss ja nicht heißen dass man es dann bekommt äh hat man halt die Möglichkeit bei ner Professionellen wenn die das ANBIETET dann halt zu BEKOMMEN und das auf eine teilweise extrem (.) technisch HERVORRAGEND GEMACHTE Art und Weise (Herr Meister 125-131).

In geradezu klassischer Manier reproduziert Herr Meister ein Motivmuster für die Nachfrage nach Prostitution, das sich um den sexuell aufgeladenen Wunsch nach Fellatio bzw. einer spezifisch pornografischen Variante des Oralsexes (›cum shot‹) dreht (»Französisch mit Aufnahme«). Die ›mythisch‹ aufgeladene Bedeutung von Oralsex kann als Ausdruck des pornografisch geprägten männlichen Geschlechtsraums angesehen werden (vgl. Kapitel 3 sowie Monto 2001). Innerhalb dieses sozialen Raums fungiert Fellatio als wertvolles Gut, die eine hohe Profitspanne innerhalb männlicher Konkurrenzkämpfe um sexuelles Kapital verspricht. Kann diese sexuelle Ressource nicht realisiert werden, wird dies oft als quälender körperlicher und psycho-sozialer Mangelzustand erlebt. Herr Meister ist deshalb bemüht dieses Missverhältnis zu beheben, auch wenn die angedachten Lösungsvarianten »one-night-stand«; »Geliebte« und auch die Prostitution ein erhebliches Konflikt- und Bedrohungspotenzial für die Kernbeziehung beinhalten.[10] Das gesteigerte männliche Interesse an der sexuellen Ebene der Prostitution ist deshalb oft unmittelbar an die gewünschte Realisierung spezifischer (oraler) Sexualphantasien geknüpft. Der schlichte Verzicht auf die Wunscherfüllung dieser speziellen Praktik ist aufgrund der hohen symbolischen Bedeutung dieses Sachverhalts für Herrn Meister ein nicht zu akzeptierender (sexueller) Modus. Unklar ist in diesem Fall – es liegen keine Daten hierzu vor – ob Herr Meister einen (längeren) kommunikativen Konfliktlösungsversuch innerhalb der Beziehung unternommen hat, beispielsweise im Rahmen partnerschaftlicher Gespräche über sexuelle Wünsche, Vorlieben oder Abneigungen. Aus der nüchtern vorgetragenen, rational kalkulierenden Abwägung denkbarer Lösungsoptionen ist allerdings zu vermuten, dass er dies nur in eingeschränktem Maße versucht hat. Statistisch betrachtet ist davon auszugehen, dass die Kommunikation über sexuelle Wünsche und Probleme ein generelles Problem innerhalb von romantischen Paarbeziehungen darstellt (vgl. Clement 2007; Heer 2007).

Wie wirkmächtig auch projektive Geschlechtsrollenbilder, sexuelle Selbstkonzepte und Fremdzuschreibungen im Kontext paarbezogener sexueller Kommunikation sein können, zeigt das folgende Beispiel von Herrn Andrews:

> A: sometimes even here there is a way you want to handle your_your_your WOMAN she will tell you »look I'm not a prostitute« because like prostitute SHE DOES EVERYTHING YOU WANT because you_you'II been payed so SOMETIMES ok maybe you can watch something how you know it's not something don't let you_a_you are_ the woman can not accept SUCH A TREATMENT so you can go to (1) to prostitute and and may be you try to prac_practice IT and sometimes do it's_it's kind of a (...) kind of the things because most of the times some ladys they will tell you »look I can not do it« »I'm a normal woman I'm not if you want it you can go_you can go and pay for that« those are the (1) things (Herr Andrews 22-30).

In sehr traditioneller Weise werden in diesem Beispiel patriarchale Strukturen des Geschlechterverhältnisses reproduziert und interaktiv hergestellt. Der patriarchale Kontext basiert hierbei auf der klassischen Spaltung des weiblichen Geschlechterraums in ehrenwerte (›Heilige‹) (»I'm not a prostitute«, »I am a normal woman«) und entehrte Frauen (›Huren‹) (»she does everything you want«). Symbolisiert wird dieses Muster durch die Markierung und Akzeptanz erlaubter und unerlaubter sexueller Praktiken. Die Markierung unehrenhafter Sexualität und illegitimer sexueller Praktiken wird in

10 Wie die allergrößte Mehrheit der verheirateten oder in einer Lebensgemeinschaft sich befindlichen Freier verheimlicht auch Herr Meister seine Prostitutionsbesuche und lebt mit der Gefahr, dass seine Partnerin die Beziehung beendet, sollte sie davon erfahren.

diesem Rahmen explizit mit der weiblichen Sphäre verknüpft (»some ladys they will tell you look ›I can not do it‹«). Männern hingegen steht der gesamte Sexualraum grenzenlos offen. Die symbolische Gewalt bzw. die symbolische Macht, die hiermit transportiert wird, ist evident. Im Unterschied dazu wird die männliche Begehrensstruktur in diesem Rahmen grundsätzlich nicht als erklärungsbedürftig betrachtet. Sie zeichnet sich vielmehr durch ein grundlegendes legitmatorisches Selbstverständnis aus. Dennoch greift es in diesem Rahmen den Beziehungskonsens an. Die unmittelbare Umsetzung des männlichen Begehrens würde die Partnerin symbolisch entehren (»the woman can not accept such a treatmant«). Um die drohende Gefährdung des Beziehungsrahmens zu vermeiden, wird der männliche ›Begehrenssüberschuss‹ auf den Prostitutionsraum verwiesen, wo er mit den ›entehrten‹ Körpern und der illegitimen Sexualität der ›Huren‹ organisch verschmelzen kann (»you can go and pay for that«). Die ›Huren, die diesen ›unehrenhaften‹ Ort im sozialen Raum bewohnen, werden also sowohl von Männern als auch von ›ehrbaren‹ bzw. ›soliden‹ Frauen funktional zur männlichen Verfügungsmasse definiert. In klassischer Denkart wird die Prostituierte zum Schutze der (weiblichen) Ehre, von Jungfräulichkeit, Sitte und Familie herbeizitiert, um den überbordenden männlichen Trieb kompensatorisch zu zähmen.[11] Wie wir im Kapitel 3 ›Geschlechterdiskurs‹ gesehen haben, basiert das hier zitierte Beispiel auf der klassisch kompensatorischen Strukturlogik des Prostitutionsfeldes. Das Geschlechterverhältnis wird als starre bipolar-patriarchale Formation gedeutet und ausgestaltet. In dem Beispiel von Herrn Andrews zeigt sich, dass dieses traditionell patriarchale Begründungsmuster für Prostitutionsbesuche immer noch vorgefunden werden kann. Der Diskurs, Prostitution als kompensatorische Lösungsstrategie für soziale und sexuelle Probleme und Defizite in privaten Beziehungen in Betracht zu ziehen, hat in diesem Kontext seine Bedeutsamkeit also noch nicht verloren. Dennoch muss auch festgestellt werden, dass in der aktuellen gesellschaftlichen Situation dieser Feldmodus nur noch in geringem bzw. wesentlich ambivalenterem Maße anzutreffen ist. In der Einstiegssequenz von Herrn Konrad kann das gezeigt werden. Hier verläuft der kompensatorisch motivierte Prostitutionseinstieg wesentlich gebrochener, zögerlicher und widersprüchlicher ab:

K: Ich bin dazu gekommen weil es ähm (1) weil mir die Sexualität in der EHE (.) lange Zeit nicht gereicht hat ich habe äh lange Zeit versucht äh mit meiner Frau das zu (1) ja da irgendwie ne Lösung zu finden das äh (1) das hat vor ungefähr drei Jah-

---

11 Als weiteres Element dieses Kompensations-Diskurses kann auch die weitverbreitete Erzählung der kompensatorisch-präventiven Kraft der Prostitution in Bezug auf die Kanalisierung aggressiver männlicher Triebenergie gewertet werden, die sich ansonsten in einem unkontrollierbar kriminellen Ausmaß als Vergewaltigungen, sexuelle Übergriffe, Nötigungen etc. Gestalt verschaffen würde.

ren angefangen dass die äh (1) dass ich da ja einfach unzufrieden wurde damit ja und dann hab ich mich halt nach Alternativen umgeschaut und das war für mich ne Alternative anstatt einer AFFÄRE mit einer Frau also (1) ja (1) das war so_das ist so dass es für mich einfach WICHTIG Sexualität ist für mich einfach wichtig und ohne das werde ich KRANK also also mit_mit einmal im Monat da ähm da werde ich nur krank von das geht bei mir nicht (Herr Konrad 24-32).

Und nochmals Herr Konrad:

ich habe äh immer versucht dass in der Beziehung in der mit der Freundin oder dann mit der Ehefrau ähm äh das phantasievoll und interessant zu GESTALTEN was mir eigentlich immer gelungen ist bis vor DREI JAHREN [...] die LUST hat bei meiner Frau abgenommen das ist_hat sich verändert sie hat äh einfach nur noch ganz selten nur noch Lust gehabt und ähm (2) ja ich äh wir HABEN VIEL versucht das irgendwie zu besprechen wir haben ne EHETHERAPIE GEMACHT oder ähm ähm ich hab auch viel eingebracht IDEEN und und VORSCHLÄGE und äh ähm (1) Methoden aber das ist alles äh das hat's alles äh hat sie nicht interessiert (Herr Konrad 49-70).

Auch Herrn Konrad erlebt die Sexualität mit seiner Ehefrau in der präprostitutiven Phase als eine ihn schwer belastende Krisen- und Konfliktsituation (»weil mir die Sexualität in der Ehe lange nicht gereicht hat«; »da war ich einfach unzufrieden«; »mit einmal im Monat da werde ich nur krank von das geht bei mir nicht«). In Differenz zu den vorher genannten Beispielen ist Herr Konrad bemüht, die Konflikte und Defizite im partnerschaftlichen Sexualleben primär kommunikativ, innerhalb des Beziehungsrahmens zu klären, bevor er sich gezielt nach sexuellen Alternativen umsieht (»wir haben viel versucht das irgendwie zu besprechen, wir haben ne Ehetherapie gemacht oder ich hab auch viel eingebracht, Ideen und Vorschläge und Methoden«). Erst als sämtliche Strategien des praktischen Sinns und des praktischen Wissens, die auf kommunikative Lösungsstrategien in Bezug auf Dissonanzen im Feld der Sexualität abgestimmt waren, im Versagen begriffen sind (»das hat sie alles nicht interessiert«), eröffnen sich für Herrn Konrad neue Handlungsoptionen. Erst jetzt ist er in der Lage, die Prostitution als potenzielle Alternative zu denken und sich auch emotional bzw. körperlich auf diesen Weg einzulassen. Die Disposition Sexualität habituell leidenschaftlich mit körperlich-quälendem Interesse zu besetzen, ist auch hier als zentrale generative Struktur hinter dieser motivationalen Entwicklung zu verorten. Interessant ist an dieser Stelle noch darauf hinzuweisen, dass die Prostitution im Gegensatz zu einer außerpartnerschaftlichen sexuellen Begegnung im privaten Rahmen das eheliche Arrangement in geringerem Maße zu bedrohen scheint (»das war für mich ne Alternative anstatt einer Affäre«). Zumindest bevorzugt Herr Konrad diese Variante für sich. Geschlussfolgert werden kann hieraus, dass die Freier hierbei intuitiv bzw. habituell auf einen zentralen Strukturmodus des Prostitutionsfeldes rekurrieren: auf die konstitutive Trennung von Sex und Liebe innerhalb prostitutiver

Settings. Lebensweltlich dürfte sich diese spezifische Feldlogik den Freiern dergestalt präsentieren, dass eine Affäre organisch immer auch mit Gefühlen und Bindungsenergie jenseits der sexuellen Ebene verbunden wird und in diesem Sinne der moralische Preis für den Betrug an der Partnerin bzw. den Misskredit in Bezug auf das Partnerschaftsarrangement um ein Vielfaches höher ist als bei der Prostitution. Diese Logik basiert wiederum auf einer männlich konnotierten geschlechtsspezifischen Beziehungslogik, die in der rein sexuellen Untreue den grundlegenden Beziehungskonsens nicht in Frage gestellt sieht.

Zusammenfassend kann der Sachverhalt der strategischen Sexsuche im Prostitutionsfeld im Kontext einer habituellen Krise wie folgt gefasst werden: Aufgrund feldspezifischer Dissonanzen und Störungen im Feld privater Sexualität bzw. der temporären Exklusion aus dem Feld gerät die habituell vermittelte sexuelle Praxis in eine schwerwiegende Strukturkrise. Diese wird von den handelnden Subjekten in der Regel als ausgeprägter Spannungszustand erlebt, der zum Teil mit einem erheblichen Leidensdruck verbunden ist. Das ›Versagen‹ des Habitus und der Verlust verinnerlichter habitueller Handlungssicherheit auf diesem Spielfeld führt zur Dekompensation gewohnter Handlungsstrategien. Die Probanden entwickeln deshalb eine kompensatorische Gegenstrategie, um sich sozial, emotional und körperlich zu stabilisieren bzw. die Krisensituation insgesamt zu beheben. In einer verkürzten Betrachtung könnte hieraus geschlussfolgert werden, dass der habituelle Handlungsmodus damit in Gänze aufgelöst und verlassen wird. Abgelöst wird er ›offensichtlich‹ durch ein Modell der bewussten Kalkulation und zweckrationalen Planung des Handelns, was in gewisser Weise einen Gegensatz zur grundlegenden Funktionslogik des Habitus bildet (vgl. Bourdieu, 1993, 116). Wie also ist dieses Paradoxon im Rahmen des Feld-Habitus-Theorems zu erklären? Zum einen muss, wie in allen anderen Interviewpassagen auch, beachtet werden, dass die Probanden in der Interviewsituation ihre soziale Wirklichkeit in einem rückblickenden rekonstruktiven Modus herstellen. Durch die Logik des Interviews werden sie notwendigerweise dazu gezwungen, ihr Verhalten restrospektiv mit intentionalem Sinn zu versehen – immerhin werden sie ja direkt danach gefragt. Sie befinden sich damit nicht in der Logik der Praxis, die durch Dringlichkeit und Unumkehrbarkeit gekennzeichnet ist, sondern in der Logik der (Sozial-)Wissenschaft. Sie werden zu Sozialwissenschaftlern ihrer selbst, die ihre eigene Geschichte rekonstruktiv analysieren und so ihr Handeln (rückwirkend) mit intentionalem Sinn versehen. Dies sei eine erste Anmerkung zu den festgestellten ›zweckrationalen Effekten‹. Zum zweiten schließt Bourdieu rationales und überlegtes Handeln nicht gänzlich aus (vgl. Bourdieu 1989, 397). Er sieht sie als (seltene) Ausnahme in der Gesamtheit aller Handlungskontexte, aber auch dann nie frei von habituellen Rahmenbedingungen. Damit ist gemeint, dass die Denk-, Wahrnehmungs- und Beurteilungsschemata des Individualhabitus immer gesellschaftlich vermittelt sind. Oder anders ausgedrückt: die scheinbar wertneutrale Rationalität der strategischen

Berechnungen sind natürlich immer auch von gesellschaftlichen Macht- und Herrschaftsverhältnisse durchzogen, die an ihrer Produktion beteiligt waren (in Gestalt spezifischer Existenzbedingungen). Als Akt der symbolischen Gewalt schließen sie in aller Regel alternierende Formen des Denkens und Agierens bzw. alternierende (Rationalitäts-)Klassifikationen weitgehend aus. Es sei denn, sie sind Gegenstand symbolischer Bezeichnungskämpfe im Feld, in denen um die legitime Deutungsmacht gestritten wird. Der Mechanismus, mit der der Habitus die Situationen in aller Regel zu vermeiden sucht, in der das Subjekt situativ unangepasst und orientierungslos ›strandet‹, wird theoretisch als »Hysteresis-Effekt« beschrieben (Bourdieu 1993, 113f.). Diesen Hinweis aufnehmend kann eine dritte Anmerkung formuliert werden. Die vom Habitus generierten Strategien basieren immer auch auf unterschiedlichen und sich zum Teil widersprechenden Dispositionen, Interessensmuster, Wahrnehmungs- und Beurteilungsschemata etc. Dies lässt sich gut verdeutlichen durch die bereits zitierte Formel »[(Habitus) (Kapital) + Feld = Praxis]« (Bourdieu 1994, 175). Das heißt, für unterschiedliche Felder werden spezifische Dimensionen des Habitus mobilisiert und gebraucht. Deshalb ist es möglich, dass in einer ›systemischen Notsituation‹ alternative oder bislang untergeordnete Dimensionen des Habitus das ›Ruder‹ übernehmen. Die Kreation neuer Strategien im Rahmen dieser Bewältigungsmechanismen – auch im Modus bewusst erfahrener rationaler Abwägung – ist deshalb ein konstitutives Merkmal für diese Situation. Für den konkreten Fall der habituellen Krise im Feld der Sexualität stellt sich diese Sachlage wie folgt dar: Erst unter Mobilisierung alternierender Dimensionen des Geschlechtshabitus kann die Krisensituation bearbeitet und Handlungssicherheit wieder hergestellt werden. Dieser Prozess verläuft analytisch in mehreren Schritten ab. In einem ersten Schritt muss die Situation neu definiert und ein alternativer Zugang zu dem Handlungsproblem generiert werden. Hierzu bedarf es der Generierung von Interesse an der Prostitution, was eine (Um-)Deutung des Feldes als vernünftigen und legitimem Handlungsraum voraussetzt. Die Prostitution wird in diesem Rahmen als ›normaler‹ Bestandteil der männlichen Lebenswelt und des männlichen Lebensstils ins ›Spiel‹ gebracht. In einem weiteren Schritt werden innerhalb spezifischer Grenzen innovative Handlungsmuster und Strategien zur Lösung des identitätsgefährdenden Handlungsproblems entworfen. Der Terminus ›innerhalb spezifischer Grenzen‹ meint hier, wie oben bereits angedeutet, dass auch jene zweckrational abgestimmten Strategien und bewusst erlebten Motivmuster zu einem erheblichen Anteil nur innerhalb der Grenzen des Gesamthabitus haben entstehen können (vgl. Bourdieu 1993, 102f.).

Für unsere konkrete empirische Situation ergibt sich hieraus Folgendes. Die hier beschriebenen Männer erachten es als zweckrational bzw. strategisch sinnvoll, die Prostitution als normalen und legitimen Teilbereich männlicher Lebenswelt zu begreifen. Hiermit versuchen sie ihre sexuellen Probleme zu bewältigen und Beschädigungen ihrer Geschlechtsidentität abzuwenden. Die Logik der Krise wird jedoch nicht dahingehend übersetzt oder übertragen, beispielsweise die eigene Partnerin oder eine anderer Frau mit Gewalt zu einer der geforderten Sexualpraktiken zu zwingen, eine ›Sexpuppe‹ zu benutzen oder gar mit einem Kürbis bzw. einem Tier orale Praktiken durchzuführen. Die unmittelbare und direkte sexuelle Gewaltanwendung in Form gezielter oder wahlloser Vergewaltigung von Frauen wird von den allermeisten Freiern habituell als ›Problembewältigung‹ ausgeschlossen. Der soziale Sinn des Geschlechtshabitus verwirft diese Optionen und sortiert sie in den allermeisten Fällen als ›unmoralisch‹, ›ungehörig‹, ›sinnlos‹ und unvernünftig aus. Falls die Männer doch über diese Möglichkeiten nachdenken sollten, wird unter gegebenen gesellschaftlichen Verhältnissen höchstwahrscheinlich die ethische und geschmackliche Dimension des Habitus Gefühle und Gedanken wie »Scham«, »Selbstekel«, »Widerwille«, »Angst vor Gefängnis« oder »Erschrecken« produzieren, die eine praktische Realisierung dieser Lösungsstrategien verhindern. Ganz im Gegenteil hierzu hat sich ja gerade die empirische Relevanz und Wirkmächtigkeit der Verhandlungsmoral gezeigt (»das respektiert man das ist so und damit kommt man auch klar man selber macht ja auch nicht alles«). Die Prostitution wird in dieser Untersuchung logisch und analytisch auch vom sozialen Tatbestand der Vergewaltigung unterschieden. Dies heißt im Umkehrschluss nicht, dass die Nachfrage nach Prostitution keine sexuelle Gewalt umfassen kann bzw., dass destruktive Potenziale und gewalttätige Realitäten männlich-patriarchaler Subjektivität im Feld der Prostitution geleugnet werden sollen. Diese werden aber als analytisch eigenständiger (Forschungs-)Aspekt gefasst und nicht in eins gesetzt mit der generellen Nachfrage nach Sexualität im Feld der Prostitution.

Zum Abschluss dieses Kapitels sei darauf hingewiesen, dass die hier herausgearbeiteten Motivmuster – situative Bedingungen, Neugierde und strategische Sexsuche als Ausdruck einer habituellen Krise (mangelnde Sexualerfahrung, aktuelle Partnerinnenlosigkeit, Probleme und Defizite in der partnerschaftlichen Sexualität) – in unterschiedlichen Kombinationsmöglichkeiten in der empirischen Realität auftreten können. Das Motivmuster ›Neugierde‹ kann sowohl mit situativen Bedingungsmustern korrelieren als auch im Kontext partnerschaftlicher Probleme oder sexueller Pubertätskrisen auftreten. Ein Beispiel hierfür ist Herr Korbel, dessen Einstiegsmotivation sowohl von genuiner Neugierde auf das Feld der Prostitution bestimmt ist als auch von den (sexualtechnischen) Problemen mit seiner ersten privaten Sexualpartnerin. Wie und in welchem quantitativen Ausmaß die einzelnen qualitativ-empirisch nachgewiesenen Faktoren miteinander korrelieren und in welchen Kombinationsmöglichkeiten sie gesamtgesellschaftlich auftreten, bedarf dringend einer weiteren quantitativen Untersuchung.

Im folgenden Kapitel wird nun der Fokus der empirischen Analyse auf die konkrete Einstiegspraxis gelenkt und ausgebreitet.

SEQUENZANALYSE DER EINSTIEGSPRAXIS

Im Folgenden wird es nun darum gehen zu bestimmen und zu untersuchen, wie sich die unmittelbare Einstiegspraxis der Nachfrage nach käuflichem Sex gestaltet. Die konkreten Verhaltensmuster und Interaktionssequenzen stehen dabei im Zentrum der Analyse. Dieser Punkt ist von zentraler Bedeutung, da es kaum Erkenntnisse darüber gibt, wie sich die soziale Praxis im Prostitutionsfeld auf der männlichen Nachfrageseite im Konkreten gestaltet. In einigen zitierten Interviewbeispielen wurde diese Einstiegssituation bereits thematisiert. In diesem Untersuchungsabschnitt wird es konkret darum gehen, den Einstiegsprozess zu sequenzialisieren und näher zu bestimmen. Im Konkreten bilden folgende forschungsleitende Fragen den Untersuchungsleitfaden dieses Analyseschrittes ab:

- Welche Strukturmerkmale weist die Erstpraxis im Einzelnen auf (was wird gewünscht, wie läuft es ab, was wird gemacht etc.)?
- Welche Sequenzmuster von der Entscheidungs-, Mobilitäts-, Kontakt-, Auswahl- und Verhandlungsphase bis hin zur prostitutiven Kerninteraktion lassen sich aufzeigen und wie gestalten sie sich im Einzelnen?
- Welche Merkmale lassen sich für sämtliche Prostitutionsbesuche hieraus ableiten?

Einleitend sei an dieser Stelle noch eine Bemerkungen zur inhaltlichen Reichweite der Ergebnisse sowie zur gewählten Interpretationsweise gestattet. Das folgende Beispiel wurde ausgewählt, um einen möglichst genauen und detaillierten Überblick über Struktur und Praxis des Prostitutionseinstiegs sowie einer idealtypischen Darstellung des Interaktionsablaufs zwischen einem Freier und einer Sexarbeiterin zu vermitteln. Auf Grund dieser Ausrichtung kann der (irrige) Eindruck entstehen, dass hiermit sämtliche prostitutiven Einstiegsszenarien bzw. Interaktionsverläufe ethnografisch beschrieben und erklärt wären. Hier gilt es explizit darauf zu verweisen, dass dieses Beispiel logischerweise nur einen möglichen Zugang zum Feld bzw. zu einem konkreten Segment des Prostitutionsfeldes abbildet. Gemäß des Intersektionalitätsansatzes (vgl. Winker/Degele 2009) wäre es für eine umfassende ethnografischen Gesamtanalyse notwendig und wünschenswert, die Untersuchungsebenen intersektional auszuweiten und aufzufächern. Dies beinhaltete einerseits die Berücksichtigung unterschiedlicher Klassenpositionen von Freiern und anderer Kategorien wie z.B. Alter, ›Ethnie‹, Stadt-Land etc., welche auf die jeweiligen Substrukturen des Prostitutionsfeldes (Straße, Lauhaus, Club, Luxus-Prostitution etc.) zu beziehen wären. Oder plakativ formuliert: die soziale Praxis, das motivationale Selbstverständnis und Auftreten eines Top-Managers in der Luxusprostitution dürfte sich deutlich vom Sein und Verhalten eines sozial isolierten arbeitslosen Mannes in einem Billiglaufhaus unterscheiden. Dennoch ist es trotz dieser

Beschränkung möglich, wie hoffentlich gezeigt werden kann, aus dem dargestellten Einzelfall allgemeingültige sequenzielle Strukturmuster prostitutiver Intiminteraktionen abzuleiten und darzustellen. Die zweite Anmerkung betrifft eine forschungspraktische ›Zwickmühle‹ der ethnografischen Beschreibung und Analyse des geschilderten Beispiels. Hiermit ist gemeint, dass es im Hinblick auf den Kenntnisstand der Leser_innen bezüglich prostitutiver Abläufe und Infrastruktur nicht leicht gewesen ist zu entscheiden, wo die Produktion banaler Sachverhalte beginnt und wo der Anspruch an wissenschaftliche Genauigkeit und Sorgfalt verletzt wird. Auch hier hoffe ich einen ›vermittelnden‹ Lösungsweg präsentieren zu können. Im Folgenden wird nun anhand der Beschreibung des Einstiegsprozesses von Herrn Konrad beispielhaft die soziale Praxis der initialen Nachfrage nach käuflichem Sex rekonstruiert:

I: was war denn die Aufregung dabei (?) oder das SPANNENDE beim ersten Mal (?)
K: ja (lacht) ähm (1) es ist ein Abenteuer also man_man geht ja nun als äh vollkommener Frischling zu so ner Frau in der Helenenstraße und äh weiß gar nicht was man überhaupt mit ihr besprechen soll (1) das ist immer das aufdringliche Geklopfe ans Fenster und dann soll man herkommen ist natürlich klar dass man nicht persönlich der Person sympathisch ist aber man wird dann eben äh zum Verhandlung aufgefordert und ähm ja dann hab ich mir hab ich halt geschaut welche Frau mir so vom Optischen gefällt und dann äh hab ich gefragt »was kostet es denn« (?) sie sagte was sagte sie denn (?) das war ja noch zu D-Mark Zeiten »hundert Mark« dachte ich »na ja ich hab ja hier sowieso keine Ahnung« (lacht) ähm der erste Fehler war natürlich überhaupt zu fragen äh NICHT VORHER zu vereinbaren WAS ne ja und dann geht man so hoch in so'm Haus was man nicht kennt äh in auf'n Zimmer und wird dann erst mal aufgefordert zu BEZAHLEN dann ist man sein GELD los und soll sich ausziehen und das ist äh natürlich ein MERKWÜRDIGES GEFÜHL in fremdes Haus da NACKT in so'm Zimmer zu stehen (?) ist auch ((werde/würde)) ich jetzt gar nicht mehr machen ist schon merkwürdig und äh das dauert dann immer ewig LANGE ist auch ein Rätsel was die Frauen dann machen die ganze Zeit wahrscheinlich das Geld prüfen oder den Typen erst mal erst mal warten lassen oder so ähm ja und dann also ich find's einfach aufregend da so nackt im fremden Zimmer zu liegen dann kommt ne Frau nicht im Sinne von erregend sondern von_von aufwühlend aufregend und äh dann werden da wird da natürlich nur irgendwie ne Ölmassage geboten oder so ne das ist eigentlich gar keine interessante Sexualität ne das kann man auch lieber selber machen so was na ja das das war das AUFREGENDE äh SPÄTER ist es dann aufregend wenn man dann äh FRAUEN kennen gelernt hat mit denen es richtig INTERESSANT ist (Herr Konrad 103-122).

In dieser Interviewpassage von Herrn Konrad lassen sich typische Sequenzmuster und Interaktionsabläufe des prostitutiven Handlungsstroms nachzeichnen. Herr Konrad hat, wie bereits geschildert, nach einem längeren Prozess die Entscheidung getroffen, seine defizitär erlebte private sexuelle Situation (»Ich bin dazu gekommen weil mir die Sexualität in der Ehe lange

Zeit nicht gereicht hat«) und sein subjektives Leiden hierunter (»Sexualität ist für mich einfach wichtig und mit einmal im Monat da ähm da werde ich nur krank von das geht bei mir nicht«) unter Rückgriff auf die Prostitution kompensatorisch zu stabilisieren. Nach der grundlegenden Entscheidung, in das Feld der Prostitution einzutauchen, erfolgt dann die logische Bestimmung des passenden Prostitutionssegments. In diesem Fall wählt Herr Konrad mit der Helenenstraße in Bremen[12] ein alltagskulturell sehr bekanntes und mit dem Feld der Prostitution quasi synonym gesetztes klassisches Prostitutionssegment aus. Hierin manifestiert sich schon zu Beginn der Interviewsequenz die Tatsache, dass Herr Konrad kaum über praktisches Wissen in Bezug auf das prostitutive Gesamtfeld verfügt. Seine Wahl fällt deshalb auf einen lebensweltlich naheliegenden stadtbekannten Prostitutionsort. Diese Entscheidungsphase (1.), in der das prostitutive Setting und der konkrete Prostitutionsort ausgewählt werden, wird wie weiter oben bereits dargelegt multifaktoriell bestimmt und determiniert. Relevanz erhalten hier z.B. finanzielle, kontrollspezifische, ethisch-moralische oder beziehungstaktische Rahmenbedingungen als praxisbestimmende Faktoren der Nutzung des Angebots des Prostitutionsfeldes. Mit der Mobilitätsphase (2.), dem unmittelbaren Eintritt in das Feld – z.B. in ein Bordell, ein Appartement, eine Bar, eine Straße oder wie in diesem Falle in einen sozial-räumlich markierten prostitutiven Straßenzug bzw. Miniwohnblock –, beginnen die Feldgesetze die Handlungskontexte und Subjektivierungsprozesse normativ, ästhetisch und handlungsleitend zu bestimmen. Die mangelnde Habitualisierung der Prostitutionsnachfrage zum (sexual-)biografischen Zeitpunkt des ersten Prostitutionsbesuchs (»man geht ja als vollkommener Frischling zu so ner Frau«) und der hieraus resultierende Mangel an praktischem Wissen und einem detailbestimmten Gespür für das Feld zeigen sich deutlich am unsicheren und verunsicherten Verhalten von Herrn Konrad. Insbesondere die Einstiegssequenzen in das Feld sind hiervon stark geprägt (»man weiß gar nicht was man überhaupt mit ihr besprechen soll«). Die folgenden Phasen des initialen als auch eines jeden Prostitutionskontakts können im Weiteren klassifiziert werden als Kontakt- (3.), Auswahl- (4.) und Verhandlungsphase (5.). In allen drei Phasen, die der unmittelbaren prostitutiven Intiminteraktion logisch vorgängig sind, erweist sich die Unerfahrenheit und Unsicherheit von Herrn Konrad als evidenter handlungsbestimmender Faktor (»na ja ich

12 Die Bremer Helenenstraße wurde 1878 als erste staatlich regulierte Bordellanstalt im Bremer Innenstadtbezirk ›Ostertor‹ etabliert. Sie besteht aus mehreren Häusern und Wohnungen, in denen die Prostituierte in Fenstern sichtbar Kontakt mit den Kunden aufnehmen können. Das Alltagswissen der bremischen Bevölkerung über die Helenenstraße als Prostitutionsort dürfte ähnlich hoch ausgeprägt sein wie die Klassifizierung der Hamburger Reeperbahn oder des Hamburger Stadtteils St. Pauli als prostitutive Topoi.

hab ja hier sowieso keine Ahnung«). Im Einzelnen differenzieren sich diese Phasen wie folgt:

Im empirischen Beispiel wird die Kontaktaufnahme (3.) aktiv von den Sexarbeiterinnen gesteuert und dominiert (»das ist immer das aufdringliche Geklopfe ans Fenster und dann soll man herkommen«); eine Umkehrung dieses Prozesses in Gestalt einer aktiven Ansprache und Auswahl der Sexarbeiterin durch die Freier ist aber auch möglich und üblich. Aus der Sicht der Sexarbeiterin geht es in dieser Phase, die nicht selten eine (ökonomisch) konkurrente Situation mit anderen Anbieterinnen darstellt, in erster Linie darum, die Aufmerksamkeit des Kunden zu gewinnen und ihn zu einem Geschäftsabschluss mit ihr zu bewegen.

In der Auswahlphase (4.) versucht die Sexarbeiterin durch direkte Ansprache bzw. direkte Aufnahme von Körperkontakt, durch ihre körperlich-erotische Präsenz und Ausstrahlung, durch ihre Kleidung und Accessoires, durch die Ausgestaltung ihrer Räumlichkeiten oder ihre spezifische sexuelle Angebotspalette (etwa im BDSM-Bereich) die jeweilige ästhetisch-geschmackliche, soziale und insbesondere die sexuelle Bedürfnisstruktur des Kunden zu erreichen bzw. eine neue Bedürfnisstruktur in ihm zu etablieren, um ein möglichst vorteilhaftes Geschäft mit ihrem Kunden abzuschließen.[13] Herr Konrad trifft in diesem Beispiel die Wahl der Sexarbeiterin einzig nach dem Kriterium der körperlich-repräsentativen Attraktivität (»dann hab halt geschaut welche Frau mir so vom Optischen gefällt«). Dies kann als ein typisches Merkmal der initialen Prostitutionspraxis bewertet werden, da auf Grund der fehlenden sozialen Praxis und Feldkenntnis von ihm kaum zusätzliche Auswahlfaktoren herangezogen werden, wie z.B. spezielle sexuelle Angebote und Techniken, Aussehen der Sexarbeiterin vs. performativer Kompetenz bzw. Engagement, Nationalität etc.

Nach der Wahl der Sexarbeiterin wird in der Verhandlungsphase (5.) der Prostitutionskontakt als vertraglich bindende Geschäftsbeziehung zwischen Kunde und Prostituierter etabliert. Konstitutive Elemente dieses Prozesses sind:

- Die Bestimmung des Preis-Leistungsverhältnisses (Kosten je sexueller Dienstleistung pro Zeiteinheit sowie Höhe der Zusatzkosten bei Inanspruchnahme ausgedehnter Angebote im Zuge der sexuellen Interaktion).
- Die Verhandlung sowie die vertraglich bindende Absprache über die gewünschten sexuellen Praktiken (Oralverkehr, Geschlechtsverkehr, Stellungswechsel, Rollenspiele etc.) in Abgleich mit den Angeboten der Sexarbeiterin.

13 Zum Wechselspiel der Machtverhältnisse zwischen Angebots- und Nachfrageseite im Feld der Prostitution vgl. Kapitel 3.

- Die zeitliche Begrenzung des Prostitutionsbesuchs sowie die Kalkulation von Zusatzkosten z.B. für Zimmermieten von Frauen, die auf der Straße arbeiten.

Wie bereits dargelegt, muss verstärkt auch die Verhandlungspolitik in Bezug auf die Kondomverwendung hierzu gezählt werden. Der komplette Kondomverzicht oder auch die Begrenzung auf einzelne Praktiken, wie z.B. Fellatio, inklusive der Ejakulation in den Mund der Sexarbeiterin, können dabei als Verhandlungsvorschlag bzw. Forderung an die Frauen herangetragen werden. Herr Konrad ist auch von diesem Prozess insgesamt stark überfordert. Er verweist in der Rückschau der Interviewsituation selbstreflexiv auf typische Handlungsprobleme und defizitäre Handlungsstrategien innerhalb dieser Phase (»der erste Fehler war natürlich überhaupt nicht vorher zu vereinbaren was«). Das strategische ›Missgeschick‹ des Prostitutionskunden, keine klaren Preis- und Zeitabsprachen über die gewünschten sexuellen Praktiken getroffen zu haben, transformiert sich in dieser Situation komplementär in einen strategischen Vorteil für die Sexarbeiterin. Für sie bedeutet die Unwissenheit, die Verunsicherung und mangelnde Handlungskompetenz des Neukunden in Bezug auf Feldstrukturen und strategisches Spielverständnis die Chance, ökonomischen Extraprofit aus dieser Situation zu schöpfen. Das tut sie, indem sie beispielsweise weniger sexuelle Dienstleistungen als üblich für die vereinbarte Geldsumme anbietet, einen überhöhten Geldbetrag verlangt, sexuelle Praktiken vortäuscht (bekannt als ›Falle schieben‹, als simulierter vaginaler Geschlechtsverkehr, während der Freier tatsächlich die Hände oder Oberschenkel der Sexarbeiterin penetriert) oder ihn zu einer überteuerten und ausgedehnten Inanspruchnahme von sexuellen Praktiken animieren bzw. überreden kann. Dieses Phänomen, welches im subkulturellen Jargon des Prostitutionsfeldes als »Abzocke« bezeichnet wird, tritt insbesondere in dieser Anfangszeit in Erscheinung und gehört zum praktischen Erfahrungsschatz der allermeisten Prostitutionskunden im Verlauf ihrer sozialen Karriere im Feld. Erst im Zuge zunehmender Feldkenntnis und erfahrungsgeleiteter Habitualisierung wird dieses Phänomen abgeschwächt und in der Regel zu Gunsten der Freier ausgeglichen.

Des Weiteren lässt sich in der dargestellten Erzählungsequenz von Herrn Konrad idealtypisch das zentrale und für fast alle Prostitutionskontakte gleichbleibende mikrosoziologische Ablaufmuster der prostitutiven Kerninteraktion (6.) nachzeichnen. Im Einzelnen kann die prostitutive Intiminteraktion in folgende ritualisierte und für nahezu sämtliche Interaktionskontexte relativ gleichbleibende analoge Sequenzen unterteilt werden:

Betreten bzw. gemeinsames Aufsuchen des sexuellen Austauschraumes

Auch im prostitutiven Rahmen ist es üblich, für den eigentlichen sexuellen Austausch einen geschlossenen und insofern intimen Raum aufzusuchen. Auch Herr Konrad führt dies typisch aus (»dann geht man hoch in so'm Haus was man nicht kennt, auf'n Zimmer«). Ausnahmen hiervon sind der Straßenstrich, wo die sexuelle Interaktion im Auto oder an einem zumeist sichtgeschützten Platz im öffentlichen Raum stattfinden kann. Eine weitere Ausnahme von dieser Regel innerhalb geschlossener Prostitutionsräume zeigt das Beispiel von Herrn Thanert:

I: und kommt's da irgendwie im Foyer auch schon zum zu Sex
T: ja kann auch sein das kommt dann drauf an wie jeder mag also es gibt dieses das nennt man (schaut sich um und spricht dann leise weiter) ANBLASEN das heißt es wird ne kleine Kostprobe gegeben das ist mal Französisch ((gibt es auf dem)) Sofa und dann geht's ins Zimmer oder ähm wenn man auch will im Kino oder theoretisch WO MAN WILL äh in dem Club kann man auch Sex haben machen die wenigsten macht man nicht oft wenn alle Zimmer zu sind passiert das aber dann
I: und ähm das ist dann nicht so fühlt man sich dann nicht beobachtet von den anderen Männern
T: kann ja mal witzig sein
I: (lacht) also so beim Anmachen auch das halt das ist so im Setting mit drin einfach
T: gut also das stört mich persönlich jetzt überhaupt net mehr äh nor-normalerweise den richtigen Sex SELTENST habe ich jetzt zwei mal gemacht öffentlich aber das aber wenn es das Anmachen sozusagen auf der Couch das stört mich nicht wenn da jemand zuguckt (Herr Thanert 95-106).

Diese Interviewsequenz beschreibt die sexuelle Interaktion eines Freiers mit einer Sexarbeiterin in einem sogenannten ›FKK-Club‹, wo das Angebot des öffentlichen sexuellen Austauschs zum Handlungsrepertoire der Sexarbeiterin hinzugezählt werden kann. Zumeist handelt es sich hier allerdings nur um öffentlich vollzogene Fellatio, welche im Prostitutionsjargon als ›Anblasen‹ bezeichnet wird. Ziel dieser Vorgehensweise ist es, das sexuelle Interesse des Kunden an der Sexarbeiterin zu wecken und ihn zu einem endgültigen Geschäftsabschluss zu bewegen. Die sexuelle ›Hauptinteraktion‹ wird dann zumeist in einem der Zimmer fortgesetzt.

Die eigentlichen Prostitutionszimmer in Bordellen, Wohnungen, Bars, Laufhäusern oder Clubs sind in der Regel mit einer vergleichbaren prostitutiven Infrastruktur ausgestattet. Hierzu zählen beispielsweise ein ›rotlichtspezifisches‹ Interieur und spezifische Einrichtungsgegenstände, insbesondere in spezialisierten Prostitutionssegmenten wie z.B. in sogenannten ›Domina-Studios‹. Zu den standardmäßigen Einrichtungsgegenständen fast sämtlicher Prostitutionszimmer zählt ein großes Bett, eine

Waschgelegenheit bzw. Dusche sowie die Ausstattung mit sexualtechnischen bzw. erotisierenden Accessoires (Kondome, Gleitcreme, Sextoys, ein Fernseher zum Abspielen pornografischer Filme, Reinigungstücher, um Sperma bzw. andere Körperflüssigkeiten zu entfernen etc.). Wichtig anzumerken ist an dieser Stelle, dass die jeweiligen Zimmer sehr unterschiedlich eingerichtet und ausgestaltet sein können (z.B. verkitscht, nüchtern, streng, historisch-klassisch, comichaft etc.). Hierin spiegelt sich zum einen die geschmacklich-ästhetische Dimension des (Klassen-)Habitus der Sexarbeiterinnen wider, sofern sie die Zimmer eigenständig einrichten können. Zum anderen manifestiert sich darin aber auch die ökonomisch-strategische Inszenierung der Geschäftsinhaber_innen im Werben um den sozialen und sexuellen Geschmack ihrer Kunden. Die spezifische Gestaltung des Zimmers dient als zusätzlicher Anreiz für die Freier, eine sexuelle Begegnung mit der Sexarbeiterin einzugehen, sozusagen als Angebot eines erotischen Gesamtkunstwerks, welches als Reiz auf die geschmacklich-sexuellen Habitusmuster des Kunden ausgerichtet ist.[14]

(Vorab-)Bezahlung der Sexarbeiterin

Die Vorabbezahlung, wie sie Herr Konrad darlegt (»und wird dann erst mal aufgefordert zu bezahlen, dann ist man sein Geld los«), ist als eine der stabilsten Strukturmuster des Prostitutionsfeldes zu bezeichnen. Fast alle prostitutiven Austauschbeziehungen zwischen Sexarbeiterin und Prostitutionskunde basieren auf dieser Norm als ›ungeschriebenem‹ Gesetz bzw. Spielregel des Prostitutionsfeldes. Prostitutive Intiminteraktionen können strukturlogisch ohne dieses Feldgesetz nicht zustande kommen. Herr Konrad empfindet die Zahlungsaufforderung als imperatives Moment. Es wird daraus ersichtlich, dass die Sexarbeiterin nicht als Bittstellerin oder optional Verhandelnde auftritt, sondern sich intuitiv auf diese Norm als rechtsverbindlichen und quasi ›natürlichen‹ Anspruch beruft. Ohne diesen sozialen Mechanismus käme der Kontrakt zwischen der Sexarbeiterin und dem Freier also nicht zustande, eine Tatsache, die Herr Konrad sowie alle andern Prostitutionskunden auch im Laufe ihrer Karriere zu akzeptieren gelernt haben. Eine Ausnahme von dieser Regel bilden lediglich einige Clubs, in denen die Geschäftsleitung beim Verlassen des Etablissements dem Kunden eine Gesamtrechnung zur Bezahlung vorlegt. Eine Umkehrung der Regel liegt vor, wenn der Freier aus einem physischen bzw. psychischen Dominanz- und Gewaltszenario heraus die Vorabbezahlung verweigert, um dann Lohnraub (komplett oder in Teilen) begehen zu können – ein Szenario, welchem vornehmlich drogensubstituierende Sexarbeiterinnen oder gesell-

14 Vgl. den Bildband »Frauenzimmer – Bordelle in Deutschland«, Fouad (2004) sowie den Ausstellungskatalog zur Ausstellung »Sexarbeit« des Hamburger Museums der Arbeit Dücker (2006).

schaftlich prekarisierte Sexarbeiterinnen ausgesetzt sind (vgl. Dücker 2006, 140-147).

Entkleidung

Mit dem Akt der Entkleidung beginnt das eigentliche sexuelle Szenario der prostitutiven Intiminteraktion. Zwar kann das Phantasieren über den prostitutiven Akt, das Eintauchen in das Feld sowie die beschriebenen Vorlaufrituale ebenfalls als erotisch-sexuelle Phase zur Übersetzung von Begehren in den Aufbau sexueller Spannung, Erregung und körperlicher Lust gezählt werden. Doch die unmittelbare sexuelle Interaktion beginnt im Kontext prostitutiver Settings mit der Nacktheit der involvierten Körper. Als alltagskulturell kontextualisierte Gewissheit bildet sie das unmissverständliche Signal, dass beide Parteien nun bereit sind für den sexuellen Austausch.[15] Offensichtlich wird zudem, dass das Interaktionsgeschehen in dieser initialen Situation der Prostitutionsnachfrage deutlich von der Sexarbeiterin bestimmt und dominiert wird. Mit ihrem ›Befehl‹ bzw. ihrer Aufforderung (»und soll sich ausziehen«) initiiert sie den sexuellen Austausch und lenkt die sexuelle Interaktion. Im Vergleich zum ›rituellen Tanz‹ privater erotischer Settings ist diese Einstiegssequenz tendenziell als eine ungewohnte Beschleunigung des Einstiegs in ein sexuelles Szenario zu werten. Dieser Einstiegsmodus ist als sehr direkt, zielgerichtet und instrumentell zu charakterisieren. Das prostitutive Einstiegsritual ist dabei von jeglicher romantisch-zärtlicher Vorlaufzeit befreit, was am Anfang bei vielen Freiern zu deutlichen Irritationen führt. Die beschleunigten prostitutiven Handlungsmuster sind ihnen aus privaten sexuellen Szenarien bislang nicht bekannt, d.h. sie sind nicht habitualisiert. Im weiteren Verlauf ihrer Prostitutionskarriere mit einem Zugewinn an praktischem Wissen, praktischem Sinn und verleiblichter habitueller Handlungssicherheit wird dieser Sachverhalt in der Regel als positive und explizit lustvolle Dimension der Prostitutionslogik re-klassifiziert (»der Reiz der sofortigen Verfügbarkeit einer Person [...] ist ein Kick den man sich immer wieder gönnt«, Herr Questel 13). Wie noch gezeigt werden kann, erwächst hieraus sogar eine der stärksten Motivationen der regelmäßigen Prostitutionsnachfrage (vgl. Kapitel 5). Insgesamt wirkt dieses ungewohnte Setting, welches mit wenig praktischem Wissen und sozialem Sinn gefüllt wird, auf Herrn Konrad sowohl beängstigend als auch im positiven Sinne erregend. Der Schluss liegt nahe, dass dieser psychische und körperliche Zustand des Subjekts unmittelbar durch die alltagskulturell wirksamen Felddiskurse hervorgebracht werden. Das latent spürbare Bedrohungsgefühl

15 Im Rahmen der prostitutiven Inszenierung ist es auch üblich, dass einzelne Accessoires wie Stiefel, Mieder, Reizwäsche, Lack und Lederkleidungsstücke etc. von der Sexarbeiterin bzw. dem Freier anbehalten bzw. eigens angezogen werden.

ist hierbei auf die subkulturelle Dimension des Prostitutionsfeldes als heterotopem Ort zurückzuführen. Es ist Herrn Konrad im wahrsten Sinne des Wortes nicht ›geheuer‹, was an diesem Ort, in diesem Zimmer sozial, moralisch und sexuell mit ihm geschieht, in dem er sich ›plötzlich‹ nackt vorfindet. Gleichzeitig symbolisiert diese Situation aber auch den unumkehrbaren Wendepunkt der Bearbeitung seiner privaten sexuellen Probleme. Mit dem Akt des Entkleidens wird der ›point of no return‹ überschritten, der ihn in einem subjektiv leidvollen Zustand verharren ließ. Das Alltagsbewusstsein ist auch hier auf die antizipierte Gewissheit ausgerichtet, dass die prostitutive Subkultur in ihrer sexuellen Omnipotenzdimension fest garantierte erotische Reize, Ablaufmuster und ungeahnte sexuelle Genüsse potenziell bereithält (»Abenteuer«), insbesondere wenn, wie im Falle von Herrn Konrad, ein grundlegendes Problem der privaten sexuellen Situation darin besteht, dass der Zugang zum Begehren, zum Körper und zur Sexualität seiner Ehefrau mit nahezu undurchdringlichen sozialen und emotionalen Zugangsbedingungen belegt ist. Die strukturelle Beschleunigung und geldgesteuerte Offenheit zu eben dieser sexuellen Dimension, die Herr Konrad hier zum ersten Mal erlebt, spiegelt sich in dieser verdichteten und intensiven Passage deutlich wider.

Wie empfindlich und labil die reziproke Rahmung der sozialen Situation als sexuell innerhalb der Entkleidungssequenz auch sein kann, erweist sich im ergänzenden Beispiel von Herrn Weitenbach. In dieser Sequenz wird die sozial sinnhafte Rahmung des Interaktionskontextes als sexuell durch die Sexarbeiterin empfindlich gestört bzw. aktiv ›zerstört‹:

W: in diesem Z-Städter Eros Center hatte ich einmal eine die wollte sich noch nicht mal ausziehen die hatte so ne so ne Radlerhose an so ne enge enge Hose wie die Radfahrer sie anhaben da musste ich die durch diese Hose durchficken also da sind sehr viele Abzocke grad meinem Z-Städter Eros Center das war so ziemlich das Übelste was ich so jemals (erregt) DER DER ALLERSCHLECHSTE SERVICE wenn ich überleg hier was SCHLIMMES hab ich an sich wirklich nie erlebt ich hab nur manchmal wirklich schon sehr sehr schlechten Service erlebt das ist vielleicht das Schlimmste was ich je erlebt habe (Herr Weitenbach 803-813).

Entkleidet sich die Sexarbeiterin nicht oder nicht vollständig (BH, Unterwäsche, Oberbekleidung etc.), wie in dieser leicht überzeichneten Nacherzählung geschildert, wird aus der Sicht der Freier eine sozial sinnhafte Rahmung der Situation als ›prostitutiv erfolgreich‹ nahezu verunmöglicht. Den Freiern ist es unter diesem Umständen nicht mehr möglich, die von ihnen gewünschte sexuelle Sinnhaftigkeit und erotische Magie des prostitutiven Settings durchzusetzen bzw. aufrechtzuerhalten. Deutlich wird den Männer in diesem Fall die ambivalente Hybridität des Prostitutionsfeldes und der prostitutiven Praxis vor Augen geführt. Ihr praktischer Glaube an das Feld, in dem Begehren, Begierden, sexuelle Lust, körperliche Erregung und sexuelle Praktiken die habituelle Basis des Sinns am Spiel bzw. der illusio bilden, wird durch die symbolische Verweigerungshaltung der Sexarbeiterin empfindlich dekonstruiert. Dekonstruiert meint in diesem Sinne den strukturlogischen Verweis darauf, dass das Feld der Prostitution aus der Sicht der weiblichen Angebotsseite in erster Linie als ökonomisches Teilfeld sozial sinnhaft erscheint und seine praktische Logik entfaltet. Die empfindliche Reaktion, die diese Erkenntnis bei den Freiern auslösen kann (Wut, Enttäuschung, Frustration), ist am Beispiel von Herrn Weitenbach deutlich festzustellen (»das Schlimmste was ich je erlebt habe«). Verstärkt werden kann diese Stimmungslage, wenn sich die Sexarbeiterin nur gegen einen finanziellen Aufpreis bereit erklärt, die ›Illusion‹ des sexuellen Sinns der Situation gemeinsam mit dem Prostitutionskunden zu re-etablieren. Die von Herrn Konrad geschilderte Prozedur der einseitigen Entkleidung (»soll sich ausziehen und das ist natürlich ein merkwürdiges Gefühl in einem fremden Haus da nackt in so'm Zimmer zu stehen«), kann die Freier zusätzlich in eine vulnerable Position manövrieren, falls die Sexarbeiterin subtil oder demonstrativ die Interaktionsdynamik durch ihr Nichtentkleiden durchkreuzt. Zum einen resultiert dies aus kulturspezifisch tradierten Schamgefühlen, die der Zustand des Nacktseins an sich auslösen kann. Zum anderen kann so auch bebildert werden, dass die Kontroll- und Definitionsmacht über den weiteren Verlauf der sexuellen Interaktion in die Hände der Sexarbeiterin übertragen wird. Denn die Nacktheit des Prostitutionskunden symbolisiert klar und deutlich sein Bedürfnis und seine Bereitschaft nach sexuellem Austausch. Die Macht hierauf einzugehen – sensibel, offen, neutral, gelangweilt, abweisend – obliegt dann allerdings der Sexarbeiterin (wie dargelegt, mit zum Teil ungewissem Ausgang).

(Genital-)Reinigung des Kunden

Leider wird die obligatorische Genitalreinigung des Kunden am Waschbecken (teilweise aktiv von der Sexarbeiterin durchgeführt) bzw. die Säuberung des Gesamtkörpers (Duschvorgang) als essentielles Ablaufmuster des prostitutiven Austauschs von Herrn Konrad nicht geschildert. Unklar bleibt, ob dieser Akt bei Herrn Konrad nicht vollzogen wurde oder ob er sie in seiner Erzählung nur nicht erwähnt hat. Tendenziell kann jedoch aus der ethnografischen Gesamtperspektive dieser Studie die These aufgestellt werden, dass das Waschritual ein normativ verankertes standardisiertes Ablaufmuster im prostitutiven Gesamtzyklus darstellt. Eine Ausnahmestellung dürfte auch hier die Drogen- bzw. Straßenprostitution einnehmen. Die Forderung der Sexarbeiterin nach einem gewaschenen Kunden begründet sich zentral daraus, dass sich der körperliche Intimkontakt zu einem ›gereinigten‹ Kunden sexual-ästhetisch wesentlich ›angenehmer‹ gestaltet als zu einem ungewaschenen. Die Freier berufen sich wiederum auf ihr (informelles) Recht auf ein sauberes ›Produkt‹, für welches sie bezahlt haben. Zudem wird durch den Reinigungsvorgang der Sexarbeiterin die Erinnerung an die vorhergehenden Kunden (rituell) beseitigt und die Konzentration symbolisch auf die beginnende sexuelle Interaktion gelenkt. Auf der Interaktionsebene bewirkt dieses Ritual aber auch eine manifeste Verschmelzung der »Vorder- und Hinterbühne« (Goffman 1973). In privaten sexuellen Settings ist die vorbereitende Reinigung der Körper und der primären Geschlechtsorgane tendenziell der uneinsichtigen »Hinterbühne« vorbehalten. Die Prostitution betreibt in diesem Sinne eine Profanisierung des Sexuellen. Die tendenziell getrennt ausgeführten Vorbereitungsrituale privater sexueller Akte werden hierdurch ihrer Intimität ›entkleidet‹ und dem ›gleißenden‹ enttabuisierenden Licht der prostitutiven »Vorderbühne« preisgeben. Für die Freier wird hierdurch ein weiterer Verweis auf die professionalisierte und geschäftsmäßige Sexualbeziehung des prostitutiven Settings transportiert. Denn in einer gleichberechtigten prostitutiven Geschäftsbeziehung wird von der Sexarbeiterin nur dem ›sauberen‹ Kunden die Berechtigung zum prostitutiven Sexualakt und der Zugang zu ihrem Körper erteilt. Doch auch hier gilt, dass ein ungewaschenes männliches Genital oder ein insgesamt ungepflegter männlicher Körper als Ausdruck einer gezielten oder unbewussten (symbolischen) Machtdemonstration gewertet werden kann, wie die ergänzende Aussage von Herrn Hahn zeigt:

H: man wundert sich wieviele Arschlöcher unter uns sind ne [...] während das hier in Europa ähm dann eher so auf die Schiene geht dass sie meinetwegen nicht geduscht sind oder nicht rasiert oder was weiß ich auch immer ne also das das das das äh für die Mädels dann eher auf so ner äh physiologischen Ebene vielleicht ein bisschen unangenehm ist (Herr Hahn 371-375).

In (selbstkritischer) Abgrenzung distanziert sich Herr Hahn von anderen Freiern, die ihre körperliche Repräsentanz als Machtmittel gegenüber der Sexarbeiterin einsetzen. Auf einer symbolischen Ebene zeigt sich deutlich die Respektlosigkeit und patriarchale Verachtung – ästhetisch als auch gesundheitlich –, die diese Freier gegenüber der Sexarbeiterin ausdrücken. Denn neben den gesundheitlichen Risiken, die von einem ungewaschenen Penis für Frauen ausgehen kann, manifestiert sich hierin eine Missachtung der »Ehrerbietung« (Goffman 1991) als sozialer Respektbekundung gegenüber der anderen Person, womit ein eindeutiges Machtgefälle etabliert wird. Damit ist gemeint, dass sich die Männer das (selbstverständliche) Recht herausnehmen, die kulturspezifische Norm vom ›sauberen‹ und gereinigten sexuellen Körper als Zugangsvoraussetzung zu einer sexuellen Interaktion einseitig zu übertreten. Ob dies aus desinteressierter Gedankenlosigkeit oder aus einer bewusst motivierten Dominanzgeste heraus geschieht, ist aus der lebensweltlichen Perspektive der Sexarbeiterin gleichgültig und lediglich von einem analytischen Standpunkt aus bedeutend. Geschlussfolgert werden kann jedoch hieraus, dass die Machtkonstellation im prostitutiven Setting auch darüber hergestellt wird, welche Partei Hygienestandards legitim zu benennen und durchzusetzen vermag. Insgesamt existieren in dieser Studie und vermutlicherweise im Feld insgesamt in der überwiegenden Mehrzahl

Beispiele, in denen Freier aus Respektsbekundung gegenüber der Sexarbeiterin peinlichst auf ihr »Benehmen« (Goffman 1991) in Bezug auf ihre körperliche Hygiene und ihr gesamtes Erscheinungsbild achten.

Sexuelle Interaktion

Die eigentlich sexuelle Interaktion erlebt Herr Konrad als wenig zufriedenstellend (»da wird da natürlich nur irgendwie ne Ölmassage geboten oder so ne das ist eigentlich gar keine interessante Sexualität«). Sein Negativurteil über diesen ersten sexuellen Kontakt mit einer Sexarbeiterin reicht soweit, dass er aus der rückschauend-reflektierenden Sicht der Interviewsituation den Prostitutionssex als nicht-lohnend abwertet (»das kann man auch lieber selber machen«). Auch hier zeigen sich die entgegenlaufenden strategischen Logiken der Angebots- und Nachfrageseite deutlich. Was sich aus der Perspektive der Sexarbeiterin als eine sinnvolle und profitable Handlungsstrategie darstellt, wird aus der Sicht des Prostitutionskunden als ein feldspezifisches Verlustgeschäft – sexuell und ökonomisch – gewertet. Auch hier basiert der ›Spielzug‹ der Sexarbeiterin darauf, dass sie den Mangel an praktischem Wissen und sozialem Sinn, insbesondere des generellen Orientierungssinns des Kunden, ökonomisch in ihren Nutzen umzuwandeln vermag. Ihre strategische Ausgangslage innerhalb des Erstkontakts erlaubt es ihr deshalb, mit einem deutlich reduzierten Arbeitsaufwand eine überdimensionierte Profitspanne zu erzielen. Die mangelnde Habitualisierung als kognitive, evaluative und leibliche Abstimmung auf das (Spiel-)Feld verhindert in dieser Ursprungssituation, dass Herr Konrad die sexuelle Interaktion, entgegen der strategischen Absicht, als genussvoll erleben kann. Er ist nicht in der Lage, adäquat seine sexuellen Wünsche und Bedürfnisse zu äußern sowie auf machtpolitischer Ebene die Preispolitik der Sexarbeiterin zu kontrollieren. Erst mit zunehmender Feldpraxis und Habitualisierung der Nachfrage nach käuflichem Sex erlangt Herr Konrad die praktische Sicherheit, diese sozialen Mikrokämpfe mit der Angebotsseite durch praktisches Wissen und strategische Kompetenz zu seinen Gunsten zu gestalten. Auch auf der leiblichen Ebene ist der ›nachfragende‹ Körper gezwungen, sich den Spielanforderungen in der Praxis zu stellen. Erst durch diesen praktischen Erfahrungsschatz kann ein leiblich verankertes Selbstbewusstsein aufgebaut werden, welches die Voraussetzung dafür bildet, sich auf die sexuelle Kerninteraktion konzentrieren zu können. Im Allgemeinen kann hieraus geschlossen werden, dass für viele Freier die mangelnde Habitualisierung und die soziale sowie psychische ›Unruhe‹, die dieser Zustand verursacht, das genuine sexuelle Erleben und den sexuellen Profit, der hieraus gezogen werden kann, schmälern bzw. begrenzen. Phänotypisch manifestiert sich dies z.B. in frühzeitiger Ejakulation (vgl. Herr Meister und Herr Studer weiter oben) oder in einer allgemeinen Klage über das mangelnde performativ-sexuelle Engagement der Sexarbeiterin. In diesem Sinne kann daraus geschlossen werden, dass beim initialen Prostitutionsbesuch das Interesse und der Zugewinn an sexuellem Kapital darin besteht, den Feldeintritt erfolgreich bewältigt zu haben, sprich es überhaupt gemacht zu haben. Der strategisch erzielte Profit liegt also weniger in der genuinen Sensation der sexuellen Interaktion als ›Kernprodukt‹ des Prostitutionsfeldes begründet, sondern in der Partizipation an der subkulturellen Sensation des Feldes als solcher. Erst mit zunehmender Handlungssicherheit im Feld kann sich Herr Konrad dann auch auf den zentralen sexuellen Interaktionszusammenhang des Prostitutionsfeldes konzentrieren und sexuelles Kapital im eigentlichen Sinne akkumulieren (»später ist es dann aufregend, wenn man dann Frauen kennen gelernt hat mit denen es richtig interessant ist«).

Reinigung und Verabschiedung

Den Abschluss der prostitutiven Intiminteraktion bildet das Reinigungs- und Verabschiedungsritual. Auch diese Phase, welche nach dem eigentlichen Geschlechtsverkehr bzw. nach der Ejakulation des Freiers das Ende der eigentlichen sexuellen Phase anzeigt, wird in dieser Interviewsequenz nicht angesprochen und weitestgehend ethnografisch aus dem Kenntnisstand der Gesamtstudie rekonstruiert. In dieser Phase, die in der Regel nach der Ejakulation des Freiers eingeleitet wird, wird zuerst das Sperma von den Körpern oder aus dem Körperöffnungen entfernt, sofern eine (extravaginale) Ejakulation ohne Kondom vollzogen wurde. Dann wird das Kondom entsorgt. In einigen Fällen endet die vertraglich fixierte Zeitspanne mit der Sexarbeiterin an diesem Punkt. Der Freier wird in diesem Fall von der Sexarbeiterin unmittelbar nach der Ejakulation und Reinigung zum Ankleiden und Verlassen des Zimmers aufgefordert. Möglich ist aber auch eine vertragliche Vereinbarung, in der die ausgehandelte und bezahlte Zeitspanne (zumeist 30 oder 60 Minuten) dem Kunden auch noch nach der Ejakulation zur Verfügung steht, wie Herr Weitenbach ausführt:

> W: ja meistens ist-bei mir ist die Nummer meistens schon nach 10 Minuten vorbei dann wird eben auf dem Zimmer noch ne Zigarette geraucht und bisschen unterhalten und ich-ich-ich frag dann öfters noch leg mich auf'n Bauch und ver-w-verlange kleine Rückenmassagen das tut immer gut das mache ich immer gerne danach noch und meistens die Frauen machen das alles sie MASSIEREN einen noch ein bisschen sie STREICHELN einen noch ein bisschen und nach einer halben Stunde geht's dann aus dem Zimmer raus (Herr Weitenbach 97-103).

Wie zu sehen ist, kann dieser Zeitabschnitt überbrückt werden durch den Austausch nicht-sexueller Zärtlichkeiten oder einem (nachbereitenden) Gespräch zwischen der Sexarbeiterin und ihrem Kunden. Denkbar ist aber auch eine erneute Aufnahme sexueller Aktivitäten in der verbleibenden Restzeit.

Gesamteinschätzung

Zum Abschluss der Interpretation dieser Einstiegssequenz in das Feld der Prostitution am Beispiel von Herrn Konrad sei noch auf den hohen Grad der beobachtbaren selbstreflexiven Deutungsleistung des Probanden hingewiesen. Interessant ist an dieser Sequenz zu beobachten, wie die Interviewsituation von Herrn Konrad genutzt wird, um von einer biografisch fortgeschrittenen Metaebene aus das erlebte Geschehen zu deuten und zu analysieren. Neben den nacherzählenden und nacherlebenden Interviewpassagen sind immer wieder reflektierende und interpretierende Sequenzen auszumachen, die in ihrem Kern die mangelnde Habitualisierung der Nachfragepraxis sowie die symbolischen Machtverhältnisse in der unmittelbaren Intiminteraktion mit der Sexarbeiterin thematisieren, beispielsweise wenn er auf seine mangelnden Feldkenntnisse hinweist (»als vollkommener Frischling weiß man gar nicht was man überhaupt mit ihr besprechen soll«) oder vermeidbare ›Fehler‹ der Nachfrageseite im Interaktionsablauf anspricht (»der erste Fehler war natürlich überhaupt zu fragen nicht vorher zu vereinbaren was«; »in fremdes Haus da nackt in so'm Zimmer zu stehen würde ich jetzt gar nicht mehr machen«). Auch die Dimension der entfremdeten und verdinglichenden Warenlogik des prostitutiven Austauschs, die das Feld der Prostitution als Teilfeld des ökonomischen Feldes ausweist, kann Herr Konrad klar benennen (»ist natürlich klar, dass man nicht persönlich der Person sympathisch ist«). Es ist des Weiteren festzustellen, dass die soziale Praxis innerhalb dieser Phase nicht im habitualisierten Modus intentionsloser Intentionalität verläuft. Deutlich lassen sich normative, leibliche und psychische Dissonanzen sowie eine mangelnde Routinisierung der Praxis nachzeichnen (entgegen der praktischen Logik einer habituell vermittelten sozialen Praxis, die weitgehend ohne bewusst-steuernde Logik im Handlungsfluss auskommt). In diesem Fall dominieren Verunsicherung, praktische Unkenntnis, körperlich manifeste Unruhe- und Nervositätszustände die Denk-, Wahrnehmungs- und Handlungsapparate von Herrn Konrad (»merkwürdiges Gefühl« »aufwühlend«; »aufgeregt«). Der soziale Sinn als Orientierungssinn bzw. als praktische Vernünftigkeit, um sich in der Welt zurechtzufinden, ist in dieser initialen Feldbegegnung nur rudimentär ausgebildet. Den Anforderungen der sozialen Praxis, die im Modus der Dringlichkeit und Unumkehrbarkeit den Handlungsstroms bestimmen, sind viele Kunden zumeist hilflos ausgeliefert. Erst durch den praktischen Lernprozess im Feld und die Akkumulation praktischer Erfahrung bilden die Freier im Laufe der Zeit einen feldspezifischen Habitus aus, der ihre Praxis routiniert, strategisch zielgerichtet und erfolgreich steuern wird. Auch auf der Ebene ökonomischer Profitabilität und symbolischer Macht wird der Habitualisierungsprozess eine Transformation der Verhältnisse bewirken. In der beschriebenen Interviewsequenz befindet sich die dominierende Handlungsposition, als faktisches Machtverhältnis im Sinne der Lenkung und Leitung des Interaktionsgeschehens, sehr eindeutig auf Seiten der Sexarbeiterin

(»man wird aufgefordert zu bezahlen«; »soll sich ausziehen«;). Auch auf der Ebene symbolischer Macht und ökonomischer Profitabilität ist die Sexarbeiterin im Vergleich zum erstmaligen Kunden in einer eindeutig dominierenden Stellung (»das dauert dann immer ewig lange«, »den Typen erst mal warten lassen«; »da wird natürlich nur ne Ölmassage geboten, das ist eigentlich gar keine interessante Sexualität, das kann man auch lieber selber machen so was«). Deutlich herauszulesen ist in dieser Interviewsequenz aber nicht nur eine Verunsicherung auf Grund mangelnder habitueller Handlungssicherheit und fehlender Feldkenntnis. Vielmehr spiegelt sich in der Gesamtpassage auch eine grundlegende Struktur prostitutiver Intiminteraktionen im Gegensatz zu privaten sexuellen Settings wider. Die von Herrn Konrad berichteten Gefühle der Verunsicherung sind nicht nur als Negativkategorien im psychodynamischen Sinne oder als Handlungshemmnisse zu interpretieren. Es manifestiert sich hierin auch im positiv verstärkenden Sinne eine erregte Aufgeregtheit, die sich auf eine umfassende Erotisierung des Gesamtsettings sowie auf eine Transzendierung des sexuellen Erfahrungsraums des Probanden bezieht (»natürlich ein merkwürdiges Gefühl in fremdes Haus da nackt in so'm Zimmer zu stehen«; »und dann also ich find's einfach aufregend da so nackt im fremden Zimmer zu liegen dann kommt ne Frau nicht im Sinne von erregend sondern von aufwühlend aufregend«). Als zentrale Feldlogiken, die den Prozess der Situationsdefinition durch das Alltagsbewusstsein als eine Mischung aus Bedrohung, Skurrilität und Erregung erscheinen lassen, sind die Entromantisierung und Beschleunigung der prostitutiven Intiminteraktion zu nennen. Hiermit ist gemeint, dass das prostitutive Setting von wesentlichen Elementen privater sexueller Begegnungen befreit ist bzw. diese in einem beschleunigten Modus innerhalb kürzester Zeit reduktionistisch ›abarbeiten‹ lässt. So findet sich weder ein reziprokes Werben bzw. ein kommunikatives und körperlich-repräsentatives Bemühen um das genuine Begehren der potenziellen Sexualpartnerin bzw. des Sexualpartners, noch besteht die Unsicherheit und Ambivalenz, das eigene Begehren zu zeigen und sich der ›Gefahr‹ einer Zurückweisung auszusetzen (zumindest solange die finanzielle Grundlage für den prostitutiven Kontrakt gegeben ist). Der Prostitutionskontakt vollzieht sich direkt und unmittelbar und ist über die geldgesteuerten Handlungsrahmen zielgerichtet auf die Ausübung genuin sexueller Akte ausgerichtet. Dieser institutionalisierte Prozess bewirkt eine soziale Beschleunigung, die sämtliche Dimensionen erotisch-romantischer Intimkontakte – wie z.B. Aufmerksamkeit auf sich zu lenken, zu werben, das vorsichtige Herantasten an das Gegenüber, eine gewisse Zurückhaltung in explizit sexuellen Angeboten etc. – außer Kraft setzt. Die Prostitution ist also in der Lage, innerhalb des Geltungsbereichs des Feldes identitäre, soziale, körperliche und sexuelle Grenzen in ›atemberaubender‹ Geschwindigkeit zu überwinden, entgegen sonstiger sozialer und psychischer Gesetzmäßigkeiten im Feld (privater) Sexualität.

Im folgenden Kapitel wird es im Schwerpunkt darum gehen zu beantworten, weshalb statistisch gesehen nur ein kleiner Teil der männlichen

Gesamtpopulation prostitutive Sexualität auf einer regelmäßigen Basis nachfragt. Die These, die diskutiert werden wird, lautet, dass zwar eine Vielzahl von Männern prostitutive Erfahrungen innerhalb ihrer Sexualbiografie vorweisen können, aber nur eine Minderheit eine stabile und auf Kontinuität ausgerichtete soziale Karriere als Prostitutionskunde entwickelt. Warum, wie und in welcher Weise es den Männern gelingt, eine auf Dauer angelegte, ›unaufgeregte‹ und in sich ruhende soziale Praxis im weiteren Verlauf ihrer Prostitutionskarriere zu entwickeln, wie es sich in den Aussagen von Herrn Weitenbach (»es hat sich dann mit der Zeit gegeben das ist ja klar«) und Herrn Meister (»du kannst dich da natürlich noch nicht entspannen«) abzeichnet, wird zentral beleuchtet werden.

5. Die Etablierung einer fortdauernden Nachfrage nach käuflichem Sex

In diesem Kapitel wird der Frage nachgegangen, wie aus einem Mann nach der ersten beiläufig oder bewusst herbeigeführten sexuellen Begegnung mit einer Sexarbeiterin ein Freier wird. Freier verstanden in dem Sinne, dass eine kontinuierliche, absichtsvolle und auf die Zukunft ausgerichtete Nachfrage nach sexuellen Dienstleistungen herausgebildet wird, die in eine stabile soziale Praxis im Prostitutionsfeld einmündet. Zu Beginn gilt es sich einer theoretischen wie empirischen Herausforderung zu stellen, nämlich der Frage, warum insgesamt betrachtet – entgegen alltagskultureller Wahrnehmungen und Diskurse – nur ein kleiner Teil der geschlechtsreifen männlichen Gesamtgruppe diesen Weg bestreitet. Es ist deshalb in einem kurzen Exkurs nötig zu diskutieren und Hypothesen darüber zu formulieren, warum viele Männer nach einer initialen Erfahrung ihre Prostitutionsbesuche einstellen bzw. keinerlei Prostitutionserfahrung aufweisen. Dieser Analyseschritt dient als argumentativer Kontrast zur genaueren Bearbeitung der Hauptfragestellung dieses Kapitels. Um sich dieser Frage zu nähern, ist ein kurzer Rückblick auf den Erkenntnisstand der Konzeptualisierung des Prostitutionsfeldes notwendig.

Wie bereits erörtert ist das Prostitutionsfeld eine hybride Schnittmenge verschiedener gesellschaftlicher Teilfelder (Ökonomie, Sexualität, Kultur, Raum der Lebensstile) und hierin von massiven symbolischen Kämpfen durchzogen. Eintritt und sind deshalb notgedrungen als hochambivalenter Prozess zu beschreiben. Einerseits besitzen fast alle Männer habituelle Dispositionen, die eine generelle Vorangepasstheit und Abgestimmheit auf die (praktische) Feldlogik des Prostitutionsfeldes bewirken. Diese (geschlechts-)habituellen Dispositionsmuster werden durch spezifische Existenzbedingungen und Erfahrungshorizonte in den jeweiligen Teilfeldern sozialisatorisch geprägt und angeeignet. Insbesondere ist hiermit eine habituell verankerte Gewissheit der Zugehörigkeit des Prostitutionsfeldes zum männlichen Geschlechterraum und zur männlich-lebensweltlichen sozialen Praxis verbunden. Es existiert ein Alltagswissen darum, die Prostitution als männliche Institution zu klassifizieren, deren Funktionslogik auf männliche Sexualität, Bedürfnismuster und männliche Lebensrealitäten abgestimmt ist. Diese Ebene des sozialen Sinns als generellem Orientierungssinn beinhaltet zudem eine fundamentale Praxis-Option (›probiere es aus‹, ›es gehört zu deiner Lebensrealität, deinem Körper, zu deinem Begehren und zu deiner männlichen Lust‹). In diesem Rahmen kann sowohl die Neugierde auf das Feld als auch die strategisch-kompensatorische Bewältigung sexueller oder kommunikativer Probleme potenziell einen Prostitutionsbesuch motivational hervorbringen. Andererseits ist das Feld von Machtdiskursen und symbolischen Kämpfen durchzogen, die in offener Opposition zur Nachfrage nach prostitutiver Sexualität stehen und die diese Praxis fundamental zu delegitimieren suchen. Auch diese gesellschaftlichen Strukturen lassen sich, wie bereits gezeigt, als habituelle Muster auf kognitiver, emotional-leiblicher als auch ästhetischer Ebene nachweisen. Auf quantitativer Ebene weist diese ›prohibitionistische‹ Struktur zudem eine deutliche Dominanz auf, wenn die von Kleiber/Velten angenommene Zahl von 18% kontinuierlicher bundesdeutscher Prostitutionskunden als Tendenzwert (!) herangezogen werden kann (Kleiber/Velten 1994, 19). Die im Laufe der Gesamtuntersuchung an verschiedenen Enden gewonnenen Ergebnisse der zitierten Machtdiskurse, gesellschaftlichen Normen, Moralkonzepte sowie symbolischen (Konkurrenz-)Kämpfe, die der Prostitutionsnachfrage kritisch und delegitimierend gegenüberstehen, seien auf Grund ihrer hohen Bedeutsamkeit hier noch einmal schlagwortartig zusammengefasst:

- Sexualmoral bzw. sexuelle Normen (christliches Prostitutionsverbot; Monogamiegebot; ›es gehört sich nicht‹; ›es ist unanständig‹; Angst vor Kontrollverlust, Ausschweifung und sexuell ›bedrohlichen‹ Sexarbeiterinnen etc.),
- feministischer Gewalt- und Ausbeutungsdiskurs (nicht Täter sein wollen; Frauen nicht ausbeuten und unterdrücken wollen),
- Entfremdungs-Diskurs (Prostitution wird als verdinglichende warenförmige Tauschbeziehung betrachtet und kritisiert; reziprokes authentisches Begehren und Interesse fehlt; leiblich-psycho-sexuelle Blockade; Romantik bzw. die Authentizität der Beziehung oder die Abwesenheit von Bindungsgefühlen wird existenziell vermisst),
- innermännliche Konkurrenzkämpfe (illegitimes sexuelles Kapital; ›zählt nicht‹; ›es nötig haben‹; narzisstische Kränkung; Abwertung und symbolische Niederlage innerhalb der Konkurrenzkämpfe),
- Milieu-Diskurs (Angst vor Gewalt, Kriminalität, Sexarbeiterinnen, Zuhältern; Gefahren im Feld).

Bei vielen Männern, die noch nie das körperlich-manifeste Bedürfnis verspürt oder mit dem Gedanken gespielt haben, den subkulturellen Prostitutionsraum aufzusuchen und Prostitution nachzufragen, dürften sich Denk-, Wahrnehmungs- und Handlungsmuster nachweisen lassen, die in ihrer Geschlechtersozialisation auf eine dominierende Prägung mit den eben dargelegten Strukturmustern zurückzuführen sind. Dies erklärt auch, weshalb diese Männer trotz potenzieller Übereinstimmung mit Prostitutionskunden auf der Ebene feldzugewandter habitueller Dispositionen Prostitution nicht nachfragen. Die grundlegende Übereinstimmung kann z.B. die hohe Bedeutung, die Sexualität für viele Männer einnimmt oder die Fähigkeit, warenförmige Austauschprozesse eingehen zu können, umfassen. Auf einer möglichen Konfrontation mit ähnlichen Fragestellungen und Problemkostellationen etwa hinsichtlich sexueller Probleme mit der Partnerin, dem Gefühl mangelnder sexueller Erfahrung oder auch bei zufälligem Kontakt mit der Prostitution etc. generieren diese Männer demzufolge keine prostitutive (Kompensations-)Strategie. Trotz ähnlicher Rahmenbedingungen deuten und interpretieren diese Männer die Situation anders als mögliche Prostitutionskunden.

Die Datenlage (vgl. Kapitel 1) lässt auch darauf schließen, dass viele ihre Praxis nach dem ersten oder einigen wenigen Versuchen komplett wieder einstellen. Dafür lassen sich folgende Hypothesen indirekt aus dem erhobenen empirischen Material ableiten. Wie bereits dargestellt, können ganz allgemein drei zentrale Motivmuster – Neugierde, sexuelle Missstände und Zufall – für die initiale Prostitutionsnachfrage benannt werden. Fallen diese Motive als Antrieb für die Nachfrage nach käuflicher Sexualität weg, sprich ist die Neugierde ausreichend befriedigt, sind die privaten sexuellen Probleme behoben oder sind die Gelegenheiten vergangen und akute Prostitutionsanreize verschwunden, sinkt das motivationale Interesse der Prostitutionsnachfrage deutlich ab. Daneben kann sich die Beendigung der Prostitutionspraxis aber auch aus dem Erfahrungsschatz der Erstpraxis speisen. Es kann den Erstkunden schlicht nicht gefallen haben, weil ihnen das gegenseitige Begehren fehlt oder ihnen das Gesamtereignis zu inszeniert bzw. zu künstlich erschien, beispielsweise zu unempathisch, passiv, mechanisch, zu direkt, unzärtlich oder zu instrumentell. Außerdem können sie schlechte sexuelle Erfahrungen gemacht haben (unbefriedigender, langweiliger, impotenter Sex oder die Performance der Sexarbeiterin hat ihnen nicht gefallen). Ebenso kann die Kommunikation und das soziale Erlebnis mit der Sexarbeiterin unbefriedigend oder unangenehm ausgefallen sein (›Abzocke‹, zu geschäftsförmig, geldfixiert, Freier und Sexarbeiterin verstehen sich nicht gut etc.). Bei einigen kann das erste Prostitutionserlebnis im Nachhinein auch stark ambivalente Gefühle und Reaktionen hervorgerufen haben, beispielsweise wenn der Besuch unfreiwillig zustande gekommen ist oder sie betrogen bzw. Opfer von Gewalt und Kriminalität geworden sind. Des Weiteren kann der Prostitutionsbesuch bei einigen Männern auch (starke) Scham- und Schuldgefühle auslösen, z.B. in Gestalt eines schlechten Gewissens gegenüber ihren Partnerinnen oder in Bezug auf ihre normativen, religiösen bzw. sexualmoralischen Bezugsrahmen. Aber auch pragmatische Gründe können hypothetisch aufgeführt werden, die die soziale Praxis im Prostitutionsfeld behindern bzw. vollständig unterbinden. Dies ist anzunehmen, wenn beispielsweise das (verschleiernde) Informations- und Zeitmanagement in Bezug auf die Partnerin nicht mehr funktioniert oder wenn die finanziellen Mittel für weitere Besuche nicht ausreichen bzw. hierfür nicht mehr ausgegeben werden sollen. Eine weiterführende quantitativ operierende empirische Untersuchung dieser Hypothesen wäre aus meiner Sicht sehr begrüßenswert.

Worin unterscheiden sich also Männer, die Prostitution kontinuierlich nachfragen, von denjenigen, die diese sexuelle Praxis weder denken noch wünschen, die sie sich normativ versagen oder die die Prostitutionsnachfrage nach ca. ein bis drei Versuchen wieder aufgeben? Was sind ihre Besonderheiten im Vergleich zu diesen Männern? Es gilt zu erklären, warum Freier trotz erheblicher sozialer, ökonomischer und emotionaler Zugangshürden, mit denen sie gesellschaftlich konfrontiert sind (es kostet viel, ist sozial geächtet, moralisch ambivalent, kann gefährlich werden für eine Beziehung etc.), nichtsdestotrotz Interesse, Energie und Libido in das Feld, in das (sexuelle) Spiel an sich und in die Auseinandersetzungen und Positionierungskämpfe investieren, um eine kontinuierliche Nachfrage nach käuflichem Sex im sozialen Feld der Prostitution motivational zu etablieren und aufrechtzuerhalten. Darüber hinaus muss bestimmt werden, wie die Feldlegitimität hergestellt wird und die Männer die Prostitutionsnachfrage als normales männliches Spiel mit prostitutionsspezifischen Spielregeln, Einsätzen, Gewinnchancen und symbolischen Kämpfen in ihr Handlungsrepertoire integrieren und etablieren. Für eine vertiefende Erklärung dieses Phänomens gilt es im Konkreten deshalb folgenden Fragen nachzuspüren: Was macht die fortdauernde enorme Anziehung an der Prostitution aus, was finden sie dort, warum wird dieser Lösungsweg für persönliche und sexuelle Probleme anderen Optionen vorgezogen, was ist der Benefit dieser Strategie und mit welchen Ambivalenzen ist dieser Prozess durchzogen?

Im Einzelnen werden diese Fragen auf zwei analytischen Ebenen empirisch entfaltet und untersucht. Gefragt und untersucht wird konkret nach:

- subjektiv benennbaren Motiven für die fortdauernde Nachfrage nach Prostitution: was wird wie und warum mit feldspezifischer Libido besetzt, nachgefragt, begehrt und darum gerungen,
- habituellen habituellen Dispositionsmuster, die diese Gedanken, Gefühle, Verhaltensweisen und Begehrensmuster auf einer strukturellen Ebene bestimmen und ursächlich hervorbringen (im folgenden Kapitel 6).

MOTIVMUSTER DER FORTDAUERNDEN PROSTITUTIONSNACHFRAGE

Die generalisierten sowie die konkretisierten Motive der fortgesetzten Nachfragen nach käuflichem Sex sind strukturell in weiten Teilen identisch mit denjenigen Motivmustern, die den Eintritt in das Feld begründen. Rekapitulierend stellen sich diese wie folgt dar:

1. Generalisierte Motiv-Dimensionen:

- die sexuelle Motiv-Dimension (Sexualität, Körperkontakt, sexuelle Sonderwünsche)
- die soziale Motiv-Dimension (Kommunikation/Nähe; Macht/Unterwerfung; Konkurrenz)
- die psychische Motiv-Dimension (Ausagieren neurotischer Konflikte)
- die Erotisierung der subkulturellen Feld-Dimension (Übertretung gesellschaftlicher Normen; Subkultur)

2. Konkrete Motivmuster der initialen Prostitutionsnachfrage:

- Zufällige Einstiegsfaktoren
- Neugierde und Feld-Faszination
- Kompensation privater sexueller Probleme und kommunikativer Defizite im Kontakt mit Frauen (habituelle Krisen)

Die Gründe, weshalb Männer Sexarbeiterinnen aufsuchen, sind also relativ klar benennbar. Sie gehen hin, um (ausgefallenen) Sex zu haben, zu reden, Gefühle zeigen bzw. ›hässlich‹ zu Frauen sein oder um gesellschaftlich aus der Rolle fallen zu können. Oder etwas abstrakter formuliert: Sie fragen Prostitutionssex nach, weil sie vom Prostitutionsfeld fasziniert sind, weil es die männliche Gruppendynamik hervorbringt (in Jugendcliquen, Arbeitskontexten/Kollegenkreisen, Freizeitaktivitäten), weil sie private sexuelle Probleme haben, weil sie kontaktgestört oder einsam sind, weil sie neurotische Konflikte dort ausagieren, weil sie von patriarchaler Frauenverachtung durchdrungen sind oder weil sie etwas Neues kennenlernen möchten etc. Um Redundanzen zu vermeiden, die an dieser Stelle der Untersuchung keinen weiteren Erkenntnisgewinn bedeuten würden, werden im Folgenden lediglich substanziell neue Motivmuster dargestellt und untersucht bzw. die Dynamisierungsprozesse (›Sogeffekte‹) der geschilderten Handlungsgründe der kontinuierlichen Prostitutionsnachfrage analysiert.

Im Folgenden werden fünf Motivdimensionen der fortdauernden Nachfragepraxis empirisch herausgearbeitet, die das kontinuierliche Interesse am sozialen Feld der Prostitution bzw. die sich steigernde Faszination der Nachfrage nach käuflichem Sex entscheidend mitbestimmen, nämlich:

- männliche Konkurrenzkämpfe um sexuelles Kapital,
- die Unmittelbarkeit der Bedürfnisbefriedigung, der Ich-Zentriertheit im Interaktionsgeschehen, der Passivitätsmöglichkeit und der Entbindung von sozialen (Beziehungs-)Erwartungen,
- ein intensivierter sexueller ›Erlebnishunger‹,
- die soziale und erotische Faszination dem Feld und insbesondere den Sexarbeiterinnen als ›besonderen Frauen‹ gegenüber,
- sowie die ›Sucht‹-Dynamik.

MÄNNLICHE KONKURRENZKÄMPFE UM SEXUELLES KAPITAL

Das grundlegende Konzept des sexuellen Kapitals, als essentieller Bestandteil männlicher Identitätskonstruktion im Kontext hegemonialer Männlichkeitsentwürfe, ist in dieser Studie bereits hinlänglich ausgeführt worden (vgl. Kapitel 3). In diesem Kapitel wird gezeigt, dass diese Kämpfe um Anerkennung den Verbleib im Feld wesentlich mitmotivieren und eine bedeutsame Quelle des Interesses am Feld bilden. Denn ungeachtet dessen, dass das prostitutiv erworbene sexuelle Kapital von Freiern gesellschaftlich stark abgewertet ist, bildet das Streben hiernach eine bedeutsame Motivquelle für die kontinuierliche Prostitutionsnachfrage. Zum einen als kompensatorische ›Kapitalausgleichsstrategie‹, um überhaupt als Spieler im männlichen Spiel um Sexualität akzeptiert zu werden und zum anderen als symbolischer Kampf um die Deutungsmacht über legitimes bzw. legitim erworbenes sexuelles Kapital. Dies zeigt sich einerseits in den (zaghaften) Versuchen einer Normalisierungs-Strategie der Freier durch Organisierung (Foren, Kommunikation und Beziehungsaufbau mit anderen Freiern in prostitutiven Settings oder privat), andererseits in der Umdeutung und Aufwertung prostitutiv gesammelter sexueller Erfahrungen. Ein strategisches Moment der symbolischen Auseinandersetzungen ist es z.B., auf die soziale bzw. sexuelle Begrenztheit sowie die strukturellen Probleme und Schwierigkeiten des privaten Sexualitätsfeldes hinzuweisen (Treuezwang, Verweis auf sexuelle Langweilige in Beziehungen, sexuelle Probleme in privaten Beziehungen, Lustlosigkeit etc.). Freier kämpfen sozusagen im Rahmen ihrer Folgepraxis implizit gegen die Abwertung ihrer sozialen Praxis und bringen die ihnen zugängliche maßlose und überbordende Potenzialität des Prostitutionsfeldes als Trumpf in das Spiel ein, wie es Herr Thanert treffend auf den Punkt bringt: »und irgendwann sagste die Sachen die ich mir da kaufe kriege ich oftmals so auf'm freien Markt SO in dieser Form nicht« (Herr Thanert 359). Die potenziell ›mächtigste‹ und strategisch erfolgreichste soziale Position nehmen dabei diejenigen Freier ein, die auf allen Ebenen, privat und im Prostitutionsfeld, Erfolge vorweisen können. An einem weiteren Beispiel von Herrn Thanert kann die generelle Auseinadersetzungslogik empirisch dargelegt werden:

T: (verschmitzt cool süffisant) natürlich so'n Kick ist einfach da äh (1) an sich ist es ne gewisse Form von nner extremen Dekadenz die da gelebt wird und wenn alle Leute die so WISSEN oder so wahrnehmen dann würde sich die Gesellschaft so wahrscheinlich nicht funktionieren (1) wenn alles von – gerad' in den Clubbereichen abtauchen die WIRKLICH ne eine andere Welt ist ein Schlaffen-ein-Schlaraffenland ein Paradies was so eben nicht normal ist (Herr Thanert 311-317).

Schon im Begriff der »extremen Dekadenz« weist Herr Thanert auf den ›Klassenunterschied‹ zwischen Club-Freiern und privaten Männern hin. Dekadenz erinnert wahlweise an klassisch-antike Ausschweifungen römischer

Orgien oder an die Exklusionsmechanismen der (klassisch) bürgerlichen Gesellschaft, in der die Bourgeoisie hemmungslos und exklusiv den gesellschaftlich produzierten Reichtum verbrennt, während die proletarischen Massen in Hunger und Elend dahinvegetieren. Auch in diesem Beispiel bebildert dieser Begriff den Doppelcharakter der Exklusivität des Glücksversprechens einer kleinen sozialen Gruppe in Abgrenzung zur Normalität und Banalität der sexuellen Realität konventioneller Männer (»ein Schlaraffenland ein Paradies was so eben nicht normal ist«). Hiermit wird auch ein Gegendiskurs in Bezug auf den Prostitution delegitimierenden Macht-Diskurs lanciert. Freier werden hier nicht als sozial, moralisch, körperlich und sexuell deviante oder degenerierte soziale Gruppe klassifiziert. Vielmehr findet eine positivierende Umdeutung statt. Nicht der Freier als Mangelwesen steht hier im Zentrum des symbolischen Konstruktionsraums, sondern der prostitutionsnachfragende Mann stilisiert sich zur sexuellen Elite, die sich gegen moralische und soziale Hürden ›traut‹, diesen Schritt zu vollführen und hierfür mit ungeahnten sexuellen Profiten belohnt wird. Diese gesellschaftliche Exklusivität ist in den Augen von Herrn Thanert durchaus angebracht, da sonst mit einer strukturellen Gefährdung der sexualmoralischen Ordnung und des gesellschaftlichen Gesamtgefüges zu rechnen sei (»dann würde die Gesellschaft so wahrscheinlich nicht funktionieren«). Bezug genommen wird hier m.E. auf Kategorien wie Treue, Ehe, Monogamie, die das promiske Paradigma der Prostitutionsnachfrage unmittelbar angreift. Eine Teilhabe aller Männer an den glückversprechenden sexuellen Ausschweifungen würde notgedrungen massive gesellschaftliche Erosionen nach sich ziehen. Hiermit wird eine Verschiebung des Begriffs sexueller und sozialer Normalität vollzogen, die sich von der sexuellen Realität im privaten, nichtprostitutiven Sozialraum deutlich abhebt und auch aktiv in die symbolische Auseinandersetzung um legitimen Kapitalerwerb eingreift. Diese ist bezogen auf die gesellschaftliche Abwertung der Prostitutionsnachfrage, da ›Begehren‹ gekauft und nicht durch persönliche Attraktivität und persönliche Performance bei Frauen erweckt wird, wie es das Beispiel von Herrn Weitenbach zeigt. Auf die Frage, ob es ihn stolz macht mit ca. 400 Sexarbeiterinnen Sex gehabt zu haben, antwortet er:

> W: ne ich hätte lieber 400 private gehabt (2) ja also ich äh ne also ich ich wie soll ich darauf STOLZ SEIN das also ich ich hab sie ja nicht rumgekriegt ich muss ja schließlich dafür bezahlen da ich beim besten Willen nicht stolz sein also (Herr Weitenbach 541-548).

Dieser negierenden Sichtweise gegenüber der eigenen Prostitutionsnachfrage und dem hieraus erzielten Gewinn (z.B. sexualbiografisches Selbstbewusstsein) wird entgegengesetzt, dass Freier den Schneid haben, sich sexuelle Erfahrungen zu holen, die ein Mann soweit weder in seiner Ehe noch in promisken Zusammenhängen jemals machen wird. So gesehen findet hier eine diskursive Auseinandersetzung um Normalität und Klassifikationskriterien darüber statt, welche Kategorien das sexuelle Kapital wesentlich bestimmen und welche den höchsten Profit versprechen: Begehren oder sexuelle Praxis/sexuelle Erfahrung. In der Gesamtbetrachtung ist die motivationale Bestimmung der Nachfragepraxis demzufolge immer auch implizit oder explizit in den Kontext der männlichen Auseinandersetzung und der symbolischen Kämpfe um sexuelles Kapital einzuordnen. Wie sich dies empirisch darstellt, wird im Verlauf dieses Abschnitts auf Grund der hohen Bedeutung dieser Dimension in weiteren Beispielen aufgegriffen und expliziert werden.

Zum Schluss sei noch auf eine weitere These im Kontext der Nachfragepraxis und sexueller Kapitalkämpfe hingewiesen.[1] Aus feldtheoretischer Perspektive könnte vermutet werden, dass auch soziale Kämpfe unter Freiern den Verbleib im Feld und die Folgepraxis entscheidend mitmotivieren. Die Nachfrage nach käuflichem Sex könnte durch genuin feldspezifische Anforderungen, Kapital- und Konkurrenzkämpfe bestimmt werden, in dem Sinne, dass die Freier auch innerhalb des Feldes eine spezifische soziale Karriere durchlaufen müssen, um auf der feldinternen ›Karriereleiter‹ nach oben zu gelangen. Dennoch wären sie gezwungen, ihre Praxis beizubehalten sowie diese Schritt für Schritt auszudehnen, um feldspezifische (sexuelle) Profite zu akkumulieren und um soziale Anerkennung im Feld zu erhalten. Diese These bedarf m.E. einer eigenständigen empirischen Untersuchung, da stichhaltige Gründe für als auch gegen ihre Gültigkeit benannt werden können. Wenig plausibel erscheint der Sachverhalt männlicher Kapitalkämpfe im Prostitutionsfeld unter dem Gesichtspunkt, dass neben ästhetischen und moralischen Aspekten nur das (verfügbare) Geld den die Praxis begrenzenden Faktor abbildet. Grundsätzlich ist das Feld egalitär strukturiert und steht allen Freiern ungeachtet ihrer körperlichen, sozialen oder kulturellen Identitätsmerkmale unbegrenzt offen. Genuin sexuellen Kapitalkämpfen wird hierdurch tendenziell der ›Wind aus den Segeln‹ genommen. In diesem Zusammenhang kann viel eher von (ökonomischen) Kapital- und Statuskämpfen im sozialen Raum gesprochen werden. Zum anderen – und das ist das gewichtigere Argument – vermeiden es viele Freier, sich zu dieser sozialen Gruppe aktiv zu bekennen und wollen sich also gar nicht mit anderen gemein machen bzw. vergleichen. Oder sie organisieren sich als subkulturelle ›Solidargemeinschaft‹ (Freier-Foren) im gemeinsamen Kampf gegen eine ihnen feindlich gesonnene Gesellschaft. In diesem Fall unterstützen sie sich in ihren Karrieren im Feld und geben gegenseitige Hilfestellungen – auch dies ein tendenzieller Ausschluss der Konkurrenzdynamik. Für die Gültigkeit der Hypothese spricht die grundlegende feldtheoretische Annahme, dass in den allermeisten sozialen Feldern soziale (Kapital-)Kämpfe ausgetragen werden. Bei institutionalisierten Freiern, die

1 Den Kerngedanken dieser These verdanke ich einer Diskussion mit Patrick Ehnis, besten Dank hierfür.

z.B. in Freier-Foren organisiert sind, kann vermutet werden, dass sich erfahrene Freier gegenüber Neuankömmlingen mit ihrem reichhaltigen Erfahrungsschatz hierarchisch positionieren (wo war man schon, was hat man schon alles erlebt etc.). Für den Versuch, als Langzeit-Freier aus der sozialen und sexuelle Feldkompetenz Profit und Distinktionswert zu schöpfen, sei beispielsweise an das Zitat aus einem Freier-Forum erinnert: »Das reife Mädel fing an sich selbst noch einen Orgasmus abzureiten. 1:0 für mich!!!« (vgl. Kapitel 2). In diesem Fall beansprucht der Freier die relativ seltene (sexuelle) Macht zu besitzen, einer professionellen Sexarbeiterin ›private‹ Lust abzutrotzen und damit die ökonomischen und sexuellen Feldgesetze des Prostitutionsfeldes zu transzendieren. Auch andere Profitoptionen – wie beispielsweise eine Sexarbeiterin zu ungeschütztem Geschlechtsverkehr oder zu einer unbezahlten sexuellen Begegnung bewegen zu können –, können hierunter gefasst werden.

Abschließend ist noch anzumerken, dass das ›Kampf-Paradigma‹, welches in der bourdieuschen Theorie einen prominenten Platz einnimmt, nicht überanstrengt werden darf. Trotz plausibler theoretischer Ableitung und empirischer Relevanz ist natürlich nicht alles sozialer Kampf, Konkurrenz und Auseinandersetzung (Wie sollte sich eine solche Welt auch zusammenhalten?). Daneben existiert in der sozialen Welt ebenso solidarisches, selbstloses, affektuelles, wertrationales oder schlicht zielloses bzw. nicht-instrumentelles Handeln und Verhalten.

Ich-Zentrierung und Erwartungsausschlüsse

Dieser Analyseabschnitt beschäftigt sich mit Motivmustern, die in ihrem Kern auf die unmittelbare Befriedigung eigener sexueller Lust sowie auf die Maximierung des persönlichen Lusterlebens abzielen. Die enorme Anziehungskraft, die von diesen Motivmustern ausgeht, resultiert aus ihrer bedeutsamen symbolischen Besetzung innerhalb des männlichen Geschlechterraums. Zudem sind sie in ihrer spezifischen Zuspitzung, Kombination und ›Reinheit‹ nur im Prostitutionsfeld zu finden. Im Konkreten handelt es sich hierbei um folgende vier Motivdimensionen:

- die unmittelbare (jederzeit) garantierte Erfolgsaussicht auf Sex ohne Angst vor Ablehnung und Zurückweisung
- die Trennung von Sex und Liebe und die Nachfragemöglichkeit nach ›reinem‹ Sex
- der Ausschluss von Beziehungserwartungen, sozialer Verantwortung und (sexuellem) Leistungsdruck
- die Möglichkeit, geschlechtsspezifisch ›anders‹ sein zu dürfen (passiv, empfangend, schwach, offen etc.).

Garantierter Sex

Beginnen wir die Betrachtung mit der zugespitzten Aussage von Herrn Herz:

H: UND zum anderen (.) ist es so dass ähm der Sex sofort verfügbar ist zu jeder Tages- und Nachtzeit du bist geil 30 Euro Bahnhofsviertel bist fünf Minuten weg du nimmst dir irgend eine Frau und fickst irgendeine Frau [...] und äh wie gesagt ES ist sofort verfügbar man braucht sich nicht in gesellschaftliche Spiele des Werbens Zurückgestoßenwerdens noch mal Werbens ähm zu ergehen es ist einfach unkompliziert (Herr Herz 676-686).

In dieser Interviewpassage betont Herr Herz deutlich, was ihn an der Prostitution reizt und fasziniert, nämlich der direkte, garantierte, unwiderrufliche und unmittelbare Zugang zur individuell gewünschten Form von Sexualität (»dass ähm der Sex sofort verfügbar ist zu jeder Tages- und Nachtzeit«; »du bist geil 30 Euro Bahnhofsviertel bist fünf Minuten weg du nimmst dir irgend eine Frau und fickst irgendeine Frau«). Die libidinöse Energie, die hierbei in das Feld verausgabt wird, resultiert folgelogisch aus der These von (privater) Sexualität als knapper und begehrter Ressource. Diese kann nicht zu jeder Zeit, ohne Reibungsverluste und mit hundertprozentiger Erfolgsgarantie erworben werden. Das Risiko des Scheiterns oder des ›Ausrutschens‹ auf dem Parkett privater erotischer Begegnungen ist konstitutiv hierin eingeschrieben. Die Prostitutionslogik befreit die Freier strukturell von der Bedrohung des Scheiterns. Auch vor dem Makel der Sublimierung und des frustrierenden Triebverzichts, mit der sie in ihrer privaten Sexualität nicht selten konfrontiert sind, bewahrt sie die Prostitutionsnachfrage (»es ist sofort verfügbar«). Im Gegensatz zu potenziell schwierigen Beziehungsdynamiken und Begrenzungen innerhalb privater sexueller Konstellationen sind Sexarbeiterinnen einfach immer da und können widerstandslos ›konsumiert‹ werden. Wunsch und soziale Wirklichkeit verschmelzen hierbei zu einer orgiastischen Einheit. Sie bestätigen und verfestigen sich gegenseitig im unwiderruflichen Glücksversprechen und der unmittelbaren Glückserfüllung (vorausgesetzt, es ist genügend Geld vorhanden). Deutlich zeigt sich hierin aber auch, wie auf geschlechtshabitueller Ebene eine pragmatisch-funktionale Disposition handlungsmächtig wird. Herr Herz bezieht sich positiv und organisch auf eine Ebene des Sozialen, die ich als ›männlichen Pragmatismus‹ bezeichnen möchte. Sie zeichnet sich aus durch schnelle klare Lösungsschritte, eine ungebrochene Handlungsabfolge und das Vermeiden kommunikativ-emotionaler Verkomplizierungen. Die beschriebene Unlust, sich »nicht in gesellschaftliche Spiele des Werbens (und) Zurückgestoßenwerdens« zu begeben, gibt beredte Auskunft hierüber, wie der komplizierte, anstrengende und unsichere Prozess privater Sexualanbahnung prostitutiv umgangen werden kann. Wie handlungswirksam sich das Gefühl des Scheiterns und die Angst, als Sexualpartner abgelehnt zu werden, auswirken kann, zeigt das folgende Beispiel von Herrn Weitenbach:

W: ja ich BIN vielleicht ein bisschen schüchtern und nicht selbstbewusst genug ja DAS IST was für mich der große Unterschied bei den ICH HAB AN SICH bei normalen Frauen ist es ein bisschen da hab ich Angst vor ABLEHNUNG wenn ich eine anspreche oder so und (1) die mich dann zurückwei-weist Huren weisen mich nicht zurück DA BEZAHL ICH und die sind nett zu mir und so weiter alles und ich hab auch gemerkt mit Huren da kann ich LOCKERER sprechen weil da weiss ich egal was ich sage das ist denen sowieso egal und äh DIEE DIE DENKEN vielleicht »ach was erzählst du da für'n Scheiß« aber die sagen wir mal die zeigen mir's nicht oder denen ist es wirklich egal denen kann man Scheiß erzählen aber normalen Frauen nicht (Herr Weitenbach 342-359).

Herr Weitenbach verweist deutlich auf die für ihn psychisch entlastende Funktion der Prostitution, die ihn im Vergleich zum Kontakt mit privaten Frauen strukturell vor Ablehnung, schambesetzem Versagen und narzisstischer Kränkung schützt (»Huren weisen mich nicht zurück«). Scheitern und eine Beschädigung seines (männlichen) Selbstbildes und Selbstvertrauens ist im Prostitutionsfeld nahezu ausgeschlossen. Die Prostitutionsnachfrage ist in diesem Rahmen als Vermeidungsverhalten bzw. kompensatorische Ersatzbefriedigung zu charakterisieren. Herr Weitenbach verhindert bzw. vermeidet dadurch (sexuelle) Kontakte mit nicht-warenförmigem Charakter, ohne auf Sexualität und Körperlichkeit als ganzes verzichten zu müssen. Vermutet werden kann, dass sich hierdurch entweder seine Angstschwelle erhöht, weil er Stück für Stück die Verbindung zur ›realen‹ Welt verliert, oder der gesicherte soziale und emotionale Rahmen der Prostitutionskontakte – quasi als ›Trainingseinheiten‹ – sich positiv auf private Kontaktversuche auswirken kann. Völlig offensichtlich und ein durchaus überraschendes Ergebnis dieser Studie ist die Tatsache, dass sich fast alle Freier dem illusionistischen Charakter der geldbasierten Beziehung zu den Sexarbeiterinnen bewusst sind (auch wenn sie sich temporär in diesen Illusionen verlieren und sich beispielsweise in die Frauen verlieben können).[2] Auch Herrn Weitenbach ist klar, dass die Aufmerksamkeit und die ›unerschütterliche‹ Zugewandtheit der Sexarbeiterin ihm gegenüber lediglich aus einem warenförmigen Austauschverhältnis resultiert (»da bezahl ich und die sind nett zu mir«). Die implizite Abwertung, die mit dieser strukturellen Entfremdung

2 Leider kann an dieser Stelle auf die sehr interessante Frage der Beziehungsmuster und Beziehungsdynamiken (Begehrensmuster, Selbst- und Fremdwahrnehmung, Phantasien, Macht- und Kräfteverhältnisse etc.) zwischen Freier und Sexarbeiterin nicht näher eingegangen werden. Eine empirisch fundierte Untersuchung dieses Sachverhalts, der ›auch‹ die Perspektive der Nachfrageseite mit einschließt, ist m.E. jedoch geboten.

einhergeht, dürfte sich deshalb auch auf seinen persönlichen Grundkonflikt (kommunikative Probleme mit Frauen und mangelnde Sexualkontakte) negativ auswirken. Von der Metaperspektive ist an diesem Beispiel zudem interessant, wie es innerhalb des Geschlechterverhältnisses, zu deutlichen sexualpolitischen Verschiebungen des Machtverhältnisses gekommen ist. Zumindest ein Teil der Männer, wie beispielsweise Herr Weitenbach, befindet sich geschlechterpolitisch mit ihrer Sexualität bzw. ihren sexuellen Selbstkonzepten in einer deutlichen Krise. Diese ist geprägt von Versagensängsten, Selbstzweifeln, innermännlichen Konkurrenzkämpfen sowie dem einprägsamen Gefühl sexueller Unterlegenheit und der sexuellen Schwächeposition gegenüber Frauen. Die Prostitution erfährt in diesem Sinne durch einen Teil der Männer eine gesellschaftliche Umdeutung. Im 19. Jahrhundert eine patriarchale Institution sexuell erfolgreicher ›Jäger‹ und Lebemänner der männlichen Dominanzkultur, muss die Prostitution vermehrt tief verunsicherten, verängstigten und sexuell kriselnden Männern in der Etablierung und Aufrechterhaltung ihrer männlichen Selbstkonzepte rettend und helfend zur Seite stehen.

›Reiner‹ Sex

Neben der Garantie auf Sex ist aber auch die Zugriffsoption auf eine spezifische Qualität von Sex maßgeblich bestimmend für die kontinuierliche Prostitutionsnachfrage. Anhand der folgenden Aussagen von Herrn Bund, Herrn Peter und Herrn Hahn auf die Frage, was ›das Schöne‹ an der Prostitution ausmacht, kann dieser Sachverhalt illustriert werden:

B: es ist_ist die PURE SEXUELLE GIER die man abreagiert und das ist praktisch also in dem Moment ist die Frau für mich ein Spritz((kasten)) gerade mal ein Hilfsmittel der Onanie (Herr Bund 87-93).

P: ich unterhalt mich sehr gerne mit ihnen und ich rede eigentlich auch viel soo über meine Sexualität über meine Ehe und so auch so mit ihnen ähm aber äh letztendlich bin ich hingegangen um mit ihnen zu FICKEN (lacht länger) (Herr Peter 355-360).
H: ich formuliers jetzt mal ganz salopp und ganz TRIVIAL es ist es is eigentlich der Spaß ein Mädel auszuPACKEN und DANN ne seinen äh PENIS da reinstecken ZU KÖNNEN (Herr Hahn 258-269).

Die zentrale erotische Attraktion, die die Freier Prostitution als kontinuierliche sexuelle Sensation nachfragen lässt, liegt in ihrer Reduktion begründet. Die Männer erleben es als äußerst reizvoll und anziehend, die Sexualität auf ihren pornografischen Kern hin zu reduzieren (»letztendlich bin ich hingegangen um mit ihnen zu ficken«). Das phantastische Reich der Prostitution wird darin für die Freier von reiner Gier, blankem Begehren und kochender Lust regiert. Die Begierde ist dabei auf ihr Wesentliches reduziert. Sie ist befreit von sozialen Anforderungen, kommunikativen Hürden, normativen

Erwartungen und symbolischer Überfrachtung. Oder lebensweltlich übersetzt: die Freier sind gedanklich und emotional weitgehend befreit von Verhütungsfragen, Alltagssorgen, Beziehungsstreits, Ängsten zurückgestoßen zu werden, Scham- und Schuldgefühlen, Meinungsverschiedenheiten, Unlust der Partnerin etc. In deutlicher Klarheit durchtrennt die Prostitutionslogik damit die symbolische Einheit und organische Verschmelzung von Sex und Liebe, wie es für das private Sexualitätsfeld der bürgerlichen Gesellschaft in weiten Teilen konstitutiv ist. Die Freier können romantische Gefühle und beziehungsbiografische Vergangenheitsbezüge bzw. Zukunftsvisionen vollständig aus dem Interaktionsgeschehen ausblenden – zu Gunsten der Konzentration auf den erotischen Augenblick und die sexuelle Gegenwart. Der lustvolle Reiz, den die reduktionistische Optionalität von ›reinem‹ Sex auf die Freier ausübt, sowie die lustvolle Erfahrung ihrer Umsetzbarkeit sind gewichtige Erklärungsbausteine für die fortdauernde Nachfrage nach käuflichem Sex. Geschlechterpolitisch eingebunden ist diese Sichtweise und das dazugehörige körperliche Erleben in die große männliche Erzählung vom Sex, in der der ›Phallus‹ zum Mittelpunkt des Universums erkoren wird und der sexuelle Kosmos, bereinigt von sozialem Erwartungshaltungen zu sich finden kann (»ein Mädel auszupacken und dann seinen Penis da reinstecken«). Sex in seiner reinsten Form, als reiner ›Stoff‹ zeigt sich hierbei als wichtiger geschlechterpolitischer Fetisch. Auf die Spitze getrieben wird diese Struktur im Beispiel von Herr Bund, der sogar die Illusion der Sexarbeiterin als reales Wesen aus seiner Phantasie zu streichen vermag und sie als erweiterten Teil seiner entpersonalisierten ichzentrierten Lust imaginiert (»in dem Moment ist die Frau für mich ein Spritz((kasten)) gerade mal ein Hilfsmittel der Onanie«).

Weiterführend muss zudem das scheinbar offensichtliche Macht- und Herrschaftsgefüge differenziert betrachtet werden. Einerseits liegt eine traditionell feministische Analyse der angeführten Zitate nahe. Die beschriebenen Verhaltensweisen und sexuellen Phantasien können zu recht als klassisch männliche Machtphantasien im Kontext patriarchaler Dominanzkultur charakterisiert werden. Frauen werden zu reinen Sexobjekten degradiert und verdinglicht. Sie werden von Männern benutzt und müssen ihnen zu Willen sein. In Bezug auf die hier diskutierten Beispiele muss allerdings vermieden werden, ein einseitiges verzerrtes Bild der empirischen Realität als ›reinem‹ patriarchalen Gewaltkosmos zu zeichnen. Um der empirischen Wirklichkeit gerecht zu werden, müssen zwei Ebenen analytisch deutlich unterschieden werden. Zum einen muss die Ebene manifester physischer und psychischer Gewalt, die im Rahmen dieser Motivkategorie von Freiern ausgehen kann, differenziert werden von der Ebene innersubjektiver Phantasie, mit denen die Freier die Interaktion sexuell aufladen, ohne dabei auf der Verhaltensebene respektlos, entwürdigend, grob oder unhöflich mit der Sexarbeiterin umzugehen. Zum anderen muss die mögliche Lesart der zitierten Beispiele als Manifestation patriarchaler Gewalt, sexueller Ausbeutung und Demütigung von Frauen selbst auf ihren essentialistisch-naturalisierenden

Kern hin kritisch analysiert werden. Argumentiert werden kann, dass eine einseitig gewaltfokussierende empirische Analyse selbst auf naturalisierenden Prämissen und biologisierenden Zuschreibungen bezüglich männlicher und weiblicher Sexualität beruhen kann und damit zur strukturellen Verschleierung und Verfestigung geschlechterstereotyper Sexismen beiträgt. In einer erweiterten biografisch angelegten Studie müsste deshalb untersucht werden, inwieweit sich in diesen Interviewbeispielen stereotypisierende und sexistische Machtdiskurse über die Natur männlichen und weiblichen Begehrens widerspiegeln und materialisieren bzw. welche strukturelle Funktion die Prostitution als männliche Institution in diesem Rahmen einnimmt. Herauszuarbeiten wäre, inwieweit beispielsweise stereotypisierende sexuelle Selbstkonzepte von Männern (starker biologischer Trieb, Trennung von Begehren und Liebe, Lust auf schnellen, reinen Sex etc.) und von Frauen (Bindung, Romantik, Kommunikation, geringe Lust, keine Sex ohne Gefühl) als materialisierte Machtdiskurse und soziale Konstruktionen in die Subjekte eingeschrieben worden und in der Beziehungsrealität wirkmächtig sind. Bezogen auf die Prostitutionsnachfrage ließe sich hieraus der Schluss ziehen, dass die eheliche bzw. private Sexualität immer wieder an diesem Punkt zu scheitern droht, wo strukturell implementierte unterschiedliche sexuelle Selbstkonzepte von Männern und Frauen am Werke sind. Die Dissonanzen (Unlust, Unverständnis, Scham, sich bedrängt oder unverstanden fühlen etc.) resultieren dabei aus Zurichtungen und der Reduktion, mit denen die jeweiligen Geschlechtskategorien elementare Anteile des Sexuellen – Bindung und Autonomie – wechselseitig defizitär und unterentwickelt bleiben (Männer investieren kein Gefühl und Frauen wird Gier und pure ›Geilheit‹ untersagt). Die herrschende patriarchale Ordnung und die Struktur der Doppelmoral erlaubt den Männern, sich in diesem Rahmen die ›fehlenden‹ Anteile in der Prostitution zu holen, wohingegen Frauen dieser Modus gesellschaftlich und habituell bislang fast vollständig verschlossen bleibt. Oder aber die Männer reproduzieren durch ihre Prostitutionsbesuche die sexistische Abwertung von Frauen als asexuelle Wesen, die sie durch ihre pornografische Phantasie nicht zu ›beflecken‹ wagen. Weiblicher Lust wird sozusagen eine spezifische Dimension des Sexuellen qua Geschlechtszuschreibung versagt und unterschlagen. Das Gesamtrepertoire des Lustpotenzials ihrer Partnerinnen wird nicht ernstgenommen bzw. die Freier müssen sich durch ihre prostitutive Vermeidungsstrategie mit dieser Dimension nicht auseinandersetzen. Verhindert bzw. abgewehrt wird dadurch auch, das potenzielle Schamgefühl, welches aus der Notwendigkeit paarbezogener Kommunikation über sexuelle Wünsche, Vorlieben und Inszenierungsphantasien resultieren würde, wenn sich die Männer gegenüber ihren Partner_innen mit ihrer Lust und ihrem Begehren zeigten, wie sie es leicht und bequem in der von ihnen kontrollierten sozialen Situation mit Sexarbeiterinnen in der Lage sind zu tun.

Erwartungsausschlüsse, Ich-Zentrierung und minimierter Leistungsdruck

Eng verknüpft und kaum zu trennen von der Suche nach ›reinem‹ Sex und der Trennung von Sex und Liebe ist die Motivdimension der Beziehungs- und Erwartungsausschlüsse, die zudem mit einer Minimierung der Verantwortungslast und des Leistungsdrucks in erotischen Interaktionen eng verbunden wird. Herr Frank, der sich zum Zeitpunkt des Interviews sexualbiografisch als »völlig beziehungsunwillig« (Herr Frank 467) charakterisiert, führt hierzu beispielhaft aus:

> F: das Schöne am käuflichen Sex (?) ja wenn du bezahlt hast ist es vorbei [...] es gibt ähm keine WEITERGEHENDE VERANTWORTUNG und ähm die Beziehung auch wenn sie da ist ist klar LIMITIERT ne ja und das ist etwas_das ist etwas was mich an der Sache reizt (Herr Frank 526-537).

Herr Frank nennt den Ausschluss von Beziehungserwartungen in der erotischen Begegnung mit der Sexarbeiterin als einen entscheidenden Grund seiner kontinuierlichen Prostitutionsnachfrage. Dabei wäre es falsch, die prostitutive Intiminteraktion nicht als soziale Beziehung zu bezeichnen. Wie gesehen, ist auch der Prostitutionskontakt sozial eingebettet in beziehungsförmige Strukturen, wie standardisierte Interaktionsrituale, sequenzierte Ablaufmuster sowie festgelegte und erwartbare raum-zeitliche Strukturen. Auch Herr Frank ist sich dessen deutlich bewusst. Dennoch verweist er zurecht auf die zentrale Differenz zu privaten, nicht warenförmigen Beziehungskonstellationen (»wenn du bezahlt hast ist es vorbei«). Marktförmige Beziehungen sind nicht offen strukturiert, sondern weisen geschlossene und eng eingegrenzte Beziehungsmuster auf. Sie sind zeitlich begrenzt auf die Zeitspanne des geschäftlichen Austauschs, limitiert in ihrem Verhaltensrepertoire, ihrem emotionalen, moralischen Engagement sowie in ihren normativen Erwartungsansprüchen. Genau diese Struktur reizt die Freier und motiviert sie zur Prostitutionsnachfrage. Die Konzentration auf das Sexuelle entbunden von Beziehungserwartungen bzw. auf die Zukunft gerichteter Kontinuität, wie auch das Fehlen von Bindungsaspekten wird als befreiend und entspannend erlebt. Die soziale Energie und die sexuelle Lust, die für Freier aus dieser Entlastungsdynamik resultiert, ist eine weitere Quelle der fortdauernden Prostitutionsnachfrage (»die Beziehung auch wenn sie da ist ist klar limitiert das ist etwas was mich an der Sache reizt«). Dies korreliert unmittelbar mit der Ich-Zentrierung sowie der fokussierten Konzentration des Begierdestroms auf die individuellen, sexuellen und sozialen Wünsche des Freiers, wie sich am Beispiel von Herrn Hahn zeigt:

H: DAS SCHÖNE IST ähm (2) also wenn ich nicht WILL muss ich natürlich nicht auf die Frau besonders eingehen sondern SIE muss sich um mich kümmern so sind nun mal die Spielregeln [...] und ähm JA dass es eben möglich sehr unkompliziert ohne Verpflichtungen ohne dass ich dass ich Angst haben muss muss ich hinterher irgendetwas erklären wenn ich sie doch nicht gut finde oder so und müssen wir uns darüber auseinandersetzen wieso ich kein Bock mehr hab sie zu sehen und diese Dinge ne (Herr Hahn 49-58).

Sehr plastisch formuliert Herr Hahn in dieser Interviewpassage, welchen Reiz er der Prostitutionsnachfrage zumisst. Ein zentrales Nachfragemotiv ist für ihn der strukturelle Tatbestand, dass sich der Fokus des Interaktionsgeschehens auf seine Lust und seine sexuellen Wünsche konzentriert (»sie muss sich um mich kümmern«). Das temporär erworbene Verfügungsrecht, die sexuelle Interaktion nach eigenem Wunsch Wirklichkeit werden zu lassen, ohne auf die körperlichen, sexuellen und sozialen Bedürfnisse der Sexualpartnerin achten zu müssen, erweist sich als bedeutsame Motivquelle der Nachfrage nach käuflichem Sex (»wenn ich nicht will muss ich natürlich nicht auf die Frau besonders eingehen«). Entgegen des normativ begründeten Reziprozitätsparadigmas in privaten sexuellen Begegnungen wird die Einseitigkeit des Begierdestroms und der sexuellen Befriedigung, befreit von sozialer Verantwortung oder der Scham, sich sexuell mit seinem spezifischen Begehren und Lüsten zu zeigen, als positive Entlastung gewertet (»ja dass es eben möglich sehr unkompliziert ohne Verpflichtungen ohne dass ich dass ich Angst haben muss muss ich hinterher irgendetwas erklären«). Hierzu zählt auch die strukturelle Macht der einseitigen Deutungs- und Verfügungsmacht über die Beziehung. So entscheidet beispielsweise nur Herr Hahn als Freier über die Zukunftsaussicht des Beziehungsgefüges.[3] Allgemeingültige ritualisierte Interaktionsstrukturen, Erwartungen und Bindungsaspekte sind in dieser Beziehungskonstellation ebenso einseitig außer Kraft gesetzt. Strukturlogisch ist diese Dimension der Entlastung von Verantwortung und der Gestaltungsmacht der Interaktion in das Prostitutionsfeld eingeschrieben und wesentlich für die fortdauernde Besetzung des Feldes mit Interesse. Als letzten Aspekt in diesem Kontext sei auf den Aspekt der Minimierung von (sexuellem) Leistungsdruck hingewie-

---

3 Die Sexarbeiterinnen sind rein logisch zwar auch in der Lage, die Interaktion oder die Beziehung jederzeit abzubrechen bzw. zu beenden. Dies können sie jedoch nur aus einer sehr gesicherten ökonomischen Position heraus in die Realität umsetzen. Ihr tatsächlicher Gestaltungsspielraum ist m.E. auf Grund des ökonomischen (Konkurrenz-)Drucks, der aktuell auf vielen Frauen lastet, eher gering einzuschätzen. Eine für sie vorteilhafte Beziehungskonstellation, die die Frauen vom Gesichtspunkt der Machtfrage, aber auch ökonomisch für sich (aus-)nutzen können, wenn sich ein Freier in sie verliebt hat.

sen, der unmittelbar aus dem eben herauspräparierten Ergebnissen folgt. Am Beispiel von Herr Weitenbach lässt sich dies deutlich nachzeichnen:

W: »Männer müssen beim Sex immer was leisten« mit Prostituierten ist es KOMPLETTER QUATSCH bei privaten Frauen würde ich das schon eher ein ein BISSCHEN bejahen weil man man will die ja auch trotzdem auch befriedigen man will ja nicht das sie vielleicht eventuell weil man sie nicht befriedigt kriegt die sich was wo andersum sucht wo schon mal da ist der DRUCK um sich beim Sex zu beweisen schon ein bi-da ist er schon viel-eventuell da aber bei der Hure ist er nicht da ist ja klar aber bei ner privaten Frau doch schon eher (Herr Weitenbach 526-537).

Noch enger gefasst bzw. sexuell fokussierender als bei Herrn Frank und Herrn Hahn äußert sich Herr Weitenbach zu diesem Motivkomplex: Prostitution schließt für die Freier im positiven Sinne sexuellen Leistungsdruck aus (»›Männer müssen beim Sex immer was leisten‹ mit Prostituierten ist es kompletter Quatsch«). Für private sexuelle Beziehungen dagegen konstatiert Herr Weitenbach, dass der Leistungsaspekt zu einer (schweren) Belastung des interaktiven Gesamtgeschehens werden kann (»bei privaten Frauen würde ich das schon eher ein ein bisschen bejahen«). Im Konkreten kann sich für die Männer die reale oder phantasierte Verantwortungsübernahme für die erotische Gesamtinszenierung als aktiver Part bzw. die Verantwortung für die sexuelle Befriedigung der Partnerin als belastend auswirken (»da ist der Druck um sich beim Sex zu beweisen schon ein bi-da«). Hierin spiegeln sich deutlich (männliche) Ängste vor sexuellem Versagen (mangelnde erotische Raffinesse bzw. unzureichendes ›technisches‹ Vermögen) oder die Furcht vor körperlicher Unzulänglichkeit und körperlichem Versagen (mangelnde Attraktivität, Impotenz bzw. vorzeitiger Samenerguss etc.) wider. Die Prostitution befreit die Männer in der einseitig ausgerichteten Intiminteraktion von diesen (Versagens-)Ängsten. Die Feldlogik schließt narzisstische Kränkungen, Beschämungen und hieraus resultierende Selbstwertkrisen weitestgehend aus. Indirekt umfasst diese Dynamik auch den Ausschluss von Konkurrenzgefühlen gegenüber anderen Männern, da die Sexarbeiterin im sexuellen Machtspiel sozusagen nicht wirklich ›zählt‹. Auch die Sorge, die Sexualpartnerin zu frustrieren oder zu verlieren, die eine unzureichend erlebte sexuelle Performance real oder projektiv in privaten Beziehungen nach sich ziehen kann, ist in der Prostitution relativ ausgeschlossen. Die befreiende Lust, die die Freier aus der Intiminteraktion mit der Sexarbeiterin ziehen, speist sich u.a. aus der körperlich und emotional entlastenden Situation, die die Prostitutionslogik strukturell transportiert (›an nichts denken müssen‹, ›loslassen können‹, ›den Kopf frei haben‹, ›sexuelle Energie fließen lassen können‹ etc.). Dies verweist in logischer Konsequenz auch auf die komplexe und komplizierte Situation im Feld privater Sexualität. Zu untersuchen wäre, inwieweit kommunikativen Defizite, Hemmungen, Blockaden, Schamgrenzen, Stressoren und Konkurrenzdynamiken, mangelnde Offenheit und rituelle Distanzen in nichtkommerziellen Paarbeziehungen oder sexuellen Beziehungen im Allgemeinen wirken, die verhindern, dass sich Männer bzw. Prostitutionskunden in einem sicheren Rahmen auch privat eine Situation zu schaffen vermögen, in der sie sich angstfrei mit ihrer Lust zeigen sowie ohne Versagensangst sexuell agieren und sich fallenlassen können. Im Anschluss an diese Überlegungen sei an dieser Stelle ein letzter ähnlich gelagerter Aspekt angeführt, der die Thematik noch einmal von einer geschlechternormativen Perspektive aus betrachtet.

›Anders‹ sein dürfen

Herr Meister führt hierzu eindrücklich und überraschend aus:

M: weil mm_meine privat äh sind häufig eher mehr die etwas ((feurige)) Variante gewählt ne [...] [meine Frau, U.G.] die steht mehr auf die hmm auf die knackige Variante des Sex also stundenlanges Vorspiel ist nnn-nicht so ihr DING da wird also noch im wahrsten Sinne des Wortes GE-FICKT ne hmm und äh und ähm (1) und im Club äh logischerweise nn_nutze ich dann eher oder bevorzuge ich dann eher die Alternative mehr eher so die SOFTVARIANTE ne dann wird eher mehr ich will nicht sagen GEKUSCHELT KUSCHELN ku_gekuschelt wird auch zu Hause aber wenn's da wirklich zur Sache geht dann geht's eher ruhiger entspannter und dann lässt man sich mehr ZEIT hmm und äh DASS ist auch der Grund warum ich zum Beispiel immer mal ganz gern mal wieder in ein ähm in ein in ein äh äh mir zum Beispiel äh in sogenannte Tantramassagen Studios gehe wo du ja wo ja nicht gepoppt oder ähnliches wo eigentlich wirklich nur massiert wird mit anschließender Handentspannung ne aber das sind dann so RICHTIG KLASSISCHE TRADITIONELLE Tantramassage geht über anderthalb bis zwei STUNDEN und ich kann es JEDEM nur empfehlen [...] weil da bist du auch komplett NACKT die Frau ist in der Regel KOMPLETT NACKT äh man ist sehr eng aneinander und äh aber man ist PASSIV das ist_man macht NICHTS na man liegt nur da und hat die Augen geschlossen und lässt sich verwöhnen und äh man_die Massage sind halt asiatische Massagetechniken die nicht sozusagen brutal DURCHWALGEN sondern die eher sanft teilweise sehr zärtlich massieren äh sich massieren lassen kann und zum Schluss gibt's halt ne extrem professionelle Lingam also Genitalmassage (Herr Meister 1256-1313).

Verglichen mit den Aussagen vieler anderer Prostitutionskunden in dieser Studie weist diese Interviewpassage auf eine ungewöhnliche private Sexualkonstellation. Ungewöhnlich und nahezu paradox deshalb, weil die Grundlogik der ehelichen Sexualität von Herr Meister – schnell, hart direkt (»stundenlanges Vorspiel ist nicht so ihr ihr Ding, da wird also noch im wahrsten Sinne des Wortes gefickt«) – allgemein eher mit der sexuellen Praxis und sexuellen Phantasien innerhalb der Prostitutionssphäre verbunden wird. Die romantisch-zärtliche Dimension der sexuellen Begegnung oder genauer die entschleunigte sexuelle Interaktion, welche Herr Meister mit seiner Partnerin wenig ausleben kann, wird demzufolge von ihm kompensatorisch in der Prostitution gesucht (»im Club äh logischerweise nutze ich dann eher oder bevorzuge ich dann die Alternative mehr eher so die Softvariante«). Feldtheoretisch betrachtet ist dies kein Widerspruch zur grundlegenden Logik des Prostitutionsfeldes. Das strukturlogische Ziel des Feldes ist es, soziale und sexuelle Wünsche von Männern umfassend zu befriedigen und die soziale Welt für einen kurzen Zeitraum nach dem Willen der Freier zu gestalten – unabhängig davon, wie ›abseitig‹ und ›ungewöhnlich‹ die Bedürfnisse der Männer kontextualisiert sind. Die Irritation, die das zitierte Beispiel potenziell transportiert, basiert m.E. darauf, dass Herr Meister in seiner prostitutiven Praxis tradierte Geschlechterrollenbilder aufbricht und konterkariert. Entgegen der strukturellen Dichotomie des klassisch bipolaren Geschlechterdiskurses in seiner hierarchisierten körperlichen, sozialen, psychischen und sexuellen Unterteilung geschlechtlichen Seins und geschlechtlicher Praxen in aktiv-passiv, stark-schwach, rational-emotional, hart-weich, penetrierend-penetriert werdend etc. bietet das Feld der Prostitution den Männern die geschützte Möglichkeit, gezielt aus dieser Struktur auszubrechen und ›anders‹ sein zu dürfen. Sie können in diesem Kontext ihre geschlechtliche Subjektivität und Praxis strukturell erweitern und für kurze Zeit aus dem normierenden und eingrenzenden Machtverhältnis ausbrechen und es unterwandern. Wie Herr Meister eindrücklich beschreibt, folgt die Inanspruchnahme der Tantra-Massage exakt diesem Umdeutungsprozess. Herr Meister muss in diesem Setting die Situation weder kontrollieren noch aktiv gestalten. Er kann sich sinnlicher, körperlicher und sexueller Passivität hingeben, ohne hierüber dem konkreten weiblichen Gegenüber oder der Gesellschaft insgesamt (geschlechtliche) Rechenschaft ablegen zu müssen. Diese Befreiung geschlechtlicher Subjektivität und Praxis von normativen Zwängen, körperlicher Disziplinierung und sexueller Einengung im Rahmen der Prostitution wird deshalb von den Freiern als sehr lustvoll und beglückend erlebt (»ich kann es jedem nur empfehlen«). Das Feld, insbesondere die raum-zeitlich und sozial begrenzte käuflich erworbene Intimität und Vertraulichkeit, die zwischen einer Sexarbeiterin und einem Freier entstehen kann, eröffnet den Männern somit die Möglichkeit, verdrängte, geschlechternormativ untersagte bzw. privat unerfüllte Sehnsüchte, Wünsche und Phantasien ausleben zu können.

Eng verwoben ist diese Motivdimension der männlichen Nachfrage nach käuflichem Sex aber auch mit einem genuinen Interesse an Sexualität, sexueller Lust und sexueller Praxis an sich. Wie sich dies in der empirischen Realität im Einzelnen darstellt, wird im nächsten Abschnitt untersucht.

Faszination Sexualität

Der grundlegende Wunsch Sexualität zu haben ist eines der bedeutendsten Motive der fortdauernden prostitutiven Nachfragepraxis. Dieses Motivmuster wird von den Männern oftmals subjektiv als körperlich drängendes Gefühl sexueller Bedürftigkeit und sexueller Erlebnislust erlebt, die in Bezug auf das Handlungsfeld einen starken ›Sogeffekt‹ entwickelt. Das Motivmuster der neugierdebesetzten Lustsuche, verstanden als Konglomerat feldzugewandter Gedanken, Gefühlen, Phantasien und Begierden bewirkt eine sich potenziell steigernde Entdeckungslust in Bezug auf die prostitutive Erlebniswelt. Die Nutzung von Pornografie oder die Teilnahme an Internet-Freierforen erweist sich in diesem Zusammenhang als bedeutsamer Faktor der Phantasieproduktion. Auf einer grundlegenderen Subjektebene – so die habitustheoretische These dieser Arbeit – speist sich die Faszination und Entdeckungslust dem Prostitutionsfeld, den Sexarbeiterinnen und prostitutiver Sexualität gegenüber aus der (geschlechts-)habituell implementierten Sexualitäts-Disposition, die der Sexualität einen zentralen Stellenwert innerhalb männlicher Subjektivität und männlicher Lebenskontexte zuweist. Diese Disposition ist auf zwei Ebenen als generelle Hervorbringungsinstanz wirksam. Zum einen besteht sie vor dem Hintergrund der oben beschriebenen Klassifikations- und Praxisdimension bezüglich sexuellen Kapitals. Zum anderen wirkt sie als strukturierte geschlechtshabituelle Klassifikation, Deutung und Wahrnehmung von Sexualität, die diese als faszinierendes, existenziell bedeutsames und oftmals auch drängendes körperlich-leibliches Phänomen im Rahmen männlicher Subjektivität einordnet. Auf der Wahrnehmungsebene wird dies von den Männern alltagskulturell gedeutet und erlebt als natürlicher, stark ausgeprägter Sexualtrieb, der ein hohes Maß an sexueller Lust und intensivem (heterosexuellem) Begehren zur Folge hat. Hieraus erwächst zumeist eine ausgeprägte kognitive, emotionale und leibliche Beschäftigung mit diesem Themenbereich sowie ein intensiv erlebtes Bedürfnis sexuell aktiv zu sein, um den drängenden sexuellen Spannungszuständen ›lindernd‹ entgegenzuwirken. Die Generierung von sich dynamisch steigerndem sexuellem ›Erlebnishunger‹ als stabiles und stabilisierendes Motivmuster der fortdauernden Nachfrage nach käuflichem Sex ist insofern als Resultat der Verzahnung der Sexualitäts-Disposition mit der grundlegenden subkulturellen Strukturlogik des Prostitutionsfeldes zu deuten. In Bezug auf die Frage nach der motivationalen Energie, mit der die Freier das Prostitutionsfeld in ihrer Folgepraxis besetzen, lässt sich hier die erweiterte These anknüpfen, dass sich sexuelle Lust bzw. die Suche nach sexueller Lust und neuen sexuellen Erfahrungen zu einem wesentlichen Teil aus der symbolisch-phantastischen Differenz erklärt, die erotischen Begegnungen innewohnt, welche den sexuellen Erfahrungshorizont erweitern. Oder anderes ausgedrückt: eine unbekannte, gar langersehnte sexuelle Praktik, ein ›verruchtes‹ Wort, ›fremde‹ Haut, ein sexuelles Abenteuer, ein neues erotisches Setting oder eine ungewöhnliche sexuelle Inszenierung können in ihrer transzendierenden Energie und Dynamik, mit der sie sexuelle, körperliche und soziale Routinen aufsprengen, intensive Lustgefühle und hieraus folgende erotische Suchbewegungen auslösen. Dies tritt insbesondere dann in Erscheinung, wenn die symbolische Dimension sexueller Phantasie als deckungsgleich mit der praktischen Erfahrung erlebt wird. Neben dieser ›organischen‹ grenzerweiternden Suche nach neuen luststeigernden

Potenzialen und Optionen unterliegt das Sexuelle unter aktuellen gesellschaftlichen Bedingungen aber auch einer normativ begründeten Transzendierungslogik und einem diskursiv produzierten Zwang zur Erfahrungssteigerung. Ein Blick in aktuell verfügbare Frauen- und Männerzeitschriften, Fernsehformate oder in das ›Meer‹ an sexueller Ratgeberliteratur kann diese Annahme gut belegen. Dem Diskurs, das eigene Sexleben ›besser‹, ›höher‹, ›ausgefallener‹ und ›intensiver‹ zu gestalten und einen maximalen Lustgewinn aus diesem selbstverwirklichenden Zwang zur Grenzverschiebung zu erzielen, kann sich kaum ein Subjekt entziehen. Dies gilt grundlegend und betrifft sowohl private als auch käufliche Sexualität und ist hierin an das Prinzip der männlichen Sexualitäts-Disposition gut angepasst. In Bezug auf unsere konkrete Fragestellung der Etablierung einer stabilen und auf Kontinuität gerichteten männlichen Nachfragepraxis kann daraus folgender Schluss gezogen werden: Damit die Freier ein tiefergehendes und kontinuierliches Interesse an der Nachfrage nach käuflichem Sex entwickeln, wird die Faszination an Sex im Allgemeinen mit der Kernlogik des Prostitutionsfeldes kurzgeschlossen, der umfassenden Befriedigung männlicher sexueller Wünsche und Bedürfnisse. Hierzu zählt u.a. die erfolgversprechende Suche und Befriedigung allgemeiner sexueller Bedürfnisse, insbesondere aber auch individuell bzw. gesellschaftlich normierter, tabuisierter oder pathologisierter sexueller Praktiken, (subkultureller) Settings, geheimnisvoll-verruchter Erotik und fantastisch aufgeladener Frauenbilder. Die ›hitzige‹ Gier, die geheimnisvoll-verruchte Prostitutionswelt entdecken und nach neuen sexuellen Sensationen erforschen zu wollen, speist sich also zentral aus der lustvollen Grenzverschiebung, den das Prostitutionsfeld als omnipotenter sexueller Kosmos verspricht und garantiert.[4] Die empirische Ausgestaltung dieser Motivdynamik muss dabei in ihrem Verlauf, ihrer Intensität, Struktur und in ihrer Objektbesetzung kontextabhängig empirisch differenziert werden. Kontextualisiert werden muss dieses Motivmuster z.B. in Bezug auf den sexualbiografischen Standpunkt, von dem aus die Freier ›loslaufen‹ (komplette sexuelle Unerfahrenheit, in Beziehung lebend etc.),

---

4 Aus der Perspektive der Angebotsseite bietet dieses Strukturmuster eine perfekte Anschlussstelle in Bezug auf die ökonomische Strukturlogik des Prostitutionsfeldes als Geschäftsfeld. Um bestehende Einnahmen und Profite abzusichern bzw. zukunftsfähig auszubauen, unterliegt das prostitutive Kerngeschäft, der Verkauf erotisch-sexueller Illusionen, ebenfalls einem Anpassungsdruck im Bereich der Angebotsstruktur. Um konkurrenzfähig zu bleiben, sind die jeweiligen Teilbereiche des Feldes stetig bemüht, neue ›Produkte‹ bzw. ›Produktpaletten‹ zu bieten, um neue Käufer anzulocken und für etablierte Kunden neue Kaufanreize und Konsumangebote zu unterbreiten. Die Faszination des Prostitutionsfeldes liegt demzufolge nicht nur darin begründet, sexuelle Wünsche, Bedürfnisse und Phantasien umfassend zu bedienen und zu erfüllen, sondern auch darin, dass neue geschaffen und erweckt werden.

hinsichtlich der Einbettung in andere Motivmuster (z.B. privat unerfüllte Praxiswünsche, private Probleme im Kontakt mit Frauen, Wunsch nach sexueller Abwechslung) sowie in Bezug auf Veränderungen im Verlauf der jeweiligen Freierkarriere. Auch die Klassenzugehörigkeit bzw. andere sozialstrukturelle Kategorien wie Alter, ethnische Zugehörigkeit, Stadt-Land-Kontext etc. sind hier als wichtige analytische Differenzierungen anzuführen. Wie sich dies in der empirischen Wirklichkeit im Einzelnen darstellt, wird im Folgenden eingehend analysiert. Die Auswahl der diskutierten Beispiele bildet dabei zugleich den ›dramaturgischen‹ Verlauf des sich steigernden Interesses und die dynamische Energie der sich steigernden neugierdebesetzten Lustsuche als Motivmuster ab. Die breite Auswahl an Interviewbeispielen verfolgt zugleich das Ziel, die weitläufige sexuelle Praxis im Prostitutionsfeld bzw. die konkreten sexuellen Interaktionsformen zwischen Freiern und Sexarbeiterinnen in ihrer empirischen Vielfalt darzustellen und zu untersuchen.

Die Generierung von Spielerfahrung

Beginnen wir mit Herrn Studer, der auf die Frage nach seinen Erfahrungen im Prostitutionsfeld antwortet:

> St: ja bestimmte Sexpraktiken sag ich mal ähm (3) mit dem normalen Geschlechtsverkehr hat es bis auf's erste Mal meistens nicht so geklappt und dann Französisch (,) ähm verschiedene Stellungen oder so ähm mit Sexspielsachen und wie gesagt ich war einmal in nem Dominastudio äh da hab ich mich ((angetrieben)) lassen sage ich mal aber das war eigentlich mehr ein Experiment um rauszufinden ob mir das gefällt (Herr Studer 321-351).

Im Falle von Herrn Studer, der seine ersten sexuellen Erfahrungen ausschließlich im Prostitutionsfeld sammelt, bildet die generelle sexualpraktische Entdeckungslust eine wesentliche Motivkategorie für seine Folgebesuche ab. Sein Einstiegsmotiv ist, wie bereist analysiert, noch klassisch in der Akkumulation von primärem sexuellem Kapital begründet (erster Geschlechtsverkehr). Hiermit wird eine geschlechtsidentitäre Strategie verfolgt, um sich im Feld der Sexualität und dem männlichen Sozialraum insgesamt als vollwertiger Spieler und Mann fühlen zu können. Da er über keinerlei private sexuelle Praxis verfügt, können seine neugierig-entdeckenden Schritte im Prostitutionsfeld im weiteren Verlauf als doppelseitige habituelle Handlungsstrategie auf dieses Problem gedeutet werden. Zum einen muss Herr Studer auf der nachfolgenden sexualbiografischen Entwicklungsstufe ein gewisses Maß an Spielerfahrung, Spielwissen und Spielpraxis vorweisen können, um als normaler Spieler im (männlichen) Spiel um Sexualität akzeptiert zu werden (»Französisch verschiedene Stellungen oder so mit Sexspielsachen und wie gesagt ich war einmal in nem Dominastudio«). Gleichzeitig gewinnt er hierdurch Handlungssicherheit im Feld

(›wissen wie das geht‹, ›was es gibt‹ und ›wie es abläuft‹). Zum anderen ist dieser Verlauf aber auch als Strategie der sexuellen Selbstfindung zu charakterisieren. Die Sexualitäts-Disposition des Geschlechtshabitus braucht sozusagen auf materieller Ebene konkrete Formen, an denen sich das grundlegende Sexualitätsinteresse und die sexuelle Lust festmachen kann. Es geht hierbei um die Generierung von sozialem Sinn als praktischer Suche nach individuell passenden Skripten, die als angenehm, reizvoll, lustvoll und interessant wahrgenommen und erlebt werden können (»mehr ein Experiment um rauszufinden ob mir das gefällt«).

Spezialinteressen, Fetische, Perversionen

Im Vergleich hierzu verfolgt Herr Bund ein weit spezifischeres Interesse im Rahmen seiner fortdauernden Prostitutionsnachfrage:

B: es war so schnell vorbei also als die da oben ohne VOR MIR STAND nicht mir wurde schwindelig (Herr Bund 164-165).

Und anschließend:

B: ja und bin am nächsten Tag gleich wieder ge_gegangen (Herr Bund 343).

Herr Bund beschreibt seinen Einstieg in das Prostitutionsfeld, wie bereits ausgeführt, als Ausdruck seiner Suche nach einer privat nicht realisierbaren sexuellen Praktik bzw. fehlender körperlicher Merkmale seiner Partnerin (extravaginale Ejakulation und Fetisch große Brust). Die prostitutive Realisierung dieses Wunsches, in der sich seine Phantasie erfüllt und mit der sozialen Wirklichkeit verschmilzt, erlebt er als große erotische Sensation (»mir wurde schwindelig«). Die Begeisterung und Faszination hierüber, die in gewissem Sinne als ›explosionsartige‹ Grenzverschiebung bezeichnet werden kann, bildet eine starke Motivation für einen unmittelbaren Folgebesuch. Aus der Sicht des handelnden Subjekts kann diese Handlungsstrategie als äußerst erfolgreich und profitabel gekennzeichnet werden, denn subjektiv – leiblich und psycho-sexuell – resultiert für Herrn Bund aus dem Prostitutionskontakt ein enormer Lustgewinn. Mit der Realisierung einer für ihn bedeutsamen sexuellen Praktik und Körperrepräsentation kann Herr Bund auf qualitativer Ebene ein erhebliches Maß an sexuellem Profit verbuchen, inklusive der lukrativen Option einer auf Dauer angelegten Realisierungschance. Diese positiven praktischen Erfahrungen im Feld generieren ein starkes Interesse an prostitutiver Sexualität sowie einer auf Dauer angelegten Folgepraxis. Insgesamt blickt Herr Bund zum Zeitpunkt des Interviews auf eine fast 16-jährige kontinuierliche Prostitutionsnachfrage zurück.

Die Prostitutionsnachfrage als Kompensationsstrategie

Auch das folgende Beispiel von Herrn Stahl muss motivational in Bezug auf den (sexual-)biografischen Punkt seiner Freier-Karriere ausdifferenziert werden:

S: ich hatte im Forum halt ähm ein Bericht gelesen über ein Mädel aus y-Stadtteil die halt so ein bisschen na sagen wir mal die härtere Gangart und ähm ja exklusive oder ausgefallene Praktiken halt ausprobieren das war halt immer was wo ich mal gesagt habe das würde ich gerne mal ausprobieren und bin dann hingefahren auf gut Glück und hab mich dann halt so'n bisschen verwöhnen lassen [...] es war halt Oralverkehr mit äh gleichzeitiger Prostatamassage
I: ah ja und was hat dich hingezogen
S: in diesem Fall einfach die reine Neugier weil ich halt ähm JA halt darüber gelesen hatte es klang interessant und hab mir gedacht ich würds halt auch auch mal ausprobieren dann gut hat es sich halt einfach so ergeben wie gesagt die Zeit war da das Geld war da und (1) (Herr Stahl 15-23).

Herr Stahl weist einen klassischen Prostitutionseinstieg vor. Neben der Dimension der männlich sexuellen Standardbiografie kann zudem eine klassisch-kompensatorische Handlungsstrategie in Bezug auf die Realisierung privat nicht durchführbarer sexueller Praktiken festgestellt werden (»es war halt mit meiner damaligen Freundin so dass sie gewisse PRAKTIKEN [Fellatio und Cunnilingus, U.G.] halt nicht machen wollte äähm und da hab ich halt ja im Endeffekt so blöd wie es klingt mich da dann halt hingetrieben«, Herr Stahl 288-290). Auch das beschriebene Beispiel der Folgepraxis kann in diesen Kontext eingeordnet werden. Wie aus der Gesamtsicht des Interviewmaterials zu erkennen ist, hat Herr Stahl kein grundsätzliches Problem damit, private Sexualpartnerinnen zu finden und lebt kontinuierlich in seriell-monogamen Liebesbeziehungen. Die Prostitution nutzt er punktuell zur Kompensation privat unrealisierbarer Sexualpraktiken, die aber im Gegensatz zu Herrn Bund keiner festgelegten fetischisierten Fixierung folgen. Vielmehr kann die beschriebene Dynamik in dieser Interviewpassage als gutes Beispiel für ein ›medial‹ produziertes Bedürfnis herangezogen werden (»ich hatte im Forum halt ähm ein Bericht gelesen über ein Mädel aus y-Stadtteil«). Erst über das Internet im Kontakt und Austausch mit anderen aktiven Freiern kristallisiert sich ein Interesse nach einer spezifischen sexuellen Praktik heraus. Erst danach wird es von seinem Phantasieapparat aufgenommen, libidinös besetzt und als unmittelbare Begierde bzw. bewusstes Bedürfnis bzw. handlungsleitendes Motiv wahrgenommen (»einfach die reine Neugier weil ich halt ähm ja halt darüber gelesen hatte und hab mir gedacht ich würds halt auch auch mal ausprobieren«). Auf der strukturellen Ebene habitueller Dispositionen (Sexualitäts-Disposition) kann dieser Prozess als Doppelstrategie analysiert werden. Zum einen stellt er ein generelles Interesse in Bezug auf das Prostitutionsfeld und dessen Angebotsstrukturen dar. Es sind sozusagen habituell präfigurierte Denk-, Wahrnehmungs und Handlungsapparate vorhanden, die bewirken, dass sich das Subjekt motivational dem Feld zuwendet und hierfür Interesse und Aufmerksamkeit entwickelt. Zum anderen kann es als Ausdruck der strategischen Suche nach (sexueller) Grenzverschiebung erklärt werden, um den sexuellen Erfahrungsschatz um eine körperlich-leibliche ›Sensation‹ erweitern zu können. Des Weiteren liegt in diesem Beispiel der Schluss nahe, dass Herr Stahl diese Praktik auch deshalb nachfragt, weil sie für ihn symbolisch besonders aufgeladen ist (»die härtere Gangart und ähm ja exklusive oder ausgefallene Praktiken«). Sie wird als außerhalb der sexuellen ›Normalität‹ liegende Praxis wahrgenommen und klassifiziert und erhält somit für ihn einen erheblichen Distinktionswert und sexualbiografischen Erlebnischarakter. Den beschriebenen Prostitutionskontakt wertet er demgemäß auch als seine schönste Prostitutionserfahrung (»weils halt irgendwie was völlig Neues war war was völlig unbekanntes aber trotzdem recht geil irgendwie«, Herr Stahl 136-139). Es ist zu vermuten, dass die praktische Befriedigung seiner sexuellen Phantasien im Rahmen seiner langjährigen Nachfragepraxis seine habituell verankerte Sicht des Prostitutionsfeldes dahingehend geprägt hat, dass er das Feld der Prostitution als Handlungsraum begreift, der neue sexuelle Bedürfnisse zu generieren vermag, gekoppelt an die grundlegende Gewissheit ihrer Befriedigung – sofern die Zugangsbedingungen (Zeit und Geld) erfüllt sind. Lebensweltlich bzw. sexualbiografisch stellt sich die Prostitution damit für Herrn Stahl als (männliche) Institution dar, auf die er – ausgehend von der Stabilität und Sicherheit der emotionalen und sexuellen ›Grundversorgung‹ innerhalb seiner privaten Liebesbeziehung – jederzeit als willkommene Ergänzung zurückgreifen kann. Sie nimmt in diesem Sinne die Position einer sexuellen ›Kür‹ ein, die für ihn einen hohen symbolischen Wert besitzt. Interessant und ungewöhnlich ist, dass die beschriebene Praktik danach in die private Sexualität mit seiner Partnerin integriert worden ist, mit der Konsequenz der (vorläufigen) Beendigung der Prostitutionsnachfrage:

> St: weil es jetzt nur im Nachhinein irgendwie ähm sich halt auch ergeben hat dass wir privat halt auch so das es halt privat auch (...) also äh deswegen denke ich mal machts oder war's jetzt halt irgend (..) ne einmalige Sache weil es hat mir gefallen ja ok aber ich ich krieg's ja zu Hause weswegen soll ich dann woanders hingehen und es mir kaufen (Herr Stahl 569-571).

Hier wird deutlich, dass die prostitutive Nachfragepraxis von Herrn Stahl auch von seinem Klassenhabitus (KFZ-Mechaniker) mitbestimmt wird. Gelenkt von einer pragmatisch-proletarischen Disposition stellt er seine Prostitutionsbesuche funktional – nicht grundsätzlich – vorerst ein, da kein offensichtlicher Handlungsgrund mehr vorliegt – eine Verhaltensweise, die, wie weiter unten noch gezeigt wird, nicht selbstverständlich bzw. verallgemeinerbar ist.

Außeralltägliche sexuelle Szenarios und Inszenierungsphatasien

Neben einzelnen Praktiken sind es aber auch ganze Settings und Inszenierungsphantasien, die mit motivationaler Energie besetzt werden können, die die Freier zu einer fortdauernden Praxis und Entdeckungslust im Feld bewegen. Insbesondere sexuelle Inszenierungen, die privat noch viel schwerer zu realisieren sind als eben beschriebene Einzelpraktiken, stehen hierbei im Fokus des Interesses. Ein ›Klassiker‹ in diesem Rahmen stellt die männliche Phantasie und der Wunsch nach Sex mit mehreren Frauen dar, wie das Beispiel von Herrn Schnell zeigt:

S: ich meine welcher Typ hat nicht Bock mit zwei Frauen im_irgend im Whirlpool Sex zu haben zum Beispiel hat jeder Bock drauf DAS SO in freier Wildbahn sag ich mal auf die Reihe zu kriegen ist ECHT NE SCHWIERIGE ANGELEGENHEIT und (1) äh ich konnte mir das damals leisten und warum soll ich mir so'n Wunsch dann nicht ERFÜLLEN (?) (Herr Schnell 231-238).

In dieser Interviewsequenz wird der Zusammenhang zwischen der Akkumulation sexuellen Kapitals im Rahmen der Nachfrage nach käuflichem Sex und der symbolischen Auseinandersetzungen im Feld der Sexualität sehr deutlich. Sexualität mit zwei Frauen wird als begehrenswerte und knappe sexuelle Ressource innerhalb männlicher Konkurrenzkämpfe gedeutet (»hat jeder Bock drauf das so in freier Wildbahn sag ich mal auf die Reihe zu kriegen ist echt ne schwierige Angelegenheit«). Die geglückte Realisierungdieser enormen sexuellen Entgrenzung – im Kontrast zum Monogamiegebot innerhalb romantischer Zweierbeziehungen – besitzt daher einen hohen Distinktionsgewinn gegenüber realen oder imaginierten männlichen Mitspielern, die diese Erfahrung nicht vorweisen können.

Sexuelle ›Feld-Sättigung‹ und Transzendierungszwang

Beobachtbar ist aber auch, dass die omnipotente und unmittelbare (sexuelle) Bedürfnisbefriedigung innerhalb der Prostitution zu einer schleichenden Gewöhnung und dem hieraus resultierenden Desinteresse führen kann. Herr Weitenbach führt dies eindrücklich aus:

W: ich hab schon mindestens GEFÜHL der Sättigung gehabt [...] ich hab jetzt endlich mal dieses und letztes Jahr alles das mal erreicht was ich wo ich von geträumt hatte und was ich eben jetzt was mir noch übrig bleibt was ich eben jetzt erreichen will ist eben noch viel mehr Sex mit privaten Frauen zu haben DA hab ich noch NACHHOLBEDARF SCHLIMMEN Nachholbedarf ich hab das Gefühl mit Huren hab ich schon alles erlebt was es zu erleben gibt (Herr Weitenbach 1599-1624).

Das beschriebene Gefühl der »Sättigung« bzw. die Langeweile in der angepassten Gewöhnung an die Redundanz des prostitutiven Reizstroms kann zu einer Irritation bzw. Frustration mit der Nachfragepraxis führen. Dies kann die Freier tendenziell dazu bringen, die Prostitution zu verlassen oder das (grenzverschiebende) Interesse an sexuellen Begegnungen auf private, nicht-käufliche Settings zu lenken. Es kann aber auch eine Dynamik entstehen, die die Freier zu immer exaltierteren, ausgefalleneren und ungewöhnlicheren sexuellen Phantasien, Settings- und Inszenierungswünschen ›zwingt‹, um die luststeigernde Erfahrung der Grenzverschiebung (›Begeisterung‹, ›Kick‹, ›Rausch‹) erleben zu können. Exemplarisch kann dieses Phänomen anhand der Schilderung von Herrn Bund demonstriert werden. Auf die Frage nach einer Traumvorstellung von käuflicher Lust bzw. einer noch unerfüllten Phantasie antwortet Herr Bund:

B: (2) pffuh jaa da ARBEITE ich auch dran wie gesagt ich (...) die sogenannten »Facials« das ist einfach so Gesichtsbesamung das TURNT MICH SO AN und auch so gerade ((dominant)) diverse Seiten wie Galerien und es gibt da eine Frau in X-Stadt ne Deutsche war eher Zufall hab ich mal gehört ne Deutsche die ist ja schon so doch 50 wird sie glaube ich (...) vollbusig und ziemlich tabulos ne also kannst so abspritzen überall und ich bin auch so (...) von solchen Leuten auf Forum auf'm Forum praktisch hatte ich so was schon was ANGE_ANG_ANGEHORCHT und hab sie auch schon mal gefragt ob sie Bock hätte wenn ich mal so ein PAAR GUTE KUMPELS dass ich sie übers Internet kenne habe ich nicht gesagt aber ob ((vorbei kommen oder bereit wär)) hätte sie ja das fünffache Honorar mal eben so in ner Stunde und sie überlegt so und war nicht so abgeneigt so das würde ich gerne mal durchziehen (Herr Bund 288-296).

In diesem Beispiel bezieht sich die sexuelle Faszination und Anziehungskraft der Prostitutionsnachfrage auf die Möglichkeit der unmittelbaren Umsetzung einer pornografisch inspirierten Phantasie, in der mehrere Männer in einer Gruppensituation auf das Gesicht und auf den Körper einer Frau ejakulieren (»die sogenannten Facials«). Deutlich ist in diesem Zitat die Dynamik zwischen Gewöhnung und erfolgter Ausweitung des Interesses zu beobachten. Herr Bund ist die gewünschte Praktik sowohl aus Einzelbesuchen als auch von pornografischen Internetseiten bzw. dem Erfahrungsaustausch mit anderen Prostitutionskunden bekannt. Die dynamische Ausdehnung seiner bisherigen Erfahrungen hinsichtlich komplexerer und ungewöhnlicherer Inszenierungen kann als ›Dosissteigerung‹ betrachtet werden, um dem Verlust des Lustgewinns um dem Gewöhnungsprozess seiner langjährigen und ausgedehnten Feldpraxis entgegenzuwirken. Auch hier eröffnet das Prostitutionsfeld den Freiern strukturell die Möglichkeit, ihre jeweilige Phantasie umzusetzen und ist in der Lage, die institutionelle Voraussetzung einer Steigerungsdynamik zu liefern. Erneut zeigt sich, dass das soziale Feld der Prostitution nicht nur (schwer zu realisierende) sexuelle Bedürfnisse und Forderungen zu bedienen in der Lage ist, sondern auch soziale

Bedürfnisse männlicher Macht- und Dominanzphatasien innerhalb des prostitutiven Tauschverhältnisses zu inszenieren weiß. Herr Bund ist sich dessen deutlich bewusst:

B: ich sag ja gerade dieses mit dem Frauen vor einem knien und kriegts auf'n Gesicht gespritzt das ist wahrscheinlich ja man sagt mal in sich geht das_das MUSS wahrscheinlich so was sein dass man dann denkt dass das ne Art der Erniedrigung ist obwohl ich eigentlich nicht so auf dominante Sachen stehe ist wahrscheinlich halt tief ((in ner Tüte)) drinne ich_ich stehe ja nicht alleine mit_mit meinem (...) ((Urteil)) es sind ne ganze Reihe nur mit hier Gesichtsspritzer Film anscheinend ist das wohl gefragt ja selbst_selbst_selbst wo das nicht so die Themapornos (...) wird fast immer ins Gesicht gespritzt ne (Herr Bund 304-316).

Herr Bund deutet in dieser Passage die geschilderte sexuelle Inszenierung als eine geschlechtlich aufgeladene Form symbolischer Macht (»dass das ne Art der Erniedrigung ist«). Der Sexarbeiterin wird in diesem Szenario vom Freier eine passive, unterwürfige und demütigende Position zugewiesen (»vor einen knien und kriegts auf'n Gesicht gespritzt«). Von symbolischer bzw. struktureller Macht muss in diesem Rahmen deshalb gesprochen werden, da die Sexarbeiterin nicht mit Gewalt gegen ihren Willen hierzu gezwungen wird, sondern der Inszenierung gegen einen Geldwert ›freiwillig‹ zustimmt. Dennoch kann auf struktureller Ebene der ökonomische Zwang zum Lohnerwerb als wahl- und freiheitseinschränkender Faktor betrachtet werden. Ebenso kann, wie es der Radikalfeminismus formuliert, die leidvolle Reinszenierung eines (unbewussten) sexuelles Traumas die patriarchale Rahmung des Handlungsmotivs der Sexarbeiterin innerhalb dieses Settings abbilden. Aus der Sicht der Nachfrageseite wird die inszenierte Demütigung der weiblichen Sexarbeiterin dagegen erotisiert und sexuell aufgeladen. Das geschlechterhierarchische Oben (der aktive, ejakulierende Mann) und Unten (die kniende, wehrlos-passive Frau) im Rahmen dieser Inszenierung ist kulturell klar bestimmt. Die patriarchale Matrix von Dominanz und Unterwerfung wird dabei kulturindustriell produziert aus pornografischen Inszenierungen übernommen und mit Begehren besetzt (»es sind ne ganze Reihe nur mit hier Gesichtsspritzer Film anscheinend ist das wohl gefragt ja selbst selbstselbst wo das nicht so die Themapornos (...) wird fast immer ins Gesicht gespritzt ne«). Zu vermuten ist, dass dieser Prozess als Ausdruck langjähriger praktischer Erfahrungen im Prostitutionsfeld und im Feld der Kultur, wozu pornografische Filme zu zählen sind, als ein strategisches Produkt des Geschlechtshabitus zu betrachtet ist. Im ästhetischen und moralischen Sinne sind die Denk-, Wahrnehmungs- und Handlungsapparate durch die soziale Praxis im Feld deshalb organisch an die aktuelle Situation angepasst. Die reibungslose Einheit zwischen Phantasieproduktion, der leiblichen Ebene und der interaktiven Umsetzung in konkrete Praxis verläuft deshalb weitgehend reibungslos und störungsfrei. Die (selbst-)kritische Reflektion in Bezug auf geschlechtsspezifisches und frauenverachtendes Dominanzverhalten wird hingegen erst durch den Interviewrahmen erzeugt und dürfte so in der sozialen Praxis nicht vorzufinden sein.

DIE SEXARBEITERIN ALS ›PHANTASTISCHE‹ FRAU

Empirisch lässt sich feststellen, dass die Folgepraxis – Verbleib im Feld und gesteigertes Nachfrageverlangen – zudem durch die generelle Faszination in Bezug auf das (subkulturelle) Prostitutionsfeld und insbesondere durch die allgemeine Faszination in Bezug auf Sexarbeiterinnen wesentlich mitmotiviert ist. Ein eindrückliches Beispiel für die libidinöse Besetzung der allgemeinen Feldlogik bietet Herr Peter:

P: es zieht mich immer wieder dahin (.) und was es ist (?) man kann das selber net beschreiben des ist irgendwo FASZINATION es ist NEUGIER es ist LUST es ist einfach du kannst ne halbe Stunde durch dieses ganze Haus laufen und dir eine Frau nach der anderen angucken und in jedem Zimmer steht ne andere und es einfach auch äh äh ein sogenanntes APPETIT HOLEN ja und es ist so schön weil wann siehst du mal in der Stadt in der Fußgängerzone äh ne Frau in Dessous siehst du ja net und da gehst du durchs ganze Haus und da siehst du HUNDERT Frauen im Dessous und oftmals ist eine schöner als die andere es ist doch immer wieder faszinierend wie schön die Frauen sind (Herr Peter 314-317).

Dieses Beispiel zeigt eindrücklich, inwiefern die Faszination am Prostitutionsfeld die fortdauernde Prostitutionsnachfrage motivational (mit-)bestimmt. Herr Peter verweist dabei auf die eigenständige Erotisierung des Prostitutionsfeldes als katalysatorische Verstärkung und Intensivierung der Prostitutionsnachfrage. Der Besuch in einem Laufhaus wird dabei als transzendierendes Erlebnis wahrgenommen (»des ist irgendwo Faszination es ist Neugier es ist Lust«). Das Bordell wird im Vergleich zu den Begrenzungen und Einengungen privater Sexualität oder zum erotischen Potenzial des öffentlichen Raums als sozialer Ort klassifiziert, welcher mit ungeahnter erotischer Potenzialität und Optionalität ausgestattet ist (»wann siehst du mal in der Stadt in der Fußgängerzone äh ne Frau in Dessous siehst du ja net«). Damit wird zugleich ein Versprechen grenzenloser Befriedigung heterosexuellen Begehrens transportiert. Die Begierde, die auf seinem Weg durch die Flure und durch den erotisierenden Anblick der Sexarbeiterinnen entfacht und intensiviert wird, ist in diesem Kontext (vorerst) nur als Ausblick auf konkrete sexuelle Akte gerichtet (»sogenanntes Appetit holen«). Der Prostitutionsbesuch bedeutet für Herrn Peter demzufolge einen hohen Zugewinn an sexuellem Kapital und Distinktionsgewinn, da er in der Lage ist, eine soziale Situation zu schaffen, die Männer in privaten Settings kaum etablieren können: den garantierten (sexuellen) Zugriff auf eine große Auswahl attraktiver und aktiver Sexualpartnerinnen. Zudem wird in diesem Beispiel deutlich, wie bedeutsam die Kategorie der sexuellen Abwechslung (mit unterschiedlichen Partnerinnen) als begehrte sexuelle Ressource zu werten ist. Auch Herr Hahn untermalt dies eindrücklich:

H: JA ES IST NATÜRLICH wenn man wenn man mit sehr vielen fremden Mädels schläft ist das natürlich wesentlich prickelnder als wenn ich nun ne zweihunder ES IST ZWANGSLÄUFIG prickelnder als wenn man zweihundert mal mit seiner Freundin geschlafen hat oder so ähm (4) und da ich eben mit äh mit diesen Variante auch auch äh global gesehen ziemlich viele Erfahrungen habe (lacht) muss muss man einfach sagen ähm ja besteht natürlich schon also die (( )) ähm mit der Freundin auch eher mal LANGWEILIG wird ne (Herr Hahn 196-199).

Entgegen der normativen Maßgabe sexueller Treue im Kontext des gesellschaftlichen Monogamiegebots – auch Herr Peter ist verheiratet – empfindet er die Möglichkeit, eine große Anzahl an Frauen in sexualisierter entgrenzter Maskierung und Körperlichkeit anblicken zu dürfen bzw. wie im Fall von Herrn Hahn konkret mit ihnen Sex gehabt zu haben, als intensives Erlebnis einer eigenständigen erotisch-sexuellen Grenzverschiebung. Dies bezieht sich insbesondere bei Herrn Peter auf die traumwandlerische Beschleunigung der Überwindung konventioneller Scham- und Körpergrenzen in Bezug auf Nacktheit, Kleidung, Posen sowie der Direktheit der sexuellen Ansprache, die in privaten Interaktionskontexten undenkbar wäre. Oder es richtet sich auf den aussichtslosen Konkurrenzkampf zwischen einer einzelnen privaten Frau und Sexualpartnerin und dem ›Angebot‹ des Prostitutionsfeldes (»zwangsläufig prickelnder«; »mit der Freundin auch eher mal langweilig wird«).

Noch expliziter in Bezug auf die eigenständige erotisch-phantastische Besetzung der Sexarbeiterin als besonderer Frau mit außergewöhnlichen sexuellen Fähigkeiten und identitären Zuschreibungen sind die Beispiele von Herrn Laube, Frank und Weitenbach zu werten. Auf die Frage nach seiner subjektiven Betrachtung von Sexarbeiterinnen antwortet Herr Laube:

L: JA dass die die Frauen also sagen mir ruhig den etwas vielleicht einfachen Eindruck hemmungslos sind gibt's keine Tabus (1) was ich ja eigentlich ja auch als normal empfinde gell (Herr Laube 87-91).

Herr Laube bringt die gesellschaftlich weitverbreitete Phantasie der sexuell grenzenlos agierenden Sexarbeiterin sehr explizit auf den Punkt. Aus seiner praktischen Erfahrung heraus beschreibt er sexuelle Interaktionen mit Sexarbeiterinnen als entbunden von normativen und leiblichen Begrenzungen, in der Lust frei fließen kann. Der tiefere soziale Sinn dieser Aussage wird allerdings erst vor der praktischen Vergleichsfolie seiner privaten sexuellen Realität verständlich. Herr Laube ist zum Zeitpunkt des Interviews 73 Jahre alt (Jahrgang 1925) und seit über 50 Jahren mit der gleichen Frau verheiratet. Seine eheliche Sexualpraxis und die Sicht auf seine Ehefrau im Vergleich zur prostitutiven Sexualität beschreibt er wie folgt:

L: Sagen mer sagen mer man darf sie net anfassen (;) oder ziehen sich net aus (;) (1) ganz oder so was – das betrachte ich als hemmungslos [...] äh'n-da-ja das die auf das eingehen was man gerne HAT (,) hätte sagen wir Französisch als Beispiel gell (.) da sagen die Ehefrauen doch äh (.) »um Gottes Willen das ist Schweinerei das mach ich nicht« oder so was (Herr Laube 126-142).

Sehr direkt benennt Herr Laube die Grenzen und sexualpraktischen Dissonanzen innerhalb seiner ehelichen Sexualität. Er sieht sich mit partiellen Berührungs- und Entkleidungsverboten seitens seiner Ehefrau konfrontiert (»man darf sie net anfassen oder ziehen sich net aus«). Des Weiteren ist er nicht in der Lage, gewünschte sexuelle Praktiken umzusetzen. Seine Ehefrau verweigert diese Praktiken unter Verweis auf die Klassifizierung dieser Wünsche als illegitime und perverse Sexualitätsformen (»um Gottes Willen das ist Schweinerei das mach ich nicht«). Diese Interviewpassage bildet ein plastisches Beispiel für eine habituelle Dissonanz ab, in deren Folge es zu einer fast vollständigen Unterbindung des Interaktionsflusses kommt. Eine zentrale Funktion des Habitus ist es, Normalität zu schaffen und eine systemisch-organische Einheit zwischen Wahrnehmung, Denken, Fühlen und leiblicher Ebene herzustellen, um einen reibungslosen Ablauf feldabgestimmter sozialer Praxis zu gewährleisten. Die habituell vermittelte soziale Realität des Ehepaares bzw. ihre unmittelbare Vorstellung von (sexueller) Normalität driftet hier sehr weit auseinander. Es manifestieren sich auf kultureller und interpersonaler Ebene große Differenzen, die es verhindern, dass sich das Paar auf erotischer Ebene miteinander identisch bzw. wohlfühlen kann. Diese Trennung auf der Ebene sexueller Ästhetik, sexueller Normen, körperbezogener Schamgrenzen, Begierden, Lüste und sexueller Erwartungen lässt das Paar innerhalb völlig unterschiedlicher sozialer Universen miteinander interagieren oder besser des-agieren. Die Entwicklung einer erotischen Handlungssicherheit wird demzufolge stark gestört und die strategisch-kompensatorische Behebung dieses Handlungsproblems durch Prostitutionsbesuche ist als ein Resultat dessen anzusehen. Sehr deutlich kann zudem die Bedeutsamkeit der historischen Einbettung sozialer Phänomene aufgezeigt werden. Was Herr Laube aus seiner biografisch gewachsenen geschlechts- und klassenspezifisch differenzierten habituellen Realität als ›normal‹ und in Anbetracht seiner Eherealität, der sexuellen und körperlichen Schamgrenzen seiner Ehefrau und seiner langjährigen sozialen Praxis im Prostitutionsfeld als ›hemmungslos‹ betrachtet, stellt sich für heutige sexuelle Realitäten und Normalitätsvorstellungen nicht mehr als sonderlich zutreffend dar. Aus subjektiver Sicht symbolisiert die Prostituierte dennoch für Herrn Laube genau jene Grenzerweiterung und aktive Verschiebung sexueller Horizonte, wie es zu Beginn dieses Kapitels als These formuliert wurde. Spezifische Berührungsmomente, Nacktheit und Oralsex erhält er nur bei Sexarbeiterinnen und erotisiert bzw. rahmt sie deshalb als bedeutsame sexuelle Kostbarkeiten und Grenzerfahrungen. Auf struktureller Ebene des Geschlechterverhältnisses wird dies sozial sinnhaft vor der klassischen

Folie des gespaltenen weiblichen Geschlechterraums. Das Grundmuster dieses Mechanismus' ist auch heute noch gültig und besitzt Wirkmächtigkeit, wie in vielen Beispielen in dieser Studie gezeigt worden ist. Dabei bleiben die geschlechtsspezifisch aufgeladenen symbolischen Abstände sozusagen bestehen, lediglich die konkreten Besetzungen und Begrenzungen verschieben sich. Welche konkreten Tabus, Normierungen und Erwartungsdissonanzen in privater Sexualität anzutreffen sind und in der Folge seitens der Männer prostitutiv bearbeitet werden, muss daher immer innerhalb konkreter historisch-gesellschaftlicher Kontexte bestimmt und analysiert werden. Weit ›technischer‹ als Herr Laube fasst Herr Frank die Anziehungskraft von Sexarbeiterinnen. Angesprochen auf den Unterschied zwischen privater und käuflicher Sexualität führt er aus:

F: ja (1) wenn ich jetzt vom Sex rede ist käuflicher Sex besser weil die KÖNNEN DAS also ähm wenn du_wenn du hier ein gutes Mädchen erwischst ja ähm (1) das ist rein (.) vom SEX HER hat ähm haben die guten Mädchen eine Erfahrung nämlich ähm (1) ja ich sag mal technische Fähigkeiten oder wie ((mensch)) das beschreiben soll wo soll denn eine normale Frau die her kriegen (?) gibt's_gibt's mit Sicherheit auch hab ich halt noch keine getroffen aber im Durchschnitt mit Sicherheit nicht und von daher also rein vom Sex her ist das wesentlich besser (1) muss man sagen also ähm (2) gibt_gibt hier einen_einen_ein paar FRAUEN in diesem Club also wie DIE MIR einen geblasen haben hatte ich vorher noch nicht erlebt muss ich (.) ganz klar sagen und äh (...) die Mädchen sind von berufswegen deutlich tabuloser als die Frauen in den Beziehungen die ich bisher geführt hab ja von daher würde ich ganz klar sagen also rein vom Sex her äh deutlich besser als (.) als privat (Herr Frank 601-613).

Auch in diesem Beispiel speist sich das fortdauernde Interesse an der Nachfrage nach käuflichem Sex deutlich aus der erotischen Anziehungskraft, die Herr Frank den sexuellen Fertigkeiten der Sexarbeiterinnen im Allgemeinen und im Speziellen zumisst (»wie die mir einen geblasen haben hatte ich vorher noch nicht erlebt, muss ich ganz klar sagen«). Interessant ist, dass Herr Frank die Erklärung dieses Phänomens nicht aus mystifizierenden Feldzuschreibungen ableitet, sondern den Sachverhalt empirisch vom Ergebnis seiner sexuellen Begeisterung und Zufriedenheit her betrachtet. Die Sexarbeiterin wird in diesem Fall symbolisch nicht überhöht als ›Hure‹,›besondere Frau‹, ›finales Sexsymbol‹ oder ›unersättliche Nymphomanin‹ klassifiziert und inkorporiert, sondern streng materialistisch, nahezu ›arbeitssoziologisch‹ argumentierend betrachtet. Die erotisch-technische Differenz zu privaten bzw. ›soliden‹ Frauen wird klar aus der Feldzugehörigkeit, den damit verbundenen Existenzbedingungen und der hierin erlernten und verstetigten sozialen Praxis der Sexarbeiterinnen erklärt (»wo soll denn eine normale Frau die her kriegen«). Sexarbeit wird in diesem Sinne als eine zu erlernende Arbeit und Tätigkeit im eigentlichen Sinne gesehen (»Erfahrung«; »technische Fähigkeiten«; »von berufswegen«). Sie wird aufgefasst als Spezialisierung und Professionalisierung, in der die Sexarbeiterin gegen Geld eine maßgeschneiderte sexuelle Inszenierung vollführt. Dabei orientiert sie sich nicht wie in privaten sexuellen Interaktionen an ihren eigenen persönlichen sexuellen Vorlieben, Grenzen, Begehrlichkeiten und ästhetischen Präferenzen, sondern konzentriert sich ausschließlich auf die Bedürfnismuster ihrer jeweiligen Kunden. Die Folgepraxis vom Herrn Frank ist von dieser Strukturlogik und diesem Erfahrungshorizont wesentlich mitmotiviert.

Als letzte Ebene faszinationsbesetzter motivationaler Aspekte der Folgepraxis seien exotistische Phantasien und Zuschreibungen in Bezug auf Sexarbeiterinnen genannt. Exemplarisch hierzu die Ausführungen von Herr Weitenbach:

> W: ich persönlich fahre mehr auf Osteuropäerinnen ab weil jetzt nicht REIN wegen dem SEXUELLEN sondern eher wen-wegen deren ihren Mentalität so weil die mir näher liegt (1) und weil ich sie auch hübscher finde weil ich LATINAS habe ich irgendwie nicht Sinn nicht den Sinn-Sinn dafür ich meine also im im BETT sind sie ALLE gut aber ähm ich hab doch trotzdem großes Faible für Osteuropäerinnen weil die irgendwie anders sind und mir eben persönlich mehr zusagen (Herr Weitenbach 113-119).

Herr Weitenbach fühlt sich sowohl sexuell, körperlich als auch geistig stark von osteuropäischen Sexarbeiterinnen angezogen. Hier ist es angebracht von Exotismus zu sprechen, der erotisch-phantastischen Aufladung zugeschriebener ethnischer bzw. nationaler Zugehörigkeiten, Charaktereigenschaften, Wesensmerkmale oder körperlicher Repräsentationen (vgl. Akashe-Böhme 1992, Lautmann 2002, 165-169). Die Diskussion rassistischer bzw. post-kolonialer Praxen, Zuschreibungen, Bebilderungen und Klassifikationen heterosexueller Freier in Bezug auf migrantische Sexarbeiterinnen wäre eine eigene Untersuchung wert. In dieser Arbeit kann diese Diskussion nicht vertiefend fortgeführt werden, deshalb sei an dieser Stelle lediglich eine sehr verkürzte und daher vorsichtig formulierte These in die Debatte eingebracht. Die geschilderte Affinität von Herrn Weitenbach bezüglich osteuropäischer Frauen kann m.E. nicht nur als rassistische Zuschreibung und vorurteilsbeladene Projektion verstanden werden. Vielmehr gilt es, die beschriebene ›nationalstaatliche‹ Differenz auch als lebensweltlich-materiale Gewissheit ernstzunehmen und in die Analyse mit einzubeziehen. Kann die Abgrenzung zu lateinamerikanischen Frauen noch als rein exotische Differenz erklärt werden, gilt es die Gesamtpräferenz der Wahl der Sexarbeiterin auch materialistisch zu erden und feldspezifisch herzuleiten. Im Prinzip drückt sich m.E. hierin erneut der beschriebene Paradigmenwechsel der Arbeitsstrukturen im Prostitutionsfeld aus. Deutsche Sexarbeiterinnen werden in diesem Rahmen oft als ›abzockend‹, kalt, abgebrüht, geschäftstüchtig und zu professionell charakterisiert.[5] Zu vermuten ist, dass die vermutlich sehr jungen Frauen aus Osteuropa unabhängig davon, ob sie ›gezwungen‹ oder freiwillig der Prostitution nachgehen, zu Beginn ihres Feldeintritts wenig professionelle Distanz zu ihrer Tätigkeit besitzen. Sie engagieren sich am Anfang ihrer Tätigkeit im Feld daher äquivalent zu ihrer privater Sexualität als vertrautem Praxishintergrund oder werden aufgrund ihrer entrechteten machtlosen Situation dazu gezwungen, ihre Grenzen den Wünschen der Freier bis zum Äußersten zu öffnen und zu überschreiten. Diese Tatsache wird von Freiern sehr begrüßt und geschätzt. In sexuellem und sozialen Sinne wird es als angenehm empfunden, je umfassender auf ihre Bedürfnisse eingegangen wird. Im Vergleich zu Deutschen oder präziser zu professionellen Frauen, mit oder ohne Migrationshintergrund erhalten sie so einen erweiterten Zugriff auf die Subjektivität von Sexarbeiterinnen, welches einen immensen Zugewinn an Macht- und Profitmöglichkeiten bedeutet.

Für den Gesamtverlauf der Folgepraxis lässt ein Überblick über das gesamte Datenmaterial den weiteren Schluss zu, dass die Mehrheit der Freier einen vergleichsweise kontrollierten, individuell differenzierten Prozess im sozialen Raum durchläuft, bevor sich ihre Praxis relativ konstant innerhalb eines Prostitutionsbereichs einpendelt, der ihnen individuell am meisten zusagt und den sie ökonomisch, sozial, ästhetisch und moralisch bewältigen können.

Eine alternierende Option umfasst allerdings eine destruktive ›Abwärtsspirale‹, bei der die Neugierde und die sexuelle Bedürfnisstruktur der Männer unkontrolliert und grenzenlos mit der sexuellen und ökonomischen Logik des omnipotenten Prostitutionsfeldes ›verschmilzt‹. Diese entgrenzende Dynamik der Folgepraxis ist sehr stark mit einem Suchtmuster zu vergleichen. Da sie von fast allen Probanden in dieser Studie thematisiert wird und für die Etablierung einer kontinuierlichen Nachfragepraxis von hoher Bedeutsamkeit ist, wird dieser Aspekt im Folgenden eingehend betrachtet.

SEXUELLE UND SOZIALE ›SUCHT‹-DYNAMIK

Das hier zu deutetende Phänomen, welches empirisch vermutlich häufig vorzufinden sein dürfte, insbesondere in Kombination mit problemorientierten Motivmustern, kann sozusagen am äußersten Rand der prostitutiven Interessensbesetzung lokalisiert werden. Wenn die bislang ausgeführten Motivdimensionen als ›kontrolliertes‹ Interesse bzw. ›kontrollierte‹ Offenheit und Entdeckungslust dem Prostitutionsfeld gegenüber beschrieben werden können, definiert sich die Kategorie der sexuellen und sozialen ›Sucht‹-

5 Belegen lässt sich die Existenz dieses Diskursmusters beispielsweise durch Aussagen von Probanden dieser Studie oder durch einen Blick in beliebige Internet-Freierforen.

Dynamik wesentlich durch ihre subjektiv empfundene ›Unkontrollierbarkeit‹. In dieser Studie wird bewusst darauf verzichtet, in diesem Zusammenhang unkritisch und inflatorisch mit einem ›Suchtbegriff‹ zu operieren. Denn hiermit ist m.E. immer auch ein normierender und pathologisierender Macht-Diskurs verbunden. Dieser ist im Zusammenhang mit Sexualität und sexuellen Praktiken als höchst ambivalent zu betrachten, da er von einem herrschenden Standpunkt aus Ein- und Ausschlüsse produziert – z.B. die Einteilung in ›gesund‹-›krank‹ – und dadurch zum Ausgangspunkt für vielfältige administrative und repressive Machttechnologien (Medizin, Recht, Sozialbehörden, Pädagogik etc.) wird. Dennoch kann auf einzelne Elemente des Suchtbegriffs, in dem süchtiges Verhalten beschrieben wird (Wiederholungszwang, Dosissteigerung, physische oder psychische Abhängigkeit und Entzugserscheinungen) zurückgegriffen werden, um den Verbleib im Prostitutionsfeld zu erklären.[6] Um die Ambivalenz dieses Sachverhalts und die begriffliche ›Klemme‹ dieses Dilemmas auch auf der darstellenden Ebene zu verdeutlichen, wird der Begriff ›Sucht‹ nur in Anführungszeichen verwendet.

Insgesamt wird hier die These aufgestellt, dass der Nachfrage nach käuflichem Sex generell ein hohes ›Sucht‹-Potenzial innewohnt, welches sich aus der spezifischen Dynamik zwischen Habitus (entgrenzte sexuelle Bedürfnisproduktion) und der entgrenzenden Strukturlogik des Prostitutionsfeldes (unmittelbare und garantierte Bedürfnisbefriedigung, exorbitante sexuelle Angebotsmuster) speist. Aus der Sicht der Angebotsseite verspricht ein ›süchtig-unkontrolliertes‹ Nachfrageverhalten zudem hohe und auf Dauer gesicherte Gewinne und Feldprofite, es sei denn, es kommt zu einer krisengebeutelten Dekompensation der Nachfrage auf sozialer, psychischer oder finanzieller Ebene. Wie sich diese ›Sucht‹-Dynamik zwischen Feld und Habitus im Einzelnen darstellt, wie die kontinuierliche Prostitutionsnachfrage hiervon berührt wird und welche Folgen für die handelnden Subjekte z.B. in Bezug auf ihre private Sexualität hieraus erwachsen, wird im folgenden Abschnitt empirisch beleuchtet.

Definition

Sehr eindeutig bezeichnen Herr Bund und Herr Herz ihre Prostitutionsnachfrage als ›Sucht‹-Phänomen:

B: ist so ne Sucht geb ich zu (1) ja doch_doch das ist ne Sucht [...] wenn ich mal überleg was ich so ich bin jetzt 37 äh ersten Mal war ich glaube ich 21 was ich da ein Geld durchgehauen (Herr Bund 126-137).

---

6 Zur Definition des (stoffbezogenen) Suchtbegriffs der Medizin als diskursiver ›Leitwissenschaft‹ vgl. ICD-10-GM-Version 2010 F10-F19. Zur kritischen Diskussion des Suchtbegriffs vgl. Wulff (1997).

Auffallend ist in diesem und auch vielen anderen Beispielen, dass die Probanden die Nachfrage nach käuflichem Sex als süchtiges Verhalten klassifizieren und sich selbst darin als ›Süchtige‹ verorten und problematisieren. Sehr häufig wird dabei auch auf die belastende Dimension exorbitanter finanzieller Ausgaben und Verluste Bezug genommen. Auch generelle Sinnmuster, Handlungsdynamiken und emotionale Krisenmuster, mit denen Suchtverhalten im Allgemeinen konnotiert ist, werden selbstreflexiv benannt. Das Beispiel von Herrn Herz zeigt dies deutlich:

> H: du merkst schon beim Vokabular »PASSIERT« ich will eigentlich weg davon aber es ist eigentlich gar nicht so einfach weil ich eine wirklich sehr promiske Karriere da in diesem Bereich gelebt hab und man muss sich erst einmal daran gewöhnen da wieder runter zu kommen von diesem ganzen (schnell gesprochen) »ficken ficken ficken« man denkt nun wirklich nur noch an »ficken ficken ficken« »wen fick ich heute Abend« und dann geht es wieder ins Bahnhofsviertel und dann wird eine rausgesucht und dann »pltt« »gebumst« und am nächsten Tag wieder und am nächsten Tag wieder (Herr Herz 276-298).

Sehr plastisch spiegelt sich in diesem Beispiel auch auf sprachlich-dramaturgischer Ebene die immense Energie der ›Sucht‹-Dynamik sowie das Getriebensein der hierin verfangenen Subjekte wieder (»man denkt nun wirklich nur noch an ›ficken ficken ficken‹ ›wen fick ich heute Abend‹«). In der reflektierenden Rückschau der Interviewsituation ist sich Herr Herz der konflikthafte Struktur seiner entgrenzten und ihn entgrenzenden Prostitutionsnachfrage an diesem Zeitpunkt seiner Freier-Karriere deutlich bewusst (»ich will eigentlich weg davon«). Trotz absichtsvoller Bekundung, auf Prostitutionsbesuche verzichten zu wollen, sieht er sich der Anziehungskraft des Prostitutionsfeldes auf der konkreten Handlungsebene willenlos und unkontrollierbar ausgeliefert. Die kontinuierliche Nachfrage nach käuflichem Sex wird so zu einer zwanghaften gedanklichen und emotionalen Fixierung. Sie basiert auf körperlichen Reaktions- und Begehrensmustern, die von einem starken Wiederholungszwang sowie unbefriedigbarer und maßloser sexueller Appetenz bestimmt sind. Aus der Sicht der Habitustheorie, die zu Suchtmustern nicht wirklich viel beizutragen hat, könnte man sagen, dass ein Übermaß an illusio in ein einziges Feld investiert wird zu Ungunsten der sozialen Praxis in anderen Feldern. Der praktische Sinn als Dimension des Habitus, der sozial sinnvolle und zielgerichtete Praktiken hervorbringt bzw. die Subjekte mit praktischem ›Alltagsverstand‹ ausrüstet, ist in diesem Fall auf der Ebene der Denk-, Wahrnehmungs-, und Handlungsschemata sowohl kognitiv, emotional als auch leiblich auf einen singulären gesellschaftlichen Teilbereich fixiert und in der darin vorherrschenden Feldpraxis verfangen. Gewissermaßen kann hier von einer ›totalitären Herrschaft‹ bzw. ›maßlosen Expansion‹ eines habituellen Subsystems über den Gesamthabitus und entsprechender Praxisformen gesprochen werden.

Auswirkungen

In diesem Abschnitt ist die Analyse auf die sozialen, emotionalen und sexuellen Auswirkungen ›süchtigen‹ Nachfrageverhaltens fokussiert. Im Kern können hieraus aber auch Strukturmuster abgeleitet werden, die auf die allgemeine Prostitutionsnachfrage zutreffen, d.h. sie betreffen tendenziell auch Freier, die ihre Prostitutionspraxis lebensweltlich integriert und im Griff haben. Beginnen wird die Betrachtung von Konsequenzen und Auswirkungen einer entgrenzten Prostitutionsnachfrage unter dem Gesichtspunkt der ›Entzugsproblematik‹, wie Herr Fischer ausführt:

F: also WENN ICH DAS GELD NICHT MEHR HÄTTE das ist ja das ist ja dasselbe in grün es WÄR EIN PROBLEM also es wäre sicherlich phasenweise einfach wirklich ein ähm (1) wär ich schon so auf TURKEY also einfach wäre ein_wäre ein äh äh wäre schon so'n ENTZUGSPROBLEM (Herr Fischer 545-547)

Ganz bewusst wählt Herr Fischer den alltagskulturell eindeutig konnotierten Begriff »auf Turkey«-sein, um die Dynamik zwischen subjektiv empfundener ›Sucht‹ nach Prostitutionssex und potenziellem Entzug bei Nichtbefriedigung zu beschreiben. Hiermit wird im Allgemeinen ein systemisch quälender Zustand verbunden, der gedanklich und emotional darauf fixiert ist, diesen Zustand durch Inkorporation der gewünschten Substanz bzw. der gewünschten Verhaltensweise zu beheben. Verbunden ist hiermit zumeist auch eine sinkende Hemmschwelle ethisch-moralischer Prinzipien, um das begehrte Objekt zu erhalten. Dieser soziale Prozess wird oftmals mit einem intensiven Aufwand betrieben – nicht zuletzt finanziell ruinös, wie Herr Thanert ausführt (»es gibt auch Leute die äh verpuffen sich um Haus und Hof ja das ist ganz einfach dass wenn's ne Sucht ist äh und es kostet eben viel Geld«, Herr Thanert 310-327). Verstärkt wird dieser ökonomische Druck dadurch, dass Prostitutionsbesuche relativ kostspielig sind, auf einer nach oben offenen Skala. Dennoch muss diese Aussage vorsichtig interpretiert werden. Viel wahrscheinlicher dürfte es sein, dass eine suchtgeleitete Prostitutionsnachfrage die Freier finanziell nicht vollständig ruiniert, sondern zu problematischen finanziellen Verknappungen in anderen Konsum- und Lebensbereichen führt. Eine quantitative Aufbereitung dieser These wäre wünschenswert.

Viel bedeutender sind die potenziellen Auswirkungen einer entgrenzten Nachfrage nach käuflichem Sex in Bezug auf das private Sexualverhalten. Bemerkenswerte Beispiele hierfür liefern Herr Bund, Herr Weitenbach und Herr Korbel:

B: (2) (...) ja das man natürlich irgendwann so VERRUCHTEN SEX als normal ansieht und ja ich merk auch beim häuslichen Sex dass da es weniger geworden ist (...) das war halt manchmal dass ich zu Hause kein REIZ ((vorgefunden)) habe man kann sich ((sozusagen)) den entsprechenden Fetisch egal worauf man steht lässt man nichts wenn man zu Prostituierten geht auch übers Internet da findet man so viele Sachen (1) und das leidet da irgendwo ((schon dann noch)) (Herr Bund 138-143).

Herr Bund beschreibt eindrücklich zwei Phänomene als evidente Auswirkungen seiner langjährigen entgrenzten Prostitutionsnachfrage: sinkendes sexuelles Interesse an seiner Partnerin und die wahrnehmungsbezogene Verschiebung seiner sexuellen Normalität (»irgendwann so verruchten Sex als normal ansieht und ja ich merk auch beim häuslichen Sex dass da es weniger geworden ist«). Herr Bund setzt seine Partnerin als Einzelindividuum – mit einer logisch begrenzten Summe sexueller und lusterweckender Attraktivitätsmerkmale – in Konkurrenz zur omnipotenten Reizflut, die ihm die Sexindustrie zur Verfügung stellt. Mit verstetigter Prostitutionspraxis entfremdet er sich sexuell zunehmend von seiner Partnerin, da sie den Kreislauf aus ›perverser‹ Begierde (Fetisch), lustvoller Grenzerweiterung, Bedürfnisexpansion (›Dosissteigerung‹) und grenzenloser Bedürfnisbefriedigung nicht bedienen kann (»zu Hause kein Reiz vorgefunden habe«). Sein Erregungspotenzial in Bezug auf seine Partnerin, ist proportional entsprechend gesunken (»das leidet da irgendwo schon da doch«). In logischer Konsequenz ist seine Partnerschaft von struktureller sexueller Lustlosigkeit betroffen. Erschwerend kommt in diesem Fall hinzu, dass Herr Bund auf einen speziellen Fetisch fixiert ist, den er ohnehin mit seiner Partnerin nicht teilen kann. Auf habitueller Ebene hat die langjährige Feldpraxis in diesem Sinne bei Herrn Bund zu einer Veränderung der Denk-, Wahrnehmungs- und Handlungsapparate geführt und seinen Begriff von (sexueller) Normalität massiv verschoben. Mit Normalität im sexuelle Sinne ist gemeint, dass es zu einer körperlichen und sexualpraktischen Verschiebung dessen gekommen ist, was Lust, Begierde und Erregung bei ihm hervorruft und Befriedigung verschafft. Die soziale Realität seiner Partnerin ist hiervon weit entfernt, da sie auf der Praxisebene mit ihm ausschließlich in einem ›präprostitutiven‹ habituellen Modus interagiert.

Neben dem sinkenden Erregungspotenzial in privaten Sexualkontakten sowie der Verschiebung von Erregungsgrenzen ist auch eine generelle Verschiebung von Grenzen und eine sinkende Frustrationstoleranz in Bezug auf die sexuelle Interaktion mit einem begrenzten Gegenüber in nichtprostitutiven Kontexten festzustellen. Die Beispiele von Herrn Weitenbach und Herrn Korbel liefern Belege für diese Feststellung:

W: es hängt natürlich auch wahrscheinlich vielleicht damit zusammen wie ZUFRIEDEN man mit der Freundin im Bett ist wenn man da alles hat was man braucht dann kann es sein dass man da nicht mehr geht aber wenn zum Beispiel so Sachen (.) ich hab auch mal vor vor Jahren eine Freundin gehabt die nicht blasen wollte da natürlich na da dauerts nicht allzu lange bis man wieder [geht, U.G.] (Herr Weitenbach 268-289).

Oder Herr Korbel:

K: DAS IST EIN PROBLEM wo ich eigentlich aus meiner Erfahrung sag wenn man einmal die Tür aufgemacht hat und hat erlebt oder gesehen was man da erleben kann und wie viel Spass das auch machen kann da kriegst du die Tür nicht mehr zu das heißt es lässt net los ne das heisst ich gestehe mir selber zu ich könnts vielleicht ein halbes Jahr SCHAFFEN das hab ich jetzt auch grad live mit nem Freund erlebt der äh private Frau kennengelernt hat ne Ärztin und mit der er ne feste Beziehung angefangen hat die ziehen jetzt auch zusammen der hat's auch dann gesagt AB DEM TAG war er in keinem Club mehr jetzt ist aber ein halbes Jahr hat er's geschafft (lacht) dann war die Neugier doch wieder größer ne (Herr Korbel 321-332).

Auf die kompensatorische Dimension der kontinuierlichen Prostitutionsnachfrage in den dargestellten Interviewbeispielen muss an dieser Stelle nicht näher eingegangen werden. Wichtiger ist in diesem Zusammenhang ihre Indikatorfunktion für die gesellschaftliche Organisation von Sexualität innerhalb heterosexueller Paarbeziehungen, die sich hieraus ableiten lässt. Auf der Wahrnehmungs- und Handlungsebene können psychosexuelle Grenzen und subjektiv empfundene Unzulänglichkeiten der Partnerin – und sei es auch nur ihre Singularität – nur noch schwer akzeptiert werden (»ein halbes Jahr hat er's geschafft (lacht) dann war die Neugier doch wieder größer«). Eine Sexualpartnerin mit eigenen Wünschen, eigenem Tempo, Vorlieben, Grenzen und ›nur‹ einem Körper kann in diesem Rahmen tendenziell als langweilig, lästig oder als störend empfunden werden. Die Frustrationstoleranz und die Bereitschaft, sexuelle Skripte gemeinsam und konsensual auszuhandeln sowie sexuelle und körperliche Begrenzungen zu akzeptieren, sinkt deutlich (»eine Freundin gehabt die nicht blasen wollte da natürlich na da dauerts nicht allzu lange bis man wieder geht«). Die eigenen sexuellen, emotionalen und sozialen Bedürfnisse werden in diesem Kosmos zum zentralen Fixpunkt des Handlungsrahmens. Ihre Befriedung ist unabänderlich und duldet keinen zeitlichen Aufschub. Die Prostitution ist in diesem Sinne sowohl ein bequemer als auch notwendiger Ausweg aus diesem Dilemma. Die Freier sehen sich dieser ›Sucht‹-Dynamik – teils entgegen ihrem Willen – machtlos ausgeliefert (»da kriegst du die Tür nicht mehr zu das heißt es lässt net los ne das heisst ich gestehe mir selber zu ich könnts vielleicht ein halbes Jahr schaffen«). Das habituell implementierte Paradigma der Unmittelbarkeit und Unbedingtheit sexueller Bedürfnisbefriedigung wird damit zu einer explosiven Motivquelle einer immer ausgedehnteren und unkontrollierbareren prostitutiven Nachfrage. Der soziale Kosmos der Prostitution und die sozial konstruierte (sexuelle) Logik dieser Realität, in der immer alles zu jeder Zeit möglich ist und in der die Sexualität – in Abgrenzung zum Feld privater Sexualität – eine von den Wünschen und Bedürfnissen des konkreten Gegenüber strukturell abgekoppelte Dimension beschreibt, wird Schritt für Schritt zur habituellen Normalität transformiert und bestimmt zunehmend das Denken, Fühlen und Handeln der Freier (»wenn man einmal die Tür aufgemacht hat und hat erlebt oder gesehen was man da erleben kann und wie viel Spass das auch machen kann«). Die Beziehung zur konventionellen (sexuellen) Realität außerhalb des Feldes kann dabei Schritt für Schritt verloren gehen und ist von einem eklatanten Interesse-Verlust begleitet. Hierin zeigt sich aber auch ein allgemeines gesellschaftliches Problem monogamer Beziehungskonzepte. Sie sind strukturell überfrachtet mit Ansprüchen und Anforderungen, die die Subjekte mit ihrem appellativen und normativen Erwartungskorsett permanent zu überfordern drohen. Monogame Paarbeziehungen sind in ihrer ideologischen Reinform auf ein ganzes Leben angelegt und sollen dabei sämtlichen Bedürfnissen des Paares umfassend gerecht werden. Eine Person alleine soll Liebe, Soziales, ideologische Standpunkte, Normatives, Moralisches, Freizeitgestaltung und nicht zuletzt sexuelle Zufriedenheit organisch in sich vereinen und den Partner bzw. die Partnerin ein Leben lang glücklich machen. Das gelingt oftmals nicht und zu einer enormen Belastung für die Beziehungsgestaltung werden. Die Prostitution kann in diesem Sinne sowohl als Ausbruchs- als auch Stabilisierungsstrategie aus dieser unrealistischen und ideologisch überfrachteten Organisationsstruktur des Sexuellen und des herrschenden patriarchalen Geschlechterverhältnisses angesehen werden. Transzendierend wirkt sie, da sie auf sexueller Ebene eine soziale Utopie der Entkopplung von sexueller Lust und den sozialen Anforderungen romantischer Liebe sowie die entnormierende und entpathologisierende Wunscherfüllung und Maximierung individueller Lüste und Begierden in einem polyamorösen Rahmen anstrebt. Ihre orthodoxe und in diesem Sinne sexistische Strategie erfährt sie in ihrer gesamtgesellschaftlichen Kontextualisierung jenseits der sexuellen Ebene. Denn auf gesellschaftlicher Ebene kann mit der männlichen Nachfrage nach käuflicher Lust kein emanzipatorischer Fortschritt im Sinne einer polymorph-perversen Sexualutopie verbunden werden. Die sexistische Doppelmoral, die den prostitutiven sexuellen Ausbruch und das polyamoröse Vergnügen lebensweltlich fast nur Männern zugesteht, ist ein Begrenzungsfaktor – die kapitalistische Herrschaftslogik, die den Prostitutionskontakt strukturell hervorbringt und rahmt, ein zweiter. Denn die hiermit elementar verbundene Dimension der Ausbeutung und Entfremdung bilden einen logischen Ausschlussgrund einer fortschrittlichen Einordnung des Ganzen.

Als letzten Aspekt der ›Sucht‹-Dynamik im Sinne einer zwanghaften und unkontrollierbaren fortdauernden Prostitutionsnachfrage sei auf destruktive Strukturmuster selbst- und fremdverletzender Verhaltensweisen hingewiesen, die bei vielen stofflichen oder nicht-stofflich gebundenen ›Süchten‹ am ›Ende der Spirale‹ stehen. Herr Herz schildert dies aus seiner persönlichen als auch aus seiner kenntnisreichen Position als Forumteilnehmer eindrücklich:

H: man könnte es vielleicht als Abstumpfungsprozess bezeichnen sicherlich stumpft man eigentlich auch mit der Zeit ab man wird EIGENTLICH (.) ganz widerlich (lacht) irgendwie [...] auch mit den ähm mit den Huren zu denen man geht am Anfang sind es die HÜBSCHEN NETTEN BUDEN am Ende sind es die ABGEFUCKTEN es gibt einem irgendwie (3) einen Kick wahrscheinlich ist es sogar der Reiz der Gefahr oder so [...] es WIDERT AN und dadurch ZIEHT'S auch wieder an irgendwie [...] es geht sehr vielen so auch viel im Forum (klopft auf den Tisch) am Ende der Karriere steht immer das Ficken ohne Gummi und das haben wir in erhöhtem Maße die Dosierung wird immer mehr erhöht das ist ganz schlimm ja es gibt immer wieder typische Diskussionen über AO (›Alles ohne‹ Geschlechtsverkehr ohne Kondom, U.G.) im Forum es gibt dann auch einige Leute die dann mich angeschrieben haben einen Besonderen an den denke ich jetzt gerade der hat auch gesagt »er (1) (aufgeregt sprechend) er denkt ständig an das AO Ficken ständig an das AO« es sind sehr viele Leute und der ist äh auch ein ganz integriertes Mitglied unserer Gesellschaft auch in ziemlich hoher Position intellektueller Typ ein anderer der ist Manager in einem großen Konzern Familie zwei Kinder und ist jetzt auch GEIL darauf geworden und hat jetzt eine im Laufhaus ohne Gummi gefickt ne ((obwohl er ne Frau hat)) und ein anderer der ist Professor in X-Stadt und äh auch durch das Forum FALLEN die HEMMUNGEN (Herr Herz 425-444).

Herr Herz beschreibt in dieser Interviewpassage sehr plastisch die entgrenzende Dynamik, die am Ende einer langen und intensiven sozialen Karriere im Feld als Freier die soziale Nachfragepraxis bestimmen kann (»den Huren zu denen man geht am Anfang sind es die hübschen netten Buden am Ende sind es die abgefuckten«). Die zentralen Begriffe, die Herr Herz aus der Metaperspektive zur Beschreibung dieses Endpunktes einer langjährigen Freier-Karriere zitiert, sind »Abstumpfung«, »widerlich« und »Hemmungen«, die fallen. Da viele sexuelle Reize durch die intensive Felderfahrung ihre erotische Energie bereits verspielt haben, müssen demzufolge immer krassere Inszenierungen gewählt und realisiert werden, um Lust, Begehren und erotisches Interesse in den Köpfen und Körpern der Freier zu mobilisieren. Die Prostitutionsnachfrage wird in diesem fortgeschrittenem Stadium zu einem sexuellen Begehren, welches seine erotische Energie und zentrale Anziehungskraft für die handelnden Subjekte aus einem Konglomerat aus ästethischer und sozialer Normverletzung bezieht, die auf der grenzverschiebendenden Differenz lustvoll besetzter Scham- und Ekelgefühlen basiert (»ist es sogar der Reiz der Gefahr oder so [...] es widert an und dadurch zieht's auch wieder an irgendwie«). Die finale Phantasie bzw. die finale Grenze, die es orgiastisch-ekstatisch zu überwinden gilt, bildet der für das Prostitutionsfeld kategorial ausgeschlossene vaginale Geschlechtsverkehr ohne Kondom ab. Das »AO Ficken« stellt sich auf symbolischer Ebene für die Freier als letztes sexuelles Tabu, als wirkliche Feldgrenze dar, welches es zu erobern und zu brechen gilt (»am Ende der Karriere steht immer das Ficken ohne Gummi und das haben wir in erhöhtem Maße die Dosierung wird immer mehr erhöht das ist ganz schlimm«). Der Einsatz, der in diesem Spiel eingebracht werden muss, um einen »Kick« zu verspüren, ist das eigene Leben. Denn ein Scheitern kann sowohl den biologischen als auch den sozialen Tod – innerhalb familiärer Zusammenhänge – nach sich ziehen

(»Reiz der Gefahr«). Interessant ist, dass Herr Herz Personen aus gehobenen elitären Klassenpositionen innerhalb des sozialen Raums als empirische Belege für seine Sicht der Welt heranzieht. Die These, die er damit verbindet, kann wie folgt übersetzt werden: Weder sehr hoher gesellschaftlicher Status und überdurchschnittlicher Kapitalbesitz, sei es ökonomisches, kulturelles oder soziales Kapital, noch tiefverankerte moralische Standards, die durch das Zitat der Familie (Zuneigung, Fürsorge, Schutz, Schadensabwendung etc.) symbolisiert werden und auch den Freiern als gültige und gewollte Norm- und Wertvorstellungen unterstellt werden, können unter gewissen Umständen die hemmungslose Fixierung und die destruktive Macht der Prostitutionsnachfrage aufhalten.

6. (Geschlechts-)Habituelle Strukturen

Bislang ist der Weg ins Feld und der Verbleib in diesem detailliert empirisch beschrieben und rekonstruiert worden, ebenso wie die grundlegende Logik und elementare Feldstrukturen. Dieses Kapitel versteht sich als Präzisierung einer spezifischen Ebene der Feld-Habitus-Dynamik, mit der die Analyse zugleich abgeschlossen als auch auf eine abstraktere theoretische Ebene gehoben wird. Im Konkreten geht es um die (empirische) Bestimmung dauerhaft wirksamer Dispositionen, die die Bedingung der Möglichkeit darstellen, dass der Prozess der Prostitutionsnachfrage initiiert und vollzogen werden kann. Im Gesamtkontext der Arbeit ist dieses Kapitel komplementär zum Kapitel 4 ›Feldstrukturen‹ zu verstehen sowie als habitustheoretische Rahmung der in Kapitel 5 und 6 herausgearbeiteten Motive der initialen und fortdauernden Nachfragepraxis. Damit wird unmittelbar an eine Kernüberlegung der Feld-Habitus-Theorie angeschlossen und diese operationalisiert. Es wird davon ausgegangen, dass die an die jeweiligen Feldstrukturen angepassten und abgestimmten Dispositionen als verleiblichte Geschichte im gesellschaftlichen Raum als ganzem, insbesondere jedoch in der direkten (Lern-)Praxis in spezifischen sozialen Feldern herausgebildet werden, um im Ergebnis als strukturierte und strukturierende habituelle Struktur die soziale Praxis der Subjekte sinnhaft zu generieren und ordnend zu klassifizieren. Sie sind in ihrer praktischen Logik Ausdruck der verinnerlichten Struktur der spezifischen geschlechtlichen oder klassenförmigen Existenz- und Lebensbedingungen, die zu ihrer Produktion und Prägung beigetragen haben. Im Fall der männlichen Prostitutionsnachfrage wird die Produktion der Dispositionsmuster im Wesentlichen durch das Feld der Ökonomie sowie das der Sexualität bestimmt. Diese sind auf einer gesamtgesellschaftlichen Ebene eingewoben in die Strukturen der kapitalistisch verfassten Klassengesellschaft sowie den geschlechtsspezifischen und geschlechtshierarchischen Strukturen des bipolaren Geschlechterverhältnisses. Die Dispositionen, welche im Kontext der männlichen Prostitutionsnachfrage von Relevanz sind und im Folgenden ausgebreitet werden, können hier allerdings nur benannt und in ihrer empirischen Wirkmächtigkeit aufgezeigt werden. Valide Aussagen über deren quantitative Verteilung bzw. die unterschiedliche inhaltliche Gewichtung der jeweiligen Dispositionen im Kontext der Nachfrage nach käuflichem Sex können nicht oder nur begrenzt getroffen werden. Die wissenschaftliche Bearbeitung dieser Fragen, insbesondere die Rekonstruktion der Genese dieser habituellen Muster, generiert aus biografischen Interviews, stellt m.E. eine wichtige Forschungsperspektive für weiterführende Untersuchungen dar.

Die These, die sich aus den genannten Vorüberlegungen für dieses Kapitel ergibt, kann wie folgt formuliert werden: Damit die Freier in das soziale Feld der Prostitution ›hineinwachsen‹, d.h. ein initiales Interesse und konkrete Einstiegsmotive ausbilden und entwickeln sowie das Feld kontinuierlich mit Interesse motivational besetzen können, müssen sich klassen- und geschlechtsspezifische habituelle Dispositionsmuster bestimmen lassen, die ihre Praxis auf körperlicher, kognitiver, ästhetischer und moralischer Ebene strukturieren und hervorbringen. Konkret geht es im Folgenden also darum, all diejenigen positivierenden und aktivierenden Dispositionen zu bestimmen, die die Bedingung der Möglichkeit darstellen, dass heterosexuelle Männer die Nachfrage nach käuflichem Sex hervorbringen (Motive), bewerkstelligen (soziale Praxis) und aktiv in ihre Lebenswelt integrieren (Ethik und Ästhetik) können. Die Dispositionen und ihre untergliederten Dispositionsmuster, die für die Genese der Prostitutionsnachfrage von zentraler Bedeutung sind, sind in diesem Prozess als habituelles Netzwerk zu begreifen, die sich wechselseitig ergänzen, sich aufeinander beziehen und vor allen Dingen den prekären Handlungsfluss zu Beginn des Feldeintritts stabilisieren. Zum besseren Verständnis, was mit der abstrakten Kategorie der Disposition im Konkreten gemeint ist und um die Gültigkeit dieses Konzepts zu überprüfen, kann im Folgenden in jedem der angeführten Beispiele – gedankenexperimentell – eine ex-negativo-Argumentation durchgeführt werden. Das heißt, wird die Existenz der dargestellten Dispositionen bzw. untergliederter Dispositionsmuster hypothetisch ausgeschlossen, lässt sich mit relativ großer Wahrscheinlichkeit daraus den Schluss ziehen, dass die Prostitutionsnachfrage empfindlich geschwächt, das Bedürfnis nach käuflicher Lust nicht vorhanden wäre und als (kompensatorische) Handlungsstrategie nicht generiert bzw. aus ästhetischen, weltanschaulichen oder emotionalen Gründen nicht vollzogen werden könnte. Viele dieser habituellen Dispositionen sind im Laufe der Untersuchung bereits benannt und zitiert worden. In diesem Kapitel sollen aus dem empirischen Material heraus weitere entwickelt werden. Insgesamt werden folgende feldbezogenen Dispositionen und ihre gesellschaftlichen Produktionsbedingungen dargestellt und diskutiert:

- Tausch-Disposition (Klassenhabitus)
- Sexualitäts-Disposition (Geschlechtshabitus)
- Pragmatisch-funktionale Disposition (Geschlechtshabitus)
- Dominanz-Disposition (Geschlechtshabitus).

TAUSCH-DISPOSITION

Die Tausch-Disposition ist als eine der grundlegenden habituellen Dispositionen in kapitalistisch verfassten Gesellschaften zu bezeichnen. Sie wird sozialisatorisch im ›Feld der Felder‹, dem Feld der Ökonomie produziert und umfasst die habituelle Generierung und Beurteilung von Praxis, angepasst an die grundlegenden Strukturmuster und Logiken des Ökonomiefeldes (Ware, Geld, Tausch, Markt, Lohnarbeit, Eigentumsordnung bzw. Kapitalverhältnis, Profitstreben, Arbeitsteilung, Wachstumslogik etc). Die banale wie wichtige These, die auf einer fundamentalen Subjektebene für die männliche Nachfrage nach käuflichem Sex daraus erwächst, kann wie folgt formuliert werden: Analog zur elementaren Strukturlogik des Ökonomiefeldes ›Ware gegen Geld‹ ist die Tausch-Disposition als eine zentrale Bedingung der Möglichkeit zu kennzeichnen, die es den Freiern – kognitiv, leiblich und emotional – ermöglicht, einen Prostitutionskontrakt (›Sex gegen Geld‹) überhaupt abschließen zu können. Die im Laufe einer Sozialisation gebildeten habituellen Dispositionsmuster statten die Individuen dabei nicht nur mit sozialen Sinn generierendem ökonomischen Alltagsverstand, feldspezifischem Praxiswissen und interaktiven Fähigkeiten für eine vernünftige und strategisch erfolgreiche soziale Praxis aus. Grundlegend wird hiermit auch eine fundamentale soziale, moralische und politische Legitimität in Bezug auf das Sein im Feld transportiert und verankert. Effekt dieser habituellen Strukturierung ist es, dass kapitalistische Warenkreisläufe, alltägliche Tauschakte und insbesondere der Verkauf und die Aneignung der Ware Arbeitskraft für die Mehrheit der Gesellschaft relativ widerspruchsfreie soziale Prozesse darstellen. Lebensweltlich übersetzt bedeutet dies: Tausch bzw. Kauf wird von der überwiegenden Mehrheit der sozialen Akteure als eine fundamental legitimierte soziale Praxis definiert. Der zugrunde liegende freie Vertragsabschluss zwischen den Tauschpartner_innen ist geregelt und für beide Seiten bindend. Er besitzt zudem eine moralisch legitimierende Urteilskraft und setzt sich normalisierend ab von dissonant erlebten (vertragslosen) Gewalt- und Machtbeziehungen, wie z.B. Diebstahl, Raub, Sklaverei etc. Das Geld als zentrales Kommunikationsmittel des Ökonomiefeldes wird dabei als Garant der überpersonalen Distanz zwischen den Tauschpartner_innen reziprok akzeptiert und weist zudem auf die raum-zeitliche Regulierung und Begrenzung der sozialen Beziehungen hin (Waren haben einen Preis, die Ware Arbeitskraft wird für einen bestimmten Zeitraum erworben und der Verkäufer der Ware Arbeitskraft ist verpflichtet, für den erhaltenen Lohn eine spezifische (Arbeits-)Leistung im vereinbarten Zeitraum zu entrichten). In Bezug auf den Forschungsfokus dieser Arbeit, der Frage, wie und warum Männer eine Prostitutionsnachfrage entwickeln und praktisch umsetzen können, nimmt die Tausch-Disposition eine zentrale Stellung ein. Auch in Bezug auf die Deutung gesellschaftlicher Anklagen nach moralischen und sexualpolitischen Selbstkonzepten von Prostitutionskunden (»Wie können die nur?«) gehen von dieser habituellen Struktur entscheidende Erklärungsimpulse aus. Anhand der Beispiele von Herrn Stahl und Herrn Konrad wird dies im Folgenden illustriert. Auf die Frage nach dem Gefühl im Moment des Bezahlens antwortet beispielsweise Herr Stahl:

> S: am Anfang war es halt schon irgendwie KOMISCH ähm aber wie gesagt ähm jetzt so im nach mehreren Jahren wo man so was macht ist das im Grunde genommen ja wie gesagt es ist wieder ein blöder Vergleich aber als ob ob du halt irgendwie in Supermarkt gehst und das klingt jetzt blöde dir dir irgendwelche äh äh Genussmittel kaufst (Herr Stahl 113-128).

Herr Konrad verweist auf die Frage hin, ob der Gedanke, dass ihm ein Körper gegen Geld temporär zur ›Verfügung‹ gestellt wird, bei ihm ambivalente Gefühle auslöst, selbst auf das Vertragsverhältnis:

> K: (3) BEVOR ich das gemacht habe hatte ich ein komisches Gefühl der Vorstellung gegenüber aber als ich's dann gemerkt habe habe ich gemerkt dass ähm das ein (1) Vertragsverhältnis ist ne Dienstleistung (2) ja (Herr Konrad 236-239).

In beiden Zitaten wird deutlich, dass der initiale Akt, einen anderen Menschen für Sexualität und erotische Intimität zu bezahlen, auf innere Widerstände und Dissonanzen stößt. Für beide Freier stellt sich die Tatsache, Sexualität in einem normalen Tauschakt käuflich zu erwerben und sie somit als allgemeingültige Ware zu behandeln, als eine außergewöhnliche und ambivalente Erfahrung dar (»am Anfang war es halt schon irgendwie komisch«). Hierin manifestieren sich die bereits angesprochenen Strukturmuster und (diskursiven) Kämpfe des allgemeinen Sexualitätsfeldes in Bezug auf die grundsätzliche sexualpolitische und moralische Delegitimierung der ökonomischen Vermessung und Zurichtung des Sexuellen. Sexualität, Intimität und zwischenmenschliche Beziehungen sollen in diesem ›diskursiven Kosmos‹ als normative Setzung nicht zur Ware transformiert und innerhalb kapitalistischer Entfremdungsprozesse veräußert werden. Fast alle Männer – so mein Eindruck – fühlen sich deshalb zu Beginn unwohl oder irritiert über diese Tatsache (»bevor ich das gemacht habe hatte ich ein komisches Gefühl der Vorstellung gegenüber«). Wenn der Feldeintritt erfolgreich vollzogen wurde, kann die systemische habituelle Anpassung an allgemeine kapitalistische Tauschakte (Tausch-Disposition), die in den handelnden Subjekten tief verwurzelt ist, die praktische Hoheit übernehmen und die soziale Praxis normalisierend in beruhigende und eingeschliffene Bahnen lenken. Die eingefahrenen sozialen Loipen, die den Freiern aus unzähliger Alltagspraxis im Gesamtfeld der Ökonomie bekannt sind, bestimmen fortan die grundlegende Richtung und den Verlauf der sozialen Praxis im Prostitutionsfeld (»als ob ob du halt irgendwie in Supermarkt gehst und das klingt jetzt blöde dir dir irgendwelche äh äh Genussmittel kaufst«). Die tief eingefahrenen Spuren dieser Loipen, auf denen sich die Subjekte habituell bewegen, sind in erster Linie auf eine zentrale Funktion zugespitzt: die sinnhafte Generierung von

Normalität und der legitimatorischen Macht, die hiermit transportiert wird. Die Ambivalenz der Anfangsphase wird in diesem Sinne Stück für Stück dadurch abgemildert und abgetragen, dass die ökonomischen Feldkräfte sich mit habituell verankerten Gewissheiten und Deutungsmustern kurzschließen, welche wiederum legitimatorische Energien und körperlich eingeschliffene Handlungsroutinen (praktisches Wissen) mobilisieren. Hierzu zählen beispielsweise Sinn und Orientierung stiftende Elemente des Alltagswissens von der großen ›Erzählung‹ kapitalistischer Gesellschaften, dass Tauschen (kaufen und bezahlen) grundlegend ›okay‹ ist, dass hiermit ein normaler, legitimer sowie moralisch unbedenklicher sozialer Austauschvorgang beschrieben wird (praktischer Glaube) und dass mit dem Ritual des Bezahlens ein logisches (Natur-)Recht verbunden ist, hierfür eine garantierteGegen leistung verlangen zu können. Dies bebildert der Verweis auf die soziale Sphäre des Supermarkts als legitimer und moralisch nicht verwerflicher sozialer Ort alltäglicher kollektiver Praxis oder der abstrahierende Bezug auf das gesamtgesellschaftlich relevante und ›gültige‹ Klassifikationsmuster ›Dienstleistung‹ (»habe ich gemerkt dass ähm das ein Vertragsverhältnis ist ne Dienstleistung«). Mit dieser Definition der Sexarbeit als Dienstleistung, die sich viele Freier auch in dieser Studie zu einer generellen Grundhaltung gemacht haben, wird die Sexarbeit grundlegend als Arbeit betrachtet, wie Herr Frank und Herr Konrad plastisch ausführen:

F: wenn man mal begreifen würde dass es grundsätzlich eine Dienstleistung ist die sich auch nach Angebot und Nachfrage richtet wie jede andere Dienstleistung die hier in Deutschland oder sonstwo angeboten wird (Herr Frank 1325-1327).

Ergänzend Herr Konrad:

F: ich hab gemerkt dass es ein Geschäft ist für viele Frauen [...] dass es für die ein Job ist der ähm hart ist (Herr Konrad 88-90).

Aus dieser ökonomistischen Deutung der sozialen Welt resultieren wiederum eingeschliffene Denk-, Wahrnehmungs- und Klassifikationsmuster, die dem Verhaltensspielraum relativ stabile und gesellschaftlich anerkannte Grenzen setzen. Diese Rahmen und Grenzen im Kontext der Tausch-Dispositions-These beziehen sich dabei auf mehrere Sinn stiftende Gewissheiten und Folgelogiken beispielsweise auf die Gewissheit, (1.) beim Erwerb von käuflichem Sex die Sexarbeiterin nicht in ihrer menschlichen Totalität als Ware zu verdinglichen, sondern (2.) eine raum-zeitlich begrenzte Arbeitsleistung (Dienstleistung) zu erwerben, auf deren Einhaltung sie einerseits als Käufer ein gesellschaftliche legitimiertes und garantiertes Anrecht besitzen, welches sich andererseits aber nur auf ein spezifisches Segment der Gesamtsubjektivität der Sexarbeiterin bezieht, nämlich auf eine klar umgrenzte Verausgabung von (sexueller) Arbeitskraft. Dies impliziert im Folgeschritt die Anerkennung durch die Käufer, dass (3.) die soziale, körperliche und psychische Integrität der Sexarbeiterin sowohl vor, während als auch nach Geschäftsabschluss gewahrt und respektiert bleibt – analog zu allen anderen Interaktionen und Transaktionen im sozialen Feld der Ökonomie. Als letzten Punkt (4.) ist damit aber auch eine Tendenz zur generellen Verdrängung der herrschaftsvermittelten Produktions- und Entstehungsbedingungen von Gütern und Dienstleistungen verbunden. Damit verknüpft ist die These, dass innerhalb der Konsumtionssphäre bzw. im alltäglichen Konsum von Waren und Dienstleistungen kaum darüber reflektiert wird, in welchen strukturellen und manifesten Herrschafts-, Macht- und Ausbeutungsverhältnissen von Mensch und Natur die konsumierten Produkte hergestellt werden. Dieser durch die Tausch-Disposition habituell vermittelte aktive Verdrängungs-, Missachtungs- oder Filterungsprozess, im Sinne einer verhaltensmäßig konsequenzlosen (!) Wahrnehmung und Thematisierung sozialer, ökologischer, politischer oder moralischer Missstände im Produktionsrahmen kann m.E. als eine zentrale Manifestation struktureller Gewalt kapitalistischer Vergesellschaftung bezeichnet werden. Die Antwort auf vielfach gestellte Fragen und politische Interventionen, warum beispielsweise die Männer in der Lage sind, ›so etwas‹ zu tun, warum sie die Zwangslage und das Elend vieler Frauen nicht wahrnehmen und wo ihr ›moralisches Rückgrat‹ bleibt, liegt meiner Ansicht nach wesentlich in dieser Feld-Habitus-Dynamik begründet.

Im Folgenden werden die genannten vier Folgeaspekte, die aus der habituell implementierten Dienstleistungs-Argumentation erwachsen, anhand ausgewählter empirischer Beispiele rekonstruiert.

Negation des Warenverhältnisses

Herr Korbel führt zur Gefahr Sexarbeiterinnen als Ware zu degradieren, Folgendes aus:

> K: ich werd auch NIE im Leben ne FRAU AB-WERTIG betrachten weil sie Geld nimmt dafür das ist für mich kein kein Minusgrund oder Abwertungsgrund oder wie auch immer ne ich versuch IMMER auch in der Prostituierte EBEN die FRAU zu sehen UND NET das Stück Fleisch das ich benutz und kauf ne (2) will ja auch net die FRAU bezahlen eigentlich eigentlich bezahlen tu ich mehr oder weniger die DIENSTLEISTUNG was die Frau dann dafür GIBT und eventuell weitergeht privater oder persönlicher wird das ist wieder was anderes aber ich will Lebtag nie DIE FRAU AN SICH kaufen das funktioniert eh net (Herr Korbel 1117-1127).

Sehr deutlich wird in diesem Beispiel, wie Herr Korbel sein Handeln und die klassifizierende Deutung der Prostitutionsnachfrage in einen erweiterten ökonomischen Kosmos rückt. Er weist damit sowohl der Angebots- wie der Nachfrageseite einen legitimen und praktikablen gesellschaftlichen Ort zu. Die Angebotsseite sieht er dementsprechend nicht als ehrlose ›schmutzbeladene‹ Tätigkeit an (»ich werd auch nie im Leben ne Frau abwertig betrachten weil sie Geld nimmt dafür«), sondern gewährt ihr die grundlegende gesellschaftliche Achtung und Anerkennung, die auch anderen Dienstleistungsberufen zugesprochen wird («bezahlen tu ich mehr oder weniger die Dienstleistung«). Damit spricht er die männliche Nachfrage nach käuflicher Sexualität vom Verdacht frei, in der Sexarbeit mehr von den Dienstleisterinnen zu erwerben und de facto zu erhalten als in vergleichbaren anderen kapitalistischen Lohnarbeitskontexten und Tauschverhältnissen (»die Frau an sich kaufen das funktioniert eh net«). Zuweilen wird diese Sichtweise gesellschaftlich kontextualisiert durch den Verweis des eigenen bzw. allgemeinen Zwangs zur Lohnarbeit, wie Herr Stahl ausführt:

St: aber wie gesagt es ist ich arbeite auch körperlich ok wenn wenn ichs ganz genau nehmen will verkaufe ich meinen Körper auch meine meine Körperkraft in dem Sinne ah im Grunde genommen prostituiert sich doch eigentlich jeder der für Geld arbeiten geht (Herr Stahl 375-381).

Auch hier besteht ein Diskurs, der das Ganze legitimiert und akzeptiert. Verwiesen wird auf die (habituelle) Verinnerlichung eines hegemonialen Strukturmusters des Ökonomiefeldes innerhalb kapitalistisch verfasster Gesellschaften, der Normalität der Bereitschaft ›und‹ der Akzeptanz des Zwangs zur Lohnarbeit.

Raum-zeitliche Begrenzungen und Garantien ökonomischer Transaktionen

Die Freier sind sich der raum-zeitlichen Begrenzung des Konsums der erworbenen Dienstleistung sowie ihres Anrechts auf eine garantierte Gegenleistung nach erfolgter Bezahlung gewiss. Dies kommt etwa in den folgenden Passagen von Herrn Andrews und Herrn Questel zum Ausdruck:

A: there are some guys »yes OKAY I AM PAYING YOU I CAN DO YOU ANYTHING I WANT« (Herr Andrews 256).

Ergänzend Herr Questel:

Q: Na ja alles kann man auch nicht machen man muss sich ja vorher einig sein und absprechen gut wenn der Preis stimmt und die Person ja sagt warum nicht (Herr Questel 78-81).

Diese beiden Aussagen markieren die Grenzen habitueller Gewissheiten in Bezug auf das Verfügungsrecht gegenüber dem Körper und den Tätigkeiten einer Sexarbeiterin. Während Herr Andrews darauf verweist, dass der Zahlakt das Eintrittstor für einen maximal freierzentrierten, wenig begrenzten Zugriff auf die Sexualität und die Tätigkeitsspanne der Sexarbeiterin darstellt (»okay I am paying you I can do you anything I want«), verweist Herr

Questel auf die Begrenzung und strikte Limitierung dieses Zugriffsrechts hin, in Abgleich mit den verträglich vereinbarten und vorab ausgehandelten Bedingungen (»Na ja alles kann man auch nicht machen man muss sich ja vorher einig sein und absprechen«). Auf einer lebensweltlichen Ebene kann daraus geschlossen werden, dass sich die konkreten Interaktionen zwischen Freiern und Sexarbeiterinnen innerhalb dieser Bahnen und Ausgestaltungen bewegen dürften. Die offensichtliche Unschärfe in dieser Frage dürfte sich aus dem Umstand ergeben, dass das hybride Prostitutionsfeld nicht in äquivalenter Manier gesellschaftlich reguliert ist wie das postfordistische Ökomiefeld insgesamt. Auf der Ebene habitueller Dispositionen ist jedoch in beiden Beispielen der organische Bezug auf die grundlegende ökonomische Logik entscheidend, dass für eine Arbeitsleistung bezahlt werden muss und dass sich hieraus ein garantiertes Recht auf eine Gegenleistung ableitet.

Doppelt freie Arbeit und Begrenzungen der Praxis

Der Akt des Bezahlens schließt des Weiteren für beide Vertragsparteien die wechselseitige soziale und moralische Verantwortung in der Regel aus. Die prostitutive Intiminteraktion kann – habituell abgesichert – dadurch reibungslos eingegangen werden, es sei denn der Vertrags- bzw. Geschäftsabschluss weist offensichtliche Irregularien oder Irritationen auf. Herr Bund liefert hierfür ein interessantes Beispiel:

> B: es ist ja doch für die Frauen ne Überwindung das zu machen aber der Großteil (...) hat sich ja dafür entschieden das zu machen ich würde nicht zu welchen gehen denen ich schon sehe dass die misshandelt werden oder auch auch was ich Forum lese dass da Frauen geschlagen werden oder ja verbrannte Arme haben dass könnte ich ne nicht ich hab auch schon genug von den Mädels die ich da so besucht habe in der STADT GESEHEN also die sind nicht EINGESPERRT oder völlig ((schlapp gemacht)) (Herr Bund 62).

Herr Bund erkennt an, dass die Sexarbeit eine anstrengende bzw. unangenehme Lohnarbeit bzw. Geschäftstätigkeit sein kann (»es ist ja doch für die Frauen ne Überwindung das zu machen«). Dennoch trifft er eine entscheidende Differenzierung, die sich auf der einen Seite habituell auf die Differenz zwischen einem geregelten Beschäftigungsverhältnis bzw. Geschäftsabschluss im strukturell ›befriedeten‹ Feld der Ökonomie beziehen (»hat sich ja dafür entschieden das zu machen«) und andererseits Manifestationen ökonomischer und sexueller Gewalt betreffen, die diesen Rahmen unzweideutig ›sprengen‹. Es wird deutlich, dass es für Herrn Bund im Rahmen seiner Subjektivitätsstruktur nicht möglich ist, ein Zusammentreffen mit einer Sexarbeiterin einzugehen, die unter offensichtlicher Gewaltanwendung zu dieser Tätigkeit gezwungen wird (»ich würde nicht zu welchen gehen denen ich schon sehe dass die misshandelt werden oder auch auch was ich Forum lese dass da Frauen geschlagen werden oder ja verbrannte Arme haben das könnte ich ne nicht«). Um gemäß der grundlegenden Strukturmuster der Tausch-Disposition, wie sie unter Lebens- und Existenzbedingungen in postfordistisch-kapitalistischen Gesellschaften gebildet werden, eine ökonomische Interaktion bzw. Transaktion einzugehen, scheint die Annahme Voraussetzung zu sein, dass sich der doppelt freie Arbeiter bzw. die doppelt freie Arbeiterin im Vollbesitz seiner/ihrer unveräußerlichen bürgerlichen Freiheitsrechte befindet.[1] Die Mehrheit der Freier, so die hieraus folgende These, ist deshalb auf Grund ihrer habituellen Präfigurierung weder daran interessiert noch systemisch dazu in der Lage (leiblich, emotional, ethisch), mit offensichtlich (!) sexuell versklavten Frauen einen Prostitutionskont(r)akt eingehen zu wollen und zu können. Ein solches Vorgehen widerstrebt, wie gezeigt, der Logik der Tausch-Disposition auf elementarster Ebene und kann daher nicht oder nur mit großen Bruchstellen in soziale Praxis übersetzt werden. Einerseits sind Freier, rein habituell, als kapitalistisch sozialisierte Subjekte unter aktuellen gesellschaftlichen Bedingungen also sehr wohl an befriedeten, regulierten und gesellschaftlich legitimierten Tauschakten interessiert, die sie mit legal arbeitenden Frauen in einem geordneten sowie von Zwang und Gewalt befreiten Feld eingehen können. Andererseits sind sie (geschlechtshabituell) aber auch in der Lage, eine patriarchale Aufkündigung und gewaltförmige Transformation des vertraglich fixierten Handlungsrahmens vorzunehmen, worauf empirisch bereits hinlänglich eingegangen worden ist. Diese destruktiven sozialen Muster männlicher Dominanz und Gewalt werden weiter unter in diesem Kapitel nochmals auf der Ebene geschlechtshabitueller Dispositionen aufgegriffen und diskutiert.

Herrschaft und Verdrängung

Zum Schluss wird in diesem Abschnitt noch auf einen Aspekt struktureller kapitalistischer Herrschaftsabsicherung eingegangen, der auch im Rahmen der Feld-Habitus-Dynamik der Prostitutionsnachfrage von Relevanz ist. Es handelt sich hierbei um die Verdrängung bzw. verleugnende Filterung der strukturellen und manifesten Gewalt kapitalistischer Verwertungslogik in Gestalt von Entfremdung, sozialer Ungleichheit, Ausbeutung und Naturzerstörung sowie brutaler, menschenverachtender Arbeits- und Produktionsbe-

1 Die Bestimmung von Normalität bspw. in Bezug auf Arbeitnehmer_innen-Rechte muss allerdings immer als politische Setzung innerhalb einer spezifischen historisch-gesellschaftlichen Formation begriffen werden. Das heißt das Verständnis des Normalen ist sowohl auf institutioneller, juristischer als auch alltagsweltlicher Ebene immer auch als umkämpfte und in diesem Sinne prekäre Kategorie zu verstehen, da sie dem Kräftespiel sozialer Hegemonie- bzw. Abwehrkämpfe ausgesetzt ist.

dingungen. Das Beispiel von Herrn Frank zeigt, was in Bezug auf das Prostitutionsfeld hiermit gemeint ist:

F: diese_diese kriminellen AUSWÜCHSE die ich für teilweise wirklich schlimm halte ne ich meine da hängt Menschenhandel mit zusammen und ähm zu sehr darf man über so was gar nicht nachdenken wenn man in den Club geht aäh ähm ich denke das ist eine Aufgabe so was in den Griff zu kriegen [...]
I: hm und wenn du jetzt hier her kommst blendest du dann so die kritischen Gedanken aus für dich
F: kriegst du hier ja nicht mit ja also die die Fassade die hier aufgebaut wird hier (lacht) natürlich so wenn du genau hinguckst kriegst du's mit ja ne ja hm in dem Augenblick wo ich hier bin ja dann blende ich das schon aus beziehungsweise hier in dem Club oder in so nem Club wie dem hier kriegst du mit Sicherheit nichts von mit wie in anderen Betrieben (Herr Frank 1352-1363).

Obwohl es Herrn Frank bewusst ist bzw. er intuitiv davon ausgeht, dass die Prostitutionsnachfrage nach seinen eigenen Maßstäben moralische und juristische Ambivalenzen aufweist (»wenn du genau hinguckst kriegst du's mit ja ne«; »kriminellen Auswüchse die ich für teilweise wirklich schlimm halte«; »Menschenhandel«), ist er dennoch dazu in der Lage, seine Prostitutionswünsche im Feld aktiv umzusetzen. Überspitzt formuliert werden die kritischen Momente bzw. ethischen, politischen und sozialen Implikationen des eigenen Handelns bewusst ausgeblendet bzw. verdrängt. Auf einer gesellschaftlichen Ebene werden damit die Produktionsbedingungen im Feld unsichtbar gemacht bzw. ›verschleiert‹. Hierzu gehören beispielsweise Fragen, wie die Frauen zu dieser Tätigkeit gekommen sind, wie sich ihre Arbeitsbedingungen darstellen, insbesondere welchen Zwängen, Nöten und Belastungen sie in ihrer Arbeit und insgesamt als Subjekte ausgesetzt sind und welches Bild sich daraus in Bezug auf ihre soziale, ökonomische, juristische, gesundheitliche und emotionale Gesamtsituation ergibt. Auch Herr Peter geht sehr direkt auf diesen Sachverhalt ein:

P: ich genieß die Zeit ähh aber ich mach mir keine Gedanken jetzt groß drüber wie die Frau da REINGERATEN IST äh ob sie GLÜCKLICH ist wo sie HERKOMMT wie sie das VERKRAFTET [...] dazu bin ich vielleicht zu egoistisch (lacht) (Herr Peter 127-129).

Die Tausch-Disposition produziert in diesem Rahmen allerdings nicht nur ein simplifzierendes Vergessen oder reines Verdrängen der Realität. Es geht nicht darum, dass die Freier keinerlei Reflexionen über Gewalt, Macht, Unterdrückung sowie den psychischen und sozialen Belastungen, denen Sexarbeiterinnen ausgesetzt sein können, anstellen. Wichtig ist, dass die Männer trotz potenzieller Reflexionsprozesse und Überlegungen in diese Richtung in der Lage sind, die Prostitutionsnachfrage durchzuführen. Die Fähigkeit zur Verdrängung des ›so-geworden-Seins‹ gesellschaftlicher Tatsachen und

Strukturen und ihre praktische Implementierung als habituelles Filtersystem ist m.E. als elementarer Bestandteil kapitalistischer Herrschaft zu bezeichnen. Auf der Ebene habitueller Praxis, generiert von dauerhaft stabilen und strukturierten Dispositionen, kann hiermit eine bedeutsame Produktionsbedingung symbolischer Gewalt sowie der Etablierung und Aufrechterhaltung von Macht- und Ausbeutungsverhältnissen benannt werden, die nicht auf die Ausübung unmittelbaren Zwangs und manifester Gewalt angewiesen ist. Ein allgemeines lebensweltliches Resultat dieser Struktur ist es beispielsweise, dass nur sehr selten die Aneignung von Waren oder Dienstleistungen unterbunden wird, wenn etwa Informationen bezüglich (furchtbarer) Produktionsbedingungen in der global operierenden Kleidungs-, Nahrungsmittel- oder Elektronikindustrie vorliegen.[2] Auch die schlechte soziale, ökonomische oder gesundheitliche Situation von prekär beschäftigten (migrantischen) Putz- und Pflegekräften, Hausangestellten, Kassierer_innen, Hilfskräften in Industrie und Landwirtschaft (z.B. als saisonale Erntearbeiter_innen) beeinflusst nur selten die Aneignung der Produkte dieser Arbeiter_innen durch die Konsument_innen.[3] Die habituelle Grundlage dieses Verhaltens ist wie gesehen in Denk-, Wahrnehmungs- und Handlungsmustern zu suchen, die in langjähriger Feldpraxis internalisiert worden sind und ihre ›soziale Magie‹ als legitimatorischen praktischen Glauben an die Gültigkeit und harmlose Normalität tauschförmiger Austauschprozesse entfalten: Wird also das Verfahren des Bezahlens gewahrt, werden die kapitalistisch sozialisierten Akteur_innen im Effekt damit von moralischen und metatheoretischen Reflexionsprozessen befreit und entlastet. Im Falle der Sexarbeit und der männlichen Nachfrage nach dem Produkt ›käuflicher Lust‹ verhält es sich sinngemäß. Auch die Freier sind tendenziell nur gering an der sozialen Lage der Frauen interessiert und auf Grund der beschriebenen habituellen Präfigurierung in der Regel relativ widerspruchsfrei dazu in der Lage, die angebotene Dienstleistung zu konsumieren, wie Herr Peter treffend verdeutlicht:

> P: viele äh Frauen werden weltweit unterdrückt ne und ausgebeutet net und ob ich sage ((elendig Scheiße)) das ändert sich (lacht) ändert sich nicht also das ist halt in der Tat Schicksal ja und äh ja klar wenn natürlich alle so denken (lacht) dann ist das was anderes aber ich bin da halt zu egoistisch ja ich mach mir da keine weiteren Gedanken ich genieß das einfach (Herr Peter 378-382).

Die Tatsache, dass im Kontext der wissenschaftlichen und alltagskulturellen Debatte um die männliche Prostitutionsnachfrage Sexualität ›im Spiel‹ ist, scheint gesamtgesellschaftlich größere Aufmerksamkeit und sittliches Em-

---

2 Vgl. Kevin (2000); Wagenhofer (2006); Shelley (2007); Ngai/Wanwei (2008); Peled (2009).

3 Vgl. Anderson (2006); Helma et al. (2008); NoLagerBremen/Europäisches BürgerInnenforum (2008).

pörungspotenzial zu erregen als in Bezug auf andere (offensichtliche) gewaltförmige kapitalistische Produktions- und Konsumtionsfelder. Polemisch gewendet, kann die Frage gestellt werden, ob Freier im Vergleich zu anderen Konsument_innen und Profiteur_innen der globalen kapitalistischen Ausbeutungsmaschinerie nur aufgrund dieser sexuellen Dimension als ›schäbiger‹, ›unmoralischer‹ und ›grausamer‹ klassifiziert werden als andere Menschen, die trotz bekannter Wirkmechanismen zwischen industrieller Fleischproduktion und weltweitem Hunger weiterhin Fleisch konsumieren, Flugreisen unternehmen trotz des CO_2-Super-GAUs dieser Fortbewegungsart, Spielzeug aus z.B. chinesischer Produktion verschenken, obwohl dort mitunter auch Kinder zur Arbeit gezwungen werden, oder unverzagt auf den Kanaren Urlaub machen, obwohl dort häufig tote Flüchtlinge stranden?

Im folgenden Abschnitt wird nun die geschlechtshabituell produzierte Sexualitäts-Disposition vorgestellt, die neben der Tausch-Disposition wesentlich an der Genese und praktischen Etablierung der Prostitutionsnachfrage beteiligt ist.

SEXUALITÄTS-DISPOSITION

Mit dem Begriff der Sexualitäts-Disposition ist die sozialisatorisch angeeignete habituelle Anpassung an die Totalität des Sexualitätsfeldes gemeint. Die Herausbildung einer Sexualitäts-Disposition als habituelle Prägung und leibliche Implementierung von strukturierten und strukturierenden Denk-, Wahrnehmungs- und Handlungsmustern umfasst dabei sämtliche Dimensionen des erotisch-sexuellen Kosmos' in spezifisch historisch-gesellschaftlicher Prägung. Im Konkreten können hierunter, wie bereits im Kapitel 4 ›Die Prostitution als Teilfeld des Sexualitätsfeldes‹ ausgeführt wurde, folgende Aspekte gezählt werden: Beziehungsmuster, Begehrensstrukturen und Erregungspotenziale, die sexuelle Praxis, sexuelle Normen und Regulationsweisen, die sexualisierte Leiblichkeit, sexuelle Orte und Räume sowie symbolische Ordnungssysteme und soziale Distinktionsmechanismen. Im standardisierten sexualbiografischen Ablauf ist die habituelle Ausrichtung dieser Disposition in erster Linie auf das Feld privater Sexualität zugeschnitten. Im Anschluss an Maihofer (1995) wird in dieser Arbeit, wie bereits ausgeführt, ein sozialkonstruktivistischer Ansatz vertreten, so dass dieser Prozess unter gegebenen gesellschaftlichen Bedingungen als geschlechtsspezifischer Entwicklungs- und sozialer Konstruktionsprozess verstanden wird. Hieraus folgt, dass beispielsweise Unterschiede in der (alltags-)theoretischen Konzeption von männlicher und weiblicher Sexualität bzw. in Bezug auf geschlechtsspezifisch klassifizierte und agierende sexuelle Körper, Begehrensformationen und konkrete sexuelle Praxis einerseits als Ausdruck historisch gewachsener symbolischer Ordnungssysteme jenseits natürlicher Kausalität und biologischer Substanz verstanden werden. Andererseits ergibt sich aus Sicht der sozialen Akteure im ›Endergebnis‹ dieses Konstruktionsprozesses, dass sie ihr vergeschlechtlichtes sexuelles Selbst und ihre vergeschlechtlichten Körper als eine von sozialen Bildungsprozessen enthobene und unabweislich natürlich erlebte wirkmächtige materiale Existenz erfahren. In diesem Sinne gilt es für die folgenden Ausführungen dem vermeintlichen Eindruck vorzubeugen, dass hiermit quasi durch die empirische ›Hintertür‹ eine essentialistische Re-Naturalisierung und Ontologisierung männlicher und weiblicher Sexualität errichtet werden soll. Dennoch ist es aus empirischer Sicht unabwendbar, nachweisbare sexuelle Subjektivitätsmuster und Selbstkonzepte von Freiern zu benennen und zu rekonstruieren, die unter gegebenen bürgerlich-patriarchalen Bedingungen als männ-lich klassifiziert werden können. In diesem Kontext wird gezeigt, dass sich (sexuelle) Dispositionsmuster nachweisen lassen, die eine starke geschlechtsspezifische Strukturierung aufweisen. Sie werden als Resultat unterschiedlicher symbolischer und materieller Existenz- und Lebensbedingungen begriffen, die klassenübergreifend den gesamtgesellschaftlichen sozialen Raum bestimmen, denen Jungen und Mädchen in ihrer Sozialisation ausgesetzt sind. Oder um es konkreter zu fassen: die männliche und weibliche sexuelle Sozialisation verläuft jenseits der Klassengrenzen geschlechtsspezifisch immer noch sehr unterschiedlich, sowohl auf der Makroebene, kulturell-symbolisch als auch interpersonal und ist als elementarer Bestandteil der männlichen sexuellen Herrschaft zu kennzeichnen. Die habituelle Etablierung einer männlich definierten Sexualität und Sexualmoral ist somit einerseits als soziales Konstrukt zu begreifen, welches jedoch sozial, körperlich, kognitiv, ethisch und ästhetisch so handlungsmächtig ist, dass es für die sozialen Akteure zu einer verinnerlichten, leiblich manifesten zweiten Natur geworden ist. Die Wirkmächtigkeit der Sexualitäts-Disposition ist in dieser Studie empirisch bereits hinlänglich verdeutlicht worden. Für den Eintrittnin das Feld der Prostitution als Teilfeld des Sexualitätsfeldes sowie der Etablierung einer dauerhaften Nachfrage nach käuflicher Sexualität sind vor allen Dingen vier untergliederte Dispositionsmuster von zentraler Bedeutung. Diese können im kulturell-symbolischen Rahmen der binären heterosexuellen Geschlechter-Matrix tendenziell als ›männlich‹ markiert werden. Auch in diesem Kontext wäre m.E. wünschenswert eine quantitativ-empirische Bestimmung und Untersuchung der strukturellen Verteilung, Zusammensetzung und Gewichtung dieser Dispositionsmuster vorzunehmen. Im Konkreten umfassen die prostitutionsrelevanten Sexualitäts-Dispositionsmuster als generative Handlungsstruktur die leibliche, emotionale und kognitive Wahrnehmung von Sexualität als:

- triebdynamisch konzipierte, psychisch und leiblich drängende, omnipräsente Energie,
- ästhetisches, emotionales und (sexual-)praktisches Unterscheidungsvermögen von ›reinem‹ Sex und (romantischer) Liebe,

- spezifisch männliche sexuelle Selbst- und Identitätskonzepte (sexuelles Kapital, sexualbiografische Ablaufmuster, Verknüpfung von Sexualität und männlicher Identität),
- geschlechtsspezifische symbolische Zuschreibungen (männliche sexuelle Institutionen, symbolische Spaltung des weiblichen Geschlechterraums etc.),
- geschlechtsspezifische sexuelle Moralkonzepte und sexuelle Ästhetiken.

In Bezug auf die Prostitutionsnachfrage bilden diese Dispositionsmuster eine weitere Voraussetzung bzw. Bedingung der Möglichkeit, käuflichen Sex zu wünschen bzw. als unweigerliche Notwendigkeit zu betrachten. Gleichzeitig produzieren diese Dispositionsmuster analog zur Wirkungsweise der Tausch-Disposition auf einer ethischen und ästhetischen Wahrnehmungs-Handlungsebene Legitimation und Normalität. Lebensweltlich übersetzt werden kann dieser Tatbestand in Diskurs- und Legitimationsmuster wie etwa: »Männer sind so«, »Männer brauchen das«, »Prostitution steht ihnen zu«, »Männer können das«; »es ist eine moralisch zweifelhafte, aber naturell bedingt verständliche sexuelle Praxis für Männer« etc. Diese Dispositionsmuster schaffen sozusagen die emotionale, soziale, moralische, ästhetische und auch körperliche Voraussetzung dafür, konkrete Bedürfnisse und Motive nach Prostitutionssex entstehen und praktisch werden zu lassen. Auf die soziale und symbolische Dimension der Sexualitäts-Disposition ist in dieser Studie bereits hinlänglich empirisch und begrifflich eingegangen worden. In diesem Kapitel wird der Untersuchungsschwerpunkt v.a. auf die leibliche und ästhetische Dimension sexueller Dispositionsmuster gerichtet, die für die Genese der Prostitutionsnachfrage von zentraler Bedeutung ist. Beginnen wird die empirische Analyse mit der basalen Formierung des sexuellen Körpers und des Begehrens in Gestalt eines ›triebdynamischen‹ Dispositionsmusters.

Körper: Triebdynamik– ›ich brauche es‹

Die Beispiele von Herrn Herz, Herrn Konrad und in der Folge auch von Herrn Peter zeigen idealtypisch die zentralen Strukturmuster dieser Habitusdimension auf:

> H: weil ich mein Sexualität ist ja nach dem Lebenserhaltungstrieb der zweitstärkste Trieb und Sexualität MUSS auch ausgelebt werden wir sehen ja was das in meinen Augen zu kranken Auswüchsen führt im Bereich des Zölibats in der katholischen Kirche (Herr Herz 236-238).

Oder Herr Konrad:

Sexualität ist für mich einfach wichtig und ohne das werde ich KRANK also also mit_mit einmal im Monat da ähm da werde ich nur krank von das geht bei mir nicht (1) ja und dann äh (1) ähm habe ich so die ersten Versuche gemacht (Herr Konrad 25-30).

Deutlich wird, dass beide Probanden ein naturalisiertes biologisch-triebdynamisches Konzept als Grundlage allgemein menschlicher bzw. ihrer persönlichen Sexualität heranziehen. Dieser (Alltags-)Diskurs zur Erklärung (männlichen) sexuellen Verhaltens und sexuellen Begehrens kann seit dem 19. Jahrhundert als dominierend betrachtet werden, wie auch in Kapitel 3 ›Feldstrukturen‹ ausgeführt wird. Wichtig und ungewöhnlich daran ist aber nicht die alltagstheoretische Rezeption dieser Diskursfigur durch die Probanden, sondern ihre leibliche und psychische Repräsentanz als permanent anwesende, spürbare und enorm wirkmächtige (Antriebs-)Energie im Innenraum bzw. in den sexuellen Selbstkonzepten der befragten Männer (»Sexualität ist ja nach dem Lebenserhaltungstrieb der zweitstärkste Trieb und Sexualität muss auch ausgelebt werden«). Hieraus kann gefolgert werden, dass die subjektive Bedeutung, die Sex, Lust und Begehren in ihrem Leben, ihrem Alltag, in ihren Gedanken und Gefühlen spielen, ein beachtliches, penetrant-quälendes Potenzial aufweist. Insbesondere die Krankheitsverweise von Herrn Konrad verweisen deutlich auf die außerhalb der Person liegende Dringlichkeit und kulturelle Unbeherrschbarkeit der biologisch begründeten Naturgewalt, mit denen sexuelle Energiepotenziale gedeutet und klassifiziert werden (»ohne das werde ich krank«; »zu kranken Auswüchsen führt«). Die triebdynamische Strukturdimension der Sexualitäts-Disposition impliziert für die sozialen Akteure, dass die praktische Beschäftigung mit sexueller Lust, Begehren, der Sehnsucht nach sexueller Entspannung und Erlösung, sprich der generellen und intensiven Beschäftigung mit Sexualität einen hohen Stellenwert innerhalb ihres Lebens einnimmt. Für die Erklärung der Genese und Etablierung der Prostitutionsnachfrage ist die triebdynamische Strukturierung des männlichen Geschlechtshabitus äußerst relevant, wie in vielen Beispielen dieser Studie implizit und explizit dargelegt worden ist. Abschließend und illustrierend sei zu diesem Aspekt Herr Peter zitiert, der auf die Frage nach dem zentralen Motiv seines ersten Prostitutionsbesuchs antwortet:

P: HINZUGEHEN (?) ach (lacht) Lust mit zwanzig glaube ich ist es so ((bleiben)) wahrscheinlich hast Du die Erfahrung auch gemacht da bist Du in einem Alter wo das Ding halt ständig steht (I lacht) ja und da hast Du halt einen wahnsinnigen Druck haste halt ne wahnsinnige Lust [...] JA es war einfach die Neugier und die Lust und äh ja die Neugierlust (Herr Peter 55-62).

Herr Peter belegt und beschreibt in der Kartierung seiner Sexualbiografie nahezu klassisch die Existenz und Funktionsweise des triebdynamischen Strukturmusters der Sexualitäts-Disposition. Die Deutung seines sexuelles

Selbstkonzepts zu Beginn seiner sexuell aktiven Zeit ist deutlich hiervon geprägt. Er beschreibt sich als jungen unerfahrenen Mann in seiner körperlichen und sexuellen ›Blütezeit‹ in der er seine überbordende sexuelle Lust als körperlich spürbaren »Druck« empfindet (»da hast Du halt einen wahnsinnigen Druck haste halt ne wahnsinnige Lust«). Die projektive Übertragung auf den männlichen Interviewer (»wahrscheinlich hast Du die Erfahrung auch gemacht«) weist daraufhin, dass er das triebdynamische Klassifikationsmuster als normales und allgemeingültiges männliches Sexual- und Körperempfinden deutet. Der beschriebene jugendliche ›Priapismus‹ (»da bist du in einem Alter wo das Ding halt ständig steht«) wird als gewöhnlicher Seins-Zustand männlicher Subjektivität eingordnet und als natürlich-biologische Dimension kategorial abgeleitet und begründet. Dies ist auch aus einer ergänzenden Interviewsequenz bezüglich des Vergleichs männlicher und weiblicher Sexualität ersichtlich: »ich denk das einfach diese animalische Lust bei Männern immer noch viel stärker ausgeprägt ist als bei Frauen (Herr Peter 255-257) Herr Peter zieht daraus die Schlussfolgerung, »dass es naturellbedingt ist ich glaub net dass das mit sozialen irgendwie Einstellungen oder so so zu tun hat« (Herr Peter 508-510). Indem er seine nichtbefriedigten sexuellen Bedürfnisse als einen nahezu körperlich schmerzhaften Zustand rekonstruiert, wird deutlich, weshalb er den Prostitutionseinstieg in gewisser Weise als unweigerlichen und unkontrollierbaren Prozess betrachtet. Der Zirkelschluss der Feld-Habitus-Dynamik in der wechselseitigen Abstimmung zwischen Feldstrukturen und habituellen Dispositionsmustern zeigt sich in diesem Beispiel deutlich. Die Prostitution als männliche Institution ist in ihrer institutionellen Feldlogik exakt auf diese sexualbiografischen Konstellationen und das ›triebdynamische‹ Handlungsproblem des quälenden männlichen ›Luststaus‹ abgestimmt. Herr Peter ist deshalb in der Lage, als kompensatorische Krisenbewältigung strategisch hierauf zuzugreifen.

Da aus wissenschaftlicher Perspektive das Konzept eines unkontrollierbaren menschlichen Sexualtriebs inklusive unabweislicher genetisch bzw. instinktgeleiteter Verhaltensweisen nicht existiert oder zumindest stark umstritten ist, sind die in den Interviews beschriebenen Erregungszustände von einem analytischen Standpunkt aus immer in ihrem sozialen Konstruktionsprozess zu untersuchen und nicht als natürlich-ontologische Tatsachen aufzufassen.[4] Dies ist wichtig, um die Reproduktion eines irreführenden alltagskulturellen ›Mythos‹ zu vermeiden, worauf Kappert (2009) treffend hinweist: »Aus dieser Perspektive (des Täter-Konzepts, U.G.) erscheinen Männer oftmals als eine Art Tier, das seine sexuellen Bedürfnisse nicht zu kultivieren vermag, sondern triebhaft handelt – insofern eine zivilisierte Ge-

4 Vgl. hierzu die Diskussion des Trieb-Modells als Diskursprodukt in Grenz (2005, 106 -109). Zur Kritik des Trieb-Theorems vgl. außerdem Schmidt (1983). Zur Verteidigung des Trieb-Konzepts vgl. Sigusch (1984, 27-42).

sellschaft aufgerufen ist, sie/ihn/es an die Leine zu legen« (Kappert 2009). Vielmehr geht es um die leiblich spürbare Energie einer kulturell erzeugten symbolischen Repräsentanz, die als natürliche Dimension wahrgenommen und handlungsleitend wird.[5] Diese kann zwar auf einer abstrakteren Ebene als Machtdiskurs, strukturelle patriarchale Gewalt bzw. geschlechterstereotype Zurichtung von Geschlechtskörpern und geschlechtlichem Sein betrachtet werden, dennoch muss der analytische Zugang immer ein gesellschaftlicher sein, um Naturalisierungen gesellschaftlich ›gewordener‹ Herrschaftsverhältnisse auszuschließen und den Anschein ihrer festzementierten Unveränderlichkeit zu vermeiden.

Praktisches Vermögen: Bindung und Autonomie – ›ich kann es‹

Neben der körperlich-sexuellen und symbolischen Dimension (Element des männlichen Lebensstils, sexuelle Kapitalkämpfe und männliche Identitätsentwicklung) als habitueller Strukturvoraussetzung, um das Bedürfnis nach käuflicher Sexualität *entstehen zu lassen*, bedarf es eines weiteren Dispositionsmusters um das verspürte Verlangen praktisch *umsetzen zu können*. Dieses muss es den Freiern ermöglichen, eine begrenzte, unmittelbare und direkt sexuelle Intiminteraktion mit einem einseitig ausgerichteten Begehrensstrom jenseits romantischer Erwartungshorizonte eingehen zu können. Oder um es an das vorangegangene Kapitel 6 ›Motivmuster der Folgepraxis‹ anzubinden: Es muss ein Dispositionsmuster existieren, welches die strukturierende Voraussetzung der Trennung von Sex und Liebe bildet und die beschriebenen Motivmuster zur Etablierung einer fortdauernden Nachfrage nach käuflichem Sex, wie z.B. die Suche nach ›reinem, ich-zentriertem

---

5 Auch in dieser Studie lassen sich Freier nachweisen, die nicht auf ein triebdynamisch-biologistisches Erklärungskonzept ihrer sexuellen Bedürfnisse und Praxis zurückgreifen, wie u.a. das Beispiel von Herrn Meister zeigt: »ich bezeichne mich persönlich nicht als besonders TRIEBHAFTEN Menschen also ich hab zum Beispiel von meinem zweiundzwanzigsten Lebensjahr bis zum dreißigsten war ich SINGLE und hatte eigentlich nur kurze Affären so aber auch wenn ich die nicht hatte war ich eigentlich nicht jemand der also in IRGEND einer WEISE sich irgendwie sich ständig als NOTGEIL gefühlt hat und der Druck ablassen muss eigentlich NICHT SO ne und ähm auch wenn ich im CLUB BIN muss ich nicht AUCH WENN ICH DAS GELD HÄTTE nicht ständig vögeln also insofern [...] für mich_ALSO in Bedeutung von sozusagen BEFRIEDIGUNG IST SIE NICHT SEHR HOCH weil ich äh kann also sehr lange Zeit auch mit sehr wenig oder gar keinem Sex auskommen bin ich schon aus (...) ((Monatsende)) damit jetzt irgendwie_ irgendwie Probleme zu haben in irgendeiner Weise aber (1) ähm wenn die Gelegenheit da ist dann nehme ich sie gerne WAHR und das macht halt irren Spaß« (Herr Meister 1080-1099).

Sex‹ entstehen lassen und in soziale Wirklichkeit verwandeln kann. Dieses Autonomie-Bindungs-Muster soll hier klassifiziert und und empirisch rekonstruiert werden, zunächst anhand der Beispiele von Herrn Konrad und Herrn Stahl. Wie sich dabei zeigt, kann die Wirkmächtigkeit dieses Dispositionsmusters im Rahmen der Prostitutionsnachfrage häufig als geschlechtsspezifisches sexuelles Selbstkonzept bei den Freiern rekonstruiert werden. So antwortet beispielsweise Herr Konrad auf die Frage nach der Existenz männlicher und weiblicher Sexualität wie folgt:

K: (1) JA (2) JA ich habe von VIELEN FRAUEN gehört dass es für SIE nicht vorstellbar ist äh mit einer fremden Person mit einem fremden Mann ins Bett zu gehen und äh (2) ja (1) andererseits machen das einige aber es gibt eben so viele verschiedene Menschen man muss sich nicht um alle Gedanken machen (2) das wurde mir jedenfalls bisher immer bestätigt auf Nachfrage bei Frauen (lacht) also (2) es gibt aber mindestens wahrscheinlich auch so ne große Bandbreite bei Sexualität überhaupt bei MENSCHEN (1) ja (Herr Konrad 379-388).

Sehr deutlich markiert Herr Konrad in diesem Beispiel eine geschlechtsspezifische Differenz im männlichen und weiblichen sexuellen Verhalten und Erleben (»ich habe von vielen Frauen gehört dass es für sie nicht vorstellbar ist äh mit einer fremden Person mit einem fremden Mann ins Bett zu gehen«). Mit der gewählten Begrifflichkeit des ›sich-fremd-Seins‹, wie es für prostitutive Setting tendenziell konstitutiv ist, wird darauf verwiesen, dass im Rahmen männlicher sexueller Selbstenentwürfe und Subjektivitätsstrukturen auf Bindungselemente wie vorgelagertes Kennenlernen (Gespräche), Bindungsabsichten und Bindungsemotionen (Verliebtheit, Liebe, Freundschaft, Vertrautheit miteinander etc.) zu Gunsten der Etablierung einer begrenzten rein erotischen Begegnung bzw. einer sexuellen Miniatur-Beziehung verzichtet werden kann. Die Wirkungsweise und die prägend-strukturierende Macht einer Disposition kann in diesem Beispiel gut verdeutlicht und herauspräpariert werden. Anhand der gewählten Begrifflichkeit für das weibliche Nicht-Handeln, dass so etwas »nicht vorstellbar« sei, wird deutlich, wie habituelle Dispositionen den Wahrnehmungs-, Erfahrungs- und Handlungsspielraum der Subjekte lenken und begrenzen. Spekulativ könnte folgende Hypothese formuliert werden: Menschen, die ihre habituelle Bindungsdimension in Bezug auf ›reinen‹ Sex nicht ›ausschalten‹ können, besitzen demzufolge Filtersysteme, die den Wunsch nach einem Prostitutionsbesuch gar nicht erst entstehen lassen. Hypothetisch wäre dann davon auszugehen, dass diese Menschen nicht an Prostitutionssex als reale Handlungsoption denken, kein Verlangen nach ›schnellem‹ außerpartnerschaftlichem Sex haben oder dass sie eventuelle Bedürfnisse danach nicht wahrnehmen bzw. übergehen (filtern). Sie wären des Weiteren höchstwahrscheinlich nicht oder nur sehr schwer in der Lage, ich-zentrierte Begierden emotional und körperlich umzusetzen (Gewissensbisse, sexuelles Versagen, Erregungsverlust etc.). Ein Bedürfnis nach prostitutiver, käuflicher Sexualität könnte sich für diese Gruppe aufgrund der beschriebenen habituellen Filtersysteme nicht als Bedürfnis und praktische Option in der sozialen Realität materialisieren. Abschließend ist für dieses Beispiel von Herrn Konrad noch anzumerken, dass er nicht essentialistisch oder biologistisch argumentiert, sondern seine Schlussfolgerungen und Überzeugungen in der Interviewsituation alltagssoziologisch und empirisch begründet. Der Verweis auf die Vielzahl und Bandbreite menschlicher Sexualität(en) sowie die zitierten weiblichen Ausnahmen belegen dies (»ich habe von vielen Frauen gehört«, »es gibt aber mindestens wahrscheinlich auch so ne große Bandbreite bei Sexualität überhaupt bei Menschen«)

Auch im folgenden Beispiel von Herrn Stahl lässt sich die These wirkmächtiger geschlechtshabitueller Autonomie-Bindungs-Muster im Kontext der Prostitutionsnachfrage nachweisen. Auf die Frage, ob es eine typisch männliche Sexualität gebe, antwortet er:

H: (3) ich denke mal dass ähm Frauen oder dass die weibliche Sexualität mehr so (1) ja ne kopfgesteuerte Sexualität ist ja dass da also wirklich wie soll man das sagen dass dass für Frauen (...) für die meisten Frauen halt äh Liebe und Sexualität zusammengehören wobei Männer das trennen können das ist halt wirklich äh mehr so bei bei Frauen die die Kopfsache ist und bei Männern dann halt äh doch eher so schwanzgesteuert [...] also ich KENN'S halt in dem Sinne auch aus meinen Erfahrungen weil wie gesagt jetzt schon alleine Prostitution so das ist ist Sex aber es ist definitiv keine Liebe und aus Erzählungen von weiblichen Bekannten weiß ich halt auch dass die meisten halt also würde ich sagen sie können halt wirklich nur mit nem Mann schlafen für den WAHRE Gefühle da wären würde ich äh GANZ GANZ SELTEN die Erfahrung gemacht hat dass ne Frau gesagt hat irgendwie »es geht ihr wirklich nur um Sex« (Herr Stahl 610-627).

Auch Herr Stahl weist auf die eklatante Differenz in der Sexualität zwischen Männern und Frauen hin. Noch expliziter als Herr Konrad setzt er die Existenz von Bindungsenergie als Gefühl der Liebe als essentielle Voraussetzung bzw. Rahmung weiblicher sexueller Energie im Sinne von Erregung und Erregbarkeit, sexueller Lust, und Praxis voraus (»ich denke mal dass ähm Frauen oder dass die weibliche Sexualität mehr so ja ne kopfgesteuerte Sexualität ist ja dass da also wirklich wie soll man das sagen dass dass für Frauen (...) für die meisten Frauen halt äh Liebe und Sexualität zusammengehören«). Männern hingegen wird zugesprochen diese Ebenen – Liebe und Sex bzw. Bindung und Autonomie – trennen zu können. Bindungsanteile können, wie z.B. im Kontext von Prostitutionsbesuchen, zu Gunsten des Bedürfnisses nach ›reinem Sex‹ aktiv abgeschaltet werden (»jetzt schon alleine Prostitution so das ist ist Sex aber es ist definitiv keine Liebe«; »von weiblichen Bekannten weiß ich halt auch dass die meisten halt also würde ich sagen sie können halt wirklich nur mit nem Mann schlafen für den WAHRE Gefühle da wären«). Im direkten Verweis auf die subjektive Fähigkeit der Trennung von Sex und Liebe im Prostitutionsfeld findet sich ein weiterer

Beleg, der sich auf die Existenz und strukturelle Notwendigkeit eines auf diese Feldlogik und Sinnstruktur abgestimmten habituellen Dispositionsmusters bezieht. Für Herrn Stahl stellt sich dieses soziale Konstrukt subjektiv als natürlich-biologistische Dimension dar, aus der er ein triebdynamisches Erklärungskonzept entwickelt (»bei Männern dann halt äh doch eher so schwanzgesteuert«). Wie aber auch bei Herrn Konrad zwingt ihn die empirische Realität einzelner Erfahrungswerte und Gegenbeispiele von Frauen mit männlich konnotierter sexueller Praxis und erotischen Empfindungen, einen reinen Essentialismus zu revidieren (»ganz selten die Erfahrung gemacht hat dass ne Frau gesagt hat irgendwie ›es geht ihr wirklich nur um Sex‹«). Für die Erklärung und Deutung der Genese und praktischen Etablierung der Prostitutionsnachfrage kann daraus geschlossen werden, dass es einer geschlechtsspezifischen Disposition als Voraussetzung bedarf, die genau diesen Prozess der Verlagerung bzw. Fokussierung auf das ›rein‹ Sexuelle – der Trennung von Sex und Liebe – strukturiert und steuert. Dabei muss das Missverständnis vermieden werden, rein sexuell fokussierte Intiminteraktionen – prostitutiv oder auch privat – als ›kalte‹ emotionslose oder gar bindungsfreie Akte zu klassifizieren. Sehr wohl wird auch hier eine soziale und emotionale Beziehung aufgebaut, die allerdings zentral auf das Sexuelle konzentriert ist. Ausgeschlossen sind dabei in der Regel alle auf Zukunft, Kennenlernen und dauerhaft stabile Bindungserwartungen gerichteten Beziehungselemente, normative Erwartungen und Gefühlslagen.

Abschließend kann die lebensweltliche Wirkungsweise des Autonomie-Bindungs-Musters in der konkreten prostitutionsaktiven Feldpraxis wie folgt zusammengefasst werden. Freier, bei denen dieses habituelle Muster nachgewiesen werden kann – das dürfte meiner Schätzung auf viele zutreffen – empfinden den Prostitutionsbesuch als grundlegend zu ihrer Geschlechtlichkeit und geschlechtlichen Sexualitätsform zugehörig. Sie entwickeln keine ambivalenten Gefühle in Bezug auf rein lustfokussierte Wünsche, Phantasien und Bedürfnisse. Die sexuelle Instrumentalität des prostitutiven Handlungsstroms – als einseitiges sexuelles Begehren des Freiers und als egozentrischer sexueller Befriedigungsstrom fokussiert auf die Lust und die sexuellen Wünsche des Prostitutionskunden – wird deshalb nicht grundsätzlich in Frage gestellt oder (emotional) problematisiert. Vielmehr empfinden die Freier es als einen ihnen potenziell offenstehenden und normalen Zugang zu Sexualität und sie leben mit der beruhigenden Gewissheit, hierfür als Geschlechtskategorie nicht pathologisiert oder für anormal erklärt zu werden (nicht zu verwechseln mit moralischen Anklagen). Die Prostitutionsnachfrage als autonomer, ich-zentrierter Handlungskontext wird demgemäß als normaler und gewöhnlicher männlicher sexueller Erfahrungshorizont und Handlungsspielraum betrachtet und kann reibungslos interaktiv umgesetzt werden.

Ästhetik und (doppelte) Sexualmoral: männliche Promiskuität – ›es steht mir zu‹

Als letzte konkrete Dispositions-Dimension im Rahmen der habituellen Meta-Struktur der Sexualitäts-Disposition sei auf die ästhetische Prägung der Denk-, Wahrnehmungs- und Handlungsapparate von Freiern im Rahmen der Prostitutionsnachfrage hingewiesen. Prägnant lässt sich am Beispiel von Herrn Laube verdeutlichen, was hiermit gemeint ist:

L: das ist jetzt auch wieder so'n Punkt WENN EIN MANN viele Frauen oder viele Freundinnen hat HEISST'S »MENSCH DAS IST'N KERL« bei der FRAU heißt's »DAS IST NE DRECKSAU« DAS IST DOCH ARM AR-ES IST NATÜRLICH AUCH BIOLOGISCH BEGRÜNDET aber richtig richtig ist es NET gell dass dem EINEN ALS DONNERWETTER ZUGESTANDEN WIRD »DAS IST EIN KERL« da bei den anderen als Negativum angesehen wird gell (Herr Laube 829-830).

Herr Laube thematisiert und kritisiert deutlich die symbolische Gewalt der geschlechtsspezifisch unterschiedlichen moralischen und ästhetischen Bewertung von männlicher und weiblicher Promiskuität. Frauen werden in dieser sexistischen Deutung der sozialen Welt sexuelle Aktivitäten jenseits des ehelichen Monogamiegebots grundsätzlich versagt und als amoralische (unsittliche) Verhaltensweisen gebrandmarkt (»bei der Frau heißt's ›das ist ne Drecksau das ist doch arm‹«; »richtig ist es net«). Bei Männern hingegen wird promiskes sexuelles Verhalten im Rahmen der männlichen Herrschaft symbolisch überhöht und als wertvolle Ressource (sexuelles Kapital) betrachtet (»wenn ein Mann viele Frauen oder viele Freundinnnen hat heißt's ›Mensch das ist'n Kerl‹«). Die männliche Promiskuität wird dabei von Herrn Laube einerseits als biologische Tatsache gedeutet, andererseits aber auch als gesellschaftlicher Machtdiskurs und symbolische Gewalt, auf die sich die (doppel-)moralische Diskreditierung sexuell aktiver Frauen gründet (»es ist natürlich auch biologisch begründet aber richtig richtig ist es net net gell dass dem einen als Donnerwetter zugestanden wird ›das ist ein Kerl‹ da bei den anderen als Negativum angesehen wird«). Die Drastik, mit der Herr Laube seine Schilderung ausführt, muss tendenziell als habitueller Hysteresis-Effekt gekennzeichnet werden und kann mit dem hohen Alter des Probanden und seiner (sexuellen) Sozialisation in den 1930er Jahren erklärt werden (Jahrgang 1925, Alter zum Zeitpunkt des Interviews 73 Jahre). Für die heutige Zeit, insbesondere was die frauenverachtende Abwertung und die empirische Realität promisker weiblicher Sexualität anbetrifft, ist diese sexistische Machttechnologie zwar nicht gänzlich verschwunden, aber im Zuge der sexuellen Liberalisierung seit den 1960er Jahren und den politischen Erfolgen des Feminismus sowie der Neuen Frauenbewegung in dieser

Reinform nur noch selten anzutreffen.[6] Bedeutsam und wichtig an dieser Aussage ist jedoch, dass sie sehr plastisch den Wirkmechanismus der männlichen Machttechnologie der doppelten (Sexual-)Moral in ihrer konkreten empirischen Umsetzung aufzeigt: gleiches Verhalten wird geschlechtsspezifisch hierarchisiert, normiert und kontrolliert.

In Bezug auf die motivationale Genese und praktische Etablierung einer fortdauernden Prostitutionsnachfrage zeigt sich in diesem Kontext ein weiteres (sexuelles) Dispositionsmuster, welches als Promiskuitäts-Muster gekennzeichnet werden kann. Der konkrete Wirkmechanismus auf Subjektebene bezieht sich dabei auf zwei Ebenen. Zum einen wird promiskes sexuelles Verhalten als elementarer körperlich-biologischer Bestandteil männlicher Subjektivität anerkannt bzw. (v-)erklärt (s.o. Triebynamik). Zum anderen erwächst hieraus auf symbolischer Ebene ein praktischer Glauben an die geschmackliche bzw. ästhetische Gültigkeit und geschlechtliche Legitimität dieser sozialen Praxis. Lässt man den sexualmoralischen Machtdiskurs der Verurteilung von Freiern als Täter bzw. ihre innermännliche Klassifikation als Versager einmal beiseite, erweist sich das Promiskuitäts-Muster als bedeutsames sinnstiftendes Strukturelement der Feld-Habitus-Dynamik. Promisk-prostitutive Sexualität kann auf diese Weise – geschlechtshabituell implementiert – als normale legitime und geschmacklich unbeanstandbare männliche sexuelle Praxis phantasiert, gewünscht und nachgefragt werden. Auf der Ebene des Einzelhabitus als System dauerhaft stabiler Dispositionen existiert damit ein habituelles Muster zur Generierung und Bewertung von Praxis, welches an die Strukturlogik des sozialen Feldes der Prostitution – der kontinuierlichen Veräußerung sexueller Akte – unmittelbar angepasst ist. Die Institution der Prostitution wird deshalb von den Freiern im Rahmen ihrer Sexualbiografie als gültige Option des männlichen Lebensstils wahrgenommen, in der es normal ist, Bedürfnisse nach promisker Sexualität nachzugehen und diese zu befriedigen. Auch hier liegt eine zentrale Funktion der Disposition darin begründet, die prostitutive Nachfrage als normale und legitime männliche Praxis erscheinen zu lassen. In letzter Konsequenz spiegelt sich hierin aber auch eine Form symbolischer Gewalt als männliche Herrschaft wider, indem dieses Muster in seiner naturalisisierten und unhinterfragbaren Gültigkeit als männliche Lebensweise und männliche Geschmacksoption verkannt wird. Damit reproduziert sich

---

6 Brandes (2005, 247f.) merkt in diesem Kontext an: »Die generelle Liberalisierung der Sexualität hat zusammen mit veränderter Sozialgesetzgebung und Familienpolitik sowie modernen Methoden der Empfängnisverhütung zuerst auf Seiten der Frauen zu einer erheblichen Verhaltensänderung geführt, die sich darin ausdrückt, dass Frauen offensiver und selbstverständlicher sexuelle Wünsche und Neigungen äußern, früher und häufiger als Männer die Scheidung einreichen und auch zunehmend häufiger wechselnde, kurzzeitige und außereheliche Sexualbeziehungen eingehen.«

erneut die auf struktureller Ebene vorgenommene symbolische Spaltung und Hierarchisierung der Geschlechter in sexuell-asexuell, promisk-treu, lüstern-romantisch, aktiv-passiv, außen-innen etc., die den Kern der sexuellen Arbeitsteilung und der patriarchalen Dominanz von Männern über Frauen ausmacht.

DIE PRAGMATISCH-FUNKTIONALE DISPOSITION

Als weitere geschlechtshabituelle Disposition zur Erklärung der Genese und Etablierung der Prostitutionsnachfrage kann ein pragmatisch-funktionales Dispositionsmuster festgestellt werden. Damit ist ein grundlegender Prägungsmechanismus gemeint, der die handelnden Individuen dazu in in Lage versetzt, auf eingehende Handlungsprobleme strategisch zielgerichtete, schnelle und effektive Lösungsstrategien zu generieren. Die soziale Welt wird durch diese stabile Fähigkeit zur Reduktion gesellschaftlicher Komplexität unmittelbar beherrschbar gemacht. Diesen Handlungsmodus ›störende‹ und verkomplizierende Lösungsansätze werden überdeckt bzw. nur rudimentär in Entscheidungsfindungsprozesse einbezogen. Der entscheidende Einfluss dieser Disposition ist aber nicht so sehr vom zweckrational erfolgreichen Endergebnis her relevant, sondern von der Art und Weise, wie auf Handlungsprobleme reagiert wird. In Bezug auf die Generierung kompensatorischer Prostitutionsstrategien im Kontext habitueller Krisen ist die Ausprägung einer pragmatisch-funktionalen Dispositionsstruktur beispielsweise für die Beziehungsgestaltung, die paarbezogene Kommunikation oder die (Nicht)-Thematisierung bzw. Bearbeitung sexueller Fragen und Probleme von großer Bedeutung. Strukturell geprägt ist diese Disposition ebenfalls von patriarchalen Strukturmustern des modernen Geschlechterverhältnisses, in der sich die herrschaftsvermittelte geschlechtsspezifische Aufteilung der sozialen Welt nach innen-außen, rational-emotional, stark-schwach, öffentlich-privat deutlich widerspiegelt. Wie sich die Wirkmächtigkeit dieser habituellen Subjektivitätsstruktur in der männlichen Prostitutionsnachfrage zeigt, kann anhand der folgenden Interviewsequenzen von Herrn Stahl, Herr Peter und Herrn Questel verdeutlicht werden. Herr Stahl merkt eindrücklich an:

> S: JA also bevor ich meine jetzige Teilzeitbeziehung äh kennengelernt hab wars halt eigentlich das Ding ähm ja entweder als Single ist es im ENDEFFEKT(1) doch sagen wir mal äh KOSTENGÜNSTIGER als wenn du jetzt irgendwie versuchsts in ner Disco jemanden aufzureißen so du weißt halt nie PASST es KLAPPT es ähm wieviel Geld muss ich investieren wieviel Zeit muss ich investieren das ist im Grunde genommen einfach wirklich ja so blöd wie es jetzt klingt vom es ist nicht böse gemeint aber es ist für mich so »ja ich hab Hunger also gehe ich an ne Imbiss und JAG nicht erst noch erst irgendwie was« das ist einfach ne ne rein ne reine Effektivitätssache da weiß ich dass ich DAS kriege was ich möchte (Herr Stahl 81-96).

Diese Interviewpassage von Herrn Stahl weist deutlich auf die Existenz einer pragmatisch-funktionalen Disposition hin. Ausgehend von dem Bedürfnis, (garantierten) Sex haben zu wollen, werden zwei unterschiedliche Handlungsstrategien skizziert. Die ›private‹ Handlungsstrategie wird aus der rückschauenden und reflektierenden Perspektive der Interviewsituation als zu prekär und kostspielig klassifiziert. Insbesondere die Investitionen an Zeit, Geld und kommunikativem Engagement (Kennenlernprozess, Unterhaltung, Sympathie- und Begehrenserweckung etc.) werden als zu umständlich und zu riskant in Bezug auf die Zielerfüllung, den (sexuellen) Output, gewertet (»wenn du jetzt irgendwie versuchsts in ner Disco jemanden aufzureißen so du weißt halt nie passt es klappt es ähm wieviel Geld muss ich investieren wieviel Zeit muss ich investieren«). Der unklare Ausgang und die soziale Brüchigkeit bezüglich der strukturellen Unschärfe und potenziellen Diskrepanz zwischen (sexuellem) Wunsch und sozialer Wirklichkeit lassen die Prostitution als pragmatisch-funktionale Alternativstrategie erscheinen. Effektiv wird hier das Bedürfnis nach Sexualität schnell und garantiert erfüllt. Ohne zeitlichen Reibungsverlust und unter maximaler Kostenkontrolle gelangt Herr Stahl so ans gewünschte Ziel. Die maximale Übereinstimmung bzw. die Maximierung der Übereinstimmung von (sexuellem) Wunsch und sozialer Realität ist innerhalb dieses strategischen Handlungsmodus' von erheblicher Realisierungsgewissheit geprägt (»es im Endeffekt doch sagen wir mal äh kostengünstiger«; »das ist einfach ne ne rein ne reine Effektivitätssache da weiß ich dass ich das kriege was ich möchte«). Wie deutlich wird, ist die pragmatisch-funktionale Disposition als Struktur zur Generierung zweckrationaler Handlungsstrategien sehr zentral auf die Reduzierung von Kosten zur Maximierung des individuellen Nutzens fokussiert. Obwohl nicht direkt angesprochen, dürfte m.E. dabei die Vermeidung von Ambivalenz wesentlich zur Generierung einer pragmatisch ausgerichteten prostitutiven Handlungsstrategie beitragen. Vermieden wird damit z.B. die frustrierende Erkenntnis und narzisstische Kränkung, auf kommunikative oder emotionale Defizite hingewiesen zu werden, zu unattraktiv für den ›freien Markt‹ zu sein, letztendlich keinen (sexuellen) Erfolg vorweisen zu können und sexuell unbefriedigt zu bleiben – sei es, weil sich keine Partnerin finden lässt oder weil die gewünschte Form von Sexualität nicht umgesetzt werden kann. Die pragmatische ›Flucht‹ in die Prostitution bietet des Weiteren Schutz vor Frustration und Beschämung, sich in privaten Beziehungskonstellationen mit sexuellen Bedürfnissen zu zeigen und sich dadurch offen und verletzbar zu machen. Vermieden und abgewehrt werden dadurch aber auch mögliche Angst und Scham vor potenzieller Sprachlosigkeit und Dissonanzen in der Intiminteraktion mit der Partnerin. Eine Annäherung, was hiermit in Bezug auf private Beziehungskonstellationen gemeint ist, bieten die Aussagen von Herrn Peter und Herrn Questel:

P: bei meiner Frau die will dann immer so kuscheln dabei und will ne Massage und hinterher und auch so hinterher noch knuddeln und kuscheln und da hab ich oft gar kein Bock drauf sondern »ich will jetzt« (Herr Peter 394).

P: wenn ich zu ner Prostitutierten gehe wenn ich zu ner Prostituierten gehe will ich problemlosen Sex (Herr Peter 484).

Ergänzend Herr Questel:

Q: Ja man sagt es so ob wieweit man das medizinisch begründen kann weiß ich nicht aber jedenfalls DER MANN will sich abreagieren SCHNELL abreagieren der braucht gar nicht mal die lange Zeit dazu – ne Freundin zu haben ne FRAU zu haben das bedeutet alles viel Zeit viel ErOBERUNG viel DURCHMACHEN mit der Person bis es dann mal zum Klappen kommt dann die Gewähr haben »versteht man sich versteht man sich nicht (?)« hier zählt alleine nur das reine die reine Gier nach jemand wie er sich gibt wie er ausschaut (.) die Sache wahrzunehmen und zu bezahlen aus fertig ohne Komplikationen (Herr Questel 39-43).

Wie grundlegend gezeigt worden ist, ist die pragmatisch-funktionale Disposition darauf ausgerichtet, soziale und emotionale Kosten zu minimieren und trägt entscheidend zur Reduktion von Komplexität und Ambivalenz bei. Gleichzeitig generiert sie als Unterdimension des Gesamthabitus im Zusammenspiel mit der triebdynamischen sowie der Autonomie-Bindungs-Disposition das Bedürfnis nach ›reiner Sexualität‹. Auch die Ausführungen von Herrn Peter und Herrn Questel weisen funktional-pragmatisch strukturierte Handlungsmuster und Verhaltensweisen als habituelle Dimensionen männlicher Sexualität deutlich auf (»›ich will jetzt‹«; »ne Freundin zu haben ne Frau zu haben das bedeutet alles viel Zeit viel Eroberung viel durchmachen mit der Person bis es dann mal zum Klappen kommt dann die Gewähr haben ›versteht man sich versteht man sich nicht (?)‹«). Im Beispiel von Herrn Peter führt dies teilweise zu erheblichen Ambivalenzen hinsichtlich seiner sexuellen Zufriedenheit in der Partnerschaft. Der erweiterte erotische Gesamthorizont in der Intiminteraktion mit seiner Partnerin oder konkreter die prä- bzw. postkoitalen kommunikativ-zärtlichen Bedürfnisse seiner Frau (»Kuscheln«; »Knuddeln«; »ne Massage«) empfindet Herr Peter in seiner pragmatisch-funktional geprägten Wahrnehmungs- und Bedürfnisstruktur (zuweilen) als hinderlich und störend (»da hab ich oft gar kein Bock drauf«).[7] Die Prostitution wird demzufolge in einer pragmatischen Lösungs-

7 Aus der Kenntnis des Gesamtinterviews ist es notwendig darauf hinzuweisen, dass Herr Peter nicht ausschließlich im Modus einer pragmatisch-funktionaler Handlungslogik agiert, sondern dies ein Element neben bindungsorientierten sexuellen Denk-, Wahrnehmungs- und Hanldungsmustern seiner Beziehungsrealität darstellt.

strategie bewusst als funktionale Kontrastfolie und kompensatorische Alternative zur bindungsorientierten Struktur seines ehelichen Sexuallebens gewählt (»wenn ich zu ner Prostituierten gehe will ich problemlosen Sex«). Im Beispiel von Herrn Questel wird indirekt auf die Somatisierung der pragmatisch-funktionalen Habitusdimension hingewiesen, indem er ein ›triedynamisches‹ Erklärungsmuster für die allgemeine männliche Prostitutionsnachfrage anführt (»der Mann will sich abreagieren schnell abreagieren der braucht gar nicht mal die lange Zeit dazu«; »hier zählt alleine nur das reine die reine Gier«). Der ›gewöhnliche‹ Weg außerhalb des Prostitutionsfeldes wird als zu unsicher, umständlich, ungewiss und letztendlich in seinem ungewissen Ausgang im Anbetracht der (sexuellen) Garantieversprechen der Prostitution für überflüssig betrachtet. Auch hier ist es ein Mehrebenenprozess, in dem habituelle Subdimensionen des Gesamthabitus' – Trieb und Autonomie-Bindungs- sowie pragmatisch-funktionale Dispositionsmuster – ineinander wirken und sich wechselseitig handlungsstrategisch verstärken und ergänzen.

Dominanz-Disposition

Es wäre vermessen und dem Thema unangebracht, an dieser Stelle den Anspruch zu formulieren, der Diskussion über patriarchale Gewalt gegen Frauen und männlichen Frauenhass umfassend gerecht zu werden. Dennoch ist es für diese Arbeit wichtig, diesen Aspekt – trotz der Gefahr inhaltlicher Verkürzung – als Dimension der Feld-Habitus-Dynamik aufzugreifen und weitere Forschungsperspektiven für wissenschaftliche Anstrengungen zu bestimmen.

Grundlegend wird hier von der Tatsache ausgegangen, dass patriarchale Dominanz, alltägliche Sexismen die geschlechtsspezifische und geschlechtshierarchische Arbeitsteilung als gesellschaftliche Makrostruktur aktuell immer noch die männliche Herrschaft bestimmen. Da strukturelle und manifeste Gewalt von Männern gegenüber Frauen weiterhin existent ist und auf dem System patriarchaler Privilegien innerhalb einer männlichen Dominanzkultur beruht, ist auch das soziale Feld der Prostitution mit seiner krassen geschlechtsspezifischen Arbeitsteilung hiervon betroffen. Wie bereits mehrfach betont, liegen aktuell keine validen quantitativen Daten über das genaue Ausmaß physischer und psychischer Gewaltausübung der Freier gegenüber Sexarbeiterinnen vor. Die folgende Annahme kann jedoch als gesichert gelten: Je prekärer die Arbeits- und Lebensumstände von Sexarbeiterinnen sind, desto häufiger laufen sie Gefahr, Opfer von milieuspezifischer männlicher Gewalt zu werden. Ein Erklärungsmuster hierfür ist, dass potenzielle Täter (Freier, männliche Milieuangehörige, Partner) in diesem Rahmen relativ sicher vor Strafverfolgung und die Frauen ihnen insgesamt schutzloser ausgeliefert sind. Im besonderen Maße hiervon betroffen sein dürften Frauen, die auf dem Straßenstrich bzw. in der Drogenprostitution arbeiten sowie illegalisierte migrantische Frauen mit unsicherem Aufenthaltsstatus in prekären Zwangsstrukturen. Andere, verstärkt institutionalisierte Bereiche der Prostitution dürften vor manifester Gewalt geschütztere Räume darstellen, alleine schon wegen vielfach etablierter interner Schutzmaßnahmen (Überwachungstechnologie, elektronische Warnsysteme, hausinterne Security, namentliche Registrierung von Freiern etc.). Aber auch an diesen Orten sind die Sexarbeiterinnen vor Manifestationen psychischer Gewalt, Frauenverachtung oder allgemein despektierlich-respektlosem Verhalten nicht vollständig sicher. Die These, die sich aus habitustheoretischer Perspektive daraus ergibt, kann wie folgt formuliert werden: Die Strukturen des patriarchalen gewaltförmigen Geschlechterverhältnisses prägen die Lebens- und Existenzbedingungen von heranwachsenden Menschen, so dass sich dies auf der Ebene geschlechtshabitueller Dispositionen strukturierend abbildet. Es muss daher eine Disposition existieren, die wesentlich für die Genese und Dynamik männlicher Gewalt gegen Frauen verantwortlich ist. Diese Disposition soll hier als Dominanz-Disposition bezeichnet werden, da es ein wesentliches Element von Gewaltausübung ist, die andere Person in diesem Prozess zu beherrschen und Macht über sie auszuüben. In Bezug auf die Prostitutionsnachfrage ist ein zentrales Strukturelement dieser Disposition in der gesellschaftlichen Makroebene der symbolischen Spaltung des weiblichen Geschlechterraums in ›Heilige‹ und ›Hure‹ zu verorten. Diese Form der symbolischen Gewalt stellt m.E. eine wesentliche Verbindungslinie zwischen habituellen Dominanzmustern auf Seiten der Freier und objektiven, gewaltermöglichenden Feldstrukturen des Prostitutionsfeldes dar. Wie sich dies auf der Verhaltens- und Deutungsebene der Prostitutionskunden empirisch darstellen kann, ist in dieser Studie bereits mehrfach dargelegt und expliziert worden. Mit einem Beispiel von Herrn Herz über seinen Kontakt mit Drogensexarbeiterinnen soll die Existenz und praktische Wirkungsweise der Dominanz-Disposition abschließend noch einmal dargestellt werden:

> H: (nachdrücklich) ja das ist natürlich selbstverständlich es es geht ja hier auch mit um die Machtfrage äh wie ich ja vorhin schon sagte auch wenn das jetzt natürlich völlig menschenverachtend ist man entwickelt da so was ja ja ähm es ist wirklich so die DIRNE am Straßenstrich die VERKOMMT noch nicht mal MEHR zu einem STÜCK VIEH sondern die ist noch weniger ja sie ist im Prinzip wie eine pulsierende Sexpuppe pulsierend also ne Sexpuppe ist halt also ne lebendige Sexpuppe ne Sexpuppe ist ja aus GUMMI und hat keine Emotionen aber so einem Straßenstrich-Junky dem kann ich jetzt sagen genau wo's lang geht »also pass mal auf du machst jetzt DAS DU MACHTS JETZT DAS du machst alles was ich will« also das ist ne reine Einbahnstraße also der Freier der hat das Sagen und das Mädel hat ÜBER-HAUPT-NICHTS zu melden also man kann da irgendwie so Übermachtsphantasien oder so äh irgendwie ausleben wahrscheinlich hm (Herr Herz 526-546).

Sehr eindrücklich ist in diesem Beispiel zu beobachten, welche manifesten Formen von Macht und Gewalt auf der Grundlage der Dominanz-Disposition generiert werden können. Herr Herz spricht diese Dimension unmittelbar an: »es geht ja hier auch mit um die Machtfrage«. Die erotisierende Wirkung, die von der Möglichkeit entfesselter Machtausübung und exorbitanter Dominanz über die Sexarbeiterin in diesem Kontext ausgeht, ist als bedeutsames Motiv der Prostitutionsnachfrage insbesondere im Bereich der Drogenprostitution zu verzeichnen. Dieses spezifische Segment des Prostitutionsfeldes bietet den Freiern die Möglichkeit, zivilgesellschaftliche Normen, Werte und Umgangsformen, wie sie für andere gesellschaftliche Kernbereiche Gültigkeit besitzen, dezidiert außer Kraft zu setzen. Sexistisch-gewaltförmige Subjektivitätsstrukturen, die sich bei den sozialen Akteuren als spezifische Einstellungen, Weltsichten, Gewissheiten, Gefühle, Phantasien etc. manifestieren, finden hier einen institutionalisierten gesellschaftlichen Ort zur Transformation in soziale Praxis (»aber so einem Straßenstrich-Junky dem kann ich jetzt sagen genau wo's lang geht »also pass mal auf du machst jetzt das du machst jetzt das du machst alles was ich will« also das ist ne reine Einbahnstraße also der Freier der hat das Sagen und das Mädel hat überhaupt nichts zu melden«). Im Fall von Herr Herz wird deutlich, dass seine Macht- und Dominanz in der maximalen Verachtung, Verdinglichung und Entmenschlichung der Sexarbeiterin gipfeln (»die verkommt noch nicht mal mehr zu einem Stück Vieh sondern die ist noch weniger ja sie ist im Prinzip wie eine pulsierende Sexpuppe«). Die institutionelle Struktur des Drogenstrichs als Gewaltkosmos und subalternste Ebene des Prostitutionsfeldes, in dem alle Spieler und Spielerinnen an ihren vorgesehenen Spielorten ›Platz nehmen‹ und ihre Funktion erfüllen, ermöglicht es den Freiern für eine kurze Zeitspanne, ein totalitäres Regime mit enormer Machtfülle als sexualisiertes Regime der Kontrolle und Unterwerfung zu etablieren – so sie es wollen und ohne von anderen Habitusdimensionen daran gehindert werden. Zwar sind auch die Sexarbeiterinnen in diesem Feld (theoretisch) in ihren unveräußerlichen Persönlichkeitsrechten durch das Gesetz vor strafbaren Handlungen aller Art geschützt und selbstredend bleibt die »Übermachtsphantasie« von Herz eine Phantasie: es folgt beispielsweise keine Verfügungsgewalt über ›Leben und Tod‹ hieraus. Dennoch wird auf Grund der irrationalen BTM-Gesetzgebung systematisch ein staatlich produzierter Gewalt-Raum erschaffen, in dem diese Frauen männlicher Misogynie sowie männlichen Bedürfnissen nach patriarchaler Frauenverachtung, Unterwerfung und sexueller Gewalt nahezu schutzlos ausgeliefert sind.

7. Schluss

Diese Arbeit, in deren Erkenntniszentrum die Analyse der männlichen Nachfrage nach käuflicher Sexualität steht, wollte drei wesentliche Ziele erreichen: (1.) eine kritische Perspektive auf den Untersuchungsgegenstand der männlichen Prostitutionsnachfrage entwerfen, (2.) eine empirisch fundierte Anwendung und Weiterentwicklung der Feld-Habitus-Theorie präsentieren und (3.) die heterosexuelle ›Normalität‹ moderner Männlichkeit in den Untersuchungsfokus rücken. Die Produktion des Freiers wird dabei als gesellschaftlich vermittelter Prozess verstanden und mit folgender These verknüpft: Ausgehend von den gesellschaftlichen Strukturen kapitalistisch-patriarchaler Vergesellschaftung bilden sich im Laufe der Sozialisation Habitusformationen heraus, die – abgestimmt auf die Strukturen des Prostitutionsfeldes – die soziale Praxis der männlichen Prostitutionsnachfrage hervorbringen und bestimmen (Feld-Habitus-Dynamik). Konzeptionell zeichnet sich diese Arbeit durch zwei neue Forschungszugänge zum Untersuchungsgegenstand aus. Ein erster ›Clou‹ liegt darin begründet, die Praxis der männlichen Prostitutionsnachfrage konzeptionell vom sozialen Feld aus zu denken. Der zweite ›Clou‹ ist auf die empirisch bestimmten habituellen Dispositionen als Schnittstelle zwischen Struktur und Praxis gerichtet, die bislang eine kaum beachtete Leerstelle in der Freier-Forschung darstellt. Im Folgenden werden die zentralen Ergebnisse dieser Arbeit präsentiert.

Das soziale Feld der Prostitution

Das Prostitutionsfeld als hybrides gesellschaftliches Feld

Eine der zentralen Fragestellungen dieser Studie thematisiert den Sachverhalt, warum die Prostitutionsnachfrage in krasser Weise geschlechtsspezifisch untergliedert ist und warum wiederum nur ein kleiner Teil sexuell aktiver Männer Prostitution kontinuierlich nachfragt. Ein erstes Ergebnis dieser Untersuchung lautet, dass sich dieser Tatbestand aus der hybriden Struktur des sozialen Feldes der Prostitution und der hierin verorteten sozialen und symbolischen Kämpfe ableiten lässt (vgl. Kapitel 2 und 3). Das Feld erweist sich hierin als:

- Teilfeld des ökonomischen Feldes (Strukturlogik: ›Sex gegen Geld‹),
- Teilfeld des sozialen Feldes der Sexualität (sexuelle Skripte, Normen und Machtdiskurse und [patriarchale] Gewaltstrukturen),
- Subkultureller Erlebnisraum (positiviert und erotisiert als entgrenzende Normüberschreitung oder gefürchtet als heterotop-krimineller Raum bzw. Raum illegitim-tabuisierter Sexualität),
- Option männlicher Standardbiografie und männlicher Lebensstile.

Welche Konsequenzen erwachsen aus der Hybridität des Prostitutionsfeldes in Bezug auf die männliche Nachfrage nach käuflichem Sex? Zwei zentrale Ergebnisse können aus feldtheoretischer Sicht präsentiert werden. Das Feld als ›zerrissener‹ sozialer Kosmos errichtet (1.) sowohl geschlechtsspezifische ›Brücken‹, um Männern den Feldeinstieg zu ermöglichen bzw. ›schmackhaft‹ zu machen als auch (2.) strukturelle Zugangshürden, die den Feldeinstieg massiv behindern bzw. zu verhindern suchen.

Zugangshürden zum Feld

Die Diskurse und Dispziplinartechnologien, die die männliche Nachfrage nach käuflicher Lust fundamental delegitimieren und Männer davon abhalten (sollen) in das Feld einzutreten, leiten sich zentral aus den symbolischen Kämpfen des Sexualitätsfeldes ab. Vier Machtstrategien und Diskursmuster sind hier zu nennen: zum einen ein religiös-sittlich bzw. sexualfeindlich operierender Diskurs, der die männliche Prostitutionsnachfrage als unmoralische Sexualpraktik klassifiziert und darin einen Angriff auf die ›heilige‹ Institution der Ehe sowie eine bedrohliche Unterwanderung des Monogamiegebots sieht. Zweitens klassifiziert der feministische Machtdiskurs die männliche Nachfrage nach käuflichem Sex als frauenverachtende patriarchale Gewalt und als Ausbeutung weiblicher Sexualität. Das Prostitutionsfeld wird darin als strukturell gewaltförmige Institution definiert. Drittens wird die prostitutive (Massen-)Nachfrage im Kontext innermännlicher Distinktionskämpfe als minderwertige sexuelle Praxis abgewertet und als subjektiver Misserfolg sexueller Selbstinszenierung markiert. Zum Vierten wird das Prostitutionsfeld alltagskulturell als ›kriminelles Milieu‹ klassifiziert, was auf viele Männer eine abschreckende Wirkung ausübt.

Brücken zum Feld

Konträr hierzu konnten drei feldspezifische ›Brücken‹-Muster festgestellt werden: (1.) Am bedeutsamsten erweist sich die Feldstruktur, die die Prostitution als standardbiografisches Element männlicher Lebenswelt und als legitime Option maskuliner sexueller Selbstkonzepte (Lebensstile) markiert. Das Prostitutionsfeld wird habituell vermittelt über den sense of one's place als genuin männliche Institution und als männliches ›Spiel‹ wahrgenommen, wo ›Mann‹ mit seiner Sexualität und Geschlechtlichkeit organisch aufgehoben ist. Verbunden ist damit auch eine habituelle bzw. leibliche Gewissheit der geschlechtlichen Normalität und Legitimität der männlichen Nachfrage nach käuflicher Lust. Diese Strukturdimension kann sich auch als normativ-biografische Anforderung manifestieren, Erfahrungen im Feld der Prostitution vorweisen zu müssen. (2.) Die zweite Brücke leitet sich aus der hybriden Logik des Prostitutionsfeldes als ökonomisches Teilfeld ab. Das soziale Feld der Prostitution erweist sich hierin als organischer Teilbereich kapitalistischer Vergesellschaftung und des kapitalistischen Warenkreislaufs. Sexualität wird in diesem Rahmen, wie andere Gebrauchswerte auch, zu einer ›normalen‹ Ware transformiert und gegen Geld getauscht. Der Akt des Tausches (›Sex gegen Geld‹) entwickelt in diesem Kontext eine zentrale legitmatorische Kraft, die als tiefverankerte habituelle Alltagspraxis Handlungssicherheit verspricht. (3.) Der dritte Weg ins Feld führt über die magische Anziehungskraft, die das Prostitutionsfeld als Subkultur auf potenzielle Freier ausübt. Neben seiner Anziehungskraft als anti-bürgerliche Subversionsphantasie (›Milieu‹) wird damit auf das Prostitutionsfeld als omnipotenter Kosmos (männlicher) sexueller Wunscherfüllung verwiesen. Moralische und kommunikative Begrenzungen privater Sexualität werden hierin aufgehoben, beschleunigt und entritualisiert (kein Werben, kein Aufschub, keine Zurückweisung, Sex sofort in jeglicher Ausformulierung mit privat ›unerreichbaren‹ Frauen). Reale oder subjektiv empfundene körperliche, psychische und kommunikative Defizite im Feld privater Sexualität werden so für eine begrenzte Zeit außer Kraft gesetzt.

Prostitutionsfeld und symbolische Gewalt

Symbolische Gewalt

Bezogen auf das Prostitutionsfeld manifestiert sich symbolische Gewalt verstanden als gleichursprünglicher Akt des Erkennens und (akzeptierenden) Verkennens von Macht- und Herrschaftsverhältnissen sowohl in der spezifischen Wahrnehmung, Klassifikation und Bewertung der Prostitutionsnachfrage als auch der Institution der Prostitution insgesamt. In vielfältigen (Alltags-)diskursen, gesellschaftlichen Erzählungen und Mythen wird die Prostitution bzw. die männliche Nachfrage nach käuflichem Sex als unabänderliche Institution gedeutet (»Männer sind so«, »sie brauchen das«, »Hörner abstoßen«, »Rite de passage«, »Huren sind dafür da«, »Huren sind verrucht«, »Männer haben mehr Lust als Frauen« etc.) Die scheinbar überhistorisch gültige geschlechtsspezifische Arbeitsteilung, in der ein weibliches Angebot einer männlichen Nachfrage gegenübersteht, wird somit naturalisiert und als unveränderlich hingenommen. Damit wird verhindert, die Struktur und Funktion der geschlechtsspezifischen und geschlechtshierarchischen Arbeitsteilung als historisch gewachsenes patriarchales Privilegiensystem und Dominanzverhältnis zu deuten. Auch die hiermit traditionell verknüpfte männliche Machtstrategie der gesellschaftlichen Spaltung des weiblichen Geschlechterraums in ›Heilige‹ und ›Hure‹ ließ sich empirisch (noch) nachweisen. Die Institution der Prostitution ist in diesem Sinne als Privilegiensystem männlicher Sexualität und männlicher Bewegungsfreiheit zu deuten: als subkultureller Raum zur omnipotenten Befriedigung männlicher (sexueller) Bedürfnissen der vollständig männlicher Kontrolle unterliegt (z.B. durch Zuhälter und Bordellbesitzer, männlich dominierten Administrationen und Disziplinen sowie durch die rein männliche Nachfrage).[1]

Feld und Macht

Ausgehend hiervon kann eine wesentliche Entdeckung dieser Arbeit – pointiert ausgedrückt – dahingehend formuliert werden, dass die Frage der Macht, um die so viel Streit existiert, strukturell vom Feld aus gedacht und konzipiert werden muss. Konkret ist damit gemeint, dass innerhalb der spezifischen raum-zeitlichen Grenzen des sozialen Feldes der Prostitution den dort eintretenden Freiern eine enorme Machtfülle verliehen wird. Die institutionelle Logik des Feldes als männlicher Machtsphäre, reguliert über das Medium Geld, ermöglicht den dort eintretenden Akteuren eine Omnipotenz wie in kaum einem anderen gesellschaftlichen Kräftefeld (sofern sie über die nötigen Zugangscodes und Machtmittel, ökonomisches Kapital sowie habituelle Anpassung, verfügen). Das zeigt sich daran, dass der Schutz, den das Feld der Ökonomie in postfordistischen kapitalistischen Gesellschaften als Ausdruck erkämpfter bürgerlicher Freiheitsrechte und Verfahrensgarantien bildet (Vertragsfreiheit, Vertragsgarantie, doppelte freie Arbeit), durch die hybride Struktur des Prostitutionsfeldes von den Freier psychisch und physisch, als männliche Macht, Dominanz und Gewalt außer Kraft gesetzt werden kann. Auch wenn der einzelne Freier moralisch für sein Handeln verantwortlich bleibt, muss der soziologische Blick und die Kritik auf die dahinterliegenden Strukturen gerichtet werden. In Bezug auf das Prostitutionsfeld und die prostitutive Nachfrage heißt das, die Prostitution sowohl als kapitalistische Herrschaftsformation als auch als Produkt der geschlechtshierarchischen sexuellen Arbeitsteilung und somit als patriarchale Institution zu kennzeichnen. Die symbolische Gewalt, die strukturell hiervon ausgeht, operiert im Wesentlichen auf zwei Ebenen. Zum einen wird die Attraktivität des Feldes und der Institution der Prostitution, die Männer körperlich und symbolisch anzieht, als unhinterfragbarer natürlicher Akt geschlechtlichen Seins ausgewiesen. Zum Zweiten werden damit die gesellschaftlichen Produktionsbedingungen ›verschleiert‹, die diese kulturelle Willkürlichkeit in biologische bzw. geschlechtsidentitäre ›Notwendigkeit‹

1 Diese Aussage ist bewusst plakativ und überspitzt formuliert, um allgemeine Muster und Logiken des Prostitutionsfeldes in seiner historischen Entwicklung deutlich zu machen, wohl wissend, dass es aktuell sowohl selbstständig arbeitende Sexarbeiterinnen, Bordellbetreiberinnen als auch eine kleine gesellschaftliche Gruppe Prostitution nachfragender Frauen gibt.

transformieren – beispielsweise in Gestalt eines spezifisch männlichen Geschlechtstriebs.

Die aktuelle gesellschaftliche Formation des Prostitutionsfeldes

Aktuell kann das Feld bezogen auf den empirischen Gehalt des hier erhobenen Materials sowie der ethnografischen Gesamtperspektive wie folgt skizziert werden. Die Prostitution und die Prostitutionsnachfrage gestaltet sich unter aktuellen gesellschaftlichen Verhältnissen einer postfordistisch-neoliberalen kapitalistischen Formation selbstredend anders als im 19. Jahrhundert oder in den 1950er Jahren. Kernelemente dieser alten Formationen wie männliche sexuelle Initiation oder strukturelle sexuelle Kompensation, basierend auf dem Diskurs der (Ehe-)Frauen als asexuelle oder sexuell ›komplizierte‹ geschlechtliche Wesen, existieren in dieser ungebrochenen ›Reinheit‹ nicht mehr. Zwar sind diese klassischen Muster der männlichen Prostitutionsnachfrage immer noch vorzufinden, doch nur als Muster und Einstellungen neben anderen. Analog zur gesamtgesellschaftlichen Veränderungen im Geschlechterverhältnis, ausgehend von den feministischen Kämpfen der 1960er Jahre bis heute sowie der Transformation der fordistischen in eine post-fordistische kapitalistische Formation, hat sich auch die Struktur der Nachfrage verändert. Insgesamt kann festgestellt werden, dass die prostitutive Infrastruktur massiv ausgeweitet worden ist und sich für das männliche Kollektiv demokratisiert hat. Prostitution ist aktuell in der Bundesrepublik an jedem Ort, unabhängig von Stadt-Land-Bezügen flächendeckend erreich- und konsumierbar. Hinzu kommt, dass neue Medien und Informationstechnologien, insbesondere das Internet, die Prostitution zu einem (männlichen) Massengut transformiert haben. Die Dynamik zwischen Angebot und Nachfrage wird davon unmittelbar berührt, in dem immer neue Feldstrukturen etabliert und (neue) Bedürfnisse geweckt werden. Das Prostitutionsfeld geht damit über die klassische Kompensationsfunktion sexueller, sozialer, physischer und emotionaler Defizite von Freiern in ihren privaten Beziehungskontexten und Lebensumständen hinaus und bedient auch hedonistisch-narzisstische Inszenierungskontexte bzw. innermännliche symbolische Auseinandersetzungen um sexuelles Kapital. Mit der Demokratisierung und massenhaften Verbreiterung der prostitutiven Sexindustrie ist auch eine verstärkte klassenspezifische Ausdifferenzierung festzustellen. Gemäß der Dialektik zwischen dem klassenspezifisch ausdifferenzierten Raum der Existenzbedingungen und dem Raum der Lebensstile distinktiver kultureller Praktiken vermittelt über den Klassen- und Geschlechtshabitus wirkt sich dies unmittelbar auf die Prostitutionspraxis aus. Neben der Ausweitung hochpreisiger Edel- bzw. Luxusprostitution für die herrschende männliche Klasse (Manager-Elite, Unternehmer, etc.) existiert mit der Club-Prostitution eine Einrichtung für die gehobene und mittlere Mittelklasse. Die Appartmentprostitution bedient die mittlere und untere Mittelklasse und die

Laufhausprostitution ist für kleinbürgerlich-proletarische Freier fest etabliert. Die Straßenprostitution muss als Sonderfall gelten, da sie einerseits ökonomisch und kulturell stark abgewertet ist, andererseits als ›Erotisierung des Elends‹ einer eigenen klassenübergreifenden patriarchalen Nachfragekultur unterliegt. Festzustellen ist in diesem Kontext, dass der ökonomische Druck auf das Prostitutionsfeld aktuell sehr groß ist. Bei gleichbleibender Nachfrage kann von einer Ausweitung der Angebotsstruktur ausgegangen werden. Diese verschärfte Konkurrenzsituation unter den Sexarbeiterinnen führt nicht nur zu einem verstärkten Preiskampf im Feld, sondern ermöglicht den Freiern eine Ausweitung ihrer Marktmacht. Ausdruck hiervon ist z.B. der feststellbare Anspruch von Freiern an Sexarbeiterinnen, mehr sexuelle Leistungen für weniger Geld zu beanspruchen. Hierzu zählt auch der vermehrt auftretende Wunsch, Sex ohne Kondom praktizieren zu wollen und darüber hinaus Küsse, Emotionalität, authentische Lust, Nähe und Zuneigung von den Sexarbeiterinnen im prostitutiven Kontakt und der sexuellen Begegnung einzufordern. Meines Ermessens kann hier strukturell von einem Paradigmenwechsel in der Organisation von Arbeit im Prostitutionsfeld gesprochen werden. Das ›alte‹ fordistische Prostitutionsparadigama, welches (tendenziell) im prostitutiven Akt einen raum-zeitlich klar begrenzten Austausch dezidiert sexueller (!) Handlungen sah (z.B. keine Küsse, Berührungsverbote, geringe Gefühls-Investition etc.), wird in diesem Prozess von einem postfordistischen bzw. neoliberalem Organisationsmodell abgelöst. Das betrifft sowohl eine Ausweitung prekärer Angst-Prostitution, die die Frauen zwingt, unter ökonomischen sozialen, gesundheitlichen prekären und nicht selten gewaltförmigen Umständen in der Prostitution zu arbeiten, als auch – Stichwort Subjektivierung der Arbeit (Voß/Pongartz 1998) – eine Ausdehnung des ›betrieblichen‹ bzw. arbeitsorganisatorischen Anforderungsprofils an die Sexarbeiterinnen, die zunehmend gezwungen sind, ihre gesamte Persönlichkeit als sexuelle, emotionale, kommunizierende und Bindung aufbauende Person konstitutiv in die Interaktion mit dem Freier einzubringen.

DIE SOZIALE KARRIERE IM FELD: MOTIVE, SETTINGS UND SOZIALE PRAXIS

Ausgehend von der Bestimmung des sozialen Feldes galt es im Folgeschritt zu klären, wie sich der soziale Prozess des Feldeinstiegs und der initialen Prostitutionsnachfrage aus der subjektiven Sicht der Freier im Konkreten darstellt. Im Kern stand die Frage, wie und warum vereinzelte Männer ein spezifisches Interesse (illusio) am Prostitutionsfeld entwickeln und wie die Generierung von praktischem Glauben an das Feld und der zu realisierenden Profite (Spielgewinne) verläuft.

Generalisierte Motiv-Dimensionen

Auf der Ebene generalisierter Motive konnten vier Motivstrukturen herausgearbeitet werden, mit denen die Männer und potenziellen Freier das Feld prinzipiell mit Interesse besetzen. (1.) Die sexuelle Motiv-Dimension – m.E. die bedeutsamste – ist auf sämtliche Angebotsmuster des Prostitutionsfeldes ausgerichtet, die auf eine unmittelbar körperlich-sexuelle Funktionslogik abzielen. Hierzu zählen sowohl genuin sexuelle Motive als auch körperlich-erotische Wünsche der Männer nach Zärtlichkeit und Körperkontakt. (2.) Die soziale Motiv-Dimension ist zweigeteilt. Zum einen ist sie funktional auf kommunikativ-emotionale Bedürfnismuster der Freier ausgerichtet. Zum anderen ist sie auf destruktive Motivmuster menschlicher bzw. männlicher Sozietät bezogen (Macht-, Gewalt- und Dominanzmuster, Frauenhass). (3.) Die psychische Motiv-Dimension zielt auf psychodynamische Bedürfnisstrukturen von Freiern ab. Dabei geht es primär darum, psychische Spannungszustände (Scham- und Schuldgefühle, narzisstische Kränkungen, Selbstwertkrisen, Depressionen etc.) oder andere missliebige Stimmungslagen (wie z.B. Langeweile oder Frustration) in der Prostitution auszuagieren. (4.) Die Erotisierung der Subkultur umfasst zum einen die libidinöse Besetzung des Prostitutionsfeldes als (antibürgerliche) Subkultur. Zum anderen wird hiermit die enorme sexuelle Anziehungskraft des Feldes als sexuelle Omnipotenzdimension der Generierung und Befriedigung sexueller Wünsche und Phantasien und (siehe den von einigen Probanden eingeführten Begriff ›Schlaraffenland‹) verbunden. Ausgehend hiervon konnte dann der Weg ins Feld als Konkretisierung und Spezifizierung der generalisierten Motiv-Dimensionen empirisch lokalisiert werden.

Einstiegsmotive

Drei zentrale Einstiegsmotive der Nachfrage nach käuflicher Sexualität konnten in dieser Arbeit empirisch aufgezeigt werden: Neugierde, Zufall und die strategische Sex-Suche als Ausdruck einer habituellen Krise. Sämtliche dieser Motiv-Muster konnten in unterschiedlichen Ausprägungen und Kombinationsmöglichkeiten festgestellt werden. (1.) Das von den Probanden angeführte Motiv der Neugierde am Prostitutionsfeld und käuflicher Sexualität zu Beginn ihrer sozialen Freier-Karriere ist im Wesentlichen als geschlechtshabituelle Affinität zur subkulturellen Dimension des Prostitutionsfeldes zu deuten (männlicher Lebensstil). Der Prostitutionseinstieg ist in diesem Kontext ein aktiver Prozess, der maßgeblich von der (strukturellen) Anziehungskraft des Prostitutionsfeldes auf den männlichen Habitus gesteuert wird und sich durch einen reflexiven Vorlauf auszeichnet, in dem Gedanken, Gefühle, Phantasien und Begierden in Bezug auf die Prostitution entwickelt werden. (2.) Der Einstieg in das Prostitutionsfeld als nichtwillentlicher bzw. situationsspezifischer Prozess kann wie folgt beschrieben werden: ein zufällig wahrgenommener (!) Reiz – eine Zeitungsannonce, eine

Internetseite oder der unmittelbare Kontakt mit dem Prostitutionsfeld – lösen situativ einen spontanen Impuls aus, prostitutive Sexualität auszuprobieren. Dieses als spontan und als außerhalb der Person liegend wahrgenommene Motiv kann allerdings auch als Ausdruck tieferliegender habitueller oder psychischer Strukturmuster gedeutet werden. In diesem Kontext bricht sich sozusagen die latent bzw. vorreflexiv existente Affinität zum Prostitutionsfeld situativ Bahn. Dieses Muster kann auch dahingehend gedeutet werden, dass moralische Zweifel oder ästhetische Bedenken, die die Prostitutionsnachfrage bis dahin kontrolliert haben, situativ – durch Alkoholkonsum, ein akutes psychisches Problem, Gruppendynamik etc. – außer Kraft gesetzt worden sind. (3.) Abgegrenzt werden hiervon muss der Einstieg in das Feld, welche als habituelle Krise bzw. identitär aufgeladene sexualbiografische Ablaufstörung gekennzeichnet werden kann. Diese Männer sind zu Beginn ihrer sozialen Karriere im Feld in der Regel nicht an Prostitution interessiert oder stehen dem Feld ablehnend gegenüber. Erst eine habituelle bzw. sexualbiografische Krise lässt die Idee nach Prostitution aufkeimen. Konkrete Auslöser dieser Krise sind u.a.: fehlende Sexualerfahrung, kommunikative Probleme im Kontakt mit Frauen, subjektiv empfundene Unattraktivität, Verlust der Partnerin, ein ›quälender‹ Wunsch nach sexueller Abwechslung, privat unrealisierbare sexuelle Praktiken oder Settings etc. Die Prostitution wird dann als klassisch (männliche) Kompensationsstrategie zur Bewältigung der habituellen Krise genutzt, um eine Beschädigung männlicher Identität abzuwenden.

Einstiegsprozess

Der Weg ins Feld, der alleine oder im Rahmen männlicher Gruppenrituale (Armee, Ausbildung, Freizeit) vonstatten gehen kann, ist aus feldtheoretischer Perspektive notgedrungen als komplizierter und ambivalenter Prozess zu charakterisieren. Das Feld als ›heterotoper Unort‹ ist zugleich gesellschaftlich omnipräsent als auch verborgen – ein gesellschaftlicher Raum »(Un-)heimlicher Lust« (Grenz 2005). Daraus wird zum einen Lust und Faszination gezogen (Erotisierung der Subkultur), gleichzeitig wird aber auch ein Raum undefinierter Angst-Projektionen vor dem Milieu, der ›verschlingenden‹ Hure und nicht zuletzt vor der eigenen Sexualität eröffnet. Vor allen Dingen kann aber nicht auf habituelle Handlungssicherheit zurückgegriffen werden, da das Feld praktisch unbekannt ist. Emotionale und soziale Ambivalenz sind deshalb zu Beginn im Feld bei fast allen Freiern festzustellen. Auf theoretischer Ebene lies sich aus der strukturellen Feld-Logik auch ableiten, wie die Abstimmung zwischen Feld und Habitus zu erklären ist, ohne dass die Freier zu Beginn ihrer sozialen Karriere im Feld auf konkretes praktisches (Feld-)Wissen zurückgreifen konnten. Auch hier bestimmt die hybride Feldstruktur des sozialen Feldes der Prostitution den Prozess, da die Freier auf habituelle Grundmuster bzw. Dimensionen des Habitus ausweichen konnten, die sie aus den konstituierenden Kernfeldern des Prostitutionsfeldes (v.a. Ökonomie- und Sexualitätsfeld) als verleiblichte Erfahrung ›mitgebracht‹ haben.

Motive und Logik der kontinuierlichen Nachfragepraxis

Die Etablierung einer auf Kontinuität gerichteten männlichen Prostitutionsnachfrage konnte auf zwei Ebenen erklärt werden. Zum einen als anhaltende Kompensationsstrategie bei fortdauernder habitueller Krise, vornehmlich als klassische Kompensation von Problemen in der privaten oder partnerschaftlichen Sexualität. Zum anderen kann die kontinuierliche Nachfragepraxis aus feldimmanenten Strukturen erklärt werden. Zentral erwies sich, dass die Logik des Prostitutionsfeldes einen starken ›Sogeffekt‹ auf die Freier ausübt. Neben der generellen Dynamik zwischen sexueller Praxis und intensivierter Lustsuche (das Sexuelle gebiert und verlangt Sexuelles) haben sich empirisch folgende Motive gezeigt: der allzeit mögliche, garantierte, direkte und unkomplizierte Zugriff auf jede denkbare Form gewünschter Sexualität, das Praktizieren von ›reiner‹ bzw. ›pornografischer‹ Sexualität ohne Vorlaufzeit, bereinigt von einer romantisch-zärtlichen körperlichen Annäherungsphase, die Ich-Zentrierung der Interaktion bei Ausschluss von Beziehungserwartungen, die raum-zeitliche Begrenztheit der intimen Begegnung, die Befreiung von Verantwortung für die (sexuelle) Situation, die Möglichkeit, männliche Rollenbilder und geschlechtsspezifische Anforderungen zu transzendieren (›passiv‹ oder ›anders sein können‹) oder privat unrealisierbare sexuelle Settings und Inszenierungen zu erwirken. Gezeigt hat sich auch, dass sich diese Sogeffekte für die Freier zum Teil zu einer schwer kontrollierbaren Dynamik ausweiten können, die sie subjektiv als Sucht empfinden und die sie stark an das Feld bindet. Die prostitutive Nachfrage ist für diese Freier mit einem Wiederholungszwang verbunden und wird als physische bzw. psychische Abhängigkeit erlebt. Aber auch im Allgemeinen ließ sich die Tendenz zu einer sukzessiven unkontrollierten Ausweitung prostitutiver Praxis feststellen. Dies begründet sich daraus, dass sich der Erregungseffekt des ›grenzenlos‹ konsumierbaren Prostitutionssexes (Kick, Rausch, Aufregung) gewissermaßen aufbraucht und in Langweile verwandelt. Eine gewählte Strategie, um dagegen anzugehen, ist die quantitative und qualitative Ausweitung der Nachfragepraxis (›Dosissteigerung‹). Reziprok zum gesteigerten (sexuellen) Lusterleben und der Erlebnisdichte im Prostitutionsfeld konnte bei einigen Freiern eine (erhebliche) Veränderung der privaten sexuellen Realität festgestellt werden. Hierzu zählen u.a. sexuelle Lustlosigkeit in privaten Kontexten, die wachsende Ungeduld bzw. Unlust auf Bedürfnisse der Partnerin einzugehen, Langeweile auf Grund der körperlichen und sexuellen Begrenzungen der Sexualpartnerin sowie der Empathie- und Respektsverlust in Bezug auf körperliche und sexuelle Grenzsetzungen. Diese feldimmanente Entgrenzungslogik kann zudem den wachsenden Wunsch vieler Freier erklären, Sex ohne Kondom praktizieren zu wollen. Neben gängigen Erklärungsmustern, hierdurch der prostitutiven Intiminteraktion private Authentizität ›einzuverleiben‹ (Kleiber/Velten

1994, Ahlemeyer 1996), wird damit auch auf den ultimativen (sexuellen) Tabubruch abgezielt. Das ungeschriebene Gesetz des Prostitutionsfeldes ›kein Sex ohne Kondom‹ soll in (vor-)bewusster Todesverachtung als Spiel mit dem Feuer (HIV-Infektion), als potenziell tödliches Spiel mit dem eigenen Leben, als ultimativer ›Kick‹ gebrochen werden.

Sexuelles Kapital

In Kontext der fortdauernden Prostitutionsnachfrage ist zudem die Kategorie des sexuellen Kapitals als eine wichtige empirische Entdeckung dieser Arbeit zu werten. Habitustheoretisch wird daher vorgeschlagen, das sexuelle Kapital auf Grund seiner geschlechterpolitischen Bedeutsamkeit analog zu den begrifflich etablierten Kapitalformen ökonomisches, kulturelles, soziales und symbolisches Kapital als eigenständige Kapitalform zu etablieren. Allgemein kann sexuelles Kapital definiert werden als die umfassende leibliche Inkorporierung sexueller Akte, denen ein gesellschaftlich definierter Distinktionswert innewohnt. Der angenommene Distinktionswert, der mit diesen hierarchisierten und klassifizierenden Praktiken, Settings und sexualbiografischen Erfahrungshorizonten verbunden ist, kann in eine quantitative (Anzahl von Sexualpartnerinnen, Koitusfrequenz, Praktiken) und qualitative (Begehrensdynamik, Attraktivität, Erlebnisintensität) Dimension unterschieden werden. Der gesellschaftliche bzw. geschlechterpolitische Rahmen bildet dabei die Annahme, dass Sex für Männer eine sehr begehrte, knappe bzw. schwer zu realisierende und geschlechtsidentitär hoch aufgeladene Ressource darstellt. Sexuelles Kapital ist demzufolge in seinem geschlechtlichen Distinktionswert stark aufgeladen und stellt eine entscheidende Machtressource innerhalb symbolischer Kapitalkämpfe um ›hegemoniale Männlichkeit‹ dar (vgl. Connell 1999). Empirisch ist das Konzept des sexuellen Kapitals in Bezug auf die männliche Prostitutionsnachfrage in zweifacher Hinsicht von Bedeutung. (1.) Zum einen als kompensatorische Strategie, um kapitalspezifische Defizite im Sexualitätsfeld auszugleichen, um als Spieler bzw. vollwertiger Spieler in dieser zentralen männlichen Spielarena akzeptiert zu werden. Die Prostitution dient dann dazu, im Rahmen männlicher Kapitalkämpfe Beschädigungen männlicher Identität abzuwenden, die sich beispielsweise daraus ergeben noch nie Sex gehabt zu haben, gewisse Praktiken/Settings nicht vorweisen zu können oder (subjektiv) noch nicht genügend Sexualpartnerinnen aufweisen zu können. (2.) Zum Zweiten hat sich gezeigt, dass eine soziale Differenz zwischen legitimer privater Sexualität und der als defizitär klassifizierten käuflichen Lust existiert. Prostitutionssex im Allgemeinen, abgesehen von der Luxusprostitution, gilt innerhalb symbolischer Kapital- und Machtkämpfe unter Männern im Feld der Sexualität als abgewertete Sexualitätsform mit eingeschränktem Kapitalwert. Interessant war jedoch zu sehen, dass den Freiern diese Dimension einerseits bewusst war, andererseits aber in den Interviews bzw. Internet-Foren eine Gegenstrategie festzustellen war, die den hegemonialen Diskurs angreift und eine weitreichende Umdeutung der Prostitutionsnachfrage vornimmt. Hierbei wird v.a. die ›dekadente‹ Optionalität des Prostitutionsfeldes (garantierter, ›reiner‹ Sex, so oft wie gewünscht etc.) gegen die vermeintliche Monotonie, Langeweile, Kompliziertheit und strukturelle körperliche Begrenzung (monogamer) Sexualität in Partnerschaften als Trumpf ins Spiel gebracht. Einige Freier, insbesondere der gehobenen Mittelklasse in der Club-Prostitution, stilisieren sich in diesem Sinne zu einer sexeullen ›Elite‹ und etablieren ein neues Bild des Freiers – weg vom ›armen Würstchen‹ hin zu einer neoliberalen sexuellen ›Avantgarde‹, die ökonomisch und geschlechterpolititsch in der Lage ist, sich ein enormes Stück (entfremdeten) Glücks zu kaufen.

DISPOSITIONEN

Im Anschluss an die empirische Rekonstruktion der subjektiv benennbaren Handlungsstrategien (modus operandi) der sozialen Akteure galt es in einem letzten Schritt den generierenden habituellen Strukturzusammenhang (opus operatum) dieser Praxisformen aufzuzeigen. Der Habitus wird dabei verstanden als gesellschaftlich geformter Handlungsgenerator, der in den Grenzen seiner Produktionsbedingungen geregelte Improvisationen (strategischer) Praxis hervorbringt. Der Habitus zeigte sich empirisch als spezifische Figuration der Denk- und Wahrnehmungsapparate, ästhetischer und ethischer Einstellungen und vor allen Dingen in einem spezifischen Körpergefühl. Praktisch stellt er für die sozialen Akteure damit den entscheidenden Konstruktionsmechanismus sozialer Realität dar: er wählt aus, filtert, nimmt (selektiv) wahr, generiert Bedürfnisse, weckt Begierden und generiert Handlungsstrategien auf eingehende Handlungsprobleme. Im Kern dieses Handlungsmodus' steht dabei die unhinterfragte, Normalität, Gültigkeit, Legitimität und umfassende ›Geborgenheit‹, die den Handlungsstrom und das Gefühl zur (sozialen) Welt bestimmt. Die habituellen Dispositionen sind in diesem Sinne zweigeteilt: zum einen generieren sie Bedürfnisse, leiten die Wahrnehmung, lassen Gedanken aufkommen. Zum anderen regulieren sie die Praxis, generieren Strategien, sind verleiblicht (instinktiv, vorreflexiv, automatisch) und vermitteln ordnende Selbstverständlichkeit. Bezogen auf den Untersuchungsgegenstand wurde deshalb nach habituellen Dispositionen geforscht, die z.B. bewirken, dass die Freier private sexuelle Konstellationen und sexualbiografische Verläufe überhaupt als quälend, prekär oder problematisch empfinden, woraus sie dann prostitutive (Gegen-)Strategien entwickeln. Dieser Prozess wird habitustheoretisch als sozial voraussetzungsvoller, gesellschaftlich vermittelter Erkenntnisakt betrachtet, den es empirisch zu rekonstruieren und begrifflich zu fassen gilt. Konkret konnten in dieser Arbeit vier zentrale Dispositionen sozialisatorisch generierter Habitusformationen herausgearbeiten werden, die diesen Prozess maßgeblich bestimmen. Die Dispositionen tragen dabei die Strukturen (Logiken und Herrschaftsverhältnisse) ihrer Produktionsbedingungen in sich und verweisen auf die Hybridität des Prostitutionsfeldes. Sie stellen sich als miteinander kommunizierendes und sich wechselseitig bedingendes (habituelles) Netzwerk dar.

Tausch-Disposition

Die Tausch-Disposition kann für kapitalistisch sozialisierte Subjekte als habituelle Anpassung an das Feld der Ökonomie beschrieben werden. Die warenförmige Totalität der sozialen Welt sowie die hiermit verbundenen Verfahrensweisen und Normen (Tauschakte, Vertragssicherheit, doppelt freie Arbeit, Zwang zur Lohnarbeit etc.) werden dabei als grundlegend legitim, gültig und moralisch zweifelsfrei verinnerlicht. Die Verdrängung bzw. verkennende Anerkennung von Ausbeutung, Entfremdung und Gewalt kapitalistischer Vergesellschaftung ist dabei konstitutiv. Nach geglücktem Feldeintritt wird die Nachfragepraxis hiervon maßgeblich bestimmt, da hieraus eine enorme normalisierende Wirkung auf die Prosititutionsnachfrage ausgeht. Dieser grundlegende Mechanismus, welcher die Prostitution zu einem ›gewöhnlichen‹ Dienstleistungsakt (herab-)definiert, kann mit dem Satz ›wofür bezahlt wird, das ist in Ordnung‹ paraphrasiert werden.

Sexualitäts-Disposition

Die Sexualitätsdisposition beschreibt die habituelle Abstimmung des (Geschlechts-)Habitus an das Sexualitätsfeld. Für die Prostitutionsnachfrage ist diese Disposition von entscheidender Bedeutung, da sie sowohl auf symbolischer als auch körperlicher Ebene die zentrale Instanz der Bedürfnisgenerierung nach (prostitutiver) Sexualität darstellt. Symbolisch vermittelt dieses Dispositionsmuster beispielsweise das (praktische) Wissen über die distinktive Bedeutung sexuellen Kapitals innerhalb männlicher Identitätskonstruktion. Die beschriebenen habituellen Krisen und sexualbiografischen Ablaufstörungen, in deren Folge Prostitution als Kompensationsstrategie gewählt wird, haben daher in dieser Disposition ihren logischen Ursprung bezogen auf die Wahrnehmung und Klassifikation einer spezifischen sozialen bzw. sexuellen Situation oder Konstellation als ›Krise‹. Aber auch auf die körperliche Wahrnehmung und Repräsentanz von Sexualität bezogen ist die geschlechtsspezifisch formierte Sexualitäts-Disposition in ihrer Unterscheidung von männlichen und weiblichen Sexualitätsformationen für die Generierung prostitutiver Motive von großer Bedeutung. Festgestellt werden konnte, dass Sexualität als triebdynamische Energie wahrgenommen wird, die ›quälend‹ den Innenraum der Männer besetzt und in der Prostitution Befriedigung sucht. Zudem konnten männlich konnotierte Dispositionsmuster festgestellt werden, die präzise auf die Logik des Prostitutionsfeldes abgestimmt sind, wie z.B. die Fähigkeit, Sex und Liebe zu trennen, sowie die ›organische‹ Verknüpfung von Männlichkeit mit Promiskuität.

Pragmatisch-funktionale Disposition

Die pragmatisch-funktionale Disposition kann als geschlechtsspezifische Prägung der Denk-, Wahrnehmungs- und Klassifikationsmuster beschrieben werden, die darauf abzielt, rationale und effektiv-zielstrebige Handlungsstrategien auf eingehende Handlungsprobleme zu generieren. Diese männliche Entscheidungsstruktur ist vom bestimmenden Gefühl geprägt, schnell, direkt und ohne Umschweife ans gewünschte Ziel zu gelangen (beispielsweise, um auftretende sexuelle oder partnerschaftsbezogene Probleme möglichst rasch aus dem Weg zu räumen bzw. zu umgehen). Die (habituelle) Abstimmung auf die Logik des Prostitutionsfeldes ist offensichtlich. Unter anderem ist das Bedürfnis nach ›reiner‹ Sexualität, direkter und garantierter sexueller Wunscherfüllung Ausdruck hiervon. Diese männlich konnotierte pragmatisch-funktionale Weltsicht reduziert dabei nicht nur die Komplexität sozialer Welt und versetzt die Freier in die Lage, ihre Bedürfnisse unmittelbar zu befriedigen, sie errichtet zudem einen geschlechtshabituellen ›Schutzschild‹, der sie vor nazisstischer Kränkung (sexuelle Zurückweisung) und kommunikativ-emotionaler Überforderung – beispielsweise in einer Auseinandersetzung um partnerschaftliche sexuelle Probleme, Wünsche oder Ängste – strukturell schützt.

Dominanz-Disposition

Die Dominanz-Disposition kann als gesellschaftlich vermittelte Ausprägung des männlichen Habitus beschrieben werden, die die Ausübung von Gewalt und Macht gegenüber Frauen wesentlich generiert und bestimmt. Das Prostitutionsfeld ist in seiner symbolischen Spaltung exakt auf dieses habituelle Strukturmuster ausgerichtet. Die institutionelle Potenzialität des Feldes – insbesondere in gering regulierten prekären Prostitutionssektoren – bietet den Freiern die Möglichkeit, respektlose, frauenverachtende oder manifest gewalttätige Gedanken und Gefühle leicht und (oftmals) konsequenzenlos in die Tat umzusetzen. Ebenfalls lässt sich die männliche Macht-Strategie der doppelten Moral aus dieser habituelle Struktur erklären. Zum Abschluss sei noch angemerkt, dass bei einigen Freiern, nicht aber bei allen Probanden dieses Samples, eine erhebliche Ausprägung dieser Disposition festgestellt werden konnte.

AUSBLICK

In dieser Arbeit sind drei wesentliche Bereiche der Freierforschung berührt worden: Feld, Feldeinstieg und Verbleib im Feld. Dabei – wie könnte es anders sein – sind viele wichtige Aspekte des Untersuchungsgegenstandes nur gestreift worden und einige Fragen unbeantwortet geblieben. Ein weites Feld zukünftiger Forschungsanstrengungen scheint hier herauf. Konkret: Neben der bereits ›geforderten‹ quantitativen Fokussierung auf nahezu sämtliche Bereich des Untersuchungsgebiets – Bestimmung der Grundgesamtheit, Klassenstruktur, Praxisformen, Einstellung und Bewertung der Prostitution etc. – wäre eine quantitative Präzisierung der hier vorgestellten sozialen Muster, Prozesse und Strukturen wünschenswert. Auch die ›Gewaltfrage‹ muss dringend einer quantitativen Bestimmung unterzogen und theoretisch präzisiert werden, beispielsweise in Bezug auf die Frage, ob das Feld mehr von kapitalistischer Seite geprägt ist oder vornehmlich ein traditioneller Patriachalismus die dominierende Gewaltstruktur markiert. Hierzu bedürfte es verstärkt intersektionaler Analysen von Machtdynamiken, Dominanzmustern und Herrschaftsverhältnissen, die das Feld in der jeweiligen historischen Epoche durchziehen. Darüber hinaus sind vom habitustheoretischen Gesichtspunkt aus folgende Aspekte wissenschaftlich von besonderer Bedeutung. Zum einen ist es dringend geboten, die Dimension habitueller Dispositionen weitergehend zu untersuchen und zu analysieren, wie die einzelnen Dispositionen in ihrer inhaltlichen Gewichtung und Bedeutsamkeit verteilt sind und wie sie (sozialisatorisch) gebildet bzw. in die Subjekte implementiert werden. In diesem Rahmen wäre es vorstellbar, ein narrativ-sexualbiografisches Forschungsprojekt zu etablieren, welches vertiefende Kenntnisse in Bezug auf die Genese und Struktur der Dispositionen in Angriff nimmt und bestimmt, wie das Prostitutionsfeld zu einer Dimension des Alltagswissens wird bzw. als männlicher Geschlechtskosmos begriffen werden kann. Des Weiteren ist der gesamte Bereich der fortlaufenden Nachfrage noch sehr unbekannt, beispielsweise wie sich die Denk-, Wahrnehmungs- und Handlungsmuster im Laufe der Praxis verändern oder welche sozialen Faktoren Ausstiegsprozesse von Freiern bestimmen. Auf einer ganz allgemeinen Erkenntnisebene gilt es m.E. die Mikrophysik der Macht zwischen Freier und Sexarbeiterin näher zu präzisieren und endlich auch die weibliche Nachfrage nach käuflichem Sex sowie den epochenübergreifenden Tatbestand der Abwesenheit einer weiblichen Prostitutionsnachfrage soziologisch zu erklären. An die Geschichtswissenschaft sei deshalb auch der Wunsch formuliert, sich des Themas der männlichen und weiblichen Nachfrage nach prostitutiver Sexualität dezidiert anzunehmen.

Literatur

Ackermann, Lea/Bell, Inge/Koelges, Barbara (2005): Versklavt, verkauft, zum Sex gezwungen. Das große Geschäft mit der Ware Frau. München.

Ahlemeyer, Heinrich (1996): Prostitutive Intimkommunikation. Zur Mikrosoziologie heterosexueller Prostitution. Beiträge zur Sexualforschung. Stuttgart.

Aids-Hilfe Schweiz (2008): Jahresbericht (http://www.aids.ch/d/ahs/donjuan.php#FAQ2, 18.12.2009).

Akashe-Böhme, Farideh (1992): Exotismus, Naturschwärmerei und die Ideologie von der fremden Frau. In: Foitzik, Andreas/Leiprecht, Rudolf/Marvakis, Athanasios/Seid, Uwe (Hg.): »Ein Herrenvolk von Untertanen«. Rassismus – Nationalismus – Sexismus. Duisburg (http://www.diss-duisburg.de/Internetbibliothek/Buecher/Herrenvolk/K6.htm, 18.12.2006).

Alakus, Baris/Kniefacz, Katharina/Vorberg, Robert (2006): Sex-Zwangsarbeit in nationalsozialistischen Konzentrationslagern. Wien.

Amendt, Günter (2003): Die Liebe und der Tausch. In: *die tageszeitung (taz)*, 30.12.2003.

Anderson, Bridget (2006): Doing The Dirty Work? Migrantinnen in der bezahlten Hausarbeit in Europa. Berlin.

Anderson, Bridget/O'Connell Davidson, Julia (2003): Is Trafficking in Human Beings Demand Driven? A Multi-Country Pilot Study, IOM Migration Research Series 15. Genf.

Ariès, Philippe/Béjin, André/Foucault, Michel (Hg.) (1984): Die Masken des Begehrens und die Metamorphosen der Sinnlichkeit. Zur Geschichte der Sexualität im Abendland. Frankfurt/Main.

Bales, Kevin (2000): Disposable People. New Slavery in the global Economy. London.

Barry, Kathleen (2004): The prostitution of sexuality. New York.

Bebel, August (1964): Die Frau und der Sozialismus. Berlin.

Becker, Peter (2002): Verderbnis und Entartung. Eine Geschichte der Kriminologie des 19. Jahrhunderts als Diskurs und Praxis. Göttingen.

Beer, Ursula (1990): Geschlecht, Struktur, Geschichte. Soziale Konstituierung des Geschlechterverhältnisses. Frankfurt/Main.

Ben-Israel, Hanni/Levenkron, Nomi (2005): The Missing Factor. Clients of Trafficked Women in Israel's Sex Industry. Hotline for Migrant Workers. Jerusalem.

Bergmann, Meike (1998): Kein Entkommen aus der Zweigeschlechtlichkeit? Zur Beteiligung feministischer Diskurse am Fortbestehen der Geschlechterdifferenz am Beispiel der Pornografiedebatte. Unveröffentlichte Diplomarbeit. Philipps-Universität Marburg/Lahn.

Bernau, Olaf (1998): Habitus und Sozialstruktur. Theoretisch-systematische Vorüberlegungen zu einer Empirie sozialer Habitusformationen. Unveröffentlichte Diplomarbeit. Freie Universität Berlin.

Bernsdorf, Wilhelm (1970): Soziologie der Prostitution. In: Giese, Hans (Hg.): Die Sexualität des Menschen. Handbuch der medizinischen Sexualforschung. Stuttgart.

Bernstein, Elisabeth (2001) The Meaning of the Purchase. Desire, Demand and the Commerce of Sex. In: Ethnography 2 (3), S. 389-420.

Biermann, Pieke (1982): Wir sind Frauen wie andere auch. Prostituierte und ihre Kämpfe. Hamburg.

Blevins, Kristie R./Holt, Thomas J. (2009): Examining the Virtual Subculture of Johns. In: Journal of Contemporary Ethnography 38 (5), S. 619-648.

Bloch, Iwan (1908): Das Sexualleben unserer Zeit in seinen Beziehungen zur modernen Kultur. Berlin.

BMFSFJ-Bundesministerium für Familie, Senioren, Frauen und Jugend (Hg.) (2004): Sicherheit und Gesundheit von Frauen in Deutschland. Eine repräsentative Untersuchung zu Gewalt gegen Frauen in Deutschland. II. Teilpopulationen – Erhebung bei Prostituierten (http://www.bmfsfj.de/RedaktionBMFSFJ/Abteilung4/Pdf-Anlagen/langfassung-studie-frauen-teil-eins,property=pdf,bereich=bmfsfj,rwb=true.pdf, 14.01.2010).

Bohnsack, Ralf (1993): Rekonstruktive Sozialforschug. Einführung in Methodologie und Praxis qualitativer Forschung. Opladen.

Bohnsack, Ralf/Marotzki, Winfried/Meuser, Michael (2003): Hauptbegriffe qualitativer Sozialforschung. Ein Wörterbuch. Opladen.

Bourdieu, Pierre (1979): Entwurf einer Theorie der Praxis. Frankfurt/Main.

Bourdieu, Pierre (1983): Ökonomisches Kapital, kulturelles Kapital, soziales Kapital. In: Kreckel, Reinhard (Hg.): Soziale Ungleichheiten, Sonderband 2 der Reihe Soziale Welt, S. 183-198. Göttingen.

Bourdieu, Pierre (1989): Antworten auf einige Einwände. In: Eder, Klaus (Hg.): Klassenlage, Lebensstil und kulturelle Praxis. Theoretische und empirische Beiträge zur Auseinandersetzung mit Pierre Bourdieus Klassentheorie, S. 395-410. Frankfurt/Main.

Bourdieu, Pierre (1992): Rede und Antwort. Frankfurt/Main.

Bourdieu, Pierre (1993): Sozialer Sinn. Kritik der theoretischen Vernunft. Frankfurt/Main.

Bourdieu, Pierre (1994): Die Feinen Unterschiede. Kritik der gesellschaftlichen Urteilskraft. Frankfurt/Main.

Bourdieu, Pierre (1995): Sozialer Raum und »Klassen«. Leçon sur la leçon. Zwei Vorlesungen. Frankfurt/Main.

Bourdieu, Pierre (1997): Die männliche Herrschaft. In: Dölling, Irene/Krais, Barbara (Hg.): Ein alltägliches Spiel. Geschlechterkonstruktion in der sozialen Praxis – Gender Studies, S. 153-217. Frankfurt/Main.

Bourdieu, Pierre (1998): Praktische Vernunft. Zur Theorie des Handelns. Frankfurt/Main.

Bourdieu, Pierre (2005): Die männliche Herrschaft. Frankfurt/Main.

Bourdieu, Pierre/Wacquant, Loïc J.D. (1996): Reflexive Anthropologie. Frankfurt/Main.

Brandes, Holger (2004): Hegemoniale Männlichkeit und männlicher Habitus. Thesen zu Connell und Bourdieu. Diskussionspapier zur 3. AIM-Gender-Tagung (http://www.ruendal.de/aim/tagung04/pdfs/holger_brandes.pdf, 01.12.2009).

Brandes, Holger (2005): »Männer denken immer nur das Eine...« Mythos und Realität männlicher Sexualität. In: Funk, Heide/Lenz, Karl (Hg.): Sexualitäten. Diskurse und Handlungsmuster im Wandel, S. 235-254. Weinheim & München.

Braun, Christina von (2005): Scham und Schamlosigkeit. In: Natter, Tobias G./Hollein, Max (Hg.). Die Nackte Wahrheit. Klimt, Schiele, Kokoschka und andere Skandale, S. 43-53. München/Berlin/London/New York.

Brooks-Gordon, Belinda/Gelsthorpe, Loraine (2003): ›Prostitutes‹ clients. Ken Livingstone and a new Trojan horse, Howard Journal of Criminal Justice, 42 (5), S. 437-451.

Brückner, Margit/Oppenheimer, Christa (2007): Lebenssituation Prostitution. Sicherheit, Gesundheit und soziale Hilfen. Königstein/Taunus.

Butler, Judith (1991): Das Unbehagen der Geschlechter. Frankfurt/Main.

Campbell, Rosie (1998): Invisible Men. Making visible male clients of female Prostitutes in male client. Meyersville. In: Elias, James E./Bullough, Vern L./Elias, Veronica/Brewer, Gwen (Hg.): Prostitution. On whores, hustlers and johns, S. 155-171. Amherst, New York.

Carstens, Peter (2005). Zwangsprostitution. Zur Sklavenarbeit nach Berlin. In: *Frankfurter Allgemeine Zeitung (F.A.Z.)*, 28.02.2005.

Church, Stephanie/Henderson, Marion/Barnard, Marina/Hart, Graham (2001): Violence by Clients towards Female Prostitutes in Different Work Settings. In: British Medical Journal 322, S. 524-526.

Clausen, Vincent (2007): An assessment of Gunilla Ekbergs account of Swedish prostitution policy (http://www.sexworkeurope.org/site/images/PDFs/ekberg_kritik.pdf, 18.05.2007).

Clement, Ulrich (2007): Guter Sex trotz Liebe. Wege aus der verkehrsberuhigten Zone. Berlin.

Connell, Robert W. (1999): Der gemachte Mann. Konstruktion und Krise von Männlichkeiten. Opladen.

Di Nicola, Andrea/Cuaduro, Andrea/Lombardi, Marco (Hg.) (2009): Prostitution and human trafficking. Focus on clients. New York.

Diana, Lewis (1985): The Prostitute and Her Clients. Your Pleasure is Her Business. Springfield, Illinois.

Dirksmeier, Peter (2007): Mit Bourdieu gegen Bourdieu empirisch denken. Habitusanalyse mittels reflexiver Fotografie. In: ACME: An International E-Journal for Critical Geographies, 6 (1), S. 73-97 (http://www.geographie.uni-bremen.de/publications/PD_g.pdf, 08.01.2010).

Doña Carmen e.V. Verein für soziale und politische Rechte von Prostituierten (2000). Die Arbeit mit illegalen ausländischen Prostituierten in Frankfurt/Main. In: *arranca! – Für eine linke Strömung* (8) (http://arranca.nadir.org/arranca/article.do?id=69, 18.12.2009).

Doña Carmen e.V. Verein für soziale und politische Rechte von Prostituierten (2006): Aufruf gegen Freier-Kriminalisierung (http://www.donacarmen.de/?p=85, 18.12.2009).

Dücker, Elisabeth von/Museum der Arbeit, Hamburg (Hg.) (2005): Sexarbeit. Prostitution – Lebenswelten und Mythen. Bremen.

Dufour, Paul (1995): Weltgeschichte der Prostitution. Von den Anfängen bis zum Beginn des 20. Jahrhunderts. 2 Bände. Frankfurt/Main.

Dumas, Alexandre d. Jüng. (1991): Die Kameliendame. Frankfurt.

Ebrecht, Angelika (2005): Die Herrschaft der wilden Kerle. Zum Verhältnis von Wildheit, Macht und Gewalt im Geschlechterverhältnis (http://web.-fu-berlin.de/gpo/pdf/ebrecht/ebrecht.pdf, 31.12.2009).

Eder, Franz X. (2002): Kultur der Begierde. Eine Geschichte der Sexualität. München.

Egli, Lukas (2008): Jeder ist ein Pornostar. In: NZZ Folio 10/08 (http://www.nzzfolio.ch/www/d80bd71b-b264-4db4-afd0-277884b93470/showarticle/c486e882-ffda-4dd9-83e3-23b8a754da40.aspx, 11.01.2001).

Ehnis, Patrick (2009): Väter und Erziehungszeiten. Politische, kulturelle und subjektive Bedingungen für mehr Engagement in der Familie. Sulzbach/Taunus.

Ekberg, Gunilla (2004): The Swedish Law that Prohibits the Purchase of the Sexual Services. Best Prices for Prevention of Prostitution of and Trafficking in Human Beings. In: Violence Against Women 10, S. 1187-1218.

Elias, James E./Bullough, Vern L./Elias, Veronica/Brewer, Gwen (Hg.) (1998): Prostitution. On whores, hustlers, and johns. New York.

Ellis, Albert (1959): Why Married Men Visit Prostitutes. In: Sexology 25, S. 344-347.

Emma. Zeitschrift von Frauen für Frauen (2003): Von Paris bis Stockholm. Prostitution abschaffen (3).

Engels, Friedrich (1973): Der Ursprung der Familie, des Privateigentums und des Staats. Berlin.

Farley, Melissa (2000): Prostitution: Factsheet on Human Rights Violations (http://www.prostitutionresearch.com/factsheet.html, 18.12.2009).

Farley, Melissa (Hg.) (2003): Prostitution, trafficking and traumatic stress. Brighton, New York.

Farley, Melissa/Barkan, Howard (1998): Prostitution, Violence, and Post-Traumatic Stress Disorder. In: Women & Health 27 (3), S. 37-49.

Farley, Melissa/Kelly, Vanessa (2000): Prostitution: a critical review of the medical and social sciences literature. In: Women & Criminal Justice 11 (4), S. 29-64.

Feministische Studien (1993): Kritik der Kategorie Geschlecht 11 (2).

Finnegan, Frances (1979): Poverty and prostitution. A study of Victorian prostitutes in York. Cambridge.

Fisahn, Andreas (2008): Sicherheit und Eigennutz. In: Forum Wissenschaft, 1/2008 (http://www.bdwi.de/forum/archiv/uebersicht/1046523.html, 15.08.2009).

Flaubert, Gustave (1991): Madame Bovary. München.

Flick, Uwe (2004): Qualitative Sozialforschung. Eine Einführung. Hamburg.

Flick, Uwe/Kardorff, Ernst von/Keupp, Reiner/Rosenstiel, Lutz von/Wolff, Stephan (1991): Handbuch Qualitative Sozialforschung. Grundlagen, Konzepte, Methoden und Anwendungen. München.

Fontane, Theodor (1998): Effi Briest. München.

Fouad, Patrick (2004): Frauenzimmer. Bordelle in Deutschland. Heidelberg.

Foucault, Michel (1992): Sexualität und Wahrheit (Bd 1): Der Wille zum Wissen. Frankfurt/Main.

Foucault, Michel (2005): Die Maschen der Macht. In: Schriften. Vierter Band. Frankfurt/Main.

Freund-Widder, Michaela (2003): Frauen unter Kontrolle. Prostitution und ihre staatliche Bekämpfung in Hamburg vom Ende des Kaiserreichs bis zu den Anfängen der Bundesrepublik. Münster.

Friedrich-Ebert-Stiftung (Hg.) (1994): Strategien gegen Prostitutionstourismus und internationalen Frauenhandel (http://library.fes.de/pdf-files/iez/00059.pdf).

Frischauer, Paul (1968): Von Paris bis zur Pille. Knaurs Sittengeschichte der Welt. München & Zürich.

Froschauer, Ulrike/Lueger, Manfred (2003): Das qualitative Interview. Zur Praxis interpretativer Analyse sozialer Systeme. Wien.

Fuchs-Heinritz, Werner/Lautmann, Rüdiger/Rammstedt, Ottheim/Wienold, Hanns (Hg.) (1994): Lexikon zur Soziologie. Opladen.

Garofalo, Guilia (2007): Is there another space for a feminist critique of trafficking? Vortrag gehalten bei ›New Feminities‹, organisiert vom LSE Gender Institute der British Library, 26.01.2007 (http://www.lse.ac.uk/collections/newFemininities/another_feminism_on_trafficking.pdf, 19.05.2007).

Gay, Peter (1986): Erziehung der Sinne. Sexualität im bürgerlichen Zeitalter. München.

Gerheim, Udo (2005): Freier – die unbekannten Subjekte. Kleine Soziologie heterosexueller Prostitutionskunden. In: Dücker, Elisabeth von/Museum der Arbeit Hamburg (Hg.): Sexarbeit. Prostitution – Lebenswelten und Mythen, S. 152-155. Bremen

Gerheim, Udo (2007): Freier. Ein sich windender Forschungsgegenstand. Projektszizze einer qualitativ-empirischen Untersuchung zu habituellen Mustern heterosexueller Prostitutionskunden. In: Mitrovic, Emilija (Hg.): Arbeitsplatz Prostitution. Ein Beruf wie jeder andere?, S. 123-193. Hamburg.

Gibbens, Trevor Charles Noel/Silberman, Martin (1960): The Clients of Prostitutes. In: British Journal of Venereal Disease, 36 (2), S. 113-117.

Giddens, Anthony (1993): Wandel der Intimität. Sexualität, Liebe und Erotik in modernen Gesellschaften. Frankfurt/Main.

Giesen, Rose-Marie/Schumann, Grunda (1980): An der Front des Patriarchats. Bericht vom langen Marsch durch das Prostitutionsmilieu. Bensheim.

Girtler, Roland (1994): Der Strich: Soziologie eines Milieus. Wien.

Glaser, Barney G./Strauss, Anselm L. (2005): Grounded Theory. Strategien qualitativer Forschung. Bern.

Gleß, Sabine (1999): Die Reglementierung von Prostitution in Deutschland. Berlin.

Glover, Edward (1943): The Psychopathology of Prostitution. London.

Gobo, Gianpeotro (2004): Sampling, Representativeness and Generalizability. In: Seale, Clive/Gobo, Ginpeotro/Gubrium, Jaber F. (Hg.): Qualitative research practice, S. 435-456. London.

Goettle, Gabriele (2006): Übermannung. Von den vielerlei Übungen der Frau Ludwig. In: *die tageszeitung (taz)*, 26.06.2006.

Goffman, Erving (1973): Wir alle spielen Theater. Die Selbstdarstellung im Alltag. München.

Goffman, Erving (1991): Interaktionsrituale. Über Verhalten in direkter Kommunikation. Frankfurt/Main.

Goffman, Erving (1992): Stigma. Über Techniken der Bewältigung beschädigter Identität. Frankfurt/Main.

Gomes Do Esp'rito Santo, Maria E./Etheredge, Gina D. (2002): How to reach clients of female sex workers. A survey by »surprise« in brothels in Dakar, Senegal. Bulletin of the World Health Organisation 80 (9).

Gottschall, Karin/Voß Günter (Hg.) (2003): Entgrenzung von Arbeit und Leben. München/Mering.

Graaf, Ronald de (1995): Prostitutes and their Clients: Sexual Networks and Determinants of Condom Use. Utrecht.

Grenz, Sabine (2005): (Un)heimliche Lust. Über den Konsum sexueller Dienstleistungen. Wiesbaden.

Grenz, Sabine (2006): Prostitution, eine Verhinderung oder Ermöglichung sexueller Gewalt? Spannungen in kulturellen Konstruktionen von männlicher und weiblicher Sexualität. In: Grenz, Sabine/Lücke, Martin (Hg.): Verhandlungen im Zwielicht. Momente der Prostitution in Geschichte und Gegenwart, S. 319-342. Bielefeld.

Gruber, Max von (1912): Hygiene des Geschlechtslebens. Bücherei der Gesundheitspflege Band 13, 5. Auflage. Stuttgart (http://www.med-serv.de/medizin-buch-hygiene_geschlechtsleben-0-0-1.html, 10.12.2007).

Häkkinen, Antti (1997): Clients of Prostitutes – A Historical Perspective of Finland. Nordic Symposium of Prostitution Research, 02.-04.04.1997.

Hammer, Wilhelm (1906): Zehn Lebensläufe Berliner Kontrollmädchen und zehn Beiträge zur Behandlung der geschlechtlichen Frage. In: Ostwald, Hans (Hg.): Sittenspiegel der Großstadt. Gesammelte Großstadt-Dokumente, Bd 23. Berlin & Leipzig.

Heer, Klaus (2007): WonneWorte. Wege aus der sexuellen Sprachlosigkeit. Zürich.

Heinrich-Böll-Stiftung (Hg.) (2003): Dokumentation (Reader) der Fachtagung Männer und Sex(ualität). Berlin.

Heinrich, Bernd (2008): Notwendigkeit der Einführung eines Freiertatbestands zur Bekämpfung der Zwangsprostitution. In: Kriminalpolitisches Forum (http://heinrich.rewi.hu-berlin.de/index.php?path=forum, 18.12.2009).

Heinze, Thomas (2001): Qualitative Sozialforschung. Einführung, Methodologie und Forschungspraxis. München.

Hermanowicz, Joseph C. (2002). The Great Interview. 25 Strategies for Studying People in Bed. In: Qualitative Sociology 25 (4), S. 479-499.

Hirsch, Joachim (1995): Der nationale Wettbewerbsstaat. Staat, Demokratie und Politik im globalen Kapitalismus. Berlin.

Høigård, Cecilie/Finstad, Liv (1987): Seitenstraßen. Geld, Macht und Liebe oder der Mythos von der Prostitution. Hamburg.

Holzman, Harold R./Pines, Sharon (1982): Buying sex. The phenomenology of being a john, Deviant Behavior 4, S. 89-116.

Honegger, Claudia (1991): Die Ordnung der Geschlechter. Die Wissenschaft vom Menschen und das Weib. Frankfurt/Main.

Honeyball, Mary (2008): Treat Prostitution like rape. In: The Indepen dent, Open house, 28.01.2008 (http://blogs.independent.co.uk/openhouse/2008/01/the-law-should.html, 13.01.2010).

Honisch, Hannes (2007): ...und sein Hirn flog Lichtgeschwindigkeit. Eine Jugend in den Neunzigern. Norderstedt.

Hopf, Christel (1991): Qualitative Interviews in der Sozialforschung. Ein Überblick. In: Flick, Uwe/Kardorff, Ernst von/Keupp, Heiner/Rosenstiel, Lutz von/Wolff, Stephan: Handbuch Qualitative Sozialforschung, S. 177-182. München.

Horkheimer, Max (1992): Traditionelle und kritische Theorie. Fünf Aufsätze. Frankfurt/Main.

Howe, Christiane (2004): Zwielichtiges. Bilderwelten – Innenwelten. Ergebnisse der qualitativen Studie über Kunden von ausländischen Prostituierten. In: Context e.V. (Hg.): Dokumentation der Fachtagung »Prostitutionskunden – sich auszutauschen, um Standpunkte zu verrücken«, S. 46-50. Berlin & Frankfurt.

Hydra (Hg.) (1991): Freier – das heimliche Treiben der Männer. Hamburg.

ICD-10-GM Version 2010, Kapitel V: Psychische und Verhaltensstörungen (F00-F99): Psychische und Verhaltensstörungen durch psychotrope Substanzen (F10-F19 (http://www.dimdi.de/static/de/klassi/diagnosen/icd10/htmlgm2010/block-f10-f19.htm, 21.01.2010).

Jeffreys, Sheila (2009): The Industrial Vagina. The Political Economy of the Global Sex Trade. London.

Jessen, Liv (2002): Prostitution seen as Violence Against Women –a supportive or repressive view? (http://www.bayswan.org/swed/livjessen.html, 18.05.2007).

Jordan, Jan (1997): User pays. Why men buy sex. In: Australian and New Zealand Journal of Criminology 30 (1), S. 55-71.

Kaldor, Mary (2000): Neue und alte Kriege, Frankfurt/Main.

Kappert, Ines (2009): Die Hure ist eine Märchengestalt. In: die tageszeitung (taz), 23.09.2009.

Katechismus der katholischen Kirche (2005) (http://www.vatican.va/archive/compendium_ccc/documents/archive_2005_compendiumccc_ge.html, 21.05.2007).

Kaye, Kerwin (2008): Paying for Pleasure. Men Who Buy Sex, by Teela Sanders. Rezension. In: Social Psychology 38 (4), S. 355-356.

Kleemann, Frank/Matuschek, Ingo/Voß, Günter (2002): Subjektivierung von Arbeit. Ein Überblick zum Stand der Diskussion (http://www.arbeitenundleben.de/downloads/Subj_Klemann%20u.a.%20SubjAb.pdf, 15.01.2009).

Kleiber, Dieter (2000): HIV/Aids und Prostitution. Aids Infothek 6 (http://www.aidsnet.ch/modules.phpname=News&file=article&sid=119, 25.03.2007).

Kleiber, Dieter (Hg.) (1995): Aids, Sex und Tourismus. Ergebnisse einer Befragung deutscher Urlauber und Sextouristen. Schriftenreihe des Bundesministeriums für Gesundheit, Bd 33. Baden-Baden.

Kleiber, Dieter/Velten, Doris (1994): Prostitutionskunden: Eine Untersuchung über soziale und psychologische Charakteristika von Besuchern weiblicher Prostituierter in Zeiten von AIDS. Baden-Baden.

Klein, Carolin/Kennedy, Alexis M./Gorzalka, Boris B. (2009): Rape Myth Acceptance in Men Who Completed the Prostitution Offender Program of British Columbia. In: International Journal of Offender Therapy and Comparative Criminology 53 (3), S. 305-315.

Klenk, Florian (2006a): Nackte Gewalt. Männer kaufen in Deutschland Sex, ohne Fragen zu stellen. Die Justizministerin möchte, dass den Kunden von Zwangsprostituierten künftig Gefängnis droht. In: *Die Zeit* 60 (40), 28.09.2006.

Klenk, Florian (2006b): Strafe für Freier. Justizministerin Brigitte Zypries (SPD) über ein neues Prostitutionsgesetz. In: *Die Zeit* 60 (40), 28.09.2006.

Klinger, Cornelia (2000): Die Ordnung der Geschlechter und die Ambivalenz der Moderne (http://www.uni-tuebingen.de/uni/f07/download/klinger-modpol.pdf, 14.05.2007).

Knapp, Gudrun-Axeli/Wetterer, Angelika Wetterer (Hg.) (1992): TraditionenBrüche Entwicklungen feministischer Theorie. Freiburg (Breisgau).

Knigge, Adolph Freiherr von (1977): Über den Umgang mit Menschen. Frankfurt/Main.

Kohler, Franz (2000): Schlussbericht face-to-face Freierbildung 1999. Im Auftrag der Aids-Hilfe Schweiz. Bern.

Kontos, Silvia (2009): Öffnung der Sperrbezirke. Zum Wandel von Theorien und Politik der Prostitution. Sulzbach/Taunus.

Krafft-Ebing, Richard von (1984): Psychopathia Sexualis I. München

Krais, Beate/Gebauer, Gunter (2002): Habitus. Bielefeld.

Krell, Gertrude (2010): Führungspositionen. In: Projektgruppe GiB Geschlechterungleichheiten im Betrieb Arbeit, Entlohnung und Gleichstellung in der Privatwirtschaft. Reihe: Forschung aus der Hans-Böckler-Stiftung, Bd 110, S. 423-484. Berlin.

Kwalanda, Miriam/Koch, Birgit Theresa (2000): Die Farbe meines Gesichts. Lebensreise einer kenianischen Frau. München.

Lamnek, Siegfried (1989): Qualitative Sozialforschung. Band 2. Methoden und Techniken. Weinheim.

Lamnek, Siegfried (1993): Qualitative Sozialforschung. Band 1. Methodologie. Weinheim.

Langer, Antje (2003): Klandestine Welten. Mit Goffman auf dem Drogenstrich. Königstein/Taunus.

Laplanche, Jean/Pontalis, Jean-Bertrand (1996): Das Vokabular der Psychoanalyse. Frankfurt/Main.

Laqueur, Thomas W. (1992): Auf den Leib geschrieben. Die Inszenierung der Geschlechter von der Antike bis Freud. Frankfurt/Main.

Laqueur, Thomas W. (2008): Die einsame Lust. Eine Kulturgeschichte der Selbstbefriedigung. Berlin.

Lautmann, Rüdiger (2002): Soziologie der Sexualität. Erotischer Körper, intimes Handeln und Sexualkultur. Weinheim & München.

Lautrup, Claus (2005): »Det skal ikke bare være en krop mod krop – oplevelse…« En sociologisk undersøgelse om prostitutionskunder. Kopenhagen.

Levinson, David (2002): Encyclopedia of Crime and Punishment. Thousand Oaks, California.

Lombroso, Cesare/Ferrero, Gina (1894): Das Weib als Verbrecherin und Prostituierte. Anthropologische Studien. Gegründet auf eine Darstellung der Biologie und Psychologie des normalen Weibes. Hamburg.

Lowman, John (2009): Sanders, T. (2008). Paying for Pleasure: Men Who Buy Sex. Rezension. In: International Criminal Justice Review 19, S. 94-95.

Lowman, John/Atchinson, Chris/Fraser, Laura (1996): Men Who Buy Sex, Phase 1 Report: A study funded by the Ministry of Attorney General, Province of BC.

Lowman, John/Atchinson, Chris/Fraser, Laura (1997): Men Who Buy Sex, Phase 2: Internet and British Columbia Survey Methodolgy and Preliminary Results from the Internet Survey. A study funded by the Ministry of Attorney General, Province of British Columbia.

Lutz, Helma (unter Mitarbeit von Susanne Schwalgin) (2008): Vom Weltmarkt in den Privathaushalt. Die neuen Dienstmädchen im Zeitalter der Globalisierung. Opladen.

Maihofer, Andrea (1995): Geschlecht als Existenzweise. Frankfurt/Main.

Mam, Somaly (2006): Das Schweigen der Unschuld. Mein Weg aus der Kinderprostitution und der Kampf gegen die Sex-Mafia in Asien. Berlin.

Manifest der SexarbeiteInnen in Europa (2005) (http://www.Sexworkeuope.org/icrse/images/phocadownload/Manifest_DE.pdf, 18.12.2005).

Mansson, Sven-Axel (2005): The practices of male »clients« of prostitution. Influences and orientations for social work. (www.sosfemmes.com/english_sexwork/docs/manson_english.pdf, 13.10.2010).

Marcus, Steven (1979): Umkehrung der Moral. Sexualität und Pornographie im viktorianischen England. Frankfurt/Main.

Marcuse, Max (1906): Uneheliche MüManifest der Sexarbeiter_innentter. In: Ostwald, Hans (Hg.): Sittenspiegel der Großstadt. Gesammelte Großstadt-Dokumente, Bd 27. Berlin & Leipzig.

Martilla, Anne-Marie (2008): Desiring the ›Other‹. Prostitution Clients on a Transnational Red-Light District in the Border Area of Finland, Estonia and Russia. In: Gender Technology and Development 12 (1), S. 31-51.

Marx, Karl (1977): Das Kapital. Kritik der politischen Ökonomie. Erster Band. In: MEW, Bd 23. Berlin.

Marx, Karl (1990): Ökonomisch-philosophische Manuskripte aus dem Jahre 1844. In: MEW, Bd 40. Berlin.

McKeganey, Neil (1994): Why do men buy sex and what are their assessments of the HIV related risks when they do? In: AIDS Care 6 (3), S. 289-301.

McKeganey, Neil/Barnard, Marina (1996): Sexwork on the streets. Prostitutes and their clients. Buckingham & Philadelphia.

McLeod, Jan/Farley Melissa/Anderson, Lynn/Golding Jacqueline (2008): Challenging Men's Demand for Prostitution in Scotland. A Research Report Based on Interviews with 110 Men Who Bought Women in Prostitution. Glasgow.

Meinen, Insa (2002): Wehrmacht und Prostitution während des Zweiten Weltkriegs im besetzten Frankreich. Bremen.

Meuser, Michael (1998): Geschlecht und Männlichkeit. Soziologische Theorie und kulturelle Deutungsmuster. Opladen.

Meuser, Michael (1999): Subjektive Perspektiven, habituelle Dispositionen und konjunktive Erfahrungen. Wissenssoziologie zwischen Schütz, Bourdieu und Mannheim. In: Hitzler, Ronald/Reichertz, Jo/Schröer, Norbert: Hermeneutische Wissenssoziolgie. Standpunkte zur Theorie der Interpretation, S. 121-146. Konstanz.

Meuser, Michael (2001): Repräsentation sozialer Strukturen im Wissen. Dokumentarische Methode und Habitusrekonstruktion. In: Bohnsack, Ralf/Netwing-Gesemann, Iris/Nohl, Arndt-Michael (Hg.): Die dokumentarische Methode und ihre Forschungspraxis, S. 207-221. Wiesbaden.

Meuser, Michael (2003): Rekonstruktive Sozialforschung. In: Bohnsack, Ralf/Marotzki, Winfried/Meuser, Michael: Hauptbegriffe qualitativer Sozialforschung. Ein Wörterbuch, S. 140-142. Opladen.

Meyer, Horst Otto (2002): Interview und schriftliche Befragung. Entwicklung, Durchführung, Auswertung. München.

Mischkowski, Gabriela (2006): Sexualisierte Gewalt im Krieg – eine Chronik. In: medica mondiale e.V. (Hg.): Sexualisierte Kriegsgewalt und ihre Folgen. Handbuch zur Unterstützung traumatisierter Frauen in verschiedenen Arbeitsfeldern, S. 17-56. Frankfurt/Main.

Mitrovic, Emilija (2007): Arbeitsplatz Prostitution. Auswertung der Feldstudie »Veränderungen im Umgang mit Prostitution seit dem Inkrafttreten der neuen Gesetzgebung am 1.1.2002«. In: Mitrovic, Emilija (Hg.): Arbeitsplatz Prostitution. Ein Beruf wie jeder andere?, S. 13-121. Hamburg.

Mitrovic, Emilija (Hg.) (2006): Prostitution und Frauenhandel. Die Rechte von Sexarbeiterinnen stärken! Ausbeutung und Gewalt in Europa bekämpfen! Hamburg.

Mitrovic, Emilija/Vereinte Dienstleistungsgewerkschaft ver.di (Hg.) (2004): Arbeitsplatz Prostitution (http://www.arbeitsplatz-prostitution.de/download/StudieInnen.pdf, 07.08.2007).

Mohr, Sabine (2007): Informations- und Kommunikationstechnologien in privaten Haushalten. Ergebnisse der Erhebung 2006. In: Bundesamt für Statistik. Wirtschaft und Statistik 6/2007, S. 545-555. Wiesbaden. (http://www.destatis.de/jetspeed/portal/cms/Sites/destatis/Internet/DE/Content/Publikationen/Querschnittsveroeffentlichungen/WirtschaftStatistik/Informationsgesellschaft/IKTPrivhaushalte0607,property=file.pdf, 26.11.2007).

Monto, Martin A. (2001): Prostitution and Fellatio. In: The Journal of Sex Research 38 (2), S. 140-145.

Monto, Martin A. (2004): Female Prostitution, Customers, and Violence. In: Violence against Women 10 (2), S. 160-188.

Monto, Martin A./Hotaling, Norma (2001): Predictors of Rape Myth Acceptance Among Male Clients of Female Street Prostitutes. In: Violence Against Women 7, S. 275-293.

Monto, Martin A./McRee, Nick (2005): A Comparison of the Male Customers of Female Street Prostitutes with National Samples of Men. In: International Journal of Offender Therapy and Comparative Criminology, 49 (5), S. 505-529.

Moon, Kathrine (1997): Sex Among Allies. Military Prostitution in US-Korean Relations. New York.

Nagle, Jill (Hg.) (1997):Whores and Other Feminists. New York.

Ngai, Pun/Wanwei, Li (2008): Arbeiterinnen aus Chinas Weltmarktfabriken erzählen. Berlin.

NoLagerBremen/Europäisches BürgerInnenforum (Hg.) (2008): Peripherie & Plastikmeer. Globale Landwirtschaft, Migration, Widerstand. Wien (Eigenverlag).

Nussbaum, Marie-Louise (2009): Aufklärungsmittel Pornografie. Eine Bestandsaufnahme zum Pornografiekonsum Jugendlicher. Lizentiatsarbeit Univ. Fribourg (http://www.bildungundgesundheit.ch/dyn/bin/87033-88834-1-studie_pornografie_2009.pdf, 11.01.2010).

O'Connell Davidson, Julia (2001): The sex tourist, the expatriate, his ex-wife and her ›other‹. The politics of loss, difference and desire. In: Sexualities 4 (1), S. 5-24.

Oerton, Sarah/Phoenix, Joanna (2001): Sex/Bodywork: Discourses and Practices. In: Sexualities 4 (1), S. 387-412.

Oppolzer, Alfred (1974): Entfremdung und Industriearbeit. Die Kategorie der Entfremdung bei Marx. Köln.

Östergren, Petra (o. Angabe): Sexworkers Critique of Swedish Prostitution Policy (http://www.petraostergren.com/pages.aspx?r_id=40716, 18.05.2007).

Pappritz, Anna (1917): Prostitution und Abolitionismus. Leipzig.

Pates, Rebecca/Schmidt, Daniel (2009): Die Verwaltung der Prostitution. Eine vergleichende Studie am Beispiel deutscher, polnischer und tschechischer Kommunen. Bielefeld.

Paul, Christa (1994): Zwangsprostitution. Staatlich errichtete Bordelle Nationalsozialismus. Berlin.

Paul, Christa/Sommer, Robert (2006): SS-Bordelle und Oral History. Problematische Quellen und die Existenz von Bordellen für die SS in Konzentrationslagern. In: BIOS 19 (1), S. 124-142.

Peled, Micha X. (2009): China Blue (Dokumentarfilm). Frankfurt/Main.

Peng, Yen-Wen (2007): Buying Sex: Domination and Difference in the Discourses of Taiwanese Piao-ke. In: Men and Masculinities 9 (3), S. 315-336.

Perau, Reiner/Deutsche Industrie und Handelskammer (2007): Rumänien startet durch auf dem Weg in die EU (http://www.dihk.de/index.html?/inhalt/informationen/news/schwerpunkte/unternehmeneuropa/meldung2/meldung018.html, 01.08.2007).

Peter, Lothar (2004): Pierre Bourdieus Theorie der symbolischen Gewalt. In: Steinrücke, Margarete (Hg.): Pierre Bourdieu – Politisches Forschen, Denken und Eingreifen, S. 48-73. Hamburg.

Pitts, Marina K./Smith, Anthony M./Grierson, Jeffrex/O'Brian, Mary/Mission, Sebastian (2004): Who pays for sex and why. An analysis of social and motivational factors associated with male clients of sex workers. In: Archives of Sexual Behavior 33 (4), S. 353-358.

Plumridge, Elisabeth/Chetwynd, Jane/Reed, Anna/ Gifford, Sandra (1997): Discourses of Emotionality in Commercial Sex. The Missing Client Voice. In: Feminism and Psychology 7 (2), S. 165-181.

Raphael, Jody/Shapiro, Deborah L. (2004): Violence in Indoor and Outdoor Prostitution Venues. In: Violence Against Women 10 (2), S. 126-139.

Raymond, G. Janice (2004): Prostitution on Demand. Legalizing the Buyers as Sexual Consumers. In: Violence Against Women, 10 (10), S. 1156-1186.

Reichel, Richard/Topper Karin (2003): Prostitution: der verkannte Wirtschaftsfaktor. In: Aufklärung und Kritik 10 (Sonderdruck 2).

Reiser, Andrej/Zschocke, Fee (1981): Domenica und die Herbertstraße. Frankfurt/Main.

Renzikowski, Joachim (2006): Freierbestrafung – ja oder nein? Vortrag auf der Fachtagung des Aktionsbündnisses gegen Frauenhandel, Augsburg, 08.03.2006 (http://www.gegenfrauenhandel.de/.../060308_Rede_Renzikowski.pdf, 10.01.2010).

Ringdal, Nils Johan (2006): Die neue Weltgeschichte der Prostitution. München.

Rothe, Andrea (1997): Männer, Prostitution, Tourismus. Wenn Herren reisen ... Münster.

Salfati, Gabrielle C./James, Alison R./Ferguson, Lynn (2008): Prostitute Homicides. A Descriptive Study. In: Journal of Interpersonal Violence, 23 (4), S. 505-543.

Samsa, Gregor (2006): Autonome Hintereingänge in die Festung Europa?! Antirassistische Perspektiven in Sachen G8-2007. In: *ak – analyse & kritik – Zeitung für linke Debatte und Praxis*, 19.05.2006.

Sanders, Teela/Campbell Rosie (2007): Designing out vulnerability, building in respect: violence, safety and sex work policy. In: The British Journal of Sociology 58 (1), S. 1-19.

Sanders, Teela (2008a): Paying for Pleasure. Men who Buy Sex. Devon.

Sanders, Teela (2008b): Male sexual scripts. Intimacy, Sexuality and Pleasure in the Purchase of Commercial Sex In: Sociology 42 (3), S. 400-417.

Sanders, Teela et al. (2008): A Commentary on ›Challenging Men's Demand for Prostitution in Scotland: A Research Report Based on Interviews with 110 Men who Bought Women in Prostitution‹ (Jan MacLeod, Melissa Farley, Lynn Anderson, Jacqueline Golding, 2008) (http://www.sexworkeurope.org/icrse/index.php/en/resources-mainmenu-189/category/5-sex-work-demand, 15.01.2010).

Schauer, Cathrin (2003): Kinder auf dem Strich. Bericht von der deutsch-tschechischen Grenze (Hg.): UNICEF Deutschland, ECPAT. Bad Honnef.

Schimank, Uwe (1996): Theorien gesellschaftlicher Differenzierung. Opladen.

Schmackpfeffer, Petra (1989): Frauenbewegung und Prostitution. Über das Verhältnis der alten und neuen Frauenbewegung zur Prostitution. Oldenburg (http://docserver.bis.uni-oldenburg.de/publikationen/bisverlag/schfra89/inhalt.html, 18.04.2007).

Schmidt, Gunter (1983): Motivationale Grundlangen sexuellen Verhaltens. In: Thomae, Hans (Hg.): Psychologie der Motive, S. 70-109. Göttingen.

Schmidt, Gunter (2002): Jugendsexualität. Veränderungen in den letzten 4 Jahrzehnten. In: Kinder- und Jugendmagazin 1, S. 26-30.

Schmidt, Gunter (2003): Sexualität und Kultur. Zum soziokulturellen Wandel der Sexualität. Vortrag im Rahmen der Ringvorlesung »Sexualität im Wandel« der Universität und ETH Zürich, 03.04.2003 (http://www.beziehungsbiographien.de, 26.11.2007).

Schmidt, Gunter (2005): Das neue DER DIE DAS. Über die Modernisierung des Sexuellen. Gießen.

Schmitter, Romina (2004): Prostitution. Das älteste Gewerbe der Welt. Fragen der Gegenwart an die Geschichte. Oldenburg.

Schulte, Regina (1984): Sperrbezirke. Tugendhaftigkeit und Prostitution in der bürgerlichen Gesellschaft. Frankfurt/Main.

Schuster, Martina/Sülzle, Almut (2006): Zwangsprostitution, Sexarbeit, Menschenhandel und die WM 2006. Gutachten zu Kampagnen zu Prostitution und Menschenhandel in Deutschland im Umfeld der Fußballweltmeisterschaft der Männer 2006, im Auftrag des Wiener Institut für Entwicklungsfragen und Zusammenarbeit (vidc) (http://f-in.org/download/26161702/Gutachten-WM_Kampagnen.pdf, 15.01.2010).

Schwendter, Rolf (1993): Theorie der Subkultur. Hamburg.

Schwingel, Markus (1993): Analytik der Kämpfe. Macht und Herrschaft in der Soziologie Bourdieus. Hamburg.

Schwingel, Markus (1995): Bourdieu zur Einführung. Hamburg.

Sharp, Keith/Earle, Sarah (2003): Cyberpunters and Cyberwhores: Prostitution on the Internet. In: Yvonne Jewkes (Hg.): Dot.Cons. Crime, Deviance, and Identity on the Internet, S. 36-52. Portland, Oregon.

Shelley, Toby (2007): Exploited. Migrant Labour in the New Global Economy. London.

Sigusch, Volkmar (1984): Vom Trieb und von der Liebe. Frankfurt & New York.

Sigusch, Volkmar (2006): Neosexualitäten. Über den kulturellen Wandel von Liebe und Perversionen. Frankfurt & New York.

Simon, William/Gagnon, John H. (2000): Wie funktionieren sexuelle Skripte? In: Schmerl, Christiane (Hg.): Sexuelle Szenen. Inszenierungen von Geschlecht und Sexualität in modernen Gesellschaften, S. 70-95. Opladen.

Sirkiä, Johanna (2003): Prostitution in Finnland und Schweden. Vortrag im Rahmen des 8. Fortbildungsseminars des Vereins LEFÖ, 03.-05.07.2003: »Sexarbeit in Europa zwischen Diskriminierung und Legalisierung« (http://www.sexpert.fi/pro/lefo2003d.pdf, 14.01.10).

Sommer, Robert (2006): Der Sonderbau. Die Errichtung von Bordellen in den nationalsozialistischen Konzentrationslagern. Morrisville.

Soothill, Keith/Sanders, Teela (2005): The geographical mobility, preferences and pleasures of prolific punters: A demonstration study of the activities of prostitutes' clients. In: Sociological Research Online 10 (1) (http://www.socresonline.org.uk/10/1/soothill.html, 13.01.2010).

spiegel online 24.01.2007: Regierungspläne. Sex mit Zwangsprostituierten soll strafbar werden (http://www.spiegel.de/politik/deutschland/0,1518, 462040,00.html, 25.12.2009).

Stallberg, Friedrich W. (1999). Prostitution. In: Albrecht, Günter/Groenemeyer Axel/Stallberg, Friedrich W. (Hg.): Handbuch soziale Probleme, S. 590-608. Opladen.

Steiner, Martina/Steiner, Falco (2005): Halbe Stunde, 60 Euro! Über 500 brandaktuelle, schonungslose und ehrliche Berichte von Männern über ihre wahren Erlebnisse mit Prostituierten. Hamburg.

Stendhal (1981): Rot und Schwarz. Zürich.

Strauss, Anselm L./Corbin, Juliet M. (1996): Grounded theory. Grundlagen qualitativer Sozialforschung. Weinheim.

Strobl, Ingrid (2006): Es macht die Seele kaputt. Junkiefrauen auf dem Strich. Berlin.

Süddeutsche Zeitung (SZ), 28.07.2009: Razzia in »Flatrate-Bordellen«. Letzte Bastion der Sklaverei.

Sullivan, Elroy/Simon, William (1998): The client. A social, psychological and behavioural look at the unseen patron of prostitution. In: Elias, James E./Bullough, Vern L./Elias, Veronica/Brewer, Gwen (Hg.): Prostitution. On whores, hustlers and johns, S. 134-154. Amherst, New York.

TAMPEP European Network for HIV/STI Prevention and Health Promotion for Migrant Sex Workers (Hg.) (2009): TAMPEP VIII, Final Reports, Germany (http://www.amnestyforwomen.de/_notes/FInal%20Report %20TAMPEP%208%20BRD%202009.pdf, 13.01.2010).

Tolstoi, Leo (1991): Anna Karenina. Düsseldorf & Zürich.

TRANSIT MIGRATION Forschungsgruppe (Hg.) (2007): Turbulente Ränder. Neue Perspektiven auf Migration an den Grenzen Europas. Bielefeld.

Vanswesenbeeck, Ine (2001): Another Decade of Social Scientific Work on Prostitution. In: Annual Review of Sex Research 12, S. 242-289.

Vanswesenbeeck, Ine/de Graff, Ron/van Zessen, Gertjan/ Straver, Cees J. (1993): Protection Styles of Prostitutes Clients: Intentions, behaviour and considerations in relation to AIDS. In: Journal of Sex Education Theory 19 (2), S. 79-92.

Velten, Doris (1994): Aspekte der sexuellen Sozialisation: Eine Analyse qualitativer Daten zu biographischen Entwicklungsmustern von Prostitutionskunden. Berlin.

Villa, Paula-Irene (2000): Sexy Bodies. Eine soziologische Reise durch den Geschlechtskörper. Opladen.

Voß, Günter (2003): Subjektivierung von Arbeit. Neue Anforderungen an Berufsorientierung und Berufsberatung. Oder: Welchen Beruf hat der Arbeitskraftunternehmer? Vortrag auf der Tagung »Berufsorientierung in unübersichtlichen Zeiten«, Universität Bielefeld, 11.-12.12.2003.

Voß, Günter/Pongartz, Hans. J. (1998): Der Arbeitskraftunternehmer. Eine neue Grundform der Ware Arbeitskraft? In: Kölner Zeitschrift für Soziologie und Sozialpsychologie 50 (1), S. 131-158.

Wagenhofer, Erwin (2006): We feed the world (Dokumentarfilm). München.

Wagner, Carl (1896): Die Sittlichkeit auf dem Lande. Vortrag. Leipzig.

Weber, Max (1980): Wirtschaft und Gesellschaft. Grundrisse der verstehenden Soziologie. Tübingen.

Wedekind, Frank (1994): Lulu-Dramen. Erdgeist und Die Büchse der Pandora. Bd 1 Gedichte und Lieder. München.

Weiler, Gundo Aurel (1998): Sextourismus und Aidsprävention: Eine qualitative Studie zum HIV-Schutzverhalten deutscher Freier auf den Philippinen. Prävention und psychosoziale Gesundheitsforschung. Forschungsbericht, Bd 8. München & Wien.

Weitzer, Ronald (2005): New directions in research on prostitution. In: Crime, Law & Social Change 43 (4/5), S. 211-235.

Weitzer, Ronald (2007): Prostitution as a Form of Work. In: Sociology Compass 1 (1), S. 143-155.

Wetterer, Angelika (2002): Arbeitsteilung und Geschlechterkonstruktion: »gender at work« in theoretischer und historischer Perspektive. Kostanz.

Whisnant, Rebecca/Stark, Christine (Hg.) (2004): Not for sale. Feminists resisting prostitution and pornography. North Melbourne, Victoria.

Wickert, Christel (2002): Tabu Lagerbordell. Vom Umgang mit Zwangsprostitution nach 1945. In: Eschebach, Insa/Jacobeit, Sigrid/Wenk, Silke (Hg.): Gedächtnis und Geschlecht. Deutungsmuster in Darstellungen des Nationalsozialismus. S. 41-58. Frankfurt & New York.

Williams, Linda (1995): Hard Core. Macht, Lust und die Traditionen des pornographischen Films. Basel & Frankfurt/Main.

Winker, Gabriele/Degele, Nina (2009): Intersektionalität. Zur Analyse sozialer Ungleichheit. Bielefeld.

Wimmer, Susi (2009): Eingesperrt, geschlagen und ausgebeutet. In: *Süddeutsche Zeitung (SZ)*, 12.12.2009.

Winick, Charles (1962): Prostitutes Clients Perception of the Prostitutes and Themselves. In: The International Journal of Social Psychiatry 8 (4), S. 289-299.

Wolff, Reinhard (2009): Sexkaufverbot in Norwegen. Ein ausradierter Strich. In: *die tageszeitung (taz)*, 02.01.2009.

Woltersdorff, Volker alias Logorrhöe, Lotte (2003): Queer Theory und Queer Politics. In: UTOPIE kreativ (10), S. 914-923.

Wulff, Erich (1997): Thesen zur Sucht. Ein Brief an Toni Schlösser. In: Sozialpsychiatrische Informationen 27 (Sonderdruck), S. 5-8.

Xantidis, Luke/McCabe, Marita (2001): Personality characteristics of male clients of female commercial sex workers in Australia. In: Archives of Sexual Behaviour 29 (2), S. 156-176.

Ziegler, Astrid/Gärtner, Hermann/Tondorf, Karin (2010): Entgeltdifferenzen und Vergütungspraxis. In: Projektgruppe GiB Geschlechterungleichheiten im Betrieb Arbeit, Entlohnung und Gleichstellung in der Privatwirtschaft. Reihe: Forschung aus der Hans-Böckler-Stiftung, Bd 110, S. 271-346. Berlin.

Zimowska, Agnieszka (2006): Erheblich unterschiedlich. Zwischen migrantischer Sexarbeit und sexualisierten Zwangsverhältnissen ist zu differenzieren. In: *iz3w – blätter des informationszentrums 3. welt* (4). Geächtet und doch verbreitet – Zwangsarbeit & Sklaverei, S. 10-12.

Zola, Emile (2004): Nana. Frankfurt/Main.

Zurhold, Heike (2005a): Entwicklungsverläufe von Mädchen und jungen Frauen in der Drogenprostitution: Eine explorative Studie. Berlin.

Zurhold, Heike (2005b): Drogenprostitution zwischen Armut, Zwang und Illegalität. In: Dücker, Elisabeth von/Museum der Arbeit, Hamburg (Hg.) (2005): Sexarbeit. Prostitution – Lebenswelten und Mythen, S. 142-143. Bremen.

Verzeichnis der Internetadressen

http://www.don-juan.ch: Freierarbeit im Internet
http.//www.roemerforum.com: Internet-Freierforum
http://www.roemerforum.com/forum/showthread.php?t=4629
http://www.iswface.org/linkpge.html: ISWFACE – International Sex Worker Foundation for Art, Culture and Education
http://www.nitribitt-bremen.de/links.htm: Nitribitt e.V.
http://www.donacarmen.de: Doña Carmen e.V. – Verein für soziale und politische Rechte von Prostituierten
http://www.kok-potsdam.de: KOK – Bundesweiter Koordinierungskreis gegen Frauenhandel und Gewalt an Frauen im Migrationsprozess e.V
http://www.verdi.de/ver.di_von_a_bis_z
http://besondere-dienste.hamburg.verdi.de/arbeitsplatz_prostitution: Projektbüro Arbeitsplatz Prostitution
http://www.ritter11.de/newbee.html#danach
http://www.emma.de/mediadaten.html
http://www.d-nb.de
http://www.igm.uni-freiburg.de/Links/Geschichte
http://www.roemerforum.com
http://www.hurenforen.to
http://www.bremersex.de
http://www.verkehrsberichte.de
http://www.tabulosforum.to
http://www.strichweb.com
http://www.dominaforum.net
http://www internationalsexguide.info
http://www.hurenforen.to/forum/showthread.php?s=734ffe7191444e9330067bba62cba51b&threadid=21754
http//huren-test-forum.lusthaus.cc/index.php
http://www.lusthaus.cc
http://roemerforum.com/forum/showthread.php?t=13098
http//www.fkk-world.de
http://www.roemerforum.com/forum/showthread.php?t=4629&highlight=Abk%FCrzungen
http://www.bdwi.de/forum/archiv/uebersicht/1046523.html
http://www.elite-escorts.de/ladies/greta.htm
http://www.callgirls.de/detail.php?id=452
http://www.roemerforum.com/forum/showthread.php?t=4629
http://www.ritter11.de/newbee.html#danach
http://www.youporn.de
http://www.pornotube.de

Anhang

TRANSKRIPTIONSREGELN

(1), (2), (3) etc.	Pause in Sekunden
(.)	kurzes Absetzen
-	Einschub oder neuer Sinnabschnitt
Fett	Lautstärke
ABER ICH HABE	Betonung
(lachen)	Kommentar des Interviewers
hab_ich_hab_ich	Stottern, Wiederholung, schnell gesprochen, Verschleifung
»geht er hin«	Zitat in direkter Rede
jaaa	Dehnung
(...)	unverständliche Passage
((vielleicht))	unsichere Transkription
:-;	stark – schwach sinkende Intonation
?-,	stark – schwach steigende Intonation

Danksagung

Die Reise oder besser die Achterbahnfahrt ins Feld der Prostitution geht zu Ende – vorerst jedenfalls. Zeit, Danke zu sagen.

Meinen Eltern und meiner Familie danke ich, dass sie mir den Weg hin zu dieser Arbeit ermöglicht und mich hierin unterstützt haben. Außerdem bedanke ich mich bei ihnen für die frühe Einführung in die Begriffe: Gerechtigkeit, Gleichheit und Solidarität.

Mein Dank gilt weiterhin meinen Gutachter_innen Prof. Rüdiger Lautmann und Prof. Silvia Kontos.

Der Rosa-Luxemburg-Stiftung danke ich für die finanzielle und ideelle Förderung dieses Promotionsprojekts.

Dissertationen schreiben sich nicht von alleine. Immer sind eine Vielzahl von Menschen daran beteiligt. Danke sagen für Diskussionen, Anregungen, Zeitungsartikel, Bücher, Korrekturlesen, Recherchen, Ermunterungen, Ferien-Büro-Domizile, gezauberte Essen, Bier und Wein möchte ich meinen Freund_innen und Genoss_innen – als da wären: Markus Boubeva, Ole Bürger, Matilda Felix, Isabel Heuser, Petra Kaiser, Katrin Lange, Daniel Manwire, Sabine Zandanell, Helge Meyer, Stefanie Pesch, Ines Pohlkamp, Gilljen Theison, Nicole Vrenegor und Thomas Westerhold. Der Stadtkommune Alla Hopp danke ich zudem für ein wunderbares Zuhause.

Bei Olaf Bernau bedanke ich mich für die ›zündende‹ Idee zum Thema dieser Dissertation und für die stets zuverlässige Landkarte durch das bourdieusche Universum.

Martin Zandanell danke ich für den entscheidenden Tipp zur rechten Zeit.

Emilija Mitrovic sei ebenfalls für ihre institutionelle Unterstützung und Förderung dieser Arbeit gedankt.

Meike Bergmann und Anke Schwarzer danke ich für langjährige Freundschaft und jede durchzechte Nacht, in der gewichtige Fragen des Lebens und der Prostitutionsnachfrage erörtert wurden.

Holger Diekmann und Uta Ratz danke ich in der Kategorie ›Das Auge isst mit‹ für ihre Geduld und Hilfsbereitschaft, um in den Untiefen von Formatvorlagen, Trennstrichen und Fußnoten den Überblick nicht zu verlieren.

Bei meiner Interpretationsgruppe – Patrick Ehnis, Jörg Liebner, Gundula Oerter und Torsten Schlusche – möchte ich mich herzlich für die Begleitung der Arbeit, für Diskussionslust und kluge Hinweise bedanken.

Patrick Ehnis gilt zudem mein Dank für die wunderbarste Bürozeit aller Zeiten und für den genialen (strukturierenden) Pass, wenn er am nötigsten gebraucht wurde.

Torsten Schlusche! Keine Zeile dieser Arbeit wäre die Druckerschwärze wert ohne den genialen Geist des Lektors dahinter. Meinen allerherzlichsten

Danke für den gemeinsam zurückgelegten Weg, vom ersten bis zum letzten Satz dieser Arbeit.

Andrea Vogel danke ich für die Unterstützung während der gesamten Reise dieser Arbeit, für interdisziplinäre Geistesblitze, den literarischen Feinschliff am Text und überhaupt.

Zum Schluss sei Matilda Electra Vogel für ihr wundersam wundervolles Erscheinen gedankt.

Gender Studies

Ralph J. Poole
Gefährliche Maskulinitäten
Männlichkeit und Subversion am Rande der Kulturen

Januar 2012, 308 Seiten,
kart., zahlr. Abb., 29,80 €,
ISBN 978-3-8376-1767-2

Julia Reuter
Geschlecht und Körper
Studien zur Materialität und Inszenierung gesellschaftlicher Wirklichkeit

Juli 2011, 252 Seiten, kart., 25,80 €,
ISBN 978-3-8376-1526-5

Elli Scambor, Fränk Zimmer (Hg.)
Die intersektionelle Stadt
Geschlechterforschung und Medienkunst an den Achsen der Ungleichheit

Februar 2012, ca. 170 Seiten, kart.,
zahlr. z.T. farb. Abb., 24,80 €,
ISBN 978-3-8376-1415-2

Leseproben, weitere Informationen und Bestellmöglichkeiten finden Sie unter www.transcript-verlag.de